Die Deals von Warren Buffett - Vol. 3

Glen Arnold

Die Deals von Warren Buffett

Vol. 3 AMERIKAS GRÖSSTES UNTERNEHMEN ENTSTEHT

GLEN ARNOLD

börsenbuchverlag

Die Originalausgabe erschien unter dem Titel
The Deals of Warren Buffett, Volume 3: Making America's largest company
ISBN 978-0-85719-649-1

Originally published in the UK by Harriman House Ltd in 2021,
www.harriman-house.com.

Übersetzung: Börsenmedien AG, Egbert Neumüller
Gestaltung, Satz und Herstellung: Sabrina Slopek
Lektorat: Elke Sabat
Druck: CPI books GmbH, Leck, Germany

ISBN 978-3-68932-018-8

Bibliografische Information der Deutschen Nationalbibliothek:
Die Deutsche Nationalbibliothek verzeichnet diese Publikation in der Deutschen Nationalbibliografie; detaillierte bibliografische Daten sind im Internet über <http://dnb.d-nb.de> abrufbar.

BÖRSEN MEDIEN
AKTIENGESELLSCHAFT

Postfach 1449 • 95305 Kulmbach
Tel: +49 9221 9051-0 • Fax: +49 9221 9051-4444
E-Mail: info@plassen-buchverlage.de
www.boersenbuchverlag.de
www.facebook.com/plassenverlag
www.instagram.com/plassen_buchverlage

INHALT

ÜBER DEN AUTOR

WAS FUNKTIONIERT BEI DER GELDANLAGE?

Das war die Frage, die Glen Arnold in seiner Zeit als Professor für Geldanlage zu beantworten versuchte. Er stützte sich auf akademische Erkenntnisse, die Ideen großer Investoren und seine eigenen Erfahrungen, um Studenten sowie neuen und alten Fondsmanagern Techniken des Value-Investings zu vermitteln.

Auf seinem Weg dorthin hat Glen das meistverkaufte Buch Großbritanniens über Geldanlage („The Financial Times Guide to Investing") und das meistverkaufte britische Lehrbuch für Unternehmensfinanzierung („Corporate Financial Management") verfasst, außerdem Titel über Value-Investing („The Financial Times Guide to Value Investing") und über Wegbereiter des Anlagewesens („The Great Investors").

2013 schlug Glen ein neues Kapitel auf. Er tauschte seine Professur gegen die Härten der realen Welt des aktiven Fondsmanagements ein und testete seine Fähigkeit, den Aktienmarkt zu übertreffen, indem er sein eigenes Geld investierte und dabei die Lektionen nutzte, die er während seiner akademischen Karriere gelernt hatte. Dabei legte Glen seine Kauf- und Verkaufsentscheidungen online in einem Newsletter für seine Follower offen und berichtete über jeden Erfolg und jede Schwierigkeit auf seiner Investitionsreise.

Glens neues Abenteuer im Fondsmanagement führte dazu, dass er Aktionär von Berkshire Hathaway wurde und an vielen Jahreshauptversammlungen in Omaha teilnahm.

Ebenfalls im Publikum saß – ohne dass Glen es wusste – Tom Spain, ein weiterer britischer Buffett-Enthusiast, der sich durch die Übernahme der Anlagephilosophien von Buffett und Munger für seine Firma Henry Spain gerade einen eigenen Ruf als Fondsmanager erwarb. Als sich mehrere ihrer Investitionsentscheidungen überschnitten, nahmen Glen und Tom an denselben Jahreshauptversammlungen teil, bei denen sie die Direktoren mit höflichen, aber eindringlichen Fragen löcherten, die andere Aktionäre nur selten stellten.

Nach acht Jahren, in denen er nur sein eigenes Geld und das seiner Frau Lesley investiert hatte, war Glen davon überzeugt, er habe bewiesen, dass er in der Lage war, den Aktienmarkt zu übertreffen, indem er die getesteten Value-Investment-Techniken anwandte, die er viele Jahre lang gelehrt hatte.

Im Jahr 2021 ging Glen zu Henry Spain Investments, um einen offenen Fonds zu verwalten, der sich auf vernachlässigte, ungeliebte und unterbewertete britische Aktien konzentrierte.

Weitere Informationen finden Sie unter henryspain.co.uk oder unter glen-arnold-investments.co.uk.

DANKSAGUNG

Diese Buchreihe wäre ohne die große Hilfe anderer nicht zustande gekommen. Zunächst möchte ich Warren Buffett und Charlie Munger für ihre Bereitschaft danken, sich Zeit zu nehmen, um anderen Anlegern zu helfen, indem sie über ihre Philosophie und Erfahrungen bei dem Abenteuer der Geldanlage schreiben und öffentlich diskutieren. Ich danke ihnen auch für die Erlaubnis, ihr Material in diesem Buch zu verwenden, und dafür, dass sie einen Teil meiner Ersparnisse in Berkshire-Hathaway-Aktien verwaltet haben.

Bill Child, der R.C. Willey (die sechste Investition in diesem Buch) von einem 56 Quadratmeter großen Geschäft zu einem milliardenschweren Einrichtungshaus aufgebaut hat, war sehr großzügig und bot an, das Kapitel über seine Schöpfung und den Verkauf an Berkshire zu überarbeiten. Er fügte einige wichtige Informationen hinzu, um das Bild zu vervollständigen. Vielen Dank, Bill.

Viele Experten haben über Berkshire Hathaway, Warren Buffett und Charlie Munger geschrieben, nicht zuletzt Robert P. Miles, Carol J. Loomis, Adam J. Mead, Alice Schroeder, Roger Lowenstein, Robert G. Hagstrom, Lawrence A. Cunningham und Andrew Kilpatrick. Ich bin ihnen dankbar für ihre Arbeit, die eine Grundlage mit gut recherchierten und zuverlässigen Informationsquellen bildet.

Craig Pearce von Harriman House bot mir als Lektor mehr Unterstützung und Geduld, als ich es verdient hätte (ich war mit der Abgabe des Manuskripts etwa ein Jahr zu spät dran). Er leistete großartige Arbeit bei der Bearbeitung des Buches und begeisterte den Rest des Teams. Tracy Bundey, Charlotte Staley, Lucy Scott, Sally Tickner und Suzanne Tull bei Harriman House haben alle fleißig, kreativ und tatkräftig mitgearbeitet, um den Erfolg des Buches zu gewährleisten – vielen Dank an Sie alle.

DIE URSPRÜNGE DIESER BUCHREIHE

Alles begann 2013, als ich den Entschluss fasste, andere Aktivitäten einzustellen, um mich voll und ganz auf das Investieren an der Börse zu konzentrieren. Das bedeutete, dass ich eine Professur aufgab, meine Lehrtätigkeit in der Londoner City einstellte und ironischerweise auch das Schreiben von Büchern stark einschränkte.

Um den logischen Prozess bei der Entscheidung für eine Aktie zu dokumentieren, schrieb ich Blogs, in denen ich meine Analyse auf einer einfachen Website darlegte, und stellte sie allen zur Verfügung. Ich empfand es als belebend, gezwungen zu sein, die Gründe für eine bestimmte Kapitalallokation klar und öffentlich darzulegen. Außerdem brauchte ich eine Möglichkeit, die Beweggründe für die getätigten Investitionen nach einigen Monaten zu überprüfen.

Der Blog wurde populär, und dann fragte mich die Investment-Website ADVFN, ob ich ihn auf ihre Newsletter-Seite übertragen würde. Ich stimmte zu, und ein Teil meiner dortigen Schreibtätigkeit war eine Reihe von Artikeln über die Gründe für die Investitionsgeschäfte von Warren Buffett (ich hatte nicht immer ein potenzielles Investitionsunternehmen zu analysieren, und ich dachte, die Leser könnten an Buffetts Entscheidungsfindung, Erfahrungen und Lektionen interessiert sein). Aus diesen Artikeln ist das vorliegende Buch entstanden.

DIE FRAGE NACH DEM WARUM

Man könnte meinen, dass Warren Buffett bereits in Dutzenden von Veröffentlichungen behandelt wurde und es nichts Neues mehr zu sagen gibt. Aber nachdem ich selbst viel von dieser Literatur gelesen habe, war ich nicht zufrieden. Andere Autoren gehen darauf ein, in was er investiert hat und wie viel er damit verdient hat. Aber ich wollte wissen, warum. Was waren die besonderen Merkmale der von Buffett ausgewählten Unternehmen, die sie auszeichneten? Lag es an den Bilanzzahlen, der Gewinnhistorie, der strategischen Positionierung und/oder den Qualitäten des Managements? Ich wollte die Details wissen. Wie ist Buffett beim rationalen Investieren von einem Schritt zum nächsten vorgegangen und vom praktisch mittellosen zum sehr reichen Mann geworden?

Für jede Investition war eine neue Untersuchung erforderlich, bei der ich viele Quellen anzapfte. Der Schwerpunkt lag auf der Analyse von Buffetts ausgewählten Unternehmen, was bedeutete, dass ich nur sehr wenig Zeit auf sein Privatleben verwendete, über das an anderer Stelle ausführlich berichtet wurde.

Ich wünsche Ihnen viel Spaß beim Lesen, wie Warren Buffett Berkshire Hathaway zu einem der größten Unternehmen aller Zeiten gemacht hat.

Glen Arnold
Sommer 2021

VORWORT

WAS DIESES BUCH BEHANDELT

Als sich Warren Buffett dem üblichen Rentenalter näherte, kam er gerade erst in Schwung. Er war bereits Milliardär und ging immer noch voller Elan zur Arbeit. Er liebte es, hervorragende Unternehmen zu vernünftigen Preisen zu finden. Es machte ihm Spaß, zu erforschen, was ein Unternehmen ausmachte, und er freute sich, wenn sich seine Analysen immer wieder als richtig erwiesen.

Die von ihm angewandten Analysemethoden lassen sich einfach als Grundsätze erklären, zum Beispiel ein qualitativ hochwertiges sogenanntes „Franchise" zu finden, also ein Unternehmen mit starker Marktstellung und einem nachhaltigen Wettbewerbsvorteil, das von kompetenten und ehrlichen Managern geführt wird, und dafür nicht zu viel zu bezahlen. Diese Grundsätze zu formulieren ist eine Sache, sie auf Unternehmen anzuwenden, eine andere. Wir lassen uns sehr oft von weniger wichtigen Unternehmensmerkmalen ablenken und legen nicht genug Wert auf die absoluten Kernelemente.

Indem wir Buffetts Entscheidungen und die von ihm angewandte analytische Logik untersuchen, können wir uns dagegen wappnen, die falschen Fragen zu stellen oder den wirklich wichtigen Faktoren nicht genügend Gewicht beizumessen.

Dieses Buch untersucht zehn faszinierende Geschäfte, die dazu beitrugen, Berkshire Hathaway von einem Unternehmen mit einer Marktkapitalisierung von fünf Milliarden Dollar zu einem der Giganten dieser Welt zu machen, dessen Aktien von der Wall Street mit weit über 100 Milliarden Dollar bewertet wurden. Und all dies wurde in nur zehn Jahren erreicht – von 1989 bis 1998. Warren Buffett und seine Frau Susan behielten einen Anteil von 34 Prozent an dem Unternehmen und verfügten 1998 über eine Beteiligung im Wert von mehreren Milliarden Dollar.

Wie schon in früheren Perioden handelt es sich bei diesen Deals um eine interessante Mischung aus familiengeführten Unternehmen wie FlightSafety International und Helzberg sowie aus Großunternehmen wie Wells Fargo und American Express.

Zugegebenermaßen fiel diese bemerkenswerte Leistung in eine Zeit des Börsenbooms im Vorfeld der Dotcom-Blase. Es ist jedoch interessant, die Leistung des boomenden Marktes als Ganzes mit der von Berkshire zu vergleichen. Abbildung A zeigt, dass der S&P 500 in diesen

Abbildung A: S&P 500 (Januar 1989 bis Dezember 1998)

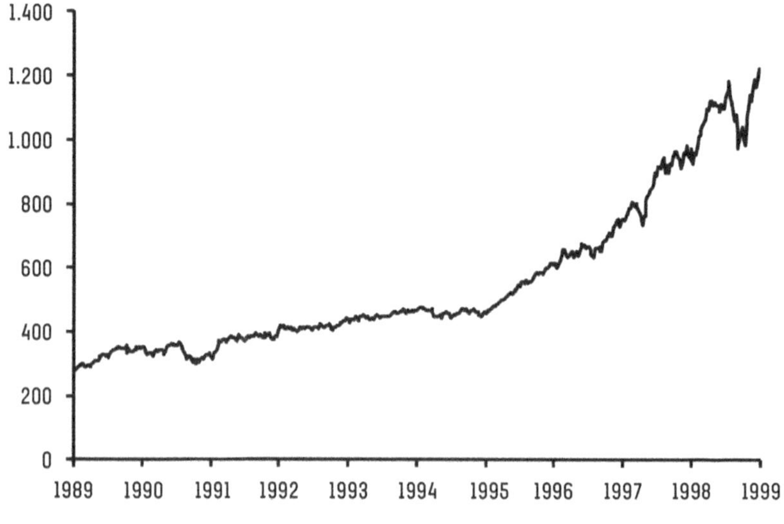

zehn Jahren um mehr als 300 Prozent stieg. Beeindruckend und mehr als genug, um den durchschnittlichen Anleger zufriedenzustellen, wenn er einfach auf den Markt aufgesprungen wäre, um ihn auf seinem Aufwärtskurs zu begleiten.

Aber Warren Buffett ist kein durchschnittlicher Investor. Durch seine Entscheidungen, die er gemeinsam mit Charlie Munger traf, stieg der Marktwert der Berkshire-Aktien um das 14-Fache, nämlich von 4.700 Dollar auf 68.000 Dollar im Dezember 1998 (siehe Abbildung B). Zum Vergleich: Als Buffett 1962 erstmals in Berkshire Hathaway einstieg, zahlte er 7,50 Dollar pro Aktie.

Abbildung B: Aktienkurs von Berkshire Hathaway in USD (Januar 1989 bis Dezember 1998)

Diejenigen unter uns, die wie Buffett investieren wollen und die Hoffnung hegen, sich so weit zu verbessern, dass sie sich seiner Leistung annähern, sind sehr daran interessiert, die Geheimnisse der Vervierzehnfachung des Portfoliowerts innerhalb eines Jahrzehnts zu erfahren.

Dieses Buch soll dabei helfen, indem es die Gründe für Buffetts Entscheidungen und die Lehren beleuchtet, die er und wir aus seiner Logik und Erfahrung ziehen können. Die meisten der in diesem Buch behandelten Geschäfte waren große Erfolge, aber es gab auch Misserfolge. Buffett gibt freimütig zu, dass er in dieser Zeit viele Fehler gemacht hat. Wichtig ist für ihn, dass er aus ihnen gelernt hat. Und das können wir auch.

DIE GESCHÄFTE

Berkshires Kauf eines großen Anteils an **Wells Fargo**, die erste Fallstudie in diesem Buch, erfolgte in zwei Phasen. Die erste Kaufphase von 1989 bis 1996 verlief glänzend und erbrachte für jeden investierten Dollar mindestens 14 Dollar. Buffett investierte entgegen der allgemeinen Meinung in einer Zeit der Rezession in Kalifornien, wo Wells Fargo Kredite an Unternehmen und Familien vergab. Er analysierte die Fundamentaldaten und sah eine starke Marktstellung sowie eine starke Bilanz; ein Unternehmen, das kurzfristige Schwierigkeiten überstehen konnte. Es scheint, dass die Wall Street diese Faktoren nicht sehen konnte, oder zumindest konnte sie sich nicht dazu durchringen, sie höher zu gewichten als ihre Angst vor zahlungsunfähigen Kunden.

Die zweite Investitionsphase, die 25-mal so groß war wie die erste, kann als Fehlschlag gewertet werden, aus dem wir vieles gelernt haben – vor allem, dass eine Kultur der Unternehmensintegrität für die langfristige Rentabilität von zentraler Bedeutung ist (die Manager von Wells Fargo beschädigten den lang gepflegten Ruf des Unternehmens schwer). Im Zeitraum 2003 bis 2015 investierte Buffett 12,4 Milliarden US-Dollar in Wells-Fargo-Aktien. Die Rendite dieser 12,4 Milliarden Dollar war zwar nicht negativ, aber sie konnte kaum mit der Inflation mithalten, geschweige denn mit dem rasant steigenden S&P 500.

Irgendwann musste Buffett die 1989 getätigte Investition in **USAir** mit nur noch 25 Cent pro Dollar verbuchen. Jahrelang dachte er, er hätte den größten Teil seines investierten Geldes verloren. Genervt äußerte er sich mit mürrischem Humor und sagte beispielsweise, dass es besser gewesen wäre, wenn Orville Wright in Kitty Hawk nicht abgehoben hätte, denn je mehr die Industrie wuchs, desto schlimmer wurde es für die Eigentümer. Er sagte auch, er rufe jetzt eine 0800-Nummer an, wenn er jemals den Drang verspüre, sich in Fluggesellschaften einzukaufen, und sage: „Ich bin Warren, ich bin nach Fluggesellschaften süchtig', und sie reden es mir aus."

Die amerikanische Luftfahrtindustrie war in einer erschreckenden wirtschaftlichen Situation mit Überkapazitäten und einem mörderischen Preiskampf. Aus dieser Fallstudie lernen wir viele Dinge, wobei das Wichtigste ist, dass das Wachstum eines Unternehmens wenig über seinen Wert aussagt. Profitloses Wachstum ist immer möglich und durchaus üblich. Buffett beschreibt seine Vorarbeiten vor der Investition als schlampige Analyse, die von Hybris inspiriert war. Am Ende wurde die Investition gerettet, aber es war eine knappe Angelegenheit.

Mit der dritten Investition kommen wir endlich zu einem klaren Gewinner. Die 1,47 Milliarden Dollar, die für den Kauf von **American-Express**-Aktien ausgegeben wurden, haben sich bis heute mehr als verzwanzigfacht. Im Jahr 1964, als Buffett 33 Jahre alt war, beobachtete er die Stärke des Geschäftsmodells von American Express, indem er sich in ein Restaurant setzte und feststellte, dass die Karte des Unternehmens regelmäßig benutzt wurde. In den Augen der Kunden handelte es sich um eine Qualitätsmarke, die einen einzigartigen Service bot. In den 1960er-Jahren verdiente er ein Vermögen für seine Investmentpartner, indem er investierte, nachdem die Wall Street die Aktie nach dem Salatölskandal herabgestuft hatte (Band 1, Investition 8).

In den 1990er-Jahren stellte Buffett erneut ähnliche Eigenschaften hinsichtlich der Marktstellung fest, zu einer Zeit, als Mr. Market das Unternehmen mit Argwohn betrachtete. Es hatte Geld für Abenteuer außerhalb des Kerngeschäfts mit Kundenkarten und Reiseschecks verschwendet. Es kaufte nicht nur Investmentbanken, Brokerfirmen und eine Schweizer Privatbank, sondern auch ein Konferenzzentrum und, was noch bizarrer war, eine Kunstgalerie. Außerdem wurde es von Mastercard und Visa bedroht. Buffett erkannte, dass unter den Trümmern das hochwertige und wirtschaftliche Geschäft mit seinen äußerst loyalen Karteninhabern und Reisenden intakt war. Er konnte sich ausmalen, wo das Unternehmen zehn Jahre später stehen könnte, wenn es von Managern, denen er vertraute, neu ausgerichtet würde.

Die **Shoe Group** war enttäuschend, aber lehrreich. In dieser Fallstudie haben wir es mit dem zu tun, was Buffett seinen „grässlichsten Fehler“ nannte. Die 1991 und 1992 gekauften Schuh- und Stiefelhersteller **H. H. Brown** und **Lowell** waren auf Nischenmärkte spezialisiert, in denen sie Preise verlangen konnten, die eine gute Kapitalrendite ermöglichten. Diese Unternehmen kosteten Berkshire nur 161 Millionen US-Dollar beziehungsweise 46 Millionen US-Dollar und liefen gut, als Buffett sich 1993 verpflichtete, den mittelständischen Schuhhersteller und Einzelhändler **Dexter** für 433 Millionen US-Dollar zu kaufen. Schlimmer noch, die Zahlung erfolgte in Form von 25.203 Berkshire-Aktien, was 2,14 Prozent des Eigenkapitals entsprach. Diese Aktien sind heute zehn Milliarden US-Dollar wert. Der Wert, den das Dexter-Geschäft im Gegenzug abwarf, fiel innerhalb weniger Jahre auf null.

Eine der Lehren aus dieser Episode ist, dass Investoren der Wettbewerbsdynamik der jeweiligen Branche große Aufmerksamkeit schenken müssen. Die in Amerika hergestellten Schuhe für das mittlere Marktsegment waren einem intensiven Wettbewerb mit Herstellern aus Entwicklungsländern ausgesetzt, die wesentlich niedrigere Kosten hatten, es handelte sich um eine Massenware. Die Manager von Dexter mussten schnell handeln, um die Produktion in Niedrigkostenländer zu verlagern, aber sie waren zu langsam.

Post-Mortem-Aufarbeitungen zur Verbesserung der Qualität des Denkens sind ein wichtiger Bestandteil von Buffetts Investitionsreise.

So schmerzhaft es auch war, die Folgen des Dexter-Desasters aufzuarbeiten, so sehr erinnerte sich Buffett doch immer wieder an den logischen Weg, der zu einer derart schlechten Kaufentscheidung geführt hatte.

Die fünfte Investition, **Helzberg Diamond Shops** im Jahr 1995, ist nützlich, um Buffetts Bewertungsmethode zu veranschaulichen. Dieses Familienunternehmen besaß 143 Juweliergeschäfte. Buffett erkannte ein stetiges Umsatzwachstum, eine hohe Produktivität pro Geschäft, eine gute Rendite auf das eingesetzte Kapital, ausgezeichnete Manager und einen Eigentümer, der das Geschäft liebte und sich sehr darum kümmerte, was mit seinen Mitarbeitern und Kunden geschah.

Barnett Helzberg Jr. fühlte sich wie viele andere Gründer und Unternehmer zu Berkshire hingezogen, weil er darauf vertraute, dass Buffett mit dem Team, das er zusammengestellt hatte, weitermachen würde, um die einzigartige Kultur mit ihrem Schwerpunkt auf dem Kunden zu stärken. Er wollte nicht, dass ein Finanzmetzger die Schöpfung seiner Familie zerlegt und stückweise verkauft: „Ich wollte nicht, dass meine Mitarbeiter auf mein Grab spucken“, sagte er.

Buffett mischte sich nach der Übernahme durch Berkshire nicht mehr in das Geschäft ein. Er wollte Borsheims nicht mit Helzberg zusammenlegen, obwohl sie ähnliche Produkte verkauften. Der Grund dafür war, dass er jeder Gruppe von Führungskräften Autonomie versprochen hatte und er ihre unterschiedlichen Kulturen bewahren wollte. Außerdem gefielen ihm die differenzierte strategische Ausrichtung und der *Esprit de corps* der einzelnen Unternehmen.

Eine wichtige Änderung, die bei Berkshire üblich ist, wurde jedoch vorgenommen: Die Kapitalzuteilung wurde von Buffett und Munger streng kontrolliert. Im Grunde wird Buffett für jedes Unternehmen zur „Bank“. Die Führungskräfte dürfen nur dann Geld für Expansionszwecke von der Bank abheben, wenn mit jedem entnommenen Dollar mehr als ein Dollar an Wert geschaffen wird. Im Falle von Helzberg ist die Zahl der Ladengeschäfte in den letzten 20 Jahren nicht etwa gestiegen, sondern sogar gesunken. Die Bank hat viel von Helzberg erhalten und nicht umgekehrt.

Ein weiteres häufiges Merkmal: Buffett kaufte, ohne eine formale Due-Diligence-Prüfung durchzuführen. Er sagt, dass der Charakter der Menschen viel wichtiger ist als die herkömmliche Due Diligence. Er fragt jeweils, ob es sich um Menschen mit Integrität, Ehrlichkeit, Kompetenz und Rationalität handelt.

R.C. Willey ist ein weiterer Kauf, bei dem der Eigentümer sehr darauf bedacht war, dass sowohl sein Team als auch das einzigartige Firmenethos nach der Übernahme erhalten blieben. Vor dem Verkauf sprach Bill Child – der R.C. Willey von einem 56 Quadratmeter großen Laden am Rande eines Feldwegs zu einem Einrichtungsimperium mit einem Umsatz von 257 Millionen Dollar aufgebaut hatte – mit Irv Blumkin, der zwölf Jahre zuvor, 1983, eine Mehrheitsbeteiligung an Nebraska Furniture Mart an Berkshire verkauft hatte (Band 2, Investition 3). Blumkin sagte, Buffett habe jedes seiner Versprechen gehalten, einschließlich Autonomie, Bewahrung der Kultur und langfristiger Ausrichtung.

Bill Child fühlt sich geehrt, eine von Buffetts wichtigsten Führungskräften zu sein, und selbst heute, im Alter von 89 Jahren, arbeitet er daran, sein Erbe bei R.C. Willey weiterzuführen, obwohl das Unternehmen zu 100 Prozent Berkshire gehört und trotz seines enormen Vermögens. Er ist fest entschlossen, Buffett stolz zu machen, und das hat er mit vielen wichtigen Berkshire-Führungskräften gemeinsam.

Bislang hat diese Investition das Fünffache des Kaufpreises an Berkshire zurückgegeben. Und das, ohne gegen die mormonische Regel zu verstoßen, an einem Sonntag keine Geschäfte zu öffnen – einem Tag, an dem in den meisten Städten ein Fünftel der Möbelverkäufe stattfindet. Zunächst wollte Buffett keine Expansion außerhalb von Gebieten mit einem hohen Anteil an Mormonen erlauben. Das änderte sich jedoch, als Child sich bereit erklärte, das Grundstück und die Baukosten selbst zu bezahlen und das Geschäft nur dann an Berkshire zu verkaufen, wenn es in den ersten sechs Monaten erfolgreich wäre. Obwohl die R.C.-Willey-Geschäfte sonntags geschlossen sind, ist das Wertversprechen von R.C. Willey so stark, dass sie selbst an Orten wie Las Vegas mehr verkaufen als die Konkurrenz.

Die siebte Investition, **FlightSafety International**, die 1996 1,5 Milliarden Dollar kostete, war ein Kauf von dem Innovator Al Ueltschi, der im Alter von 78 Jahren seine Schöpfung einem guten Zuhause zuführen wollte. Dies ist ein weiteres Beispiel für einen Unternehmer, der ein Unternehmen an Berkshire verkauft, das sich auf ein bestimmtes Segment einer Branche konzentriert und ständig bemüht ist, das Produkt oder die Dienstleistung zu verbessern, um den Abstand zu weniger spezialisierten Wettbewerbern zu vergrößern.

Al Ueltschi stürzte 1940 aus einem Doppeldecker, als ein schlechter Pilot ein Manöver durchführte. Nur 45 Meter vor dem Boden öffnete sich die Fallschirmkappe so heftig, dass seine Unterwäsche zerriss. Diese wurde noch mehr zerfetzt, als er schließlich im Gestrüpp landete. Die auf die harte Tour gelernte Lektion: wie wichtig ein gut ausgebildeter Pilot ist, dem man unter allen Umständen vertrauen kann.

1951 nahm Ueltschi eine Hypothek von 15.000 Dollar auf sein Haus auf, um das Unternehmen zu gründen, das zum Weltmarktführer in der Simulatorschulung werden sollte. Bis 1996 verfügte das Unternehmen über 175 Simulatoren für 50 verschiedene Flugzeuge und bildete jährlich über 50.000 Piloten und Wartungstechniker aus.

Bislang hat Berkshire über vier Millionen US-Dollar aus seiner Investition erhalten, und FlightSafety erwirtschaftet aufgrund seiner dominanten Marktposition weiterhin einen zuverlässigen Cashflow. Es ist zwar ein kapitalintensives Unternehmen, doch es kann genug Geld verlangen, um regelmäßig Kapitalrenditen von über 20 Prozent zu erzielen.

Dairy Queen besitzt Tausende von Eisdielen und Schnellimbissen. Warren Buffett war seit seiner Jugend ein treuer Kunde – als Teenager hatte er sogar ein Rendezvous in einem Dairy Queen in Omaha. Im

Jahr 1996 erwirtschaftete das Unternehmen einen Gewinn nach Steuern von 34 Millionen Dollar. Buffett investierte 587,8 Millionen Dollar und zahlte dafür ein saftiges Kurs-Gewinn-Verhältnis von über 17. Er war jedoch der Meinung, dass das Unternehmen mit seinen ausgezeichneten Managern an der Spitze und seiner Sammlung lokaler Monopole in vielen amerikanischen Kleinstädten über ein großes Potenzial für Gewinnwachstum und hohe Kapitalrenditen verfügte. Es bestand eine große Zuneigung und Nostalgie in Bezug auf das örtliche DQ. Das Unternehmen hatte einen „hohen Share of Mind" (das ist der Prozentsatz der Personen, die eine Werbung gesehen haben).

Investment Nummer 9, **NetJets**, machte in den elf Jahren nach dem Kauf durch Berkshire im Jahr 1998 Verluste in Höhe von 725 Millionen Dollar und wurde zu Buffetts „größter Sorge". Die Kosten standen in keinem Verhältnis zu den Erträgen, während das Unternehmen hartnäckig nach Marktdominanz strebte. Das Unternehmen „blutete" Cash aus, und ohne Berkshires Unterstützung wäre es pleitegegangen.

NetJets bietet vielbeschäftigten Führungskräften, Prominenten oder einfach wohlhabenden Menschen Besitzanteile an Flugzeugen. Als Gegenleistung für den Kauf von zum Beispiel einem achtel Anteil hat man Anspruch auf 100 Flugstunden pro Jahr und kann sein Flugzeug oder ein Ersatzflugzeug mit nur wenigen Stunden Vorlaufzeit buchen. Richard Santulli erfand dieses Konzept, um die Kosten für den Besitz eines eigenen Geschäftsflugzeugs oder teure Gebühren für Charterflüge zu vermeiden.

Als Buffett sein Interesse bekundete, hatte das Unternehmen einen Jahresumsatz von rund einer Milliarde Dollar und war entschlossen, das mit Abstand größte Unternehmen der Branche zu bleiben. Der Plan war, eine solche Flächendeckung von Flugzeugen zu haben, dass die Kunden sicher sein konnten, dass immer ein Flugzeug verfügbar sein würde, egal wo sie waren oder wohin sie fliegen wollten. Der Umsatz verdoppelte sich in den ersten beiden Jahren unter Berkshires Führung.

Aber das Wachstum war teuer, und Berkshire nahm mehr als eine Milliarde Dollar an Krediten auf, um den Vorsprung vor den Konkurrenten zu halten. Zunächst befürwortete Buffett Investitionen, um einen tiefen und gefährlichen Graben zu schaffen, den die Konkurrenten zu überwinden versuchen konnten. Doch als die Verluste zunahmen, ging er dazu über, das Kapazitätswachstum zu begrenzen und sich auf die Gewinne zu konzentrieren. Das hat funktioniert und ab 2010 wurden ziemlich konstant jährliche Gewinne von über 200 Millionen Dollar erzielt.

Ob die Gewinnjahre die früheren Verlustjahre wettmachen, ist angesichts der Opportunitätskosten der in NetJets investierten Milliarden fraglich. Aber zumindest lernen wir als Anleger, dass es in manchen Fällen, in manchen Branchen, sehr teuer sein kann, eine Marktüberlegenheit zu erreichen. Dominanz führt nicht immer zu guten Gewinnen. Das hängt von der strategischen Dynamik, dem Volumen der Kunden, die bereit sind, mehr zu zahlen, und der Größe des potenziellen Marktes ab.

Das Kapitel über **General Re** ist sehr umfangreich, da es sich nicht nur mit diesem Unternehmen befasst, sondern auch die wirtschaftlichen Aspekte des Versicherungsgeschäfts, die Bewertung von Schaden- und Unfallversicherungen, die Entwicklung von Berkshire Hathaway Primary Insurance aus den Anfängen von National Indemnity und den Aufbau des Rückversicherungsgeschäfts von Berkshire durch Ajit Jain erläutert.

Die Leistungen der vier Versicherungskonzerne von Berkshire – GEICO, General Re, BH Primary und BH Reinsurance – werden im Hinblick auf die versicherungstechnische Rentabilität und die Höhe der Floats untersucht.

Vor dem 22-Milliarden-Dollar-Kauf von General Re hatte Buffett Zugang zu etwa sieben Milliarden Dollar an Float-Geldern, die er bis zum Eintritt von Versicherungsansprüchen investieren konnte. Durch den Erwerb von General Re hat sich der Float von Berkshire mehr als verdreifacht, sodass Buffett in großem Umfang in interessante Aktien investieren kann.

Aber das hatte einen furchtbaren Preis, denn General Re machte in den ersten fünf Jahren von Berkshires Eigentümerschaft im Versicherungsgeschäft Verluste, die sich auf 7,9 Milliarden Dollar summierten. Nach dem Anschlag auf die Zwillingstürme in New York am 11. September 2001 wäre das Unternehmen ohne die Finanzkraft von Berkshire gegen die Wand gefahren. Buffett glaubte, einen schrecklichen Fehler begangen zu haben, als er entdeckte, dass die Manager jahrelang die Preise für Versicherungsverträge zu niedrig angesetzt und mit Derivategeschäften große Verluste gemacht hatten.

Später jedoch, mit neuen Managern, die sich eher auf profitable Geschäfte als auf das Wachstum des Prämienvolumens konzentrierten, wurde General Re zu einem Juwel mit sowohl versicherungstechnischen Gewinnen als auch Milliardenbeträgen, die Buffett investieren konnte.

FÜR WEN DIESES BUCH GEDACHT IST

Dieses Buch richtet sich an Anleger, die anhand einer Reihe faszinierender Fallstudien die wichtigsten Regeln für erfolgreiches Investieren erlernen oder sich wieder ins Gedächtnis rufen wollen.

WIE DAS BUCH AUFGEBAUT IST

Es ist in zehn Fallstudien gegliedert. Sie können es aufschlagen und über bestimmte Geschäfte nachlesen, die Ihr Interesse wecken, aber ich würde Ihnen empfehlen, es chronologisch zu lesen, um zu verstehen, wie sich Warren Buffett als Investor entwickelt hat.

Investition 1

WELLS FARGO

Eckpunkte des Geschäfts

Geschäft	**Wells Fargo**
Zeitpunkt	Phase 1: Kaufzeitraum 1989-1996 Phase 2: Kaufzeitraum 2003-2015
Gezahlter Preis	Phase 1: 498 Mio. USD, durchschnittlich 68,3 USD pro Aktie (nach späteren Splits: 3,41 USD) Phase 2: 12,4 Milliarden Dollar, durchschnittlich 24,8 USD pro Aktie
Menge	Phase 1: 8-14,5 % des Stammkapitals Phase 1 und 2 zusammen: 3,3-9,9 % des Stammkapitals
Verkaufspreis	Phase 1: 12-28 USD Phase 2: 23-65 USD
Gewinn	Phase 1: Mindestens 14-fach Phase 2: So gering, dass er kaum mit der Inflation Schritt hielt
Berkshire Hathaway 1989	Aktienkurs: 4.700-8.825 USD Buchwert: 4.927 Mio. USD Buchwert je Aktie: 4.296 USD

Im Mittelpunkt dieser Geschichte steht die Angst, und zwar die Angst vor dem, was in der Blackbox einer Bank steckt. Die meiste Zeit ist Mr. Market herrlich unbekümmert darüber, was die Banken mit all den Milliarden Dollar machen, die von Millionen von Familien eingezahlt werden, solange die Bank steigende Quartalsgewinne meldet. Er weiß, dass ein Teil des Geldes an Menschen verliehen wird, um Häuser zu kaufen, und dass ein Teil an kleine Unternehmen in der Nachbarschaft geht, aber was den Rest betrifft und wie viel Risiko damit eingegangen wird, diesbezüglich ist Mr. Market selig ahnungslos.

Die Logik von Mr. Market lautet: Wenn die große Maschine, die sich Bank nennt, gute Dividenden abwirft, müssen die Manager das Risiko fest im Griff haben, mit einer soliden Diversifizierung, gründlich durchdachten Kreditentscheidungen und stapelweise Sicherheiten für jeden Kredit. Jedenfalls klingen die Bankchefs immer selbstbewusst und kompetent, und das beruhigt ihn.

Doch dann schlägt die Rezession zu. Der Marktwert der als Sicherheit dienenden Vermögenswerte sinkt, die verschuldeten Unternehmen erhalten keine Aufträge mehr und erwirtschaften nicht mehr genügend Barmittel, um ihren Kreditverpflichtungen nachzukommen. Mr. Market hat jetzt Angst. Und wenn Mr. Market Angst hat, verkauft er diese unangenehmen, riskanten Dinge, die man Bank-Aktien nennt. Und das kann er wahllos tun.

Wenn die Rezession die Ecken einiger Blackboxes beleuchtet, kann die ganze Welt die Horrorshow sehen. Die Manager haben Kredite an Menschen vergeben, die schon in guten Zeiten am Rande des Abgrunds standen. Jetzt, wo die Rezession und die Entlassungen da sind, können Hunderttausende ihre Hypotheken nicht mehr bedienen. Die Banken wollten unbedingt Kredite an die „Unternehmen von morgen" vergeben, sodass sie die Kreditauflagen lockerten und oft überhaupt keine soliden Sicherheiten, eine geschäftliche Vorgeschichte oder auch nur einen nachgewiesenen Cashflow verlangten.

Und dann ist da noch die Kreditvergabe durch den Kauf von Finanzinstrumenten auf dem Markt, seien es Geldmarktpapiere, fremdfinanzierte Kredite, hochverzinsliche Anleihen oder irgendeine bahnbrechende Innovation auf den Derivatemärkten. Wer weiß schon, wie hoch ihr wahrer Wert ist – in Rezessionen ist er oft gleich null.

Nachdem er in die dunklen Tiefen einiger Blackboxes geblickt hat und zutiefst schockiert ist, beginnt Mr. Market zu befürchten, dass alle Banken gleich sind. Ein ganzer Sektor wird ausverkauft, die Aktienkurse brechen ein.

In diesem Moment der Panik treten die wahren Anleger auf den Plan. Das heißt diejenigen, die die Emotionen von Mr. Market ignorieren und nüchtern die Fakten der einzelnen Unternehmen bewerten. Sie sind von einem anderen Schlag.

Jedes von einem Value-Investor untersuchte Unternehmen ist so zu behandeln, als wäre es sein eigenes Familienunternehmen, und es ist darauf zu achten, dass es langfristig lebensfähig ist und das Potenzial hat, auch in Jahrzehnten noch Geld für die Aktionäre zu erwirtschaften.

Für diese Bewertung muss der Value-Investor die strategische Position des Unternehmens beurteilen – hat es Wettbewerbsvorteile, die eine hohe Rendite auf das eingesetzte Kapital ermöglichen?

Auch die Qualitäten der Manager müssen beurteilt werden – sind sie kompetent und aktionärsorientiert?

Außerdem muss die operative und finanzielle Stabilität der Bank sowohl kurz- als auch langfristig gewährleistet sein. Sicherlich kann die Bank vorübergehend in Schwierigkeiten geraten, aber gibt es eine rationale Aussicht auf eine mittelfristige Verringerung des Potenzials finanzieller Notlagen?

Als 1990 eine Rezession ausbrach, beobachteten Warren Buffett und Charlie Munger sowohl die Panik des Marktes gegenüber dem Bankensektor als auch die Stärken von Wells Fargo im Vergleich zu anderen Banken.

EINIGE GRÜNDE ZUR SORGE

Ich werde eine sehr vereinfachte Version dessen liefern, was eine Bank ist und wie sie strukturiert ist. Sie ist nicht perfekt, aber sie soll verdeutlichen, warum Mr. Market 1989/1990 zu Recht um die Zukunft vieler Banken fürchtete.

Stellen Sie sich vor, Sie haben zweieinhalb Millionen Dollar – ich weiß, es ist schön zu träumen – und Sie beschließen, dieses Geld zu verwenden, um eine Bank zu gründen. Die Gesellschaft wird mit 2,5 Millionen Dollar Stammaktien als Eigenkapital eingetragen. Das Besondere an Banken ist, dass das meiste Geld für die Kreditvergabe nicht von den Aktionären, sondern von anderen Menschen stammt. Als Bankeigentümer können Sie Gewinne erzielen, indem Sie niedrige oder gar keine Zinsen für Geld auf Scheck- oder Einlagekonten zahlen und dieses Geld dann zu höheren Zinssätzen an Einzelpersonen oder Unternehmen ausleihen.

Stellen Sie sich vor, Sie eröffnen 455 Filialen in ganz Kalifornien und einigen anderen Staaten. Das Geld fließt in großen Mengen, und Ihre Filialleiter haben alle Hände voll zu tun, um Familien und Unternehmen für eine Kreditaufnahme bei der Bank zu gewinnen. Am Ende des Jahres haben Sie 46,5 Millionen Dollar an Einlagen angenommen und 49 Millionen Dollar ausgeliehen.

Auf die 49 Millionen „Aktiva“ erzielt die Bank im Durchschnitt einen so hohen Zinssatz, dass sie für jeden Dollar an Krediten jedes Jahr fünf Cent mehr erhält, als sie an Zinsen zahlen muss, um diesen Dollar als Einlage anzuziehen. Das heißt, die „Nettozinsmarge“ beträgt fünf Prozent.

Wenn Sie auf jeden Dollar Ihrer ursprünglichen 2,5 Millionen Dollar nur fünf Cent verdienen würden, wären das nur 0,125 Millionen Dollar pro Jahr. Aber genau hier kommt die Schönheit der Hebelwirkung einer Bank ins Spiel. Sie verdienen nicht fünf Prozent von 2,5 Millionen Dollar, sondern fünf Prozent von 49 Millionen Dollar, also 2,45 Millionen Dollar.

Auf Ihr ursprüngliches Kapital von 2,5 Millionen Dollar erhalten Sie somit jährlich 2,45 Millionen Dollar, also eine Rendite von fast 100 Prozent pro Jahr. Aber wir haben noch nicht die Kosten für 19.500 Mitarbeiter und die Instandhaltung der ganzen Gebäude und so weiter berücksichtigt. Danach ergibt sich ein Nettogewinn von 24,49 Prozent des Eigenkapitals, also etwa 0,6 Millionen Dollar.

In guten Zeiten, wenn Kalifornien wächst, die Hauspreise steigen und die Unternehmen boomen, ist das alles in Ordnung. Aber was ist, wenn die Rezession zuschlägt und beispielsweise acht Prozent der Kredite, die Sie vergeben haben, faul werden – dann werden Ihnen diese acht Prozent einfach nicht zurückgezahlt. Dann klafft in Ihren Büchern ein Loch von 3,9 Millionen Dollar.

Sie schulden den Einlegern nun 46,5 Millionen Dollar, aber Ihr Vermögen beträgt nur 49 Millionen Dollar minus 3,9 Millionen Dollar = 45,1 Millionen Dollar. Es kursieren Gerüchte über die Solidität Ihrer Bank. Ihre Kunden können sehen, was mit den Hauspreisen in Kalifornien und den Unternehmen in ihrer Nachbarschaft geschieht. Die Zeichen stehen auf Sturm. Ihre Bank hat nicht genug Geld, um all diese Verpflichtungen auf Scheck-/Einlagekonten zurückzuzahlen.

„Ich weiß was", denkt ein Kunde, „ich werde heute Nachmittag zur Bankfiliale gehen und mein Geld abheben, bevor andere Leute merken, wie schlimm es ist." Die Bank hält einen Teil des Geldes in Form von Bargeld und liquiden Mitteln vor und kann so die ersten paar Tausend Kunden, die ihr Geld abheben wollen, auszahlen. Der Großteil des Geldes ist jedoch zu illiquiden Bedingungen für den Bau von Fabriken, Büros, Handelsunternehmen und so weiter verliehen. Diese Kreditnehmer können das Geld nicht einfach im Handumdrehen zurückgeben.

Wenn das Gefühl wächst, dass die Einleger ihre Gelder nicht mehr zurückbekommen, wenn sie nicht sehr schnell handeln, dann kommt es zu einem Ansturm von Millionen, die ihr Geld einfordern, das heißt zu einem „Bank Run".

Offensichtlich kann die Bank nicht alle zufriedenstellen – sie hat keine andere Wahl, als zu schließen. Dies geschah (in groben Zügen) in den frühen 1990er-Jahren in den Vereinigten Staaten, und es gab viele Befürchtungen, dass Wells Fargo als Nächstes dran sein würde.

DER FALL WELLS FARGO

Die Zahlen in Millionen, die ich oben verwendet habe, sind so ziemlich die realen Zahlen, aber man muss die Millionen in Milliarden umrechnen, wenn man Wells Fargo im Jahr 1990 betrachtet. Das Unternehmen hatte 49 Milliarden Dollar verliehen und schuldete Einlegern und anderen 46,5 Milliarden Dollar. Das Eigenkapital der Aktionäre betrug etwa 2,5 Milliarden Dollar. Die Bank verfügte über 455 Filialen, 19.500 Mitarbeiter und hatte in den späten 1980er-Jahren und 1990 eine Nettozinsmarge von etwa fünf Prozent erzielt. Die Eigenkapitalrendite betrug etwa 24 Prozent.

Aber sie war verwundbar. Ihre Kreditvergabe umfasste 14 Milliarden Dollar für gewerbliche Unternehmen und Landwirte, vier Milliarden Dollar für den Bau von Büros, Einkaufszentren, Wohnungen und so weiter, 15 Milliarden Dollar für Immobilienhypotheken (zum Beispiel für 70.000 kalifornische Familien), neun Milliarden Dollar für Verbraucherkredite, zum Beispiel für Kreditkarten, und etwa eine Milliarde Dollar für andere Arten von Krediten.

Man stelle sich vor – und das taten 1990 viele –, dass zahlreiche der von Wells Fargo gewährten Baudarlehen nicht zurückgezahlt werden könnten, weil der Bauträger mit der Fertigstellung des Gebäudes keinen Gewinn mehr erzielen kann und sich stattdessen für den Konkurs entscheidet. Oder dass die Forderungsausfälle bei Kreditkarten im Zuge vieler Entlassungen zunähmen. Es würde keinen großen Teil dieser Kreditnehmer, die ihre Verträge nicht mehr einhalten können, benötigen, um Wells Fargos Eigenkapitalpuffer aufzubrauchen.

MIT WELLS FARGO GEHT ES ABWÄRTS

1989 erreichte die Wells-Fargo-Aktie 87,40 Dollar, da das Unternehmen ein schnelles Wachstum der Kreditvergabe meldete und Zuversicht für die Zukunft ausstrahlte. Doch im dritten Quartal 1990 erreichte sie einen Tiefstand von 42,75 Dollar, als die Probleme vieler Banken offensichtlich wurden – die Blackboxes wurden in ihrer ganzen Hässlichkeit offengelegt.

Die Investoren kalifornischer Banken hatten vor Kurzem die Bankenkrise in Texas miterlebt, die zu 349 Bankzusammenbrüchen führte. Der Boom der Öl- und Gaspreise sowie der Förderung Ende der 1970er- und Anfang der 1980er-Jahre hatte die Banken ermutigt, Kredite an Rohstoffunternehmen, Immobilienentwickler und Familien zu vergeben. Überall wurde gebaut, bis 1987 deutlich wurde, dass das Angebot die Nachfrage bei Weitem überstieg, zum Beispiel lagen in Dallas, Austin, Houston und San Antonio die Leerstandsquoten bei 25 bis 30 Prozent. Der Ölpreis war gefallen, aber die Errichtung von Immobilien ging weiter. Als die Musik zu spielen aufhörte, konnten die überforderten Bauunternehmen und Bauträger ihre Kredite nicht mehr zurückzahlen, weil sie kein Geld mehr bekamen.

Auch in Neuengland gab es in den 1980er-Jahren einen Boom der Märkte für Wohnimmobilien und gewerbliche Immobilien, der durch eine starke regionale Wirtschaft angeheizt wurde. Doch der Boom führte schließlich zu übermäßiger Bautätigkeit und irrationalen Spekulationen mit Immobilienwerten. Gegen Ende des Jahrzehnts schlug der Boom in eine Pleite um, die Dutzende von Banken in den Ruin trieb.

Die Banken-Bären waren auf der Suche nach dem nächsten Bankenkrisen-Gebiet, und Kalifornien war ein erstklassiger Kandidat. Zwischen 1982 und Juli 1990 war der „Reagan-Boom" in Kalifornien besonders stark gewesen – mit schnell wachsenden Unternehmen, Immobilienpreisen und Krediten. Doch Ende der 1980er-Jahre stiegen die Zinsen, und die irakische Invasion in Kuwait ließ die Ölpreise steigen und das Verbrauchervertrauen sinken, sodass die USA in eine Rezession gerieten.

Kalifornien traf es besonders schwer, da die Luft- und Raumfahrt- sowie die Rüstungsindustrie ihre Produktion stark zurückfuhren und die gewerbliche Bautätigkeit sehr schnell schrumpfte – es war zu viel gebaut worden. Die Arbeitslosigkeit stieg um mehr als eine halbe Million und die Immobilienwerte fielen. Die Leerstandsquote von Bürogebäuden bewegte sich in L.A. auf 18 Prozent zu. 1990 kam es zu massiven Leerverkäufen von Aktien von Wells Fargo und anderen Banken.

WAS WARREN IM JAHR 1990 SAH

Warren Buffett begann 1989 mit dem Aufbau seiner Beteiligung an Wells Fargo, doch erst im Oktober 1990 war sie so groß, dass er bekannt gab, Berkshire Hathaway halte fünf Millionen Aktien – fast zehn Prozent des Stammkapitals – und sei damit der größte Aktionär.

Was hatte Buffett dazu bewogen, sich gegen die Masse zu stellen und 289 Millionen Dollar für eine Bank auszugeben, die auf ihrem Heimatmarkt eine Rezession erlebte?

Einige Monate nach der Bekanntgabe legte Buffett in seinem Brief im BH-Jahresbericht 1990 einige seiner Gedanken dar. Wells Fargo sei „ein hervorragend geführtes, renditestarkes Bankunternehmen". Dann wies er sofort auf die Gefahren von Investitionen in diesem Sektor hin. „Das Bankgeschäft ist nicht unser Lieblingsgeschäft. Wenn die Aktiva das 20-Fache des Eigenkapitals betragen – ein in dieser Branche übliches Verhältnis –, können Fehler, die nur einen kleinen Teil der Aktiva betreffen, einen großen Teil des Eigenkapitals vernichten. Und Fehler sind bei vielen Großbanken eher die Regel als die Ausnahme."

Er schrieb dies inmitten einer gewaltigen Rezession. Aber er schob die Schuld für diese Misserfolge direkt auf die Bankmanager, die dem „institutionellen Imperativ" folgten und gedankenlos das Verhalten anderer Banker kopierten, selbst wenn dieses Verhalten dumm war. Im „Financial Times Guide to Banking" warne ich die Leser davor, die Kreditvergabeentscheidungen der Banken als völlig rational zu betrachten. Viele Banker scheinen Moden zu folgen, die kommen und gehen. Sie haben die Angewohnheit, sich in einem Jahr auf eine bestimmte Art der Kreditvergabe zu stürzen, zum Beispiel auf Haushypotheken, die dann zu niedrig bewertet werden, sodass die Banken in diesem Bereich übermäßig exponiert sind, und sich dann in einem anderen Jahr auf einen anderen Sektor zu stürzen, beispielsweise auf Lagerhausbauer oder Landwirte. Buffett zog die düstere Schlussfolgerung, dass die Banker „eifrig wie Lemminge dem Anführer gefolgt sind; jetzt erleben sie das Schicksal von Lemmingen".[1]

Er wies darauf hin, dass ein Verschuldungsgrad von 20:1 die Stärken und Schwächen des Managements vergrößere, was zur Folge hatte, dass die meisten Banken im Jahr 1990 nicht mehr zu retten waren, auch wenn sie billig erschienen. Aber Wells Fargo war anders. Und zwar auf eine Art und Weise, die Sie in keiner Tabellenkalkulation oder Datenbank finden werden. Der Vorteil lag in der unscharfen Welt der Qualitäten von Menschen: „Mit Wells Fargo haben wir unserer Meinung nach die besten Manager der Branche gewonnen, Carl Reichardt und Paul Hazen."[2]

Im Bankenbereich hielt Buffett diese beiden für ebenso großartig wie die Kombination von Tom Murphy und Dan Burke bei Capital Cities/ABC im Medienbereich. Beide Partnerpaare zeichneten sich durch drei Merkmale aus:

- Als Paar waren sie stärker als die Summe ihrer Teile, weil jeder Partner den anderen verstand, ihm vertraute und ihn bewunderte.
- Sie achteten streng auf die Kosten – zum Beispiel nicht mehr Personal als unbedingt nötig –, aber sie bezahlten talentierte Mitarbeiter sehr gut.
- Sie blieben innerhalb ihrer jeweiligen Kompetenzkreise und ließen „ihre Fähigkeiten, nicht ihr Ego, bestimmen, was sie versuchen. (Thomas J. Watson, Sr. von IBM befolgte die gleiche Regel: ‚Ich bin kein Genie', sagte er. ‚Ich bin stellenweise klug – aber ich bleibe in der Nähe dieser Stellen.')"[3]

Berkshire Hathaway erwarb seine zehnprozentige Beteiligung an Wells Fargo zu einem Preis, der etwa dem Fünffachen des jüngsten Gewinns nach Steuern entsprach. Buffett wies die eventuell skeptischen, von der Rezession gebeutelten BH-Aktionäre darauf hin, dass die Bank eine

Eigenkapitalrendite von mehr als 20 Prozent erwirtschaftet hatte, und deutete an, dass sie mit so guten Managern wieder solche Renditen erzielen würde, sobald die Rezession vorbei sei.

Aber er wollte die BH-Aktionäre auf die Möglichkeit vorbereiten, dass die guten Zeiten vielleicht nicht obsiegen würden. Er sagte, der Besitz einer Bank sei „alles andere als risikolos“, und fuhr fort, die Schläge aufzulisten, die eine kalifornische Bank womöglich einstecken müsste, darunter ein großes Erdbeben, das die Kreditnehmer in Mitleidenschaft zieht; eine Rezession oder eine Finanzpanik, die so schwerwiegend ist, dass sie jedes noch so intelligent geführte Institut mit hohem Fremdkapitalanteil gefährden würde; und natürlich das Risiko, dass „die Immobilienwerte an der Westküste wegen übermäßiger Bautätigkeit einbrechen und den Banken, die die Expansion finanziert haben, große Verluste bescheren. Da Wells Fargo ein führender Immobilienkreditgeber ist, gilt es als besonders anfällig.“[4]

Buffett schätzte die Wahrscheinlichkeit eines Erdbebens und einer außergewöhnlich schweren Rezession oder Panik als gering ein. Die Bedrohung durch abstürzende Immobilienpreise war jedoch viel wahrscheinlicher. Das führte zu der nächsten Frage: Wie stark würde sich der erwartete Abschwung auf die Gewinne und die Bilanz von Wells Fargo auswirken?

In seiner Antwort wies Buffett darauf hin, dass Wells Fargo selbst nach Abzug von 300 Millionen Dollar für Kreditverluste einen Gewinn vor Steuern von weit über einer Milliarde Dollar erzielte. Er schlussfolgerte, dass selbst dann, wenn 1991 ein Zehntel aller 48 Milliarden Dollar an Krediten der Bank wegen Zahlungsausfällen und so weiter in Schwierigkeiten geraten, aber die Bank letztlich nicht mehr als 30 Prozent davon verlieren würde (nach einer gewissen Nachsicht bezüglich der Zahlungsfristen und einer gewissen Betreuung der Kreditnehmer), sie in etwa die Gewinnschwelle erreichen würde (30 Prozent von 4,8 Milliarden Dollar = 1,44 Milliarden Dollar an Kreditverlusten im Vergleich zu einem Gewinn vor Kreditverlusten von weit über 1,3 Milliarden Dollar).

Buffett betrachtete dieses Szenario als „eine geringe Möglichkeit, nicht als Wahrscheinlichkeit“. Und selbst wenn es ein so schlechtes Jahr gäbe, wäre es nicht beunruhigend. „In der Tat würden wir bei Berkshire gern Unternehmen erwerben oder in Kapitalprojekte investieren, die ein Jahr lang keine Rendite abwerfen, von denen dann aber erwartet werden kann, dass sie 20 Prozent auf ihr wachsendes Eigenkapital einbringen.“[5]

SOLLTEN SICH ANLEGER STEIGENDE ODER FALLENDE AKTIENKURSE WÜNSCHEN?

Der Rückgang der Bank-Aktien im Jahr 1990 ist ein gutes Beispiel für die Haltung wirklich disziplinierter Value-Investoren: Sie freuen sich, wenn die Aktien im Preis fallen. In Bezug auf Wells Fargo schrieb Buffett: „Wir begrüßten den Rückgang, weil er uns erlaubte, viele weitere Aktien zu den neuen, panischen Preisen zu erwerben.“ Anleger, also diejenigen, die davon ausgehen, dass sie ihr ganzes Leben lang Investitionen tätigen werden, sollten die Einstellung haben, zu kaufen, wenn Aktien billig sind, und sich daher gut fühlen, wenn die Kurse fallen, „stattdessen werden viele unlogischerweise euphorisch, wenn die Aktienkurse steigen, und unglücklich, wenn sie fallen“.

Wollen Sie, dass die Lebensmittelpreise steigen?

Buffett weist darauf hin, dass die Menschen in Bezug auf die Preisgestaltung bei Lebensmitteln nicht irrational sind. Sie wissen, dass sie im Laufe ihres Lebens Käufer von Lebensmitteln sein werden und begrüßen daher fallende Preise und lehnen steigende Preise ab. In seinem Brief von 1997 wird Buffett noch konkreter, indem er auf sein Lieblingsessen eingeht: Hamburger. „Wenn Sie vorhaben, Ihr ganzes Leben lang Hamburger zu essen, und kein Viehzüchter sind, sollten Sie sich dann höhere oder niedrigere Rindfleischpreise wünschen? Und wenn Sie ab und zu ein Auto kaufen, aber kein Autohersteller sind, sollten Sie dann höhere oder niedrigere Preise für Autos bevorzugen?“

Kleine Anteile an Unternehmen, sogenannte Aktien, berechtigen einen zu einem prozentualen Anteil an den Erträgen des Unternehmens in den kommenden Jahren, sodass Sie diese Rechte günstig erwerben sollten. „Viele Anleger machen hier einen Fehler. Obwohl sie noch viele Jahre lang Nettokäufer von Aktien sein werden, freuen sie sich, wenn die Aktienkurse steigen, und sind deprimiert, wenn sie fallen. In Wirklichkeit freuen sie sich, weil die Preise für die ‚Hamburger', die sie bald kaufen werden, gestiegen sind. Diese Reaktion macht keinen Sinn. Nur diejenigen, die in naher Zukunft zu den Verkäufern von Aktien gehören werden, sollten sich über steigende Kurse freuen. Potenzielle Käufer sollten sinkende Kurse viel lieber sehen ... Lächeln Sie also, wenn Sie eine Schlagzeile lesen, in der es heißt: ‚Investoren verlieren, wenn der Markt fällt.' Ändern Sie sie im Geiste in: ‚Desinvestoren verlieren, wenn der Markt fällt – aber Investoren gewinnen.' Auch wenn Autoren diese Binsenweisheit oft vergessen, kommt doch auf jeden Verkäufer ein Käufer, und was dem einen schadet, nützt zwangsläufig dem anderen. (Wie man beim Golfspiel sagt: ‚Jeder Putt macht *jemanden* glücklich.')“[6]

Niedrige Kurse werden durch Pessimismus verursacht. Manchmal beeinflusst die Angst die Aktienkurse auf breiter Front, ein anderes Mal ist sie spezifisch für ein Unternehmen oder eine Branche. Solche Momente sind ideal für Value-Investoren; die Momente, in denen sie sich in solide Unternehmen mit guten langfristigen Aussichten zu Preisen einkaufen können, die durch unangemessenen Pessimismus gedrückt werden. „Optimismus ist der Feind des rationalen Käufers.“[7]

Aber seien Sie kein wahlloser Antizykliker

Meistens ist ein Unternehmen aus sehr guten Gründen unpopulär und der Pessimismus von Mr. Market ist völlig gerechtfertigt. Auf einer Welle des Pessimismus zu kaufen wäre in den meisten Fällen unklug. „Was wir brauchen, ist Nachdenken, keine Umfragen. Leider trifft Bertrand Russells Beobachtung über das Leben im Allgemeinen mit ungewöhnlicher Kraft auf die Finanzwelt zu: ‚Die meisten Menschen würden lieber sterben, als nachzudenken. Und viele tun es.'"[8]

WAR ES RICHTIG, DASS WARREN GIERIG WAR, WÄHREND ANDERE ÄNGSTLICH WAREN?

Bei der Beantwortung dieser Frage gibt es zwei Aspekte.
Erstens: Stützten die Fakten aus der jüngsten Vergangenheit den Gedanken, dass es unwahrscheinlich war, dass Wells Fargo in der kalifornischen Rezession erhebliche Verluste erleiden würde?

Zweitens: Zeigen die Belege für den Zeitraum nach 1990 eine erfolgreiche Erholung nach dem Einbruch?

Wie stark war Wells Fargo in den 1980er-Jahren?

Carl Reichardt, der 1970 in das Unternehmen eingetreten war, wurde im Dezember 1982 Chairman und CEO von Wells Fargo, und so zeichnen wir die Entwicklung des Unternehmens ab diesem Zeitpunkt nach. Reichardt, der vom stellvertretenden Vorsitzenden Paul Hazen tatkräftig unterstützt wurde, erwarb sich einen wohlverdienten Ruf als Kostensenker. Selbst als die Ausgaben weit unter der Norm für den Bankensektor lagen, weigerte er sich, nachzulassen.

Eine wichtige Kennzahl in diesem Bereich ist der Anteil der zinsunabhängigen Aufwendungen, zum Beispiel Personal- und Immobilienkosten, an den Gesamterträgen. Die Erträge setzen sich aus den Nettozinsen und den zinsunabhängigen Erträgen wie Gebühren für die Verwaltung von Anlagen und Bankkonten zusammen.

Abbildung 1.1: Aufwendungen von US-amerikanischen Banken ohne Zinsaufwendungen in Prozent des Gesamterlöses, 1985 bis 1997[9]

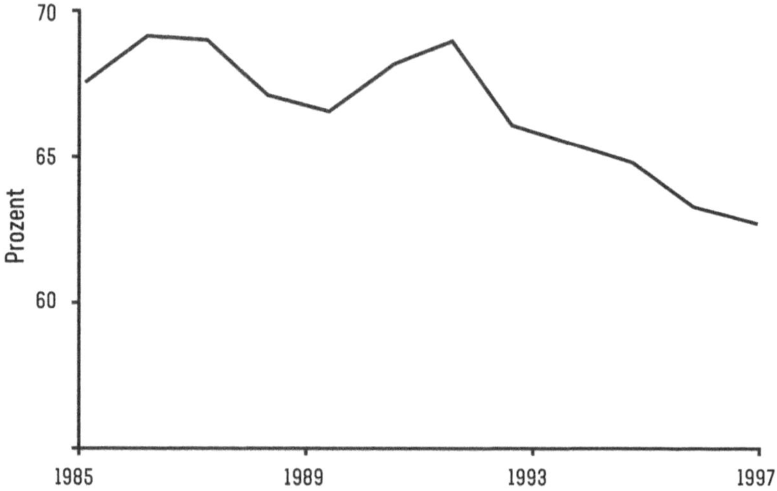

Abbildung 1.2: Aufwendungen von Wells Fargo ohne Zinsaufwendungen in Prozent des Gesamterlöses, 1983 bis 1989

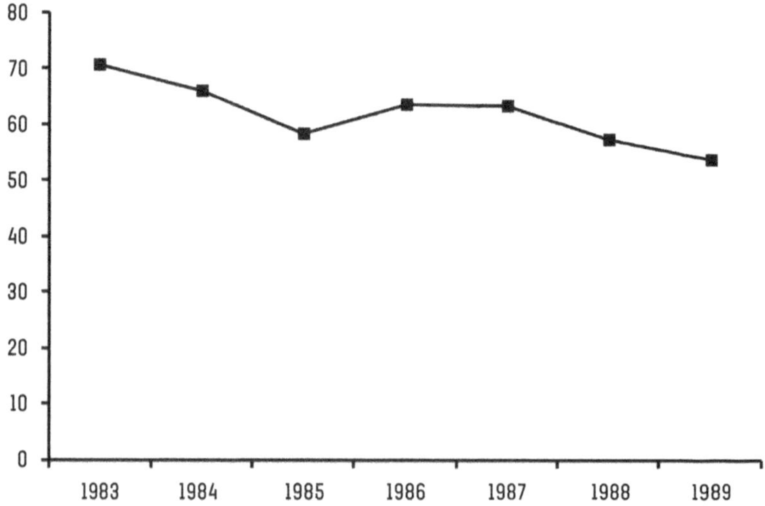

Quelle: Jahresberichte und Abschlüsse von Wells Fargo

Aus einem Vergleich von Abbildung 1.1 und Abbildung 1.2 wird deutlich, dass Wells Fargo wesentlich sparsamer wirtschaftete als der Durchschnitt der US-Banken.[10] Die durchschnittliche Bank gab Mitte bis Ende der 1980er-Jahre 66 bis 69 Cent pro Dollar Einnahmen für laufende Kosten aus. Bei Wells Fargo gelang es Reichardt und Hazen, die Ausgaben von über 70 Cent pro Ertragsdollar im Jahr 1983 auf nur 53,6 Cent im Jahr 1989 zu senken.

Wenn sich die Einnahmen auf Milliarden belaufen, kann eine Einsparung von einem Prozentpunkt einen großen Unterschied beim

Abbildung 1.3: Durchschnittliche Eigenkapitalrendite und durchschnittliche Gesamtkapitalrendite US-amerikanischer Geschäftsbanken 1970 bis 1997[11]

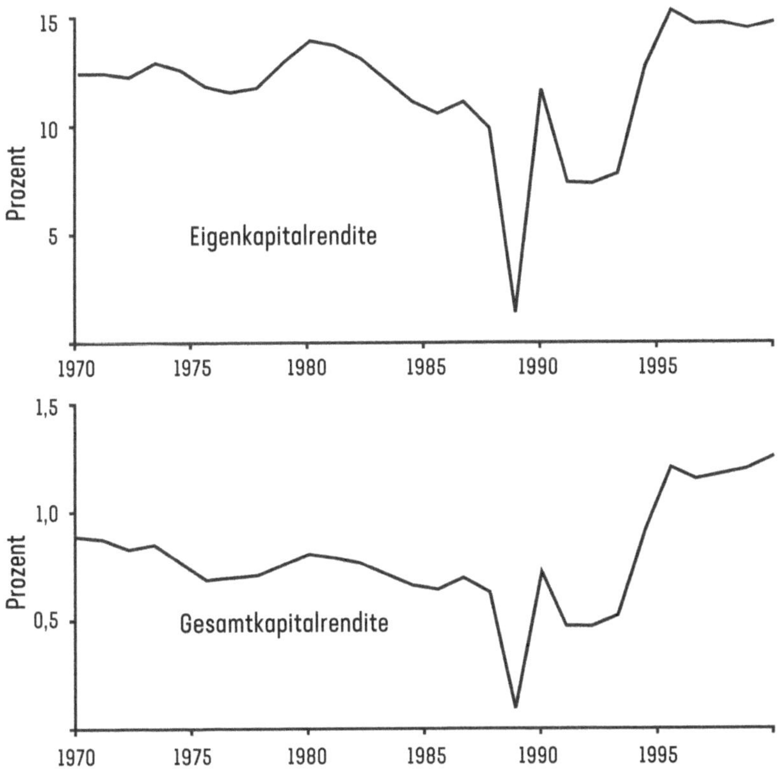

Gewinn ausmachen. Dies spiegelt sich in der Eigenkapitalrendite und der Rendite der Aktiva wider. Während der US-Bankensektor insgesamt im Zeitraum 1983 bis 1989 (mit Ausnahme des schlechten Jahres 1987 – siehe Abbildung 1.3) Eigenkapitalrenditen (RoE) von etwa zehn bis elf Prozent erzielte, erwirtschaftete das Wells-Fargo-Team Mitte der 1980er-Jahre für die Aktionäre Renditen von 12,51 bis 14,81 Prozent. In den letzten beiden Jahren der 1980er-Jahre steigerte es sich dann dramatisch und erzielte eine Eigenkapitalrendite von 23,99 bis 24,49 Prozent – weit über dem Branchendurchschnitt (siehe Abbildung 1.4).

Abbildung 1.4: Eigenkapitalrendite von Wells Fargo in Prozent, 1983 bis 1989

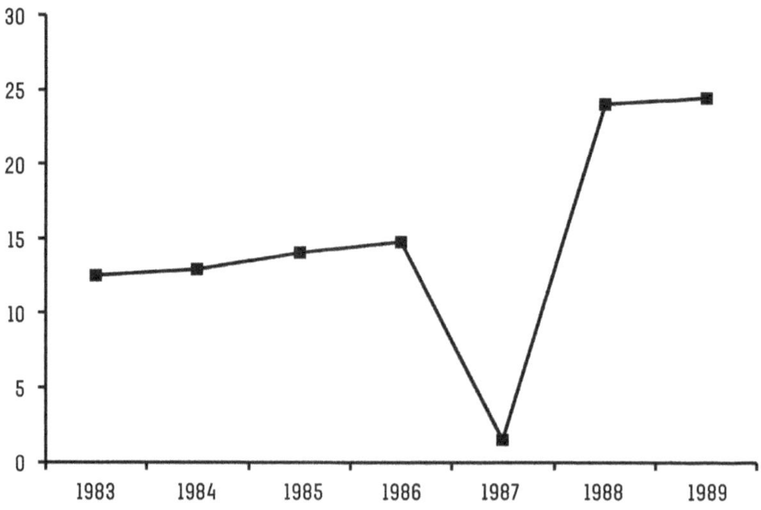

Quelle: Jahresberichte und Abschlüsse von Wells Fargo

Eine ähnlich überlegene Rentabilität zeigt sich bei der Gesamtkapitalrendite (Aktiva sind alle von Wells Fargo gehaltenen Kredite und sonstigen Rechte) in Abbildung 1.5. Während der Geschäftsbankensektor in den 1980er-Jahren Gewinne von etwa 0,6 bis 0,7 Prozent der

Abbildung 1.5: Gesamtkapitalrendite von Wells Fargo (auf gewährte Darlehen etc.) in Prozent, 1983 bis 1989

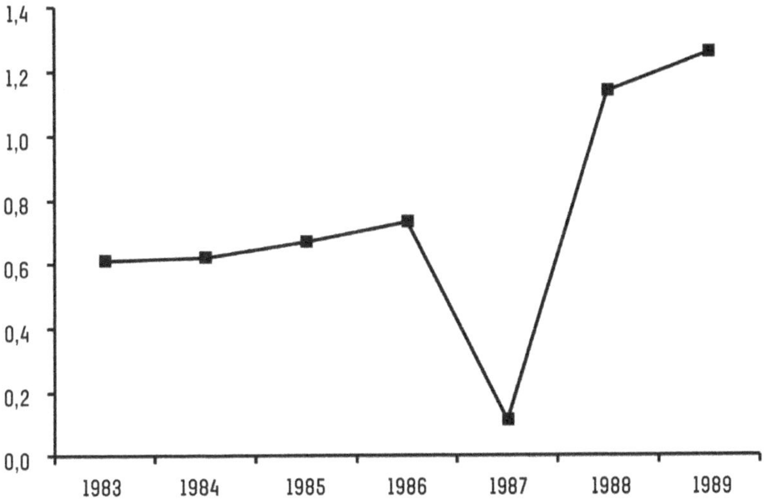

Quelle: Jahresberichte und Abschlüsse von Wells Fargo

Aktiva erzielte, steigerte Wells Fargo seine Gesamtkapitalrendite 1988 auf 1,14 Prozent und 1989 auf 1,26 Prozent.

Eine wichtige Messgröße für die Effizienz einer Bank ist die Differenz zwischen dem durchschnittlichen Zinssatz, den sie von Kreditnehmern verlangen kann, und dem Zinssatz, den sie zahlen muss, um Einlagen anzuziehen – die Nettozinsmarge.

In der Geschäftsbankbranche lag die Nettozinsmarge im Zeitraum 1983–1989 zwischen 3,7 und 4 Prozent (siehe Abbildung 1.6). Wells Fargo übertraf diese Zahlen bei Weitem und erreichte 1989 einen sehr lohnenden Wert von 5,11 Prozent (siehe Abbildung 1.7).

Es ist schön und gut, wenn man hohe Zinsspannen erreicht, aber was ist, wenn die Bank diese außergewöhnlichen Margen dadurch erzielt, dass sie Kredite an risikoreiche Kreditnehmer vergibt – die zwar mehr Zinsen zahlen, aber die Bank einem übermäßigen Risiko

Abbildung 1.6: Durchschnittliche Nettozinsmarge US-amerikanischer Geschäftsbanken, 1976 bis 1997*[12]

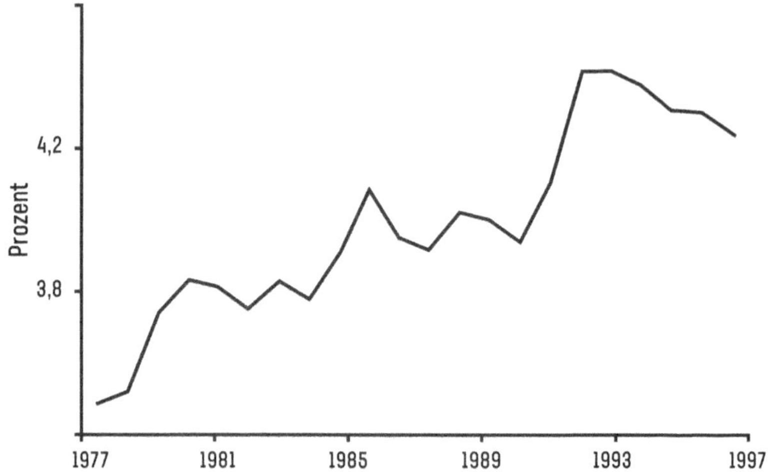

** Die Nettozinsmarge errechnet sich als Nettozinseinkommen durch zinstragende Vermögensgegenstände*

Abbildung 1.7: Nettozinsmarge von Wells Fargo in Prozent, 1983 bis 1989

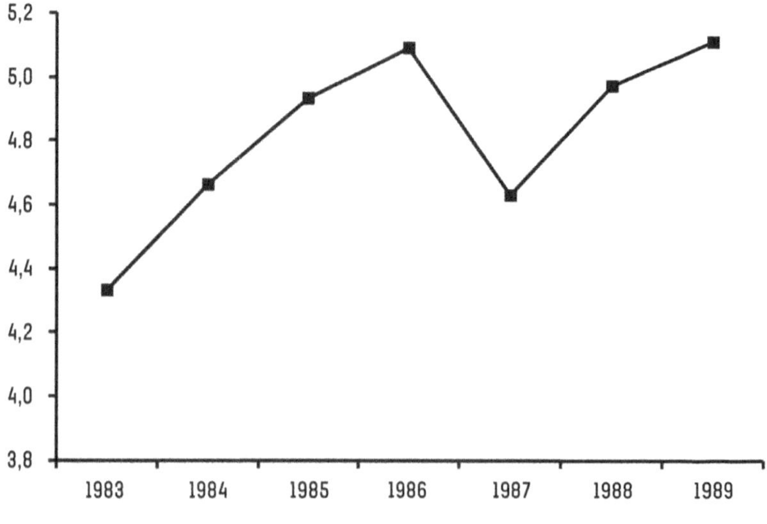

Quelle: Jahresberichte und Abschlüsse von Wells Fargo

aussetzen? Eine solche Politik könnte Geld durch Zinsen einbringen, das die Bank dann durch Zahlungsausfälle verliert.

Ein Maß für das Risiko bei Kreditentscheidungen ist der Prozentsatz der Kredite, bei denen die Bank aufgrund der Erfahrungen der letzten Jahre davon ausgeht, dass sie nicht abbezahlt werden, also ihre Verlustrückstellung. Dieser Wert wird für die durchschnittliche US-Geschäftsbank in Abbildung 1.8 zusammen mit den Nettoabschreibungen als Prozentsatz der ausstehenden Kredite dargestellt, die sich von den Rückstellungen unterscheiden, da sie die erwarteten Rückflüsse aus überfälligen Forderungen beinhalten.

Abbildung 1.8: Durchschnittliche Rückstellungen und Kreditabschreibungen in Prozent der Kredite, 1981 bis 1997[13]

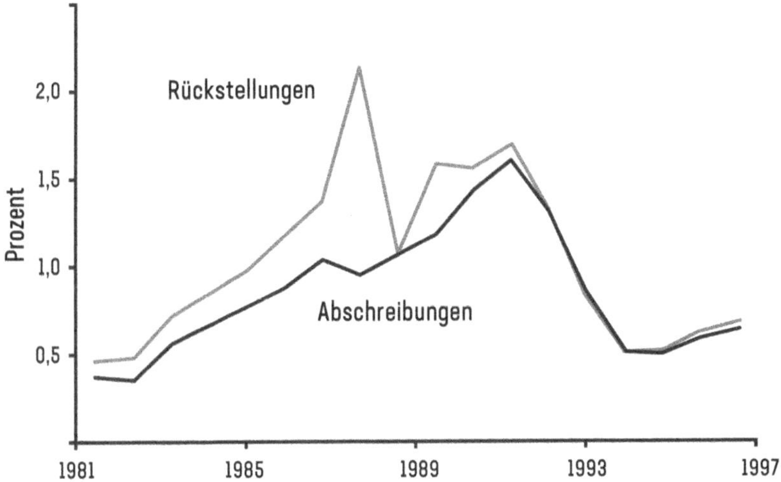

Mitte der 1980er-Jahre musste die typische Geschäftsbank Rückstellungen für Kreditverluste in Höhe von etwa 0,7 bis 1 Prozent bilden. Diese Quote erreichte 1987 einen Höchststand von über 2,1 Prozent und fiel dann auf etwa 1,5 Prozent zurück. Unter Berücksichtigung der

Wiedereinziehung von Geldern von säumigen Zahlern erreichten die Nettoabschreibungen in den 1980er-Jahren nicht mehr solche Höhen und blieben unter 1,1 Prozent der Kredite.

Im Zeitraum 1983–1989 hat Wells Fargo Kreditverluste in ähnlichem Umfang wie die Branche berücksichtigt (siehe Abbildung 1.9), mit Ausnahme des Jahres 1987, in dem Wells Fargo auf Druck der Bankenaufsicht satte 2,42 Prozent der Forderungen einkalkulierte. Unter Berücksichtigung der Rückflüsse von säumigen Zahlern betrug die Abschreibungsquote jedoch nur 0,73 Prozent.

Abbildung 1.9: Durchschnittliche Rückstellungen und Kreditabschreibungen in Prozent der Kredite, 1983 bis 1989

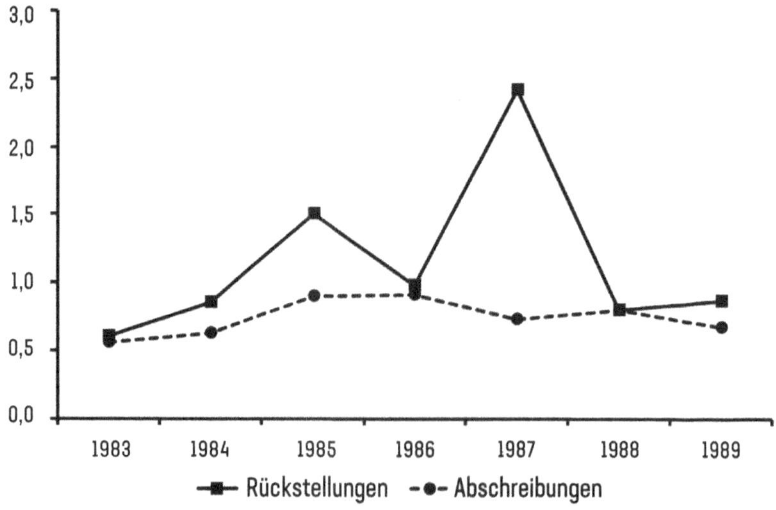

Quelle: Jahresberichte und Abschlüsse von Wells Fargo

Es gibt also keine Beweise für die These, dass die Manager von Wells Fargo ungewöhnlich risikoreiche Kredite vergeben hätten. In der Tat waren sich die beiden leitenden Angestellten sehr wohl der Notwendigkeit bewusst, bei der Kreditvergabe vorsichtig zu sein und sich auf wirtschaftliche Abschwünge vorzubereiten, wie diese von Reichardt und Hazen verfasste Passage im Jahresbericht 1989 von Wells Fargo zeigt:

> „Manche Kalifornier werden sich gern an die 1980er-Jahre erinnern als eine Zeit kräftigen Wachstums, steigender Beschäftigung, steigender Immobilienwerte ... und einer zunehmenden Belastung durch private Schulden.
> Niemand kann genau vorhersehen, wie sich diese Hinterlassenschaften auf die Zukunft unserer Wirtschaft auswirken werden. Wir können uns auch nicht vorstellen, welche neuen Herausforderungen die 1990er-Jahre bringen werden. Wir wissen nur, dass dieses Jahrzehnt wahrscheinlich genauso viele Herausforderungen und Überraschungen bereithalten wird wie das alte – und dass wir darauf am besten vorbereitet sein sollten.
> Bei Wells Fargo ... haben wir uns im vergangenen Jahr intensiv darauf vorbereitet, mit den Veränderungen im Wirtschafts- und Wettbewerbsumfeld fertigzuwerden, die der Beginn des neuen Jahrzehnts mit sich bringen könnte.
> In erster Linie haben wir unser Kreditportfolio so zusammengestellt, dass die Wahrscheinlichkeit unangenehmer Überraschungen verringert wird, falls die Wirtschaft in eine Rezession abgleiten sollte."

Sie verringerten klugerweise die Kreditvergabe an Entwicklungsländer und verlagerten ihre Aktiva von Gewerbeimmobilien auf Hypotheken für Eigenheime, die in Rezessionen eine viel geringere Ausfallquote aufweisen. Bei der Kreditvergabe an Unternehmen mit hohem Fremdkapitalanteil, die höhere Zinsen zahlen, vermieden sie es, große Positionen mit einem Kreditnehmer einzugehen.

Neben den Daten zur betrieblichen Effizienz, die ich in den Schaubildern dargestellt habe, konnten Warren Buffett und Charlie Munger

Abbildung 1.10: Nachsteuergewinn von Wells Fargo in Millionen USD, 1983 bis 1989

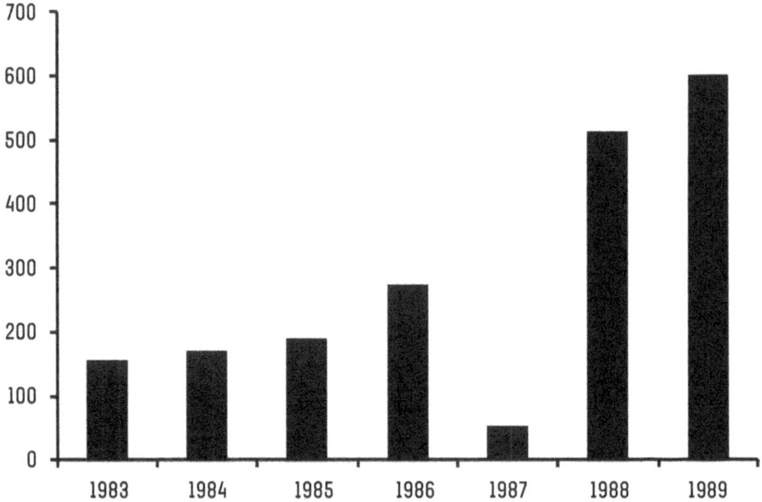

Quelle: Jahresberichte und Abschlüsse von Wells Fargo

auch auf die annähernde Vervierfachung der Gewinne und des Gewinns je Aktie blicken, seit Reichardt und Hazen die Geschäfte führten (siehe Abbildungen 1.10 und 1.11). Für die 1989 und 1990 gekauften Aktien bezahlte Berkshire Hathaway im Durchschnitt 57,89 Dollar, was bedeutet, dass das Kurs-Gewinn-Verhältnis auf der Grundlage der Gewinne von 1989 lediglich 5,25 und die Dividendenrendite 5,7 Prozent betrug.

Die Frage, die sich Buffett und Munger 1990 stellten, lautete: Wie hoch ist angesichts dieser Gewinnhistorie die Ertragskraft von Wells Fargo? Liegt sie über 600 Millionen Dollar – in diesem Fall bedeutete eine Marktkapitalisierung von weniger als drei Milliarden Dollar, dass das Unternehmen ein Schnäppchen war. Oder handelte es sich lediglich um ein Unternehmen, dessen gute Unternehmensleistung in den freundlichen 1980er-Jahren ein Strohfeuer war und dessen Schwachstellen

Abbildung 1.11: Gewinn pro Aktie und Dividende pro Aktie von Wells Fargo in USD, 1983 bis 1989

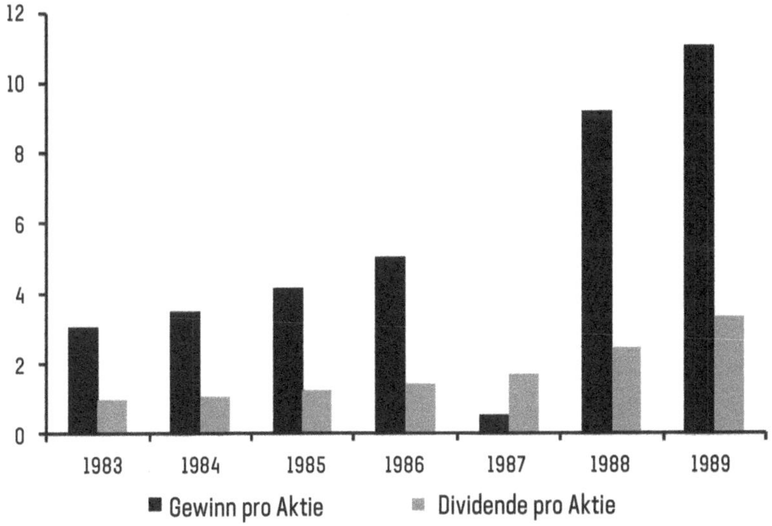

Quelle: Jahresberichte und Abschlüsse von Wells Fargo

bedeuteten, dass die Rezession der frühen 1990er-Jahre bestenfalls zu geringeren Gewinnen und schlimmstenfalls zu einem völligen Misserfolg führen würde?

WELLS FARGO WIRD GESHORTET

In der Öffentlichkeit gab es viele Unkenrufe, die Buffett und Munger wegen eines schrecklichen Fehlers anprangerten. Schließlich betrug das bilanzielle Eigenkapital von Wells Fargo mit 2,5 Milliarden Dollar weniger als ein Fünftel der 14 Milliarden Dollar, die das Unternehmen an Gewerbebetriebe und Landwirte verliehen hatte. Und dann gab es noch weitere vier Milliarden Dollar, die für den Bau von Gebäuden verliehen wurden. Was wäre, wenn, sagen wir, ein Viertel dieser Kreditnehmer seine Schulden nicht zurückzahlen könnte? Dann würde für den ehrwürdigen Namen von Wells Fargo, der elftgrößten Bank Amerikas, der Vorhang fallen.

Ein erster Riss? Im Juni 1990 stufte Moody's die vorrangigen Schuldpapiere von Wells Fargo von A1 auf Aa3 herab, weil man sich Sorgen über den sich verschlechternden kalifornischen Gewerbeimmobilienmarkt und die fremdfinanzierte Bilanz der Bank machte.

Die bekanntesten Leerverkäufer Amerikas waren damals die Brüder Feshbach. Ihr Unternehmen verdiente Geld, indem es sich von Finanzinstituten Aktien von in Schwierigkeiten geratenen Unternehmen lieh, um sie zu verkaufen und später zu einem niedrigeren Preis zurückzukaufen. Sie gaben bekannt, dass sich das Kreditportfolio von Wells Fargo in einem schlechteren Zustand befinde, als das Unternehmen zugeben wolle. Tom Barton, ein in Dallas ansässiger Partner der Firma, sagte, wenn der Immobilienmarkt in Kalifornien zusammenbreche, „ist es für die Bank vielleicht nicht vorbei, aber die Lage wäre katastrophal".[14] Er erwartete (hoffte), dass die Wells-Fargo-Aktien auf deutlich unter 20 Dollar fallen würden (sie wurden damals zu 50 Dollar gehandelt).

George M. Salem von der Wall-Street-Niederlassung von Prudential-Bache Securities bezeichnete Wells Fargo als die anfälligste der kalifornischen Banken. Er sagte: „Hier ist eine Analogie für die Kalifornier: Wells Fargo hat ein Haus für ein Erdbeben der Stärke 6 auf der Richterskala für finanzielle Erschütterungen gebaut, aber wir werden ein Beben der Stärke 7 oder 8 erleben ... [Wells Fargos Dividende] könnte sich schnell verschlechtern."[15]

Richard X. Bove von Dean Witter äußerte sich ebenfalls negativ. „Die Aktie ist zum Teufel gegangen, (weil) Wells Fargo eine stark verschuldete Bank ist."[16] John Taylor schrieb in *Forbes*: „Ein Wertverlust von nur zehn Prozent bei den Krediten würde mehr als die Hälfte des Eigenkapitals von Wells Fargo aufzehren."[17] Und der erfahrene kalifornische Immobilienentwickler G. William Tischer schätzte, dass „die meisten der nach 1984 gebauten Büros den Betrag der Kredite nicht mehr wert sind".[18]

Carl Reichardt antwortete ruhig und entschlossen: „Wenn [der Wert der kalifornischen Immobilien] vom Erdboden verschwindet, wird das zu Problemen führen. Glaube ich, dass das passieren wird? Nein."[19]

Und offensichtlich waren Buffett und Munger nicht mit den Pessimisten einverstanden. Im Nachhinein können wir beurteilen, wer näher an der Wahrheit war, wenn wir uns die Gewinne und Effizienzkennzahlen der folgenden Jahre ansehen.

WIE HAT SICH WELLS FARGO IN DER REZESSION GESCHLAGEN?

Das Geheimnis einer erfolgreichen Bank besteht darin, Kredite mit einer guten Marge zu vergeben, die über den Kosten für die Beschaffung dieser Mittel von den Einlegern und so weiter liegt, gleichzeitig die Betriebskosten niedrig zu halten und die Verluste durch den Ausfall von Kreditnehmern zu verringern. Es ist hilfreich, wenn es auch reichlich zinsunabhängige Einnahmen gibt, zum Beispiel Gebühren aus der Anlageverwaltung. Wenn an diesen Fronten alles gut läuft, wird die Bank eine hohe Eigenkapitalrendite erzielen.

Die erste wichtige Beobachtung, wenn man den Zeitraum bis zur großen Fusion mit der First Interstate Bank im Jahr 1996 betrachtet, ist, dass die Nettozinsmarge von Wells Fargo in jedem Jahr über fünf Prozent lag, manchmal sogar deutlich darüber. Im Jahr 1995 betrug sie 5,8 Prozent, und selbst im Rezessionsjahr 1992 lag sie bei 5,7 Prozent. Dies ist sehr gut im Vergleich mit der durchschnittlichen US-Geschäftsbank, die zwischen 1990 und 1995 nur eine Nettozinsmarge von 4,2 bis 4,3 Prozent erzielte.

Das ist also das erste Schlüsselelement, das Buffett und Munger sehen mussten – viel Geld, das in Form von Zinsen aus dem Verleih von eingezahltem Geld kommt. Aber was ist mit den Kosten für den Betrieb der Bankgeschäfte, die zur Erwirtschaftung dieser Zinsen erforderlich sind, also mit den zinsunabhängigen Ausgaben?

Diese stiegen 1991 zwar um 18 Prozent (von 1,7 Milliarden Dollar auf zwei Milliarden Dollar), doch war dies hauptsächlich auf den Kauf mehrerer kalifornischer Banken im Vorjahr zurückzuführen: die Great American Bank of San Diego (92 Niederlassungen, 4,4 Milliarden Dollar Einlagen), die Citizens Holdings Bank (sechs Niederlassungen, 207 Millionen Dollar Einlagen) und vier weitere, die zusammen 28 Niederlassungen und 1,5 Milliarden Dollar an Einlagen einbrachten. Natürlich brachten sie auch laufende Ausgaben mit sich. Danach stiegen die Ausgaben langsam an, bis 1996 um etwa zwei Prozent pro Jahr.

Um die Auswirkungen der Ausgaben auf die Renditen für die Aktionäre zu verstehen, müssen wir sie zu den Einnahmen in Beziehung setzen, was Sie in Abbildung 1.12 sehen können. Die Erträge setzen sich aus den Nettozinsen und den zinsunabhängigen Erträgen (zum Beispiel Gebühren und Provisionen, Dienstleistungsgebühren, Treu-

Abbildung 1.12: Aufwendungen von Wells Fargo ohne Zinsaufwendungen in Prozent des Gesamterlöses, 1990 bis 1995

Quelle: Jahresberichte und Abschlüsse von Wells Fargo

hand- und Wertpapierdienstleistungen, Beratungsleistungen und so weiter) zusammen.

Die Ausgaben von Wells Fargo konnten unter 60 Prozent der Einnahmen gehalten werden, bevor sie 1995 auf 54 Prozent sanken. Im übrigen Bankensektor erreichten die zinsunabhängigen Ausgaben einen Spitzenwert von etwa 69 Prozent und fielen nicht unter 63 Prozent – siehe Abbildung 1.1. Reichardts und Hazens Laserfokus auf die Kosten zahlte sich aus; Wells Fargo war eine der effizientesten, wenn nicht sogar die effizienteste Bank in Amerika.

Ein großer Abstand zwischen Einnahmen und Ausgaben ist gut, reicht aber nicht aus, um hohe Gewinne zu gewährleisten. Man muss auch wissen, ob viel Geld durch Kreditabschreibungen und andere Zahlungsausfälle verloren gegangen ist.

In den Jahren der Rezession stiegen die Rückstellungen für Verluste tatsächlich an. Während die Direktoren 1990 nur 310 Millionen Dollar zurückstellten, mussten sie 1991 1.335 Millionen Dollar, 1992 1.215 Millionen Dollar und 1993 550 Millionen Dollar zurückstellen. Als Prozentsatz der Kredite waren dies 1990 nur 0,6 Prozent, 1991 und 1992 jedoch über drei Prozent.

Buffett lag mit seiner Schätzung der Kreditrückstellungen für eine Rezession fast genau richtig. Im Jahr 1990 war er zu dem Schluss gekommen, dass die Bank selbst dann in etwa die Gewinnschwelle erreichen würde, wenn jeder zehnte von Wells Fargo gewährte Kredit (insgesamt 48 Milliarden Dollar) in Schwierigkeiten geriete und nach einer gewissen Nachsicht und Umstrukturierung schließlich etwa ein Drittel dieser Kredite vollständig ausfiele – die Verluste aus den Kreditausfällen würden sich auf etwa 1,44 Milliarden Dollar belaufen und die Einnahmen aus Nettozinsen und zinsunabhängigen Quellen (abzüglich der laufenden Kosten) wären etwa gleich hoch.

Abbildung 1.13 zeigt, wie es ausgegangen ist. Der Gewinn nach Steuern sank in der Tat von 712 Millionen Dollar im Jahr 1990 auf 21 Millionen Dollar im Jahr 1991, was auf die erwarteten Milliardenverluste bei

Abbildung 1.13: Der Nachsteuergewinn von Wells Fargo in Millionen USD, 1990 bis 1995

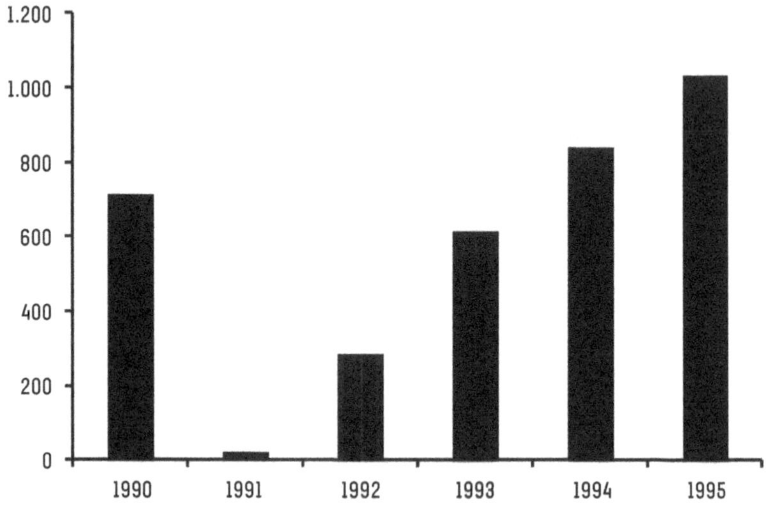

Quelle: Jahresberichte von Wells Fargo

den notleidenden Krediten zurückzuführen war. Man beachte jedoch, dass die Nettozinserträge von 2,3 Milliarden Dollar auf 2,5 Milliarden Dollar stiegen und die zinsunabhängigen Erträge bei 0,9 Milliarden Dollar blieben. Beide Einnahmequellen stiegen dann bis 1995 stetig an, während die Rückstellungen für Kreditausfälle Mitte der 1990er-Jahre auf einen sehr geringen Betrag zurückgingen. Daraus ergibt sich der starke Anstieg der Gewinne – auf über eine Milliarde Dollar –, des Gewinns pro Aktie und der Dividende.

Wie Abbildung 1.14 zeigt, stieg der Gewinn pro Aktie im Jahr 1995 auf 20,37 Dollar. Berkshire hatte für diese Aktien durchschnittlich 57,88 Dollar gezahlt.

Bis 1994 erreichte die Eigenkapitalrendite mit 22,4 Prozent ein ähnliches Niveau wie im Boom der 1980er-Jahre – siehe Abbildung 1.15. Im Jahr 1995 wurde eine erstaunliche Eigenkapitalrendite von

Abbildung 1.14: Gewinn pro Aktie und Dividende pro Aktie von Wells Fargo in USD, 1990 bis 1995

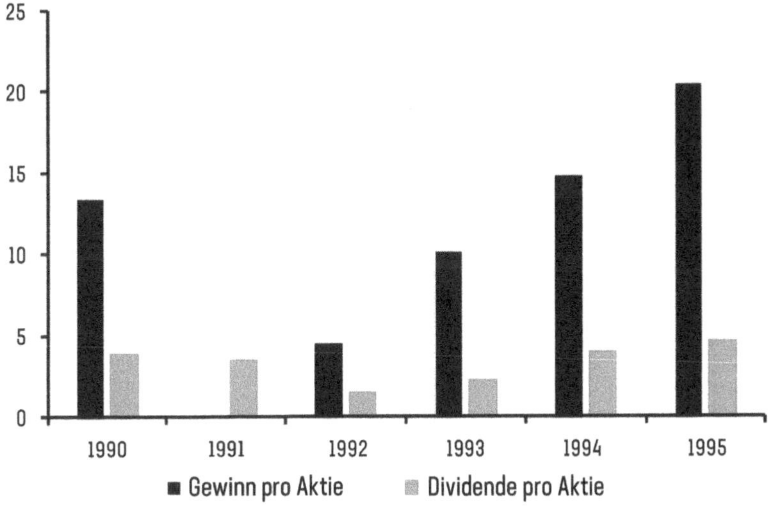

Quelle: Jahresberichte von Wells Fargo

Abbildung 1.15: Eigenkapitalrendite von Wells Fargo in Prozent, 1990 bis 1995

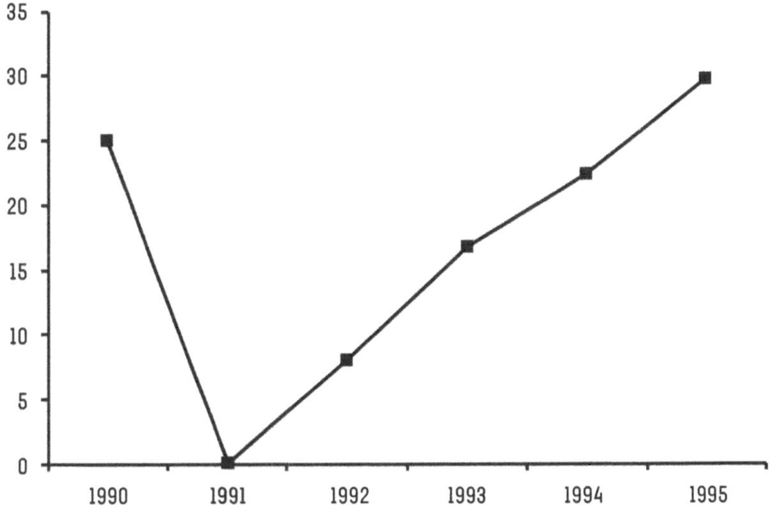

Quelle: Jahresberichte und Abschlüsse von Wells Fargo

Abbildung 1.16: Jahresschlusskurse der Aktie von Wells Fargo in USD, 1990 bis 1995

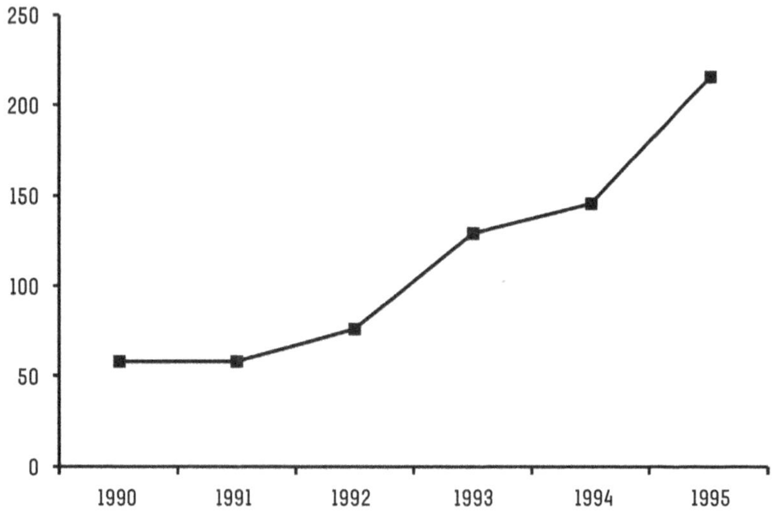

Quelle: Jahresberichte und Abschlüsse von Wells Fargo

29,7 Prozent erzielt, die weit über dem respektablen Durchschnitt von 15 Prozent der US-Geschäftsbanken lag (siehe Abbildung 1.3). Wells Fargo war in jenem Jahr sogar die profitabelste große US-Bank.

Natürlich stiegen die Aktien als Reaktion auf die großartigen Zahlen der Bank – siehe Abbildung 1.16. Innerhalb von sechs Jahren vervierfachten sie sich und erreichten 1995 einen Stand von 229 Dollar.

Buffett und Munger hatten ihre Wette gewonnen. Die Gebrüder Feshbach verloren 1991 mit Wells Fargo rund 50 Millionen Dollar, weil sie gezwungen waren, geshortete Aktien zu hohen Preisen zurückzukaufen.[20]

DAS MANAGEMENT EINER BANK: DIE GRUNDPRINZIPIEN

Die Geschäftsphilosophie, die Wells Fargo unter der 12-jährigen Führung von Reichardt verfolgte, gibt uns Hinweise darauf, warum das Unternehmen die kalifornische Rezession 1990–1993 problemlos überstehen konnte. Die Philosophie, die jedem Mitarbeiter – vom Kassierer bis zum leitenden Angestellten – eingeimpft wurde, wurde im Jahresbericht 1994 dargelegt, nachdem Reichardt im Alter von 63 Jahren von seinen Führungsaufgaben zurückgetreten war.[21] Der neue Vorsitzende Paul Hazen und der Präsident William Zuendt waren stolz auf die Unternehmenskultur, die sie unter Reichardts Führung mitgestaltet hatten, und stellten daher die wichtigsten Grundsätze heraus, die ihrer Meinung nach von jedem, der bei Wells Fargo arbeitet, leicht verstanden und angewendet werden können.

Führen, als gehöre sie einem

> „Unsere Manager übernehmen die Verantwortung, wie die Eigentümer ihrer Geschäftseinheiten zu handeln. Die Eigentümer wissen, wofür jeder Dollar ausgegeben wird. Sie kennen die Rendite, die sie mit ihrem Kapital erwirtschaften. Sie setzen sich Ziele für die Rendite, die sie von geplanten Investitionen erwarten, weil sie ihr eigenes Geld verwenden. Ihre Beteiligung am Unternehmen führt zu disziplinierten Entscheidungen und soliden Leistungen."[22]

Sie fügten hinzu, dass die Mitarbeitervergütung so gestaltet wurde, dass sie ein eigentümerähnliches Verhalten förderte. So war beispielsweise die Vergütung der Führungskräfte an die Rendite des Unternehmens für die Aktionäre gekoppelt. Von den leitenden Angestellten wurde erwartet, dass sie eine Menge an Unternehmensaktien hielten, sodass sie in guten Zeiten zusammen mit den Aktionären belohnt und in schlechten Zeiten an den Verlusten beteiligt wurden. Darüber hinaus wurden alle Mitarbeiter durch verschiedene Aktienkaufpläne ermutigt, Aktien zu halten. Die Hälfte machte von diesem Angebot Gebrauch.

Die Zahlen kennen

> „Es reicht nicht aus, nur die Einnahmen und Ausgaben zu verfolgen. Manager müssen die Dynamik ihres Geschäfts kennen – wo sie Geld verdienen und wo sie es verlieren. Sie müssen jedes potenzielle Geschäft und jede Initiative auf die damit verbundenen Risiken im Vergleich zu den zu erzielenden Gewinnen prüfen."[23]

Die Manager wurden dafür verantwortlich gemacht, inwieweit sie bei der Rendite auf das eingesetzte Eigenkapital über den Branchennormen lagen.

Die Kunden kennen

> „Es ist für unser Geschäft von grundlegender Bedeutung, jeden unserer Geschäftskunden zu kennen und so viel wie möglich über unsere Privatkunden zu erfahren ... In unserem Retailgeschäft führen wir eine Vielzahl von Verhaltensanalysen durch, um unsere Kunden zu kennen."

Dieses Prinzip verbesserte die Fähigkeit, zusätzliche Produkte zu verkaufen. So wurde etwa die Kreditwürdigkeit der Kunden im Voraus geprüft, sodass sie, wenn sie einen Verbraucherkredit beantragten oder dazu aufgefordert wurden, einen solchen in Erwägung zu ziehen, bereits eine Vorabgenehmigung hatten. Die Mitarbeiter wurden ermutigt, dem Kunden beim nächsten Kontakt mit der Bank ein gutes Kreditangebot zu unterbreiten. Sie wollten sich von anderen Finanzdienstleistern abheben, indem sie einen hervorragenden Kundenservice boten und stets nach neuen Produkten suchten, die die Kunden oft noch gar nicht bei einer Bank gekauft hatten. „Gute Produkte und Lieferoptionen locken neue Kunden zu Wells Fargo. Großartiger Service wird sie halten."

Gute Mitarbeiter entwickeln

> „Wir suchen nach Mitarbeitern, die nicht nur über die entsprechenden Kenntnisse und Fähigkeiten verfügen, sondern auch das Wettbewerbsumfeld verstehen, eine klare Vorstellung davon haben, wie sich ihre Aufgabe in das Unternehmen einfügt, und die ihre Arbeit dann auch richtig erledigen."[24]

Managern wurde mehr Autorität und Autonomie gewährt, wenn sie sich als würdig erwiesen. Dies bedeutete, dass sie bessere Ergebnisse für Aktionäre und Kunden erzielen mussten. Unternehmerisches Denken und dezentralisierte Entscheidungsfindung wurden als wichtig erachtet. „Im Laufe der Jahre war unser Erfolg bei der Entwicklung solcher Manager an der Zahl derer messbar, die später andere Finanzunternehmen leiteten."[25]

Die Ausgaben kontrollieren

> „Wells Fargo ist bekannt für die Effizienz seiner Geschäftstätigkeit. Wir wissen, dass wir die Marktkräfte oder die Zinssätze nicht kontrollieren können, aber wir können die Betriebskosten kontrollieren ... Das bedeutet, dass wir unsere Geschäftsbereiche ständig überprüfen und diejenigen aufgeben, die nicht mehr sinnvoll sind, und dann die Mittel umschichten, um uns als kostengünstiger Produzent für die Zukunft zu positionieren.
> Wir wissen auch, dass wir uns nicht allein auf unsere niedrige Kostenstruktur verlassen können, um die historischen Renditen des Unternehmens für die Aktionäre aufrechtzuerhalten ... Wir werden die Kundeneinnahmen steigern *und* einer der effizientesten Akteure in unserer Branche bleiben müssen."[26]

Charlie Munger erzählte auf der Jahreshauptversammlung von Berkshire Hathaway 1991 eine Geschichte: Ein Wells-Fargo-Manager wollte einen Weihnachtsbaum für das Büro kaufen. Reichardt sagte „okay", aber nur von seinem eigenen Geld. Munger sagte: „Als wir das hörten, kauften wir Aktien nach."[27]

Reichardts Vermächtnis

Reichardt verstand sich eher als Geschäftsmann denn als Banker, der wie Buffett und Munger den Erfolg vor allem an der Erzielung hoher Renditen auf das im Unternehmen eingesetzte Eigenkapital festmachte. Er war nicht an Wachstum um seiner selbst willen interessiert, sondern nur dann, wenn eine hervorragende Rendite für die Aktionäre zu erwarten war. Er konzentrierte die Aufmerksamkeit von Wells Fargo auf Kalifornien, wo die Manager innerhalb ihres Kompetenzbereichs arbeiten konnten. Er predigte die Notwendigkeit, sich auf einige wenige Kerngeschäfte zu konzentrieren, das Gewöhnliche außergewöhnlich gut zu machen und die Kosten stets niedrig zu halten.

Diese Grundsätze waren bei Wells Fargo bereits fest etabliert, bevor Berkshire in das Aktienregister eingetragen wurde. Daher muss es Buffett und Munger warm ums Herz geworden sein, als sie hörten, wie Reichardt den Mitarbeitern diese einfachen Ideen und Standards nahebrachte.

Das von Reichardt und Hazen geschaffene Team brachte dem Unternehmen den Ruf als effizienteste Bank des Landes ein. Aber diese Effizienz war nicht nur auf Kosteneinsparungen fixiert. Wells Fargo war auch eine höchst innovative Bank, die schnell auf Neues reagierte, vom Geldautomaten bis zum Telefonbanking.

> „Eines von Reichardts Vermächtnissen wird sein, dass er ein starkes Nachfolgeteam zusammengestellt hat", sagte Thomas

> Brown, Analyst bei Donaldson, Lufkin & Jenrette Securities. „Es ist das größte Kompliment für einen CEO, wenn man sagen kann, dass das Unternehmen so gut geführt ist, dass es ohne ihn keine Sekunde stocken wird."[28]

Warren Buffett zollte in seinem Brief von 1994 Anerkennung: „Carl Reichardt ... hatte in den letzten Jahren mit sehr schwierigen Bedingungen in der Branche zu kämpfen. Aber [sein] Geschick als Manager ermöglichte es dem Unternehmen ... aus [dieser] Periode mit einem Rekordergebnis hervorzugehen. [Er] bereitete sich gut auf seinen Abschied vor und hinterließ [das] Unternehmen in hervorragenden Händen. Wir schulden [ihm] unsere Dankbarkeit."

BERKSHIRE HATHAWAY WILL NOCH MEHR DES GUTEN

Die Bankvorschriften untersagten es Berkshire Hathaway zunächst, mehr als zehn Prozent von Wells Fargo zu erwerben. Als diese Vorschriften jedoch gelockert wurden, konnte Buffett zusätzliche Anteile erwerben, da ihn die soliden Leistungskennzahlen und die Eindämmung der Kreditausfälle während der Rezession beruhigten. Er begann, die wirtschaftliche Erholung im Rest des Landes zu beobachten, und wusste, dass es nicht lange dauern würde, bis Kalifornien folgen würde. Dann würden die Gewinne in die Höhe schnellen, da die Kreditausfälle nahezu verschwunden sein und die boomenden Verbraucher und Unternehmen eine immer größere Vielfalt an Dienstleistungen von Wells Fargo in Anspruch nehmen würden.

Insgesamt kaufte BH in den Jahren 1992 und 1993 weitere 1,8 Millionen Aktien zu Preisen, die deutlich über denen von 1990 lagen, aber immer noch weit unter den Preisen, die Mr. Market nur drei oder vier Jahre später ansetzte – siehe Tabelle 1.1.

Tabelle 1.1: Berkshire Hathaways Aktienpositionen in Wells Fargo, 1989 bis 1995

	Anzahl Aktien	**Prozentuale Beteiligung an Wells Fargo**	**Kosten: Käufe des betreffenden Jahres und kumulative Kosten**	**Kosten pro im betreffenden Jahr gekaufter Aktie**	**Marktwert zum Jahresende**
1989–1990	5.000.000 gekauft	nicht ganz 10 %	289 Mio. USD	57,9 USD	289 Mio. USD
1992	1.358.418 nachgekauft Gesamt: 6.358.418	11,5 %	Zusätzliche Kosten: 92 Mio. USD	67,7 USD	486 Mio. USD
1993	432.800 nachgekauft Gesamt: 6.791.218	12,2 %	Gesamtkosten: 381 Mio. USD	98,7 USD	879 Mio. USD
1994	Rückkauf rund eines Zehntels der Stammaktien durch Wells Fargo BH gesamt: 6.791.218	13,3 %	Zusätzliche Kosten: 43 Mio. USD		985 Mio. USD
1995	Rückkauf rund eines Zehntels der Stammaktien durch Wells Fargo BH gesamt: 6.791.218	14,5 %	Gesamtkosten: 424 Mio. USD		1.467 Mio. USD

Wells Fargo kaufte 1994 und 1995 eigene Aktien zurück, weil „das Unternehmen mehr Kapital erwirtschaftet hat, als wir in unserem Geschäftsbetrieb oder bei für uns wirtschaftlich sinnvollen Übernahmen gewinnbringend einsetzen können".[29]

Mithilfe des Aktienrückkaufprogramms von Wells Fargo (und weil BH keine Aktien verkaufte) wuchs der Anteil von BH bis Ende 1995 auf 14,5 Prozent des Eigenkapitals an. Zu diesem Zeitpunkt wurden die Aktien, die BH insgesamt 424 Millionen Dollar gekostet hatten, an der Wall Street mit 1.467 Millionen Dollar bewertet.

VERDOPPELUNG DER BANK, DANN NOCHMALIGE VERDOPPELUNG – IN NUR ZWEI JAHREN

Wells Fargo wurde durch Fusionen aufgebaut. Von seiner Gründung im Jahr 1852 bis Mitte der 1990er-Jahre hat es fast 500 Unternehmen übernommen. In der Regel erzielte das Unternehmen dadurch beeindruckende operative Synergien und konnte sein Dienstleistungsangebot für die Kunden erweitern und verbessern.

Die Übernahme von First Interstate

Anfang der 1990er-Jahre gelüstete es Reichardt „ganz offen"[30] nach der in Los Angeles ansässigen First Interstate Bank. Im Februar 1994 wurde ein Angebot unterbreitet, das jedoch von den Direktoren der First Interstate abgelehnt wurde. Reichardt umwarb das Unternehmen weiter, sagte aber kläglich: „Zum Tango gehören immer zwei und wir sind allein auf der Tanzfläche."[31]

Wells Fargo und First Interstate waren Banken ähnlicher Größe mit vergleichbarer Marktkapitalisierung. Während Wells Fargo etwa 974 Niederlassungen, 19.000 Mitarbeiter und 51 Milliarden Dollar an Vermögenswerten hatte, verfügte First Interstate über 1.150 Niederlassungen,

26.000 Mitarbeiter und 58 Milliarden Dollar an Vermögenswerten. In Kalifornien traten beide gegen einen großen Konkurrenten an, die Bank of America, die einen Anteil von 20 Prozent an den Einlagen hatte. Wells Fargo lag mit elf Prozent an zweiter Stelle und First Interstate mit sechs Prozent an dritter Stelle.

Der Zusammenschluss der beiden Unternehmen bot den Managern von Wells Fargo die Möglichkeit, ihr hocheffizientes und innovatives Bankenkonzept auch außerhalb von Kalifornien anzuwenden, da First Interstate bereits in 13 westlichen Bundesstaaten mit 405 Niederlassungen in Kalifornien und 745 in anderen Staaten vertreten war.

Aber genau diese Anziehungskraft erregte auch die Aufmerksamkeit anderer großer Banken, und 1995 wurde vermutet, dass Banc One, NationsBank und Norwest ein Auge auf First Interstate geworfen hatten. Dies bedeutete, dass Wells Fargo sein Angebot attraktiv gestalten musste. Im Sommer 1995 wandte sich Paul Hazen, inzwischen Vorsitzender, an sein Gegenüber bei First Interstate, William Siart, mit der Idee einer Fusion unter Gleichen. Er hoffte, dass ein freundschaftlicher Zusammenschluss den leitenden Angestellten und ihren Herren, den Aktionären von FI, gefallen würde und alle an der Beute teilhaben könnten.

Und Warren Buffett, der sich des Schmerzes, des Unmuts und des erhöhten Risikos bewusst war, das mit einem feindlichen Angebot verbunden ist, bevorzugte ein für beide Seiten akzeptables Geschäft. Er war zu den Verhandlungen hinzugezogen worden. Er führte eine detaillierte Analyse von First Interstate durch und kam zu dem Schluss, dass die beiden Banken als unabhängige Einheiten ungefähr gleichwertig waren, dass aber ein Zusammenschluss Vorteile mit sich bringen würde.

Siart war interessiert, wollte aber die Fusion um mehrere Jahre hinauszögern, damit sich die Vorteile der Investitionen, die seine Bank kürzlich in neue Technologie und Marketing getätigt hatte, im Aktienkurs von FI niederschlagen würden.

Als der Sommer in den Herbst überging, wurden die Direktoren von Wells Fargo ungeduldig und unterbreiteten im Oktober, während sie Buffett auf dem Laufenden hielten, ein Übernahmeangebot von 0,625 Wells-Aktien für jede FI-Aktie, womit das Zielunternehmen mit 10,17 Milliarden Dollar bewertet wurde. Mit dem 2,8-Fachen des Buchwerts (Nettoinventarwert) war dies ein hoher Preis. Buffett verfolgt die Politik, seinen wichtigsten Managern hinsichtlich des Wachstums ihrer Unternehmen zu vertrauen, unabhängig davon, ob dieses Wachstum organisch oder durch Übernahmen erfolgt. Obwohl er also aggressiven Angeboten gegenüber vorsichtig ist, legt er kein Veto ein.

Wenn der Markt von einem Übernahmeangebot erfährt, steigen in der Regel die Aktien des Zielunternehmens, während die Aktien des Bieters fallen. Die Analysten befürchten, dass der Erwerber in einem Anfall von Hybris und Begeisterung einen überhöhten Preis geboten hat.

Doch als das Angebot von Wells Fargo für First Interstate bekannt gegeben wurde, geschah etwas Bemerkenswertes: Beide Aktien stiegen, die von First Interstate um 32 Prozent und die von Wells Fargo um sieben Prozent. Trotz des teuren Angebots war der Markt der Meinung, dass die Zusammenlegung der Banken zu Kosteneinsparungen führen und den Kundenservice in einem solchen Maße verbessern würde, dass die Aktionäre von verbesserten künftigen Erträgen der dann achtgrößten Bank Amerikas profitieren würden.

Die Direktoren von Wells Fargo sprachen von jährlichen Kosteneinsparungen in Höhe von circa 800 Millionen Dollar innerhalb von 18 Monaten durch den Abbau von Überschneidungen in Kalifornien und die gemeinsame Nutzung von Ressourcen über die Staatsgrenzen hinweg zwischen den Wells-Fargo-Büros und den Zweigstellen von FI in den Nachbarstaaten. Sie verwiesen auch auf die größere Effizienz, mit der Wells Fargo „sein Franchise im Vergleich zu First Interstate betreibt",[32] und auf eine Reihe von Größenvorteilen.

Der Anruf, den Paul Hazen am Dienstagabend bei William Siart tätigte, um ihm den unerwünschten Schritt zu erklären, überraschte ihn. Am nächsten Tag gab Siart eine knappe Erklärung ab: „Ich bin zutiefst enttäuscht, dass Wells Fargo diesen ungebetenen Schritt unternimmt." Dennoch sagte er, der Vorstand von First Interstate werde das Angebot „neben anderen Alternativen" in Betracht ziehen. Siart hoffte, dass der gezahlte Preis in einem Bieterkrieg mit Wells Fargos Konkurrenten erhöht werden könnte.

Aber das sollte nicht sein. Wells Fargo hatte sein Angebot so hoch angesetzt, dass andere Banken nicht mithalten konnten. „Wells Fargo hat die meisten Synergien, also macht es Sinn, dass es zahlt", sagte Denis Laplaige, Präsident der MacKay-Shields Financial Corporation, einer Anlageverwaltung, die 1,4 Millionen First-Interstate-Aktien hielt. „Andere Banken haben vielleicht keine so guten Zahlen, aber sie sehen dies vielleicht als ihre letzte Chance, in den kalifornischen Markt einzusteigen, und das ist sie auch."[33]

Die Großaktionäre von FI waren sehr daran interessiert, dass die Direktoren den Spatz in der Hand nehmen und nicht auf ein besseres Angebot warten würden. So kam es im Januar 1996 zu einer Einigung und die Übernahme wurde im April abgeschlossen. Da es sich um einen reinen Aktientausch handelte und die Wells-Aktie gestiegen war, belief sich der letztendlich gezahlte Preis auf 11,3 Milliarden Dollar. Wells Fargo musste so viele neue Aktien ausgeben, dass die ehemaligen FI-Aktionäre am Ende 52 Prozent des Eigenkapitals der vergrößerten Wells Fargo hielten.

Die Integration wurde in kürzester Zeit umgesetzt. Es wurde beschlossen, alle Niederlassungen auf die Systemarchitektur von Wells Fargo umzustellen, 8.900 Mitarbeiter abzubauen, die Beschilderung an über 1.000 FI-Standorten zu ändern und die FI-Mitarbeiter in den Verfahren von Wells zu schulen. Und all dies sollte innerhalb eines Jahres erreicht werden.

Die Aufsichtsbehörden verlangten die Veräußerung von 61 kalifornischen Filialen an Orten, an denen Wells eine zu große Marktmacht hätte. In drei Bundesstaaten (Alaska, Montana und Wyoming) war das

Unternehmen unterdimensioniert, sodass es sich aus diesen zurückzog und nur noch in zehn Bundesstaaten, darunter auch Texas, in nennenswertem Umfang tätig war.

Die Kunden konnten von den Vorteilen des Bankwesens über Bundesstaatsgrenzen hinweg profitieren, zum Beispiel von der Möglichkeit, ein Einlagenkonto in mehreren Staaten zu nutzen; sie hatten Zugang zu 4.300 Geldautomaten und die FI-Kunden konnten mit dem 24-Stunden-Telefonbanking und einer besseren Website vertraut gemacht werden.

Nicht alles verlief reibungslos, und es kam zu einigen öffentlichkeitswirksamen Ausfällen im Kundenservice. „In den ersten Monaten nach dem Zusammenschluss traten viele zufällige, aber bedeutende Telekommunikations- und Systemprobleme auf, die zu erheblichen Serviceproblemen und Unannehmlichkeiten für unsere Retail- und Geschäftskunden führten. Langsame Systeme, Staus in den Telefonservicezentren, Fehler in den Kundenkonten und lange Schlangen in den Filialen machten unseren Kunden zu schaffen [und] stellten eine zusätzliche Belastung für die Mitarbeiter dar."[34] Paul Hazen erklärte gegenüber *Business Week*, dass 1996 wegen der Fusionsprobleme für ihn kein angenehmes Jahr war.[35]

Der Gewinn je Aktie sank von 20,37 Dollar im Jahr 1995 auf 12,77 Dollar im Jahr 1997, da fusionsbedingte Kosten (Räumlichkeiten, Abfindungen und so weiter) in Höhe von über 700 Millionen Dollar und die Unterbrechungen ihren Tribut forderten. Trotz dieser Schwierigkeiten fand die langfristige Strategie an der Wall Street Anklang und die Aktien stiegen von 229 Dollar im Dezember 1995 auf 339 Dollar Ende 1997.

Buffett war während der Integrationsphase keineswegs untätig und nutzte einen Kursrückgang, um 1996 weitere 500.200 Aktien zu einem Durchschnittspreis von 147,90 Dollar zu erwerben. Später im Jahr stiegen sie auf 290 Dollar.

Als die Hausse der späten 1990er-Jahre an Fahrt gewann, konnte Buffett 1997 8,2 Prozent der BH-Beteiligung zu einem Preis verkaufen, der fast doppelt so hoch war wie der im Vorjahr gezahlte – siehe Tabelle 1.2.

Tabelle 1.2: Berkshire Hathaways Aktienpositionen in Wells Fargo, 1996 bis 1997

	Anzahl Aktien	Prozentuale Beteiligung an Wells Fargo	Kosten: Käufe des betreffenden Jahres und kumulative Kosten	Kosten pro im betreffenden Jahr gekaufter Aktie	Marktwert zum Jahresende
1996	500.200 nachgekauft Gesamt: 7.291.418	8,0% (Wells Fargo gab 52 Millionen Aktien an die Aktionäre der First Interstate Bank aus und kaufte rund 8% zurück.)	Zusätzliche Kosten: 74 Mio. USD Gesamtkosten: 498 Mio. USD	147,9 USD	1.967 Mio. USD
1997	601.200 verkauft Gesamt: 6.690.218	7,8% (Wells Fargo kaufte rund 6% seiner Aktien zurück)	Freigesetzte Barmittel: im Bereich von 246 USD x 601.200 = 148 Mio. USD bis 339 USD x 601.200 = 204 Mio. USD = 204 Mio. USD Gesamtkosten der verbliebenen Aktien: 413 Mio. USD	Verkaufspreis je Aktie: im Bereich von 246 USD bis 339 USD	2.271 Mio. USD

Norwest und Wells Fargo - gemeinsam stärker

Während des kalifornischen Goldrauschs leisteten die beiden Unternehmer Henry Wells und William G. Fargo Pionierarbeit beim Cross-Selling. Sie begnügten sich nicht damit, ein Postkutschen-Transportunternehmen zu betreiben, sondern wollten auch die Bankbedürfnisse ihrer Kunden befriedigen und ihnen eine sichere Verwahrung bieten; dann machten sie sich an das Waren- und Postgeschäft ihrer Kunden.

1998 wurde die Bank von demselben Wunsch angetrieben, eine breitere Palette von Dienstleistungen anzubieten – ein Finanzdienstleistungsunternehmen und nicht nur eine Bank zu sein. Die Direktoren rechneten vor, dass die 3,2 Produkte pro Haushalt, die Wells anbot, nur ein Viertel der Finanzdienstleistungen ausmachten, die diese Menschen in Anspruch nahmen: „Das bedeutet, dass unsere eigenen Kunden jeden Tag drei Viertel ihrer Geschäfte an unsere Konkurrenten weitergeben. Das ist eine Chance."[36]

Die Dienstleistungen von Wells reichten vom Privat- und Geschäftskundengeschäft bis hin zu Geldanlage, Versicherungen und Verbraucherfinanzierung. Diese Vielfalt ermöglichte sowohl Einnahmemöglichkeiten als auch eine Ertragsdiversifizierung, die in Zeiten wirtschaftlicher Abschwünge für Widerstandsfähigkeit sorgte.

Es gab eine Bank, die noch besser im Cross-Selling von Finanzdienstleistungen war. Norwest mit Hauptsitz in Minneapolis und Zweigstellen im ganzen Land westlich des Mississippi war von *Fortune* als beste Bank des Landes in Sachen Kundenservice ausgezeichnet worden. Das Unternehmen hatte überlegene Systeme zur Verfolgung des Umsatzes und der Kundenrentabilität entwickelt und nutzte Technologien zur Personalisierung von Dienstleistungen, was in den 1990er-Jahren zu einer Verdoppelung der pro Haushalt verkauften Produkte führte.

Unter der Führung von Richard M. Kovacevich wuchs Norwest organisch und durch Akquisitionen in 16 westlichen und mittelwestlichen Staaten von Montana und Indiana bis Texas. Kovacevich forcierte das

Relationship Banking und konzentrierte sich auf kleine Privatkunden und kleine Unternehmen. Dies bildete die Grundlage für den Verkauf einer immer breiteren Palette von Dienstleistungen, von Hypotheken und Autokrediten bis hin zu Investmentfonds und Versicherungen.

Entgegen der damaligen Mode im Bankwesen investierte Norwest in ein ausgedehntes Filialnetz mit gut ausgebildeten Bankangestellten und Kassierern, nur um diese Kundenbeziehungen zu pflegen. Norwest schwamm auch in anderer Hinsicht gegen den Strom: Es hatte keine Ambitionen im Investmentbanking und entsprach damit der Haltung von Wells Fargo.

Norwest war bereits die elftgrößte US-Bank und damit etwa so groß wie Wells Fargo. Die potenziellen Synergien des Zusammenschlusses lagen auf der Hand: Kosteneinsparungen, bessere Cross-Selling-Möglichkeiten und die Vorteile einer breiteren Palette von Ertragsflüssen in den schnell wachsenden Bundesstaaten. Durch den Zusammenschluss würden sie in den meisten ihrer 21 Bundesstaaten den ersten, zweiten oder dritten Platz bei den Bankeinlagen einnehmen.

Wells Fargo hatte einen wohlverdienten Ruf, was seine Effizienz anging. So kostete es beispielsweise nur 54,6 Cent, um einen Dollar Umsatz zu erzielen. Norwest – auch nicht schlecht – gab 63 Cent aus, um einen Dollar zu erwirtschaften. Um die Effizienz des fusionierten Konzerns zu steigern, könnte Wells seine Kultur des „Führens, als ob du der Eigentümer wärest" und des „Kennens der Zahlen" in allen Filialen anbieten.

Wells Fargo brachte auch einen hervorragenden, 147 Jahre alten Markennamen mit. Der Name und die Postkutsche gehörten zu den bekanntesten Marken der Welt – im Westen der Vereinigten Staaten war der Bekanntheitsgrad ähnlich hoch wie der von Coca-Cola. „Branding ist für ein nationales Finanzdienstleistungsunternehmen ebenso unverzichtbar wie für ein nationales Einzelhandelsunternehmen ... oder für Erfrischungsgetränke."[37]

Wells Fargo war Norwest auch bei der Anwendung von Technologie im Bankwesen voraus (250.000 Internet-Transaktionen pro Woche waren 1998 eine Menge) und dieser Vorteil könnte zum Nutzen der Kunden von Norwest eingesetzt werden.

Kurzum, eine Fusion würde das führende Bankunternehmen im Westen und Mittleren Westen schaffen.

Wells Fargo und Norwest - eine Fusion unter Gleichen

Bei der Transaktion vom November 1998 war Norwest technisch gesehen der Erwerber von Wells Fargo. Es bot zehn Aktien für jede Wells-Fargo-Stammaktie. Der Name der Gruppe wurde jedoch schnell in Wells Fargo & Company geändert und der Hauptsitz wurde nach San Francisco verlegt. Die ehemaligen Wells-Fargo-Aktionäre besaßen 52,5 Prozent des Eigenkapitals, und Paul Hazen wurde Vorsitzender, während Kovacevich Präsident und CEO wurde.

Paul Hazen beendete seine Führungsaufgaben im Jahr 2000 im Alter von 59 Jahren, als er sicher war, dass der Fusionsprozess abgeschlossen war. Später sagte er, er sei nach der Fusion noch 26 Monate bei der Bank geblieben, um Gleichberechtigung zwischen den beiden Seiten zu symbolisieren und den alten Wells-Fargo-Mitarbeitern zu versichern, dass sie erwünscht seien. Danach übernahm er den Vorsitz von Accel-KKR, einer Risikokapitalfirma in Palo Alto.

Wells Fargo war sofort einer der Giganten in der US-Bankenszene, die drittgrößte US-Geschäftsbank, die 7,7 Prozent aller US-Hypotheken finanzierte sowie die Nummer 1 bei der Kreditvergabe an Kleinunternehmen und Farmen sowie bei Studentendarlehen und dem Verkauf von Versicherungen durch eine Bank war. Sie hatte 6.000 Filialen.

In den Jahresberichten aus dieser Zeit werden Fakten wie die Tatsache hervorgehoben, dass erst 25 Prozent der Kunden eine Norwest- oder Wells-Kreditkarte besaßen. „Wir gehen davon aus, dass wir jedem Kunden jedes Jahr mindestens ein neues Produkt verkaufen werden", verkündeten die Direktoren.[38] Die Basis für Wachstum war bereits riesig: 15 Millionen Kunden, 202 Milliarden Dollar an Vermögenswerten und eine Marktkapitalisierung von 66 Milliarden Dollar.

Der Chart des Aktienkurses von Wells Fargo – siehe Abbildung 1.17 – veranschaulicht den Erfolg der Fusion in Form einer Verdoppelung des Aktienkurses innerhalb von acht Jahren. (2006 wurde die Aktie im Verhältnis 1:2 gesplittet, sodass die Kurse von 1999 bis 2006 in Wirklichkeit doppelt so hoch waren wie in der Abbildung.)

Abbildung 1.17: Aktienkurs von Wells Fargo, 1999 bis 2021

Quelle: www.advfn.com

BERKSHIRE HATHAWAY VERKAUFT

In der Zeit der Börsenblase und in den Jahren danach, von 1997 bis 2001, verkaufte Buffett fast 20 Millionen Wells-Fargo-Aktien und nahm damit zwischen 600 und 800 Millionen Dollar ein. Berkshire behielt jedoch 53 Millionen Aktien im Wert von 2,3 Milliarden Dollar. Die Anschaffungskosten für die verkauften und die gehaltenen Aktien

Tabelle 1.3: Berkshire Hathaways Aktienpositionen in Wells Fargo, 1997 bis 2001

	Anzahl Aktien	Prozentuale Beteiligung an Wells Fargo	Kosten: Käufe des betreffenden Jahres und kumulative Kosten	Kosten pro im betreffenden Jahr gekaufter Aktie	Marktwert zum Jahresende
1997	601.200 verkauft Gesamt: 6.690.218	7,8 % (WF kaufte 6 % seiner Aktien zurück)	Freigesetzte Barmittel: im Bereich von 246 USD x 601.200 = 148 Mio. USD bis 339 USD x 601.200 = 204 Mio. USD. Gesamtkosten der verbleibenden WF-Aktien: 413 Mio. USD	Verkaufspreis: im Bereich von 246 bis 339 USD	2.271 Mio. USD
1998	330.700 alte oder 3.307.000 neue Aktien verkauft Gesamtposition (in gesplitteten Aktien): 63.595.180	Reverse Takeover von Norwest, wodurch die WF-Aktionäre am Ende 52,5 % hielten. Dazu trat ein 10:1-Split aller WF-Aktien in Kraft.	Freigesetzte Barmittel: im Bereich von 27,50 USD x 3,3 Mio. = 91 Mio. USD bis 43,88 USD x 3,3 Mio. = 145 Mio. USD Gesamtkosten der verbliebenen WF-Aktien: 392 Mio. USD	Verkaufspreis je Aktie: im Bereich von 275 bis 439 USD in alten Aktien oder 27,50 bis 43,88 USD in neuen Aktien	2.540 Mio. USD
1999	4,46 Mio. Aktien verkauft Gesamtposition: 59.136.680	3,6 %	Freigesetzte Barmittel: im Bereich von 32,13 USD x 4,46 Mio. = 143 Mio. USD bis 49,94 USD x 4,46 Mio. = 223 Mio. USD Gesamtkosten der verbliebenen WF-Aktien: 349 Mio. USD	Verkaufspreis: im Bereich von 32,13 bis 49,94 USD	2.391 Mio. USD

Tabelle 1.3: Berkshire Hathaways Aktienpositionen in Wells Fargo, 1997 bis 2001

	Anzahl Aktien	Prozentuale Beteiligung an Wells Fargo	Kosten: Käufe des betreffenden Jahres und kumulative Kosten	Kosten pro im betreffenden Jahr gekaufter Aktie	Marktwert zum Jahresende
2000	4,07 Mio. Aktien verkauft Gesamtposition: 55.071.380	3,2 %	Freigesetzte Barmittel: im Bereich von 31 USD x 4,07 Mio. = 126 Mio. USD bis 56,38 USD x 4,07 Mio. = 229 Mio. USD Gesamtkosten der verbliebenen WF-Aktien = 319 Mio. USD	Verkaufspreis: im Bereich von 31 bis 53,38 USD	3.067 Mio. USD
2001	1.806 Mio. Aktien verkauft Gesamtposition: 53.265.080		Freigesetzte Barmittel: im Bereich von 38,25 USD x 1,806 Mio. = 69 Mio. USD bis 54,81 USD x 1,806 Mio. = 99 Mio. USD Gesamtkosten der verbliebenen WF-Aktien: 306 Mio. USD	Verkaufspreis: im Bereich von 38,25 bis 54,81 USD	2.315 Mio. USD

beliefen sich zusammen auf 498 Millionen Dollar, woraus wir schließen können, dass dies für Berkshire eine sehr erfolgreiche Investition über einen Zeitraum von nur zwölf Jahren war – selbst wenn wir die jährlichen Dividenden beiseitelassen.

Betrachtet man den gesamten Zeitraum zwischen dem Dotcom-Crash und 2013, so stellt man fest, dass dieses Dutzend Jahre nicht annähernd so gesegnet war wie das erste Dutzend Jahre, in denen Berkshire mit Wells Fargo verbunden war. Während die ersten Jahre des 21. Jahrhunderts mit einer boomenden Wirtschaft gut verliefen, ließ die Bankenkrise 2007–2009 die Wells-Fargo-Aktien in den Keller fallen. Das Unternehmen verlor drei Viertel seines Marktwerts. Der Wiederanstieg war holprig und langsam – im Jahr 2013 lagen die Aktien nur rund 20 Prozent über dem Stand von 2001.

PHASE 2: KAUF DURCH BERKSHIRE

In diesen turbulenten Jahren kehrte Buffett immer wieder an den Markt zurück, um Wells-Fargo-Aktien zu kaufen – siehe Tabelle 1.4. Diese Käufe hatten einen viel größeren Umfang als in der ersten Phase, in der insgesamt 12,4 Milliarden Dollar ausgegeben wurden. Die größten Käufe erfolgten 2007 mit 85 Millionen Aktien zu einem Durchschnittspreis von 34,96 Dollar und 2012 mit 56,2 Millionen Aktien zu einem Durchschnittspreis von 32,40 Dollar.

Buffett vertraute Kovacevich ganz offensichtlich. In seinem Brief an die Berkshire-Aktionäre aus dem Jahr 2005 schrieb er: „Wir haben unsere Anteile an Wells Fargo, einem Unternehmen, das Dick Kovacevich hervorragend leitet, erheblich aufgestockt."

Tabelle 1.4: Berkshire Hathaways Aktienpositionen in Wells Fargo, 2003 bis 2015

	Anzahl Aktien	Prozentuale Beteiligung an Wells Fargo	Kosten: Käufe des betreffenden Jahres und kumulative Kosten	Kosten pro im betreffenden Jahr gekaufter Aktie	Marktwert zum Jahresende
2003	3,18 Mio. Aktien gekauft Gesamtposition: 56.448.380	3,3 %	Zusätzliche Kosten: 157 Mio. USD Gesamtkosten: 463 Mio. USD	49,4 USD	3.324 Mio. USD
2005	38,64 Mio. Aktien gekauft Gesamtposition: 95.092.200	5,7 %	Zusätzliche Kosten: 2.291 Mio. USD Gesamtkosten: 2.754 Mio. USD	59,3 USD	5.975 Mio. USD
2006	2:1-Aktiensplit bei WF 27,98 Mio. Aktien gekauft Gesamtposition: 218.160.300	6,5 %	Zusätzliche Kosten: 943 Mio. USD Gesamtkosten: 3.697 Mio. USD	33,7 USD	7.758 Mio. USD
2007	85,24 Mio. Aktien gekauft Gesamtposition: 303.407.068	9,2 %	Zusätzliche Kosten: 2.980 Mio. USD Gesamtkosten: 6.677 Mio. USD	34,96 USD	9.160 Mio. USD
2008	0,985 Mio. Aktien gekauft Gesamtposition: 304.392.068	7,2 % WF emittierte fast 1 Mrd. Aktien, teils um die Fusion mit Wachovia zu finanzieren	Zusätzliche Kosten: 25 Mio. USD Gesamtkosten: 6.702 Mio. USD	25,38 USD	8.973 Mio. USD
2009	29,8 Mio. Aktien gekauft Gesamtposition: 334.235.585	6,5 %	Zusätzliche Kosten: 692 Mio. USD Gesamtkosten: 7.394 Mio. USD	23,22 USD	9.021 Mio. USD

Tabelle 1.4: Berkshire Hathaways Aktienpositionen in Wells Fargo, 2003 bis 2015

	Anzahl Aktien	Prozentuale Beteiligung an Wells Fargo	Kosten: Käufe des betreffenden Jahres und kumulative Kosten	Kosten pro im betreffenden Jahr gekaufter Aktie	Marktwert zum Jahresende
2010	24,7 Mio. Aktien gekauft Gesamtposition: 358.936.125	6,8 %	Zusätzliche Kosten: 621 Mio. USD Gesamtkosten: 8.015 Mio. USD	25,14 USD	11.123 Mio. USD
2011	41,1 Mio. Aktien gekauft Gesamtposition: 400.015.828	7,6 %	Zusätzliche Kosten: 1.071 Mio. USD Gesamtkosten: 9.086 Mio. USD	26,06 USD	11.024 Mio. USD
2012	56,2 Mio. Aktien gekauft Gesamtposition: 456.170.061	8,7 %	Zusätzliche Kosten: 1.820 Mio. USD Gesamtkosten: 10.906 Mio. USD	32,4 USD	15.592 Mio. USD
2013	27,3 Mio. Aktien gekauft Gesamtposition: 483.470.853	9,2%	Zusätzliche Kosten: 965 Mio. USD Gesamtkosten: 11.871 Mio. USD	35,3 USD	21.950 Mio. USD
2015	16,5 Mio. Aktien gekauft Gesamtposition: 500.000.000	9,8 %	Zusätzliche Kosten: 859 Mio. USD Gesamtkosten: 12.730 Mio. USD	52,06 USD	27.180 Mio. USD

Der Kursanstieg auf mehr als 55 Dollar im Jahr 2015 bestätigte allmählich, dass die Käufe der zweiten Phase klug waren, auch wenn die Aktie nur sehr langsam in Gang kam. Noch besser war, dass die Bank im Frühjahr 2015 von professionellen Vermögensverwaltern auf den siebten Platz der „Most Respected Companies"-Liste von *Barron's* gewählt wurde, was eine weitere Bestätigung darstellte.

Im Jahresbericht 2015 von Wells Fargo wurde erneut auf das Dokument „Vision and Values" verwiesen.

> „Wir arbeiten daran, jede Beziehung – ob neu oder alt – zu einer dauerhaften zu machen, indem wir ein paar einfache Grundsätze befolgen. Wir stellen unsere Kunden an die erste Stelle und behandeln sie als unsere geschätzten Gäste. Wir setzen uns für die Zufriedenheit und den finanziellen Erfolg unserer Kunden ein und arbeiten in ihrem besten Interesse. Kurz gesagt, wir sind auf der Seite unserer Kunden."

Doch dann kam es zu einem Skandal.

SKANDAL

Wie wir bereits besprochen haben, waren Wells Fargo und Norwest dafür bekannt, ihren Kunden zusätzliche Finanzdienstleistungen zu verkaufen. Als sie in den 1990er-Jahren diesen Ruf aufbauten, folgten sie einem strengen ethischen Kodex, um es den Kunden wirklich recht zu machen. Doch irgendwann in den Jahren nach 2002 lief etwas furchtbar schief. Die leitenden Angestellten richteten Anreizsysteme für ihre Mitarbeiter ein, die sie zum schnellen Cross-Selling ermutigten – es gab Boni für diejenigen, die Kundenunterschriften für zusätzliche Finanzdienstleistungen einholen konnten.

Tausende von Mitarbeitern fanden einen einfacheren Weg, sich Boni zu verschaffen, als mit den Kunden zu sprechen und ihre Zustimmung für neue Konten einzuholen: Sie erstellten einfach völlig falsche Konten, oft durch die Fälschung von Unterschriften. Sie verschoben auch Kundengelder auf nicht genehmigte Konten und änderten Kontaktinformationen, um ohne das Wissen der Kunden Konten zu eröffnen. Auch im Hypotheken- und Autokreditgeschäft wurden die Kunden unfair behandelt.

Später sagten die Mitarbeiter aus, dass sie sich von der Zentrale unter extremen Druck gesetzt fühlten, die täglichen Zielvorgaben für Cross-Sales zu erreichen; wenn diese an einem Tag nicht erreicht wurden, wurde der Fehlbetrag zum Ziel für den nächsten Tag hinzugerechnet. Das Unternehmen gab schließlich zu, dass 3,5 Millionen Konten in den Skandal verwickelt waren. Es war klar, dass die Unternehmenskultur aus den Fugen geraten war und ein weitverbreiteter Missbrauch stattfand.

Und doch wurde der Missbrauch hinter den wohlklingenden Worten der Direktoren versteckt. Noch im Februar 2016, als Buffett seinen Brief an die Aktionäre für das Jahr 2015 schrieb, äußerte er großes Vertrauen in das Management von Wells Fargo. Er schrieb in seinem Brief, dass seine vier wichtigsten Investitionen – American Express, Coca-Cola, IBM und Wells Fargo – „über ausgezeichnete Geschäfte verfügen und von Managern geführt werden, die sowohl talentiert als auch aktionärsorientiert sind".

Nicht lange danach stellte die ganze Nation infrage, ob die Wells-Manager „talentiert" waren. Aufgeschreckt durch die Enthüllungen im aufgedeckten Skandal verhängten die Aufsichtsbehörden im September 2016 Geldstrafen in Höhe von 185 Millionen Dollar für gefälschte Kontoeröffnungen. Noch schlimmer für Wells Fargo war die Begrenzung des Gesamtvermögens, das die Bank halten durfte. Sie wurde auf 1,95 Billionen Dollar festgelegt – den Stand im Jahr 2017. Dies bedeutete, dass das Wachstum gestoppt wurde, während die wichtigsten Konkurrenten ihre Vermögenswerte um vier bis fünf Prozent pro Jahr ausbauten. Die Obergrenze sollte bis in die 2020er-Jahre bestehen bleiben.

Als weitere Aufsichtsbehörden das Fehlverhalten untersuchten, verhängten auch sie Strafen – zum Zeitpunkt der Erstellung dieses Berichts beläuft sich die Gesamtsumme auf etwa sechs Milliarden Dollar. Über 5.300 Mitarbeiter (von 260.000) wurden entlassen, und Stephen Sanger, der Vorstandsvorsitzende, sah sich gezwungen, im Jahresbericht 2016 ein beschämendes Eingeständnis an die Aktionäre zu machen:

> „Meine Vorstandskollegen und ich waren zutiefst beunruhigt darüber, dass Wells Fargo das Vertrauen seiner Kunden missbraucht hat, indem es für bestimmte Privatkunden Konten eröffnete, die diese nicht beantragt hatten oder von denen sie in einigen Fällen nicht einmal wussten. Wir haben energische Maßnahmen ergriffen, um diese Praktiken zu unterbinden und unsere Kunden, die dadurch geschädigt wurden, zu entschädigen. Wir sind uns bewusst, dass diese Ereignisse einen grundlegenden Wandel in der Kultur, den Managementsystemen und der Unternehmensführung von Wells Fargo erforderlich machen."

John Stumpf, CEO seit 2007, trat am 12. Oktober 2016 zurück. Die zwei Wochen zuvor von Senatorin Elizabeth Warren im Rahmen einer Untersuchung des US-Senats an Stumpf gerichtete Verurteilung könnte zu dieser Entscheidung beigetragen haben:

> „Wissen Sie, was mich an der Sache wirklich stört, Mr. Stumpf, ist Folgendes. Wenn einer Ihrer Kassierer eine Handvoll 20-Dollar-Scheine aus der Kassenschublade nehmen würde, müsste er wahrscheinlich mit einer Strafanzeige wegen Diebstahls rechnen. Er könnte im Gefängnis landen. Aber Sie haben Ihre Mitarbeiter bis zum Äußersten gedrängt, sodass sie die Kunden betrogen, damit Sie den Wert Ihrer Aktien in die Höhe treiben und Hunderte von Millionen Dollar in Ihre eigene Tasche stecken konnten. Und als alles aufflog, behielten Sie Ihren Job und Ihre millionen-

schweren Boni, und Sie traten im Fernsehen auf, um Tausende von 12-Dollar-die-Stunde-Kräften zu beschuldigen, die nur versuchten, die Cross-Selling-Quoten zu erfüllen, die Sie reich machten. Hier geht es um Verantwortlichkeit. Sie sollten zurücktreten. Sie sollten das Geld zurückgeben, das Sie während dieses Betrugs eingenommen haben, und gegen Sie sollte sowohl vom Justizministerium als auch von der Börsenaufsichtsbehörde strafrechtlich ermittelt werden."[39]

Buffett sagte im November, Stumpf sei „ein sehr anständiger Mann", der einen „höllischen Fehler" gemacht habe. „Es war ein dummes Anreizsystem. Als sie herausfanden, dass es dumm war, haben sie nichts dagegen unternommen."[40]

Buffett sagte Stumpf nicht, dass er gehen müsse, sondern wählte Worte mit starkem Understatement und sagte: „John, ich glaube nicht, dass du den Ernst der Lage verstehst."[41] Es lag nicht an Buffett, zu sagen, ob er gehen oder bleiben sollte, denn Berkshire war ein selbsterklärter passiver Investor einer Bank, und Buffett wurde von den Bankaufsichtsbehörden beobachtet, um sicherzustellen, dass er keinen unzulässigen Einfluss ausübte.

Als Buffett nach der Bedeutung der Kultur der Unternehmen, in die er investiert, gefragt wurde, sagte er, dass sie ein wichtiger Faktor sei. Im Falle von Wells Fargo:

„Allein die Tatsache, dass das Problem nicht behoben wurde, schädigte die Kultur ... Die Kultur war ziemlich gut, und das Anreizsystem hat die Leute verdorben. Wenn man das Kleingeld eines großen Unternehmens direkt neben der Tür liegen lässt, wo die Leute jeden Tag rausgehen, und man sich nicht die Mühe macht, einen Safe oder irgendetwas anderes zu kaufen, werden einige Leute dem erliegen, die sich sonst ziemlich gut benehmen würden. Und wenn andere Leute sehen, dass andere Leute dem nachgeben, werden sie es auch tun. Kulturen verändern sich, und man kann diese Kultur beeinflussen – deshalb gibt es Registrierkassen. Wann immer man einen Hinweis darauf erhält, dass eine Politik zu schlechtem Verhalten führt, sollte man sich schnell darum kümmern."[42]

Er zitierte einen der Lieblingssprüche von Charlie Munger: „Eine Unze Vorbeugung ist nicht nur ein Pfund Heilung wert, sondern eine Tonne Heilung." Buffett sagt, dass man im Geschäftsleben (und beim Investieren) Fehler machen wird und dass man sie lieber beheben sollte. Er gibt freimütig zu, dass er selbst eine Menge Fehler gemacht hat, „das gehört zum Job".

Nach Stumpfs Rücktritt billigte Buffett öffentlich die Beförderung von COO Tim Sloan zum CEO, nachdem sie zusammen zu Mittag gegessen hatten. Leider hielt sich Sloan nur zweieinhalb Jahre, nachdem er unter den Druck des Kongresses und der Aufsichtsbehörden geraten war – allein die Tatsache, dass er seit 25 Jahren für die Bank tätig war, sorgte für Unmut.

CHRONISCH LECKENDE BOOTE

Was macht man mit einer Investition, wenn das Management Fehler gemacht hat? Ich habe bei der Berkshire-Versammlung 2018 in Omaha zugehört, als ein Mitaktionär Buffett und Munger an einen ihrer altehrwürdigen Grundsätze erinnerte: „Wenn man sich in einem chronisch leckenden Boot befindet, ist die Energie, die man in den Wechsel des Bootes steckt, wahrscheinlich produktiver als die Energie, die man in das Flicken der Lecks steckt." In diesem Zusammenhang wurden Buffett und Munger zu Wells Fargo befragt. Der Fragesteller fragte pointiert: „Wenn das Unternehmen Wells Fargo ein chronisch leckendes Boot ist, bei welchem Ausmaß der Leckage würde Berkshire einen Wechsel des Bootes in Betracht ziehen?"

Buffett räumte ein, dass Wells Fargo die falschen Anreize für seine Mitarbeiter gesetzt hatte, was zu verrücktem Verhalten wie der Eröffnung von nicht existierenden Konten führte, „bei Berkshire ist das eine Kardinalsünde".

Er wies darauf hin, dass es bei Berkshire 377.000 Mitarbeiter gibt und er nicht erwarten kann, dass sich alle wie Benjamin Franklin verhalten. Das Unternehmen müsse also die richtigen Anreize schaffen und herausfinden, wo etwas schiefläuft, und etwas dagegen tun.

Buffett lehnt es jedoch ab, jedes Mal zu verkaufen, wenn es Probleme mit dem Management gibt. Er sagte, dass zwei seiner größten Investitionen getätigt wurden, nachdem die Verantwortlichen ähnliche Fehler gemacht hatten.

> „Wir kauften unsere American-Express-Aktien – das war die beste Investition, die ich in den Jahren meiner Investmentgesellschaft getätigt habe –, also wir kauften unsere American-Express-Aktien 1964, weil jemand einen Anreiz gehabt hatte, das Falsche zu tun, und zwar in einer Firma namens American Express Field Warehousing Company. Wir kauften [1976] einen beträchtlichen Anteil an GEICO, weil jemand dazu angehalten wurde, die Gewinn- und Wachstumsschätzungen der Wall Street zu erfüllen, und man sich nicht darauf konzentrierte, ausreichende Reserven zu haben. Das bereitete American Express 1964 viel Schmerzen, und GEICO bereitete es 1976 große Schmerzen. Es führte zur Entlassung eines beträchtlichen Teils der Belegschaft und zu allen möglichen Dingen. Aber sie haben es bereinigt ... und sehen Sie sich an, wohin sich American Express seither entwickelt hat."

> „Sehen Sie sich an, wohin sich GEICO seither entwickelt hat. GEICO verlangte ... in den frühen 1970er-Jahren ... von neuen Kunden den falschen Preis, weil man dachte, die Verluste seien geringer, als sie waren. Und ich bin mir sicher, dass ein Teil davon

der Wunsch war, es der Wall Street recht zu machen, oder einfach nur, weil man nicht sehen wollte, wie die Dinge liefen. Aber es wirkte sich unglaublich stark aus. Jetzt sind 13 Prozent der Haushalte in den Vereinigten Staaten dort versichert. Und die Aufmerksamkeit für Rücklagen und dergleichen wurde durch die Schwierigkeiten, in denen sich das Unternehmen befand und die es fast in den Bankrott trieben, noch verstärkt."

Buffett erklärte, er sehe keinen Grund, warum Wells Fargo sowohl unter dem Gesichtspunkt der Investitionen als auch unter moralischen Gesichtspunkten den anderen großen Banken, mit denen es konkurriert, in irgendeiner Weise unterlegen sein sollte. Und er äußerte seine Bewunderung für Tim Sloan als Manager und die Art und Weise, wie er die Fehler anderer korrigierte. „Ich sehe keinen Grund zu der Annahme, dass Wells Fargo in Zukunft etwas anderes sein wird als eine sehr, sehr große, gut geführte Bank, die eine Episode in ihrer Geschichte hatte, von der sie wünschte, sie hätte sie nicht gehabt."

Charlie Munger fügte hinzu, dass Wells Fargo in Zukunft stärker sein werde, als es gewesen wäre, wenn diese Lecks nie entdeckt worden wären, „aber ich denke, auch Harvey Weinstein hat viel zur Verbesserung des Verhaltens beigetragen". Er fügte hinzu: „Es war eindeutig ein Fehler, und sie sind sich dessen sehr bewusst und schämen sich sehr, und sie wollen nicht, dass so etwas noch einmal passiert. Wenn ich sagen müsste, welche Bank sich in Zukunft wohl am besten benehmen wird, dann wäre es von allen wohl Wells Fargo."

Der kalifornische Aktionär, der auf der Hauptversammlung neben mir saß, war jedoch skeptisch; er beugte sich zu mir und erklärte mir mit Nachdruck, dass sich die Mitglieder des Wells-Fargo-Vorstands nicht geändert hätten.

Die Dinge änderten sich im Oktober 2019, als Charlie Scharf als CEO der Bank „einen der schlimmsten Jobs im Bankwesen" (nur einer der Spottnamen der Wall Street zu dieser Zeit) übernahm. Er war ein neuer Besen mit einem Hintergrund im Ostküsten-Bankwesen, der den Ruf hatte, akkurate analytische Fähigkeiten zu besitzen und „Dinge zu erledigen“ sowie eine ruhige Führungspersönlichkeit zu sein, die auf der Suche nach der ungeschminkten Wahrheit mehr zuhört als redet.

Auf die Frage, ob die Einhaltung der Vorschriften, die Effizienz oder die Digitalisierung Vorrang habe, sagte Scharf, dass dies alles der Fall sei und die gemeinsame Lösung einen „positiven Kreislauf“ darstelle. Die Wiederherstellung der Glaubwürdigkeit bei den Kunden und die Überzeugung der Aufsichtsbehörden, dass das Unternehmen mit der aggressiven Verkaufskultur aufgeräumt habe, würden jedoch einige Zeit in Anspruch nehmen.

Er holte schnell Außenstehende in leitende Positionen. Vielleicht war dies ein notwendiger Schritt, aber einer, der das Team von Reichardt und Hazen in den 1980er- und 1990er-Jahren schockiert hätte, weil es stolz darauf war, die besten Manager im Bankwesen intern zu entwickeln.

Buffett verkaufte keine Aktien, als der Skandal für Schlagzeilen sorgte, aber er kaufte auch nicht nach, als der Aktienkurs 2016 sank. In den folgenden vier Jahren verkaufte er jedoch Aktien im Wert von etwa 14 bis 17 Milliarden Dollar, was den Großteil der Berkshire-Beteiligung ausmachte – siehe Tabelle 1.5 (der genaue Betrag, der durch die Verkäufe eingenommen wurde, ist nicht öffentlich zugänglich, aber wir kennen die Menge und haben eine ungefähre Vorstellung der Marktpreise). Damit blieben im Jahr 2021 nur noch 1,56 Milliarden Dollar in Wells Fargo investiert.

KEINE VON BUFFETTS BESTEN INVESTITIONEN

Die zweite Phase von Berkshires Wells-Fargo-Investition, die 2003 begann, erwies sich als schlecht. Zwar ging kein Geld verloren, aber die 12,4 Milliarden Dollar, die für die Aktien ausgegeben worden waren,

Tabelle 1.5: Berkshire Hathaways Aktienpositionen in Wells Fargo, 2017 bis 2020

	Anzahl Aktien	Prozentuale Beteiligung an Wells Fargo	Kosten: Käufe des betreffenden Jahres und kumulative Kosten	Kosten pro im betreffenden Jahr gekaufter Aktie	Marktwert zum Jahresende
2017	17,46 Mio. Aktien verkauft Gesamtposition: 482.544.468	9,9 %	Freigesetzte Barmittel im Bereich von 51 USD x 17,46 Mio. = 890 Mio. USD bis 59 USD x 17,46 Mio. = 1.030 Mio. USD Gesamtkosten der verbliebenen WF-Aktien: 11.837 Mio. USD	51–59 USD	29.276 Mio. USD
2018	33,2 Mio. Aktien verkauft Gesamtposition: 449.349.102	9,8 %	Freigesetzte Barmittel im Bereich von 51 USD x 33,2 Mio. = 1.693 Mio. USD bis 65 USD x 33,2 Mio. = 2.158 Mio. USD Gesamtkosten der verbliebenen WF-Aktien: 10.639 Mio. USD	51–65 USD	20.706 Mio. USD
2019	103,7 Mio. Aktien verkauft Gesamtposition: 345.688.918	8,4 %	Freigesetzte Barmittel im Bereich von 44 USD x 103,7 Mio. = 4.563 Mio. USD bis 54 USD x 103,7 Mio. = 5.600 Mio. USD Gesamtkosten der verbliebenen WF-Aktien: 7.040 Mio. USD	44–54 USD	18.598 Mio. USD
2020	293,3 Mio. Aktien verkauft Gesamtposition im Dezember: 52.423.867	1,3 %	Freigesetzte Barmittel im Bereich von 6,9 bis 8,09 Mrd. USD Gesamtkosten der verbliebenen WF-Aktien: 1.067 Mio. USD	23–53 USD	1.560 Mio. USD

wurden über einen Zeitraum von 18 Jahren nicht einmal verdoppelt – selbst wenn man die Dividenden berücksichtigt. Die Opportunitätskosten, die Berkshire durch die 18-jährige Bindung von so viel Geld entstanden, waren immens.

Buffett hat das Vertrauen in Wells Fargo eindeutig verloren. Ein weiterer Grund könnte sein, dass sein Rat ignoriert wurde. Im Frühjahr 2019 forderte er öffentlich, dass der neue CEO jemand sein sollte, der nicht im Investmentbanking gearbeitet hat. „Sie müssen einfach von irgendwoher [außerhalb von Wells] kommen, und sie sollten nicht von der Wall Street kommen, sie sollten wahrscheinlich nicht von JPMorgan oder Goldman Sachs kommen", sagte er der *Financial Times*.[43] Er war der Meinung, dass ein New Yorker Investmentbanker für einen Washingtoner Stier ein rotes Tuch sein würde. „Es gibt viele gute Leute [bei den Wall-Street-Banken], aber sie werden automatisch den Zorn eines großen Teils des Senats und des US-Repräsentantenhauses auf sich ziehen, das ist einfach nicht klug."

Und tatsächlich wurde das strenge Korsett bei der Kreditvergabe nach Scharfs Übernahme noch jahrelang verlängert und die Spannungen mit Politikern und Aufsichtsbehörden hielten an. Scharf war New Yorker durch und durch, er hatte bei JPMorgan Chase, Citigroup, Salomon Smith Barney und BNY Mellon gearbeitet. Als er die Stelle bei Wells Fargo annahm, traf er eine Vereinbarung, die es ihm ermöglichte, weiterhin bei seiner Familie in New York zu leben und häufig nach San Francisco zu pendeln. Charlie Munger bezeichnete dieses Arbeitsverhältnis als „unerhört ... jeder sollte für einen solchen Job umziehen".[44]

Munger war in seinen Kommentaren auf der Jahreshauptversammlung von Daily Journal (er ist Vorsitzender) im Februar 2021 relativ großzügig. Während Buffett von Wells Fargo ernüchtert war, nachdem das Unternehmen seine langfristigen Investoren enttäuscht hatte, gab der 97-jährige Milliardär dem „alten Management" die Schuld, sagte aber, dass die Manager nicht „bewusst böswillig oder diebisch waren, sondern ein schlechtes Urteilsvermögen hatten, als sie eine Kultur des Cross-Sellings schufen". Er führte dies auf eine Fehleinschätzung zurück:

> „Ich glaube, ich bin ein wenig nachsichtiger. Ich erwarte von Bankern weniger, als [Buffett] es tut ... Die Art von Führungskräften, die eine Denkweise wie Buffett haben und nie in Schwierigkeiten geraten, sind eine Minderheitengruppe. Die Versuchung ist groß, dumme Dinge zu tun, die zwar die Gewinne im nächsten Quartal in die Höhe treiben, aber langfristig schlecht sind. Manche Banker geben dieser Versuchung nach."[45]

Warren Buffett hatte den Charakter der späteren Führungskräfte von Wells Fargo falsch eingeschätzt. Als sie vom Weg abkamen und ihre Spuren mit Plattitüden über Kundenorientierung verwischten, war Buffett zunächst nicht in der Lage, den kulturellen Verfall zu erkennen. Er setzt großes Vertrauen in wichtige Manager. Diese instinktive Haltung funktioniert in der Regel sehr gut für Berkshire, da die ausgewählten Führungskräfte positiv darauf reagieren, als vertrauenswürdig behandelt zu werden, und die damit verbundene Autonomie genießen. Gelegentlich stellt sich im Nachhinein heraus, dass dieses Vertrauen unverdient war, und Berkshire fährt schlechte Erträge ein.

LEKTIONEN

1. **Wenn Mr. Market einen ganzen Sektor ablehnt, denkt der wahre Value-Investor eigenständig.** Er sucht nach soliden Unternehmen, von denen er erwartet, dass sie langfristig hohe Cashflows für die Aktionäre erwirtschaften, so wie Buffett es beim Kauf von Wells-Fargo-Aktien im Zeitraum 1989 bis 1996 tat.
2. **Ausschlaggebend für eine Investitionsentscheidung ist häufig eine positive qualitative Bewertung der Fähigkeiten**

der wichtigsten Manager und die Frage, ob sie aktionärsorientiert sind. Buffett hatte Vertrauen in die Qualität des Wells-Fargo-Kreditbuchs und der Kundenbeziehungen, weil er dem Urteilsvermögen derjenigen vertraute, die diese Kredite und Beziehungen geschaffen hatten. Reichardt und Hazen sahen ihre Aufgabe darin, hohe Renditen für die Aktionäre zu erwirtschaften.

3. **Value-Investoren freuen sich, wenn die Aktienkurse fallen.** Ein Rückgang ermöglicht den Erwerb von kleinen Teilen guter Unternehmen, also von Beteiligungen an künftigen Erträgen, zu noch günstigeren Preisen.
4. **Achten Sie auf Banken, die solide Grundsätze haben und sie vollständig umsetzen.** Im Fall von Wells Fargo gehörten dazu ständige Kostensenkungen, ein diszipliniertes Risikomanagement, eine echte Kundenbetreuung auf der Grundlage einer Kultur der Integrität und Professionalität (meistens) sowie das Festhalten an einem Kompetenzkreis.
5. **Mehr von einer guten Sache kann wunderbar sein.** Wenn die wirtschaftliche Grundlage intakt ist, das Unternehmen hohe Renditen auf das Sachkapital erwirtschaftet und die Aktien zu einem vernünftigen Preis erhältlich sind, ist es klug, mehr zu kaufen.
6. **Ein guter Ruf wird ein Leben lang aufgebaut und kann im Handumdrehen wieder verloren gehen.** Die harte Arbeit von Generationen von Wells-Fargo-Managern, die den Ruf des Unternehmens als fairer Geschäftspartner aufgebaut hatten, wurde kurzfristigen finanziellen Zielen geopfert.
7. **Ein kultureller Verfall muss im Keim erstickt werden.**

Investition 2

USAIR

Eckpunkte des Geschäfts

Geschäft	**USAir**
Zeit	1989-1998
Gezahlter Preis	358 Mio. USD
Menge	Wandel-Vorzugsaktien mit 9,25% Jahresdividende. Wandelrechte auf 9,2 Millionen Stammaktien (12% der Aktien von USAir)
Verkaufspreis	Mehr als 358 Mio. USD (genauer Betrag nicht bekannt gegeben)
Gewinn	Jahresrendite im zweistelligen Bereich
Berkshire Hathaway 1989	Aktienkurs: 4.700-8.825 USD Buchwert: 4.927 Mio. USD Buchwert je Aktie: 4.296 USD

Irgendwann schrieb Warren Buffett diese Investition zu 75 Prozent ab und sprach von seinem bitteren Bedauern darüber, dass er das Geld von Berkshire in eine so unwirtschaftliche Branche gesteckt hatte. Er war so sauer, dass er zwei Jahre nach der Investition sagte: „Trotz der riesigen Mengen an Eigenkapital, die in die Branche geflossen sind, hat sie seit ihrer Geburt nach Kitty Hawk insgesamt einen Nettoverlust gemacht … es wäre viel besser gewesen, wenn Orville in Kitty Hawk nicht vom Boden abgehoben hätte: Je mehr die Industrie gewachsen ist, desto schlimmer war die Katastrophe für die Eigentümer."[46]

Drei Jahre später sah es noch schlechter aus: „Ich habe jetzt eine 800er-Nummer, die ich anrufe, wenn ich jemals den Drang verspüre, Aktien einer Fluggesellschaft zu kaufen. Ich sage: ‚Mein Name ist Warren, und ich bin nach Fluggesellschaften süchtig', und sie reden mir das aus."[47]

Selbst im 21. Jahrhundert spürte Buffett diesen Stachel noch. In einem Interview mit der Londoner Zeitung *The Telegraph* sagte er 2002: „Wenn ein Kapitalist in den frühen 1900er-Jahren in Kitty Hawk dabei gewesen wäre, hätte er Orville Wright erschießen sollen."

Doch einige Jahre später, im Jahr 2016, stieg er wieder im großen Stil in Fluggesellschaften ein und kaufte rund zehn Prozent der Stammaktien der vier größten amerikanischen Fluggesellschaften für insgesamt sieben bis acht Milliarden Dollar. Und wieder erwischte es ihn – dieses Mal, weil die Konjunktur der Branche durch die Coronavirus-Pandemie und ihre Folgen, als die Menschen sich zu fliegen weigerten, schwer getroffen wurde. (Es gelang ihm, durch den Verkauf aller Aktien im April 2020 etwa sechs Milliarden Dollar zu retten.)

Es wäre harsch, Buffett dafür zu kritisieren, dass er die Viruserkrankung im Jahr 2020 nicht in Betracht gezogen hat. Aber wir alle können, wie er, aus dem Fehler einer Investition in USAir im Jahr 1989 lernen. Damals war die erschreckende wirtschaftliche Lage der Branche mit massiven Überkapazitäten und einem Preiskampf bis aufs Messer allgemein bekannt. Und USAir befand sich gegenüber seinen größeren Konkurrenten in einer besonders schwachen Position. Warum hat er das gemacht?

DIE ENTSTEHUNG VON USAIR

1937 unternahm die neu gegründete All American Aviation waghalsige Experimente, indem sie mit ihren einmotorigen Schulterdeckern in die Tiefe stürzte, um mithilfe eines Hakens Postpakete abzuholen, die an Seilen oder Kabeln hingen, die über zwei Masten gespannt waren. Im Jahr 1939 waren sie bereit, ihren Luftpostabholdienst von ihrem Drehkreuz in Pittsburgh aus über die Allegheny Mountains und den Ohio River hinunter zu starten. Erst 1949 bot das Unternehmen in der gleichen Region einen Passagierdienst an.

1957 trat ein 31-jähriger Anwalt in das Unternehmen ein, das inzwischen in Allegheny Airlines umbenannt worden war, und zwar als Assistent des Präsidenten und als Syndikus. Ed Colodny hatte drei Jahre bei der Regulierungsbehörde Civil Aeronautics Board gearbeitet und war somit ein Wildhüter, der zum Wilderer wurde; er kannte sich mit den Regeln der stark regulierten Branche aus.

Im Laufe von zwei Jahrzehnten wuchs die Fluggesellschaft durch Fusionen, was dadurch gefördert wurde, dass die Regulierungsbehörde die Subventionen für die Branche reduzieren wollte. Als Colodny 1975 die Leitung des Unternehmens übernahm, bestand die Fluggesellschaft aus zwölf großen Fernfluggesellschaften, die größere Städte und längere Strecken bedienten, und zwölf lokalen Fluggesellschaften – darunter Allegheny –, die kleinere Städte bedienten.

Als beliebter und umgänglicher Chef erwarb sich Colodny in den Hangars und Büros schnell den Spitznamen „Onkel Ed". Sowohl die langjährigen als auch die durch Übernahmen hinzugekommenen Mitarbeiter schätzten das großzügige Lohn- und Leistungspaket. Colodny glaubte wirklich, dass die Mitarbeiter das wichtigste Kapital des Unternehmens waren: „Sie sind diejenigen, die die Fluggesellschaft betreiben. Menschen wie ich fliegen keine Flugzeuge, warten keine Flugzeuge, geben kein Gepäck auf und kümmern sich nicht um die Passagiere."[48] Sogar ein Gewerkschaftsfunktionär lobte ihn: „Ed Colodny war extrem arbeitnehmerfreundlich. Er konnte einen Flugbegleiter einmal treffen und fünf Jahre später kannte er seinen Namen."[49]

Im Jahr 1979 bediente diese profitable Fluggesellschaft – die später USAir hieß – Hunderte von Strecken, die von Kanada bis zum Golf von Mexiko und von Vermont und Boston bis nach Florida reichten.

Sie erzielte einen Umsatz von 729 Millionen Dollar und einen gesunden Nettogewinn von 33 Millionen Dollar. Das Eigenkapital betrug nur 216 Millionen Dollar, sodass die Eigenkapitalrendite recht gut war. Das Streckennetz war damals überwiegend östlich des Mississippi angesiedelt und umfasste nur einige wenige Verbindungen nach Houston und nach Phoenix.

Nach der Deregulierung der Branche im Jahr 1978, die zur Aufhebung der Zugangsbeschränkungen, der Beschränkungen für bestimmte Strecken und der Tarifbeschränkungen führte, standen im US-Passagierluftfahrtgeschäft einschneidende Veränderungen bevor. Ein Silberstreif am Horizont war, dass die größere Freiheit beim Zugang zu und beim Abgang von Strecken es USAir ermöglichte, in den gesamten Vereinigten Staaten zu expandieren. Andererseits ermöglichte sie es sowohl bestehenden Konkurrenten als auch neu gegründeten Unternehmen, in die Strecken einzudringen, die USAir bis dahin friedlich bedient und mit denen sie gute Gewinnspannen erzielt hatte.

Als neue Fluggesellschaften auf den Markt kamen, tendierten sowohl die alten Konzerne als auch die forschen Start-ups zu Drehkreuz-Systemen, bei denen die Passagiere von einer Reihe von Außenflughäfen – den Speichen – zu einem Drehkreuzflughafen gebracht wurden und dann für den Langstreckenflug ein anderes Flugzeug bestiegen.

Mit der Verschärfung des Wettbewerbs sanken natürlich die Flugpreise. Aber der Anstieg der Passagierzahlen glich dies in den 1980er-Jahren mindestens aus. Tatsächlich machte USAir bis zum Einstieg von Warren Buffett im Jahr 1989 jedes Jahr Gewinne. Die Rendite auf das eingesetzte Kapital war zwar nicht überragend, aber gut genug.

Colodny verfolgte die Strategie, „Gewicht zuzulegen“, da er befürchtete, dass sein Unternehmen, wenn es nicht mit den Großen der Branche mithalten konnte, Gefahr liefe, dominiert und unterworfen zu werden. Dies führte zu einigen großen Übernahmen, darunter die Fusion mit der in San Diego ansässigen Pacific Southwestern Airlines im Jahr 1987 und eine mit Piedmont im Jahr 1989 (mit Sitz in Winston-Salem, North

Carolina). Letzteres war der größte Deal, den die Branche bis dahin gesehen hatte. Die von Onkel Ed geschaffene Maschinerie bot damals täglich 5.000 Flüge zu 134 Flughäfen an. Der Nettogewinn betrug 1988 165 Millionen Dollar bei einem Umsatz von 5,7 Milliarden Dollar.

Doch gerade die Rentabilität des Unternehmens in den 1980er-Jahren legte den Grundstein für seinen Beinahe-Zusammenbruch in den Jahren danach. Das liegt daran, dass die Direktoren von USAir ihre Bewunderung für ihre Kollegen in der gesamten Organisation und ihre Freundschaft mit ihnen aufrechterhielten und relativ großzügige Vergütungen gewährten – was das Unternehmen zu einem der teuersten, wenn nicht sogar zum teuersten Anbieter machte. Das war keine gute Ausgangsposition, als sich Billigfluganbieter ohne Schnickschnack die Kunden auf der Suche nach dem günstigsten Flugticket schnappten. USAir war stolz auf seinen hervorragenden Service und seine hochmotivierten, freundlichen Mitarbeiter; man ging davon aus, dass eine solche Differenzierung auch weiterhin Spitzenpreise ermöglichen würde.

Zusätzlich zu den hohen Fixkosten und den hohen Gesamtbetriebskosten prallten bei der Fusion mit Piedmont, durch die sich die Größe des Unternehmens verdoppelt hatte, zwei Kulturen aufeinander. Die USAir-Mitarbeiter verspürten „emotionalen Widerstand“[50] seitens der ehemaligen Piedmont-Mitarbeiter, die es ablehnten, dass ihnen die Mitarbeiter und Betriebsverfahren von USAir aufgezwungen wurden und sie ihre Identität verloren. Colodny erkannte an, dass es „vom kulturellen Standpunkt her Unterschiede“ gab.[51]

UNTER BESCHUSS

Der aktivistische Investor Carl Icahn hatte 1985 die Kontrolle über Trans World Airlines (TWA) erlangt und rief Colodny sofort an, um auf die Zusammenlegung von TWA und USAir zu drängen. „Er rief an, und wir sprachen meistens 30 oder 40 Minuten am Stück. Er sagte, dass wir den Mitarbeitern zu viel zahlten ... und wenn wir mit TWA fusionieren würden, könnte er uns zwingen, die gleichen Lohnkürzungen vorzunehmen, die TWA seinen Mitarbeitern auferlegt hatte. Ich sagte ihm, dass er in diesem Fall eine Menge sehr unglücklicher Mitarbeiter hätte, die einen sehr schlechten Service bieten würden."[52]

Icahn versuchte, die Piedmont-Fusion zu stoppen, und schickte schließlich am 4. März 1987, dem Tag, an dem der USAir-Vorstand und der Piedmont-Vorstand zusammentreten sollten, um den Beginn des Übernahmeprozesses zu genehmigen, einen Brief an Colodny. Darin bot er an, USAir für 1,64 Milliarden Dollar zu kaufen (52 Dollar in bar für jede der 31,56 Millionen USAir-Stammaktien). TWA war bereits der größte Anteilseigner von USAir, und Icahn deutete an, dass er bereit sei, feindliche Maßnahmen zu ergreifen, falls sein „freundliches" Angebot nicht angenommen werde.

Sehr schnell erwirkte Colodny eine gerichtliche Verfügung, die TWA daran hinderte, weitere USAir-Aktien zu erwerben.[53] Das Geschäft mit Piedmont war besiegelt und TWA zog sein Angebot zurück. Noch vor Ende des Monats verkaufte TWA seine USAir-Beteiligung für 180 Millionen Dollar, nachdem es dafür 178 Millionen Dollar bezahlt hatte.

Einem Angreifer war das Handwerk gelegt worden, aber weitere standen schon in den Startlöchern. Der 1,3 Milliarden Dollar schwere Fonds von Michael Steinhardt, der für seinen aggressiven Handel bekannt war, erwarb im Juli 1989 einen Anteil von 5,89 Prozent und schien bereit zu sein, ein feindliches Übernahmeangebot zu machen. Steinhardts öffentliche Äußerungen wie „wir könnten in Erwägung ziehen, die Kontrolle über die schnell wachsende Fluggesellschaft zu übernehmen", trugen nicht gerade zur Verbesserung der Stimmung in der USAir-Zentrale bei.

Die Direktoren sahen die Notwendigkeit, sich zu wehren. Eine von ihnen genehmigte Giftpille bestand darin, den bestehenden Aktionären das Recht einzuräumen, USAir-Aktien zu einem *unter dem Marktpreis liegenden Preis* zu kaufen, wenn ein potenzieller Angreifer 20 Prozent oder mehr der Gruppe erwarb. Außerdem genehmigten sie einen Rückkauf von bis zu fünf Millionen Aktien.

Daraufhin kaufte Steinhardt einfach mehr Aktien. Offensichtlich reichten die Maßnahmen des USAir-Vorstands nicht aus. Es brauchte einen 800 Pfund schweren Gorilla, um Steinhardt loszuwerden.

BUFFETT ALS WEISSER RITTER (ODER GORILLA)

Ein Freund schlug Colodny vor, mit Warren Buffett zu sprechen, der vielleicht bereit wäre, das Unternehmen / die Manager vor einer feindlichen Übernahme zu schützen. Er reiste zusammen mit Finanzvorstand William Lotus nach Omaha und traf sich mit Buffett zum Mittagessen in seinem Lieblings-Steakhaus, dem Gorat's. „Wir verbrachten ein paar Stunden damit, uns über die Fluggesellschaft zu unterhalten, ein sehr freundliches, lockeres Gespräch, und ich aß ein großartiges T-Bone-Steak", erinnert sich Colodny.[54]

Dann kamen sie zur Sache. Buffett war daran interessiert, das Geld von Berkshire in USAir zu investieren, aber nicht in Form von Stammaktien – er war sich des zunehmenden Wettbewerbs zwischen den Fluggesellschaften bewusst und hielt Vorzugsaktien für eine sicherere Option. Zwei Wochen später waren sie sich einig. Am 7. August verkaufte USAir Berkshire Vorzugsaktien im Wert von 358 Millionen Dollar mit einer Laufzeit von zehn Jahren, die mit jährlich 9,25 Prozent verzinst wurden.

Um die Direktoren von USAir davon zu überzeugen, dass Buffett nicht zum Plünderer würde, erklärte er sich bereit, sich nicht an einer Übernahme der Fluggesellschaft zu beteiligen, und verpflichtete sich, nicht mehr als 14 Prozent der Stimmrechte zu kontrollieren, ohne zuvor die Zustimmung der Direktoren von USAir einzuholen. Außerdem wurde ihm die Möglichkeit verweigert, Aktien zu veräußern, ohne dem Unternehmen oder seinem Beauftragten zuvor eine angemessene Kaufgelegenheit zu bieten. Im Gegenzug wurde Buffett das Recht eingeräumt, zwei Direktoren zu wählen.

Nach zwei Jahren konnten die Vorzugsaktien zum Stückpreis von 60 Dollar in Stammaktien umgewandelt werden (im Herbst 1989 wurden die Stammaktien zu 52 Dollar gehandelt). Nach der Umwandlung würden sie zwölf Prozent des Unternehmens ausmachen. Auf diese Weise sicherten sich die Direktoren einen eingeschränkten und freundlichen Großaktionär – groß genug, um all die Angreifer von der Wall Street abzuschrecken, und ohne die Gefahr, dass Berkshire die vollständige Kontrolle anstrebte.

Graeme Browning von der *Washington Post* hielt Buffett für schlau: „Indem er sich eine Dividendenzahlung von 9,25 Prozent auf seine USAir-Vorzugs- und -Wandelaktien zu einem Zeitpunkt sicherte, zu dem andere Unternehmen mehrere Punkte weniger zahlten, bezahlte Buffett im Grunde einen ermäßigten Preis als Gegenleistung dafür, dass er als freundlicher Investor – oder „weißer Ritter" – auftrat, wie ein solcher Investor an der Wall Street genannt wird."[55]

Buffett mochte die Investition, wusste aber, dass sie nicht die aufregende Rendite bringen würde, die er erhalten würde, wenn er das gleiche Geld in eine gewöhnliche Aktienanlage in einem nicht geschätzten Unternehmen mit wunderbaren wirtschaftlichen Aussichten investieren könnte. Mehr als mittelmäßige Renditen waren nicht zu erwarten, wenn „die wirtschaftlichen Bedingungen der Branche die Performance behindern"[56], und eine solche Behinderung schien im konkurrierenden Luftfahrtsektor durchaus möglich. Aber in einer Zeit, in der Schnäppchen bei Stammaktien selten waren, hatte Berkshire wenigstens 358 Millionen von seinem Geld einer Verwendung zugeführt.

Er erlaubte sich die Hoffnung, dass die USAir-Vorzugsaktien eine einigermaßen attraktive Rendite abwerfen könnten, wenn die Bedingungen in der Branche nicht zu hart wären:

> „Wir erwarten, dass diese Vorzugsaktien uns unter fast allen Bedingungen unser Geld plus Dividenden zurückgeben. Wenn das jedoch alles ist, was wir bekommen, wird das Ergebnis ent-

täuschend sein, weil wir die Flexibilität aufgegeben und folglich einige bedeutende Chancen verpasst haben, die sich im Laufe des Jahrzehnts zwangsläufig ergeben werden. In diesem Szenario hätten wir in einer Zeit, in der die typische Vorzugsaktie für uns überhaupt nicht attraktiv war, nur eine Vorzugsaktienrendite erzielt. Berkshire kann mit seinen vier [wandelbaren] Vorzugsaktien nur dann zufriedenstellende Ergebnisse erzielen, wenn sich die Stammaktien der Unternehmen, in die investiert wird, gut entwickeln."[57]

Die Erfolgsbilanz von 13 Jahren ununterbrochener Gewinne bei USAir und die Aussicht auf Synergien durch den Zusammenschluss der ursprünglichen USAir mit Pacific Southwest und Piedmont lieferten Gründe für die Annahme, dass es einige starke positive Gewinnkräfte gab, die den wirtschaftlichen Bedingungen der Branche entgegenwirkten.

Buffett war überzeugt, dass eine Kombination aus gutem Management bei USAir und der Präsenz eines großen, stabilen und interessierten Anteilseigners, dessen Vorsitzender und stellvertretender Vorsitzender über ihre Berkshire-Beteiligung jeweils einen sehr bedeutenden Anteil ihres Nettovermögens in USAir investiert hatten, allen USAir-Aktionären zugutekommen würde.

Darüber hinaus versprach er als verantwortungsbewusster Inhaber von Vorzugsaktien, dass seine und Mungers Interaktionen mit dem Unternehmen und den anderen Unternehmen, an denen Berkshire Vorzugsaktien hielt, „unterstützend, analytisch und objektiv sein werden ... Wir sind uns bewusst, dass wir mit erfahrenen CEOs zusammenarbeiten, die ihre eigenen Unternehmen sehr gut im Griff haben, die aber dennoch in bestimmten Momenten die Möglichkeit schätzen, ihr Denken an jemandem auszuprobieren, der nicht an ihre Branche oder an Entscheidungen der Vergangenheit gebunden ist."[58]
Leider erwies sich Buffetts Optimismus als unangebracht.

KAMIKAZE-PREISE

Schon wenige Monate, nachdem Berkshire sich in USAir eingekauft hatte, wiesen die Manager der Fluggesellschaft darauf hin, dass sowohl 1989 als auch 1990 Verluste drohten. Diese Nachricht ließ die Stammaktien auf etwa 30 Dollar fallen, weit unter die 60 Dollar, die erforderlich waren, damit es sich für Berkshire lohnte, die Vorzugsaktien in Stammaktien umzuwandeln.

In seinem Schreiben von 1990, das seine Verlegenheit in Ironie verpackte, erklärte Buffett seinen Aktionären, er habe mit dem Kauf von USAir „exquisites Timing bewiesen: Ich habe mich fast genau zu dem Zeitpunkt in das Unternehmen gestürzt, als es in ernsthafte Probleme geriet." Er fügte hinzu, dass ihn niemand gedrängt habe; in der Tennissprache: „Ich habe einen ‚unerzwungenen Fehler' begangen." Fast alles, was schiefgehen konnte, ging schief:

- **Geringe Moral**
  Der Unmut der ehemaligen Piedmont-Beschäftigten kochte immer wieder hoch: „Ein Problem, das ich hätte erwarten sollen, da auf fast alle Fusionen von Fluggesellschaften betriebliche Turbulenzen folgten", sinnierte Buffett.[59]
  Die sich daraus ergebenden Betriebs- und Serviceprobleme führten dazu, dass USAir so weit in Ungnade fiel, dass das Unternehmen in Bezug auf die Pünktlichkeit als das schlechteste der Branche eingestuft wurde. Ed Colodny räumte die Probleme ein und sagte der *Washington Post* im September 1990: „Wenn die Wirtschaft wächst, verdeckt das Wachstum viele Sünden."[60]

- **Zunehmend standardisierte Branchenstruktur**
  Buffett machte die „Kamikaze-Preistaktik gewisser Fluggesellschaften"[61] für die Beschleunigung der wirtschaftlichen Verschlechterung in der Luftfahrtindustrie verantwortlich. Es war für keine Fluggesellschaft möglich, dem Druck auf die Preise zu entkommen,

da die Fluggäste leicht zahlreiche Konkurrenten beobachten konnten, die alle verzweifelt um jeden Dollar kämpften – Fluggesellschaften bieten meistens weitgehend den gleichen Service an, und daher suchen die Fluggäste nach günstigen Preisen.

Wenn einige in der Branche so dumm sind, Preise unterhalb der Betriebskosten anzubieten, ist es für rationalere Akteure schwierig, sich abzusetzen und zu versuchen, Tickets zu höheren Preisen zu verkaufen. „Die Schwierigkeiten, die diese Preisgestaltung für alle Fluggesellschaften mit sich gebracht hat, veranschaulichen eine wichtige Wahrheit: In einem Unternehmen, das ein Massenprodukt verkauft, ist es unmöglich, viel schlauer zu sein als der dümmste Konkurrent."[62]

Das Konkursrecht verschlimmerte die Situation noch, da die Fluggesellschaften unter dem Schutz des Konkursgerichts weiter operierten und dabei auch ihre früheren Schulden reduzierten oder abbauten. So wurden die Überkapazitäten nicht abgebaut, und da die Zombie-Unternehmen von den Kosten der Schulden befreit waren, neigten sie zu aggressiven Preisen.

- **Ein tödlicher Unfall**

Am 20. September 1989 schoss ein unerfahrener Pilot beim Start auf dem Flughafen LaGuardia über die Startbahn hinaus, was zu 21 Verletzten und zwei Todesfällen führte. Der Vorfall sorgte für viel schlechte Publicity und beschädigte die Moral der Mitarbeiter.

- **Eine Rezession**

Um die Inflation des Jahres 1989 einzudämmen, erhöhte die Federal Reserve die Zinsen. Dies führte dazu, dass der Immobilienboom ins Stocken geriet und das Vertrauen der Unternehmen und Verbraucher weitgehend verloren ging, worauf eine Rezession folgte.

Die schlechten Aussichten wurden noch dadurch verschlimmert, dass sich die Ölpreise nach dem Einmarsch des Irak in

> Kuwait am 2. August 1990 mehr als verdoppelten. Die Kombination aus höheren Treibstoffkosten und nachlassender Verbrauchernachfrage war eine furchtbare Mischung. Die in jüngster Zeit aufgestockte Kapazität der Fluggesellschaften traf auf ein geringes oder gar kein Nachfragewachstum, sodass die Fluggesellschaften vor dem Dilemma standen, entweder leer zu fliegen oder mit ermäßigten Tarifen um die Besetzung der Plätze zu kämpfen.

USAir reduzierte seine Belegschaft um sieben Prozent und führte weitere Sparmaßnahmen durch, machte aber dennoch sowohl 1989 (63 Millionen Dollar) als auch 1990 (454 Millionen Dollar) Verluste. Natürlich stürzten die Stammaktien bis auf 14 Dollar ab.

Trotz des schwierigen ersten Jahres war Buffett im Februar 1991 davon überzeugt, dass „unsere Investition gut laufen sollte", räumte aber ein, dass sie weniger sicher sei als zu der Zeit, als er sie getätigt hatte.

ES KANN NUR NOCH SCHLIMMER WERDEN

1990 war ein schlechtes Jahr, aber 1991 war schrecklich. Es war sogar das schlimmste Jahr in der Geschichte der Flugbranche. Große Unternehmen wurden in den Konkurs getrieben, darunter Pan Am, TWA, Continental, Midway und America West. Einige wurden am Leben erhalten, aber auch sie senkten die Preise so stark, dass Fluggesellschaften wie USAir, die keinen gerichtlichen Schutz gesucht hatten, gezwungen waren, ihre Preise unter die Kosten zu senken.

Buffett erkannte, dass die Vorzugsaktien nicht mehr die 358 Millionen Dollar wert waren, die Berkshire für sie bezahlt hatte, und setzte sie auf 232,7 Millionen Dollar herab. Er ging davon aus, dass die Branche mit hoher Wahrscheinlichkeit unrentabel bleiben würde, was noch dadurch verschlimmert werde, „dass die Gerichte insolvente Luftfahrtunternehmen ermutigen, ihren Betrieb fortzusetzen. Diese Fluggesellschaften können vorübergehend Preise verlangen, die unter den

Kosten der Branche liegen, weil die Konkursschuldner nicht die Kapitalkosten tragen müssen, die ihre solventen Brüder zu tragen haben, und weil sie ihre Verluste durch den Verkauf von Vermögenswerten finanzieren – und damit die Schließung abwenden – können. Dieser Preisgestaltungsansatz bankrotter Luftfahrtunternehmen, die Möbel als Brennholz zu nutzen, trägt zum Sturz von zuvor marginalen Unternehmen bei und erzeugt einen Dominoeffekt, der perfekt darauf ausgelegt ist, die Branche in die Knie zu zwingen."[63]

Genervt von der Luftfahrtindustrie konnte Buffett nicht widerstehen, seinen inzwischen berühmten Witz über den Bärendienst der Gebrüder Wright für die Aktionäre zu machen (ungeachtet des enormen gesellschaftlichen Nutzens des Fliegens). Buffett spuckte Gift und Galle, als er beim Schreiben seines Briefes 1992 an den Wahnsinn des lemminghaften Strebens der Luftfahrtindustrie nach noch mehr leeren Umsätzen dachte:

> „Das Unternehmenswachstum an sich sagt wenig über den Wert aus. Es stimmt, dass sich Wachstum oft positiv auf den Wert auswirkt, manchmal sogar in spektakulärem Ausmaß. Aber ein solcher Effekt ist alles andere als sicher. Zum Beispiel haben Investoren regelmäßig Geld in das inländische Fluggeschäft gesteckt, um profitloses (oder noch schlimmeres) Wachstum zu finanzieren."

Diese Beobachtung führte zu einigen Überlegungen darüber, wie eine rationale Kapitalallokation aussieht, sowohl wenn sie von einem intelligenten Investor als auch wenn sie von einem leitenden Unternehmensvertreter durchgeführt wird.

WAS IST WERT?

Bei der Beurteilung des Wertes einer Aktie, einer Anleihe oder eines Unternehmens ermutigt uns Buffett, zu den Grundlagen zurückzukehren, wie sie in John Burr Williams' Buch „The Theory of Investment

Value“ (1938) dargelegt sind. Er befürwortet die Auffassung, dass der Wert durch die geschätzten künftigen Mittelzuflüsse und Mittelabflüsse (Cashflow) bestimmt wird, wobei jeder prognostizierte Netto-Cashflow für einen bestimmten Zeitraum mit einem angemessenen Zinssatz abgezinst – diskontiert – wird.

Die Logik der Verwendung abgezinster Cashflows gilt für Aktien, bei denen eine größere Unsicherheit darüber besteht, welche Barmittel in, sagen wir, fünf oder zehn Jahren erwirtschaftet werden, genauso wie für Anleihen mit ihren festgelegten Zahlungsbeträgen und Zahlungsterminen.

Natürlich ist es für den Analysten schwieriger, die den Aktionären zustehenden Barmittel zu schätzen als die der Anleihegläubiger. Die Eigenkapitalströme unterliegen erheblichen Schwankungen, die auf eine ganze Reihe qualitativer Faktoren zurückzuführen sind, von der Moral der Belegschaft und dem Verhalten der Konkurrenten bis hin zu den sich ändernden Präferenzen der Kunden und der Kompetenz der Manager. „Die Qualität des Managements wirkt sich nur selten auf den Anleihezins aus – vor allem dann, wenn das Management so unfähig oder unehrlich ist, dass die Zinszahlung ausgesetzt wird. Im Gegensatz dazu kann sich die Fähigkeit des Managements auf die Aktien-‚Kupons‘ dramatisch auswirken.“[64]

Trotz der Schwierigkeiten bei der Aktienbewertung ist es besser, die Probleme im Rahmen des diskontierten Cashflows – mit seinem Fokus auf die Zukunft und seiner Diskontierungsdisziplin – zu durchdenken, als Kennzahlen wie die Multiplikation der Vorjahresgewinne oder, schlimmer noch, die Verwendung des EBITDA oder, was noch erschreckender ist, des bereinigten EBITDA zu wählen.

Manager und diskontierter Cashflow

Nicht nur Investoren bewerten Aktien nach der Discounted-Cashflow-Methode (DCF-Methode), sondern auch Unternehmensmanager sollten diese Methode anwenden, wenn sie sich das Wachstum der Vermögenswerte des Unternehmens ansehen. Dies wird sie zu einem tieferen Verständnis dafür bringen, dass „Wachstum den Anlegern nur dann nützt, wenn das betreffende Unternehmen zu verlockenden zusätzlichen Renditen investieren kann – mit anderen Worten nur dann, wenn jeder Dollar, der zur Finanzierung des Wachstums verwendet wird, mehr als einen Dollar an langfristigem Marktwert schafft. Im Falle eines Unternehmens mit geringer Rendite, das zusätzliche Mittel benötigt, schadet Wachstum dem Anleger."[65]

Das Wachstum der Fluggesellschaften hat den Anlegern sicherlich geschadet. Besonders schlimm war es für die Stammaktionäre, aber auch für die Vorzugsaktionäre, denn die operativen Verluste waren so schlimm, dass Zweifel bestanden, ob USAir in der Lage sein würde, die Vorzugsdividende aufrechtzuerhalten, sodass der Wert der Berkshire-Beteiligung nach Buffetts Schätzung um 35 Prozent auf 232,7 Millionen Dollar sank.

Die Anwendung der Discounted-Cashflow-Logik beim Aufbau eines Portfolios

Die Investition, die gekauft werden soll, ist diejenige, die im Verhältnis zu ihrem Wert, der durch die Berechnung der diskontierten Cashflows ermittelt wird, am günstigsten ist, „unabhängig davon, ob das Unternehmen wächst oder nicht, ob es Volatilität oder Gleichmäßigkeit der Erträge aufweist oder ob der Preis im Verhältnis zu seinen aktuellen Erträgen und seinem Buchwert hoch oder niedrig ist".[66]

Ich habe die Erfahrung gemacht, dass es unmöglich ist, viele Manager von der Vorstellung abzubringen, dass ihre Aktionäre dem Umsatzwachstum und dem Wachstum des Gewinns pro Aktie unabhängig von der Wertschöpfung Vorrang einräumen. Diese Manager sind häufig in Branchen tätig, in denen jedes neu zugewiesene Kapital zu einer Rendite verurteilt ist, die sowohl unter der geforderten Rendite auf dem Aktienmarkt im Allgemeinen als auch unter der Rendite liegt, die das Unternehmen in den vergangenen Jahren mit seinem aktuellen Kapitalbestand erwirtschaftet hat. Beispielsweise könnten die 200 Läden, die das Unternehmen in Kalifornien betreibt, eine Kapitalrendite von 40 Prozent erbringen, während die einbehaltenen Gewinne, die für die Eröffnung identischer Läden in Ohio verwendet werden, inakzeptable zwei Prozent pro Jahr einbringen, weil das Franchise – die Qualität der Marke in den Köpfen der Menschen – dort schwächer ist.

Viele Manager fühlen sich gezwungen, etwas zu tun, um zu zeigen, dass das Unternehmen vorankommt. Sie sagen: Schaut nur, der Umsatz ist durch die Eröffnung der Läden in Ohio insgesamt gestiegen, schaut nur, der Gewinn pro Aktie ist wegen des zusätzlichen Gewinns aus diesen Läden gestiegen, und der Buchwert ist gestiegen. Sie vergessen dabei, dass die Anleger mit dem Geld aus Ohio eine viel bessere Rendite hätten erzielen können, wenn man es ihnen überlassen hätte, vielleicht acht Prozent am Aktienmarkt. Rationale Investoren würden es eindeutig vorziehen, wenn ihnen überschüssiges Geld zur Verfügung gestellt würde, um es anderweitig einzusetzen, anstatt es für Projekte zu verwenden, deren Renditen immer niedriger sind als die Opportunitätskosten dieses Geldes.

> „Abgesehen von der Frage des Preises ist es am besten, ein Unternehmen zu besitzen, das über einen längeren Zeitraum hinweg große Mengen an zusätzlichem Kapital zu sehr hohen Renditen einsetzen kann. Das schlechteste Unternehmen ist eines, das das Gegenteil tun muss oder tun wird, nämlich immer größere Kapitalmengen zu sehr niedrigen Renditen einzusetzen. Leider ist die erste Art von Unternehmen nur sehr schwer zu finden: Die meisten renditestarken Unternehmen benötigen relativ wenig Kapital. Die Aktionäre eines solchen Unternehmens profitieren in der Regel davon, wenn es den Großteil seiner Gewinne in Form von Dividenden ausschüttet oder umfangreiche Aktienrückkäufe tätigt."[67]

Wie lässt sich die Komplexität der Schätzung der künftigen Mittel, die in das Eigenkapital fließen könnten, vereinfachen?

Es ist schön und gut, zu sagen, dass wir intellektuell fundierte Schätzungen zukünftiger Cashflows vornehmen und diese dann mit den Opportunitätskosten des Kapitals diskontieren sollen, aber für den Investor ist dies oft eine entmutigende Aufgabe. Wie hoch wird der Cashflow von General Motors oder Tesla in fünf Jahren sein? Das ist schwierig. Buffett hat zwei Vorschläge zur Erleichterung dieser Aufgabe.

1. **Halten Sie sich an Unternehmen, die Sie einigermaßen verstehen können**
   „Das bedeutet, dass sie relativ einfach und stabil sein müssen. Wenn ein Unternehmen komplex ist oder ständigen Veränderungen unterliegt, sind wir nicht klug genug, um künftige Cashflows vorherzusagen."[68] Ein typisches Biotech-Unternehmen oder ein Start-up-Unternehmen aus dem Silicon Valley ist also sehr schwer zu verstehen, während Unternehmen mit einer nachgewiesenen Erfolgsbilanz in einem stabilen Umfeld wie etwa Coca-Cola oder Disney viel einfacher zu verstehen sind. Man muss sich nicht in allen Industriezweigen auskennen, aber man muss die Grenzen seiner Wissensbasis kennen: „Für die meisten Anleger ist nicht entscheidend, wie viel sie wissen, sondern wie realistisch sie das definieren, was sie nicht wissen. Ein Anleger muss nur sehr wenige Dinge richtig machen, solange er große Fehler vermeidet."

2. **Vergewissern Sie sich, dass der Abstand zwischen Ihrer Schätzung des inneren Wertes und dem Preis von Mr. Market groß ist**
   Auf diese Weise können bei der Schätzung Fehler gemacht und trotzdem Sicherheiten eingebaut werden. „Wir bestehen bei unserem Kaufpreis auf einer Sicherheitsmarge. Wenn wir den

> Wert einer Aktie nur geringfügig höher einschätzen als ihren Preis, sind wir nicht an einem Kauf interessiert. Wir glauben, dass dieses Prinzip der Sicherheitsmarge, das von Ben Graham so stark betont wurde, der Eckpfeiler des Anlageerfolgs ist."[69]

DIE SETH-SCHOFIELD-JAHRE

Als Colodny im Sommer 1992 in den Ruhestand ging, wurde sein auserwählter Nachfolger, Seth Schofield, sowohl Vorsitzender als auch CEO. Schofield hatte sich von der Pike auf hochgearbeitet und mit 18 Jahren als Ramp Agent angefangen: Er verlud Gepäckstücke, verkaufte Tickets und war für das Boarding zuständig. Er war ein beliebter bodenständiger Arbeiter, der den Ruf hatte, sich um seine Mitarbeiter zu kümmern und ein gutes Verhältnis zu den Gewerkschaftsbossen zu haben. Buffett schätzte ihn und seine Arbeit sehr:

> „Seth Schofield nimmt umfangreiche Anpassungen im Betrieb der Fluggesellschaft vor, um ihre Chancen zu verbessern, als eine der wenigen in der Branche zu überleben. Es gibt keinen härteren Job in Amerika als die Leitung einer Fluggesellschaft: Airline-Manager brauchen Köpfchen, Mumm und Erfahrung – und Seth besitzt alle drei dieser Eigenschaften."[70]

Aber der Sommer 1992 war ein schlechter Zeitpunkt, um die Führung eines Unternehmens zu übernehmen, das nur wenige Wochen zuvor einen massiven Verlust von 305 Millionen Dollar gemeldet hatte. Das Geschäft litt immer noch unter zwei tödlichen Abstürzen[71], die die Stimmung der Mitarbeiter und das Image der Airline bei den Passagieren beeinträchtigten. Noch schlimmer war das ständige Problem, dass die Lohnkosten viel höher waren als bei der Konkurrenz und dass die Gewerkschaften lähmende Arbeitsvorschriften zur Auflage machten.

Die Gewerkschaften wurden durch den Streik von 1991 in die Schranken gewiesen, aber das reichte nicht aus, um USAir vor weiteren Verlusten zu bewahren, die durch weitere Streiks und noch mehr Wettbewerb noch verstärkt wurden. Der größte Schlag war der Einstieg der Billigfluglinie Southwest Airlines auf den Baltimore-Strecken im Jahr 1993. Diese Gesellschaft drückte die Flugpreise. USAir, das sich auf seinem Heimatmarkt nicht unterkriegen lassen wollte, senkte seine Preise unter diejenigen von Southwest, was eine weitere Runde von Preissenkungen zur Folge hatte. Die Preisreduzierungen hörten nicht auf, bis ein Flug von Baltimore nach Cleveland nur noch 19 Dollar kostete. Das Ergebnis waren natürlich viele rote Zahlen. Erschwerend kam hinzu, dass Continental Airlines anfing, günstige Tarife von North Carolina aus anzubieten. Und auch American, Delta und United Airlines bauten ihre Kapazitäten weiter aus und senkten ihre Preise.

Eine helfende Hand von den Briten

Der Vorstand war sich der wachsenden Verluste und der auf 2,2 Milliarden angewachsenen Bilanzschulden bewusst und fand einen Weg, um an Geld und Kunden zu kommen. Er stimmte 1993 dem Verkauf eines 44-prozentigen Anteils an British Airways zu und erhielt dafür 750 Millionen Dollar (BAs Stimmenanteil war dabei aufgrund von Bundesvorschriften über ausländische Investitionen auf 21 Prozent begrenzt).

Diese Allianz brachte die weitgehend auf den Inlandsverkehr ausgerichtete USAir, die jährlich 55 Millionen Fluggäste beförderte, mit der international ausgerichteten BA zusammen, die 24 Millionen Fluggäste bediente. Jede Fluggesellschaft konnte Kunden in das Netz der anderen einspeisen, wodurch sich das Angebot an Zielorten auf 77 Länder erweiterte, und sie konnten Marketing und einige andere Funktionen integrieren. Schofield sagte, dieser Deal werde „unser Überleben sichern“.[72] Buffett stimmte zu, dass es helfen werde, den

Konkurs zu vermeiden, und hoffte, dass der Weg nun „letztendlich zu Prosperität“ führe.[73]

BA nahm vier Sitze im Vorstand von USAir ein und hielt es für „besonders wichtig“[74], dass auch Buffett und Munger dem Vorstand beitraten. Buffett war der Meinung, dass dieser fünfte Verwaltungsratssitz mehr war, als er für ratsam hielt, da er sich auf seine aktive Tätigkeit als CEO von Berkshire konzentrieren wollte. Dennoch erklärte er sich bereit, dem Gremium beizutreten: „Es gibt Zeiten, in denen große Anteilseigner ihren Beitrag leisten sollten.“[75]

Auch wenn die Wall Street die Vorteile des BA-Geschäfts erkannte und den Aktienkurs von USAir in die Höhe trieb, war dies nur vorübergehend, da die Anleger ihre Sorgen über die scheinbar unendliche, wertvernichtende Ökonomie der Branche viel stärker in den Vordergrund stellten. So wurden die USAir-Stammaktien zu nur 14 Dollar gehandelt – weit unter den 52 Dollar von 1989, als Berkshire die Vorzugsaktien gekauft hatte, und noch weiter unter dem Wandlungspreis von 60 Dollar. Natürlich wurde der Wert des Wandlungsrechts immer geringer, als die Fluggesellschaft 1992, 1993 und 1994 Verluste verzeichnete.

Der Wert schwindet

Die Lage spitzte sich so zu, dass der Vorstand von USAir im September 1994 beschloss, sich die Zahlung der Dividende für die an Berkshire Hathaway ausgegebenen Vorzugsaktien nicht mehr leisten zu können. Buffett und Munger sahen der Realität ins Auge und stellten fest, dass der faire Wert der Vorzugsaktien nun bei 89,5 Millionen Dollar lag – also 25 Cent auf jeden Dollar, den sie dafür bezahlt hatten. Sie begründeten dies damit, dass eine derart niedrige Bewertung sowohl die Möglichkeit widerspiegelt, dass der volle Wert eines Tages wiederhergestellt wird, „als auch die entgegengesetzte Möglichkeit, dass die Aktien schließlich wertlos werden“.[76]

Fortune schrieb im November 1994:[77]

> „Ganz kurz: Was ist der schnellste Weg, um in der Luftfahrtbranche Millionär zu werden? Antwort: Fange mit einer Milliarde an. So lautet ein Witz von Warren Buffett, der nach Schätzungen von *Fortune* bei seiner 358-Millionen-Dollar-Investition in die angeschlagene USAir Group auf einem Buchverlust von etwa 200 Millionen Dollar sitzt."

Da Buffett damals ein bekannter und erfolgreicher Investor war, sorgte sein Fehltritt bei USAir für Aufsehen in der Anlegergemeinde – war er vielleicht doch nicht unbesiegbar? Hatte der alte Mann wirklich den Verstand verloren? Sollte er sich mit 65 Jahren vielleicht zur Ruhe setzen?

Er machte sich über sich selbst lustig. Auf die Frage von Studenten der Columbia University, warum er in USAir investiert habe, antwortete er scherzhaft: „Das fragt mich mein Psychologe auch. Tatsächlich habe ich jetzt eine 800er-Nummer, die ich anrufe, wenn ich jemals den Drang verspüre, Aktien einer Fluggesellschaft zu kaufen. Ich sage: ‚Mein Name ist Warren, und ich bin nach Fluggesellschaften süchtig', und sie reden mir das aus."[78]

In der Öffentlichkeit mag er Witze gemacht haben, aber hinter den Kulissen war er wütend darüber, dass USAir es versäumt hatte, die Kosten so zu senken, dass das Unternehmen zumindest eine Chance hatte, Gewinne zu erzielen – es gab auf seinen Flügen 10,5 Cent für jede verfügbare Sitzplatzmeile aus, verglichen mit 6,5 Cent bei einigen anderen Anbietern. Er drohte, dass er und Charlie aus dem Vorstand zurücktreten würden, wenn es den Führungskräften nicht gelänge, Zugeständnisse von den Gewerkschaften zu erhalten. Um eine Chance zu haben, müssten die Gemeinkosten um eine Milliarde Dollar gesenkt werden, wovon 500 Millionen Dollar auf die Gewerkschaften entfielen (Schätzungen von *Fortune*).

Allen – Analysten, Journalisten, Aktionären, Führungskräften und vielen Mitarbeitern – war klar, dass das Unternehmen in den Sonnenuntergang segeln würde, wenn die Kosten nicht gesenkt würden. Und doch forderte die Pilotengewerkschaft immer mehr. Im Herbst führte dann ein weiterer tödlicher Absturz zu einem monatelangen Rückgang der Ticketverkäufe, da besorgte Fluggäste die Fluggesellschaft mieden, deren Sicherheitsbilanz als schlecht angesehen wurde.

Das Eingeständnis des Versagens als Investor

Ein verärgerter Buffett listete in seinem 1994er-Brief an die BH-Aktionäre seine Liste der „Fehler du jour" auf, die er gern als Charlies Fehler ausgegeben hätte, aber „immer wenn ich versuche, die Dinge so zu erklären, beginnt meine Nase zu wachsen".[79] Ganz oben auf der Liste stand sein Kauf von USAir-Vorzugsaktien im Wert von 358 Millionen Dollar. Dieser Fehler sei das Ergebnis seiner „schlampigen Analyse" gewesen. Dies führte er auf die Tatsache zurück, dass er ein „vorrangigeres" Wertpapier gekauft hatte (sicherer als Stammaktien), oder auf seine „Hybris".

Er machte sich Vorwürfe, weil er den Problemen, die eine Fluggesellschaft mit hohen und nur schwer zu senkenden Kosten zwangsläufig hat, nicht genügend Aufmerksamkeit geschenkt hatte. In den 1970er-Jahren waren diese Kosten kein allzu großes Problem gewesen, da die Fluggesellschaften durch die Regulierung vor dem Wettbewerb geschützt waren und so die zusätzlichen Kosten an die Kunden weitergeben konnten.

Noch in den 1980er-Jahren waren die neu gegründeten Billigkonkurrenten klein und attackierten nur wenige Strecken, sodass die alten Unternehmen auf ihren Heimatmärkten weiterhin eine rentable Preisgestaltung betreiben konnten. Aber „in dieser Zeit, in der die längerfristigen Probleme weitgehend unsichtbar waren, sich aber langsam wie Krebsgeschwüre ausbreiteten, wurden die Kosten, die nicht nachhaltig waren, weiter verankert".[80]

Das Problem wurde durch die Konkursgesetze verschärft, die bankrotten Fluggesellschaften einen Neuanfang mit geringerer Verschuldung ermöglichten, „wie Herb Kelleher, der CEO von Southwest Airlines, sagte: ‚Das Konkursgericht für Fluggesellschaften ist zu einem Kurort geworden.'"[81]

Die wirklichen Probleme traten Anfang der 1990er-Jahre auf, als die Kapazitäten der Billigfluganbieter enorm anwuchsen und die Ticketpreise landesweit sanken. „In einer unregulierten Branche mit Massenware muss ein Unternehmen seine Kosten auf ein wettbewerbsfähiges Niveau senken oder ihm droht der Untergang. Dieser Grundsatz hätte Ihrem Vorsitzenden eigentlich klar sein müssen, aber ich habe ihn übersehen."[82]

Im Frühjahr 1995 hatten Charlie und Warren genug, und sie erklärten ihre Absicht, aus dem Vorstand von USAir auszutreten. „Sollte Seth jedoch den Wunsch haben, sich mit uns zu beraten, sind wir gern bereit, ihm zu helfen."[83]

DER TURNAROUND

Nachdem Seth Schofield in fünf Jahren Verluste in Höhe von 2,4 Milliarden Dollar zu verantworten hatte, führte er das Unternehmen 1995 wieder in die Gewinnzone. Doch leider hatte er den unnachgiebigen Gewerkschaften immer noch nicht genug Zugeständnisse abgerungen, um künftige Gewinne zu garantieren. Die *Washington Post* kommentierte, dass ironischerweise der erste Anblick eines Gewinns zum Problem wurde, denn als die Fluggesellschaft begann, Geld zu verdienen, „sahen die Gewerkschaftsmitglieder weniger Notwendigkeit, Zugeständnisse zu machen".[84] Schofield war ständig mit dieser Zwickmühle konfrontiert. Während eines Großteils des Jahres 1995 versuchte Buffett, die Vorzugsaktien von Berkshire zu 50 Prozent des Nennwerts zu verkaufen, konnte aber keine Käufer finden.

Im September 1995, als die Stammaktien auf acht Dollar gefallen waren, trat der frustrierte Schofield als Vorsitzender und CEO zurück.

Einige Monate später folgte ein weiterer Schlag: British Airways schloss sich unter Ausschluss von USAir mit American Airlines zusammen, um den lukrativen Markt zwischen den Vereinigten Staaten und London an sich zu binden. AA und BA sollten die Passagiere gemeinsam befördern, die Preise, die Flugpläne und die Ausstellung von Tickets koordinieren sowie auf einigen Strecken die Gewinne zusammenlegen.

USAir fühlte sich betrogen und klagte, um den Deal mit BA aufzulösen. Die Vereinbarung hatte BA schließlich viel Macht in der amerikanischen Chefetage, USAir aber nur wenig Zugang zu den europäischen Märkten verschafft, da BA dessen Bemühungen um diese Märkte blockierte. Das zähe Scheidungsverfahren zog sich durch das Jahr 1996.

Die Leitung von USAir wurde im Januar 1996 von Stephen M. Wolf übernommen. Als ehemaliger Vorsitzender von United Airlines war Wolf fest entschlossen, USAir nicht länger als mittelgroße Fluggesellschaft mit hohen Kosten und negativen Gewinnspannen dahindümpeln zu lassen. Sie sollte entweder zu einer regionalen Fluggesellschaft schrumpfen oder, was er bevorzugte, modernisiert werden und zu einem großen globalen Wettbewerber mit modernster Flotte, überschaubaren Kosten und rentablen Strecken wachsen.

Dies waren die Optionen, die er den Gewerkschaften vorstellte. Um zu zeigen, worauf er mit der Wachstumsoption abzielte, traf er Vorkehrungen für den Kauf von 400 neuen Airbus-Düsenflugzeugen im Wert von 15 Milliarden im Laufe des nächsten Jahrzehnts, um die bunt zusammengewürfelte Flotte älterer Flugzeuge verschiedener Hersteller zu ersetzen (die alte Flotte war teuer, weil jeder Typ separate Wartungsverfahren, Ersatzteilvorräte und Schulungen der Besatzungen erforderte).

Dies war also die glänzende neue Vision der Zukunft, die Piloten, Kabinenpersonal und Bodenpersonal bestaunen durften. Und während sie aufgeregt über dieses sonnige Bild nachdachten, vervollständigte der gerissene Wolf sein Angebot: Die Flugzeuge waren bestellt, konnten aber jederzeit storniert werden. Wenn die Gewerkschaften sich weigerten, vernünftig zu sein, würde Wolf das Unternehmen in die entgegengesetzte Richtung lenken, was zu Streckenstilllegungen und Massenentlassungen führen würde. Sie hatten die Wahl: Entweder sie zeigten sich bei den Gehältern, den Arbeitsvorschriften und so weiter vernünftig (die Piloten verdienten beispielsweise durchschnittlich 120.000 Dollar pro Jahr), oder sie riskierten, dass die meisten ihrer Kollegen verschwanden.

Ach, und es gab noch eine dritte Möglichkeit: Wolf ließ verlauten, dass er sowohl mit United Airlines als auch mit American Airlines im Gespräch sei, um das Unternehmen an eine der beiden Gesellschaften zu verkaufen. Wollen Sie, Herr Gewerkschaftsführer, von deren Führungskräften geleitet werden, die nach einer Fusion möglicherweise die Streichung von sich überschneidenden Strecken in Erwägung ziehen?

Wolf wollte jährliche Zugeständnisse in Höhe von 500 Millionen Dollar, um die Kosten pro verfügbarem Sitzplatz von den höchsten in der Branche (12,69 Cent) in Richtung 7,5 Cent (Southwest) zu senken.

ES KOMMT BEWEGUNG HINEIN

Die Verhandlungen zogen sich in die Länge, sodass Wolf im Frühjahr 1997 ankündigte, er werde mit der Entlassung von Piloten und anderen Mitarbeitern beginnen, wenn nicht bis zum 30. Juni eine Einigung erzielt werde. Wenn die Dinge nach Juni immer noch nicht in die richtige Richtung gingen, würde Wolf am 30. September, wenn Airbus die Bestätigung des Auftrags oder die Annullierung verlangen würde, den Rückzug empfehlen.

Die *Washington Post* schrieb: „Die Stunde der Wahrheit ist gekommen. Wolf hat beschlossen, dass die Fluggesellschaft den Flugzeugkauf nicht ohne Kostensenkungen tätigen kann, die es ihr ermöglichen, mit neuen Billigkonkurrenten zu konkurrieren, die ihre Kernmärkte im Osten überschwemmen."[85]

Im April erklärte Jim Gardner, ein Sprecher der Pilotengewerkschaft von US Airways (das Unternehmen hatte kurz zuvor seinen Namen geändert), gegenüber der *Washington Post*, dass „die Piloten die Überzeugung des Managements teilen, dass der einzige Weg für das Unternehmen darin besteht, zu wachsen und nicht zu schrumpfen".[86] Trotz dieses Wunsches ließen sie immer noch keine Änderungen zu, die es US Airways ermöglichen würden, mit Southwest und anderen zu konkurrieren.

Wolf verwies auf eine Liste von in Konkurs gegangenen Fluggesellschaften, die zu lange damit gewartet hatten, sich durch Verhandlungen über Zugeständnisse zu retten, doch die Pattsituation hielt an.

Im Mai wurde ein „Konsolidierungsprogramm" bekannt, das die Schließung von drei Wartungsbetrieben und zwei Buchungszentren sowie die Streichung von Flügen in neun Städten vorsah. Buffett versuchte in einer öffentlichen Erklärung im Mai zu beschwichtigen: „Wenn die Arbeitnehmergruppen den Willen haben, weiß ich, dass das Management die Fähigkeit hat, diese Fluggesellschaft zu dem globalen Wettbewerber zu machen, den sich alle wünschen."[87]

Im Juli 1998 ließen sich die Gewerkschaften schließlich erweichen: Die Piloten stimmten mit überwältigender Mehrheit einer neuen Lohntabelle und einer effizienteren Betriebsführung zu. Am folgenden Tag bestellte Wolf die ersten 30 A330, um seinen Plan, auf dem transatlantischen Markt wettbewerbsfähig zu werden, in die Tat umzusetzen. Die Stammaktien stiegen sprunghaft auf 73 Dollar.

Die Vorzugsaktien hatten nun aufgrund ihres Wandlungsrechts für 60 Dollar einen Wert. Außerdem wurden die ausgelassenen Dividenden nachgeholt. Zudem war US Airways aufgrund der verspäteten Dividendenzahlung durch eine von Buffett und Munger bei der Ausgabe der Vorzugsaktien geschickt eingefügte Klausel zu zusätzlichen Ausgleichszahlungen verpflichtet.

> „Die Wiederbelebung von US Airways grenzt an ein Wunder. Diejenigen, die meine Schritte bei dieser Investition verfolgt haben, wissen, dass ich eine von Erfolgen unbefleckte Bilanz vorzuweisen habe. Ich irrte mich, als ich die Aktie ursprünglich kaufte, und ich irrte mich auch später, als ich immer wieder versuchte, unsere Position zu 50 Cent pro Dollar loszuwerden."[88]

Wie immer lobte Buffett seinen wichtigsten Manager: „Zwei Veränderungen im Unternehmen fielen mit dem bemerkenswerten Aufschwung zusammen: Erstens verließen Charlie und ich den Vorstand, und zweitens wurde Stephen Wolf CEO. Zum Glück für unsere Egos war das zweite Ereignis der Schlüssel: Stephen Wolfs Leistungen bei der Fluggesellschaft waren phänomenal."[89]

Die Vorzugsaktien wurden von US Airways am 15. März 1998 zur Rücknahme abgerufen. Im Frühjahr 1998 schrieb Buffett in seinem Berkshire-Brief: „Jetzt ist es fast sicher, dass unsere US-Airways-Aktien einen anständigen Gewinn abwerfen werden ... und der Gewinn könnte sogar unanständig ... saftig sein." Er hat den Gewinn in Dollar nicht öffentlich bekannt gegeben, aber wir können vermuten, dass er sich auf einen jährlichen Gewinn von mehr als 9,5 Prozent beläuft. Zusätzlich zu den jährlichen Dividenden zahlte US Airways an Berkshire Hathaway den Wert der Wandlungsrechte, sodass die jährliche Rendite wohl weit im zweistelligen Prozentbereich lag.

Buffetts Schlussfolgerung war, dass sie großes Glück gehabt hatten. „In einem der immer wiederkehrenden, aber stets fehlgeleiteten Ausbrüche von Optimismus bezüglich Fluggesellschaften konnten wir unsere Aktien 1998 tatsächlich mit einem saftigen Gewinn verkaufen. In den zehn Jahren nach unserem Verkauf ging das Unternehmen in Konkurs. Zweimal."[90]

DIE VOLLSTÄNDIGE VERNICHTUNG DES SHAREHOLDER-VALUE

In den zwei Jahren nach dem Verkauf der Vorzugsaktien durch Berkshire sank die Stammaktie von US Airways von einem Höchststand von 83 Dollar im Jahr 1998 auf 26 Dollar. Nach den Anschlägen auf die Zwillingstürme am 11. September 2001 sank die Passagiernachfrage, und das Unternehmen meldete 2002 Konkurs nach Chapter 11 an, den es 2003 beendete.

Da es ihm nicht gelang, die Kosten ausreichend zu senken, musste es 2004 erneut Konkurs anmelden. In einem stark geschwächten Zustand fusionierte es 2005 mit America West Airlines. Die alten US-Airways-Aktionäre kamen dabei nicht gut weg; sie wurden ausgeschlossen und ihre Anteile verloren jeglichen Wert, während die Gläubiger elf Prozent des Eigenkapitals der neuen Gruppe erhielten. Aber zumindest die Marke US Airways lebte weiter, da sie für die gemeinsame Flotte verwendet wurde.

Im Dezember 2013 fusionierte American Airlines mit US Airways zur größten Fluggesellschaft der Welt. Im selben Jahr erklärte Buffett den Berkshire-Aktionären auf der Jahreshauptversammlung, dass „Investoren ihr Geld seit 100 Jahren mit schrecklichen Ergebnissen in Fluggesellschaften und Flugzeughersteller gesteckt haben. [Die Branche ist] für Investoren eine Todesfalle."

Ed Colodny, damals 89 Jahre alt, flog am Freitag, dem 16. Oktober 2015, mit dem letzten Flug unter dem Namen US Airways. Ein Jahr später kaufte Berkshire Hathaway Anteile an den vier größten amerikanischen Fluggesellschaften, darunter American Airlines. Diese Investitionen und die Überlegungen, die dahinterstehen, sind eine Geschichte für ein anderes Kapitel.

LEKTIONEN

1. **Wenn die Wirtschaftlichkeit der Branche erschreckend ist, sollte man die Finger davon lassen.** Trotz der ausgezeichneten Rendite der Vorzugsaktien stand Buffett kurz davor, die gesamte Investition zu verlieren, da die verschärfte Konkurrenzsituation zu schweren Betriebsverlusten führte.
2. **Die Wirtschaftslage der Branche kann sich ändern, also muss man auf dem Laufenden bleiben.** In den 1980er- und 1990er-Jahren gaben Regulierungen den Anstoß für den Wandel, im Jahr 2020 tat es ein Virus. Weitere mögliche Ursachen sind gesellschaftliche Veränderungen (zum Beispiel Ökologisierung), technologische Sprünge (zum Beispiel Online-Konferenzen) und wirtschaftliche Faktoren (zum Beispiel die relativen Kosten für Herstellung und Lieferung in verschiedenen Ländern).
3. **Fusionen senken oft den Shareholder-Value.** Bei Fusionen können viele Dinge schiefgehen, zum Beispiel in Form von Unmut bei den Mitarbeitern und überhöhten Zahlungen.
4. **Nicht das Wachstum ist wichtig, sondern der Wert.** Viele Unternehmenslenker halten es für ihre Pflicht, den Umsatz zu steigern, und erwarten, dass sich dies unter dem Strich in hohen Zuwächsen niederschlägt. Viel Wachstum vernichtet jedoch Wert. Der Schlüsselfaktor ist der Betrag an Aktionärsgeldern, der zur Erzielung von Wachstum im Verhältnis zu den daraus resultierenden Gewinnen erforderlich ist. Oft ist der Gegenwartswert aller zusätzlichen Gewinne viel geringer als der Betrag, der den Aktionären entzogen wird, um die Wachstumsziele des Managements zu erreichen. In der Luftfahrtindustrie war es sogar noch schlimmer: Aktionärsgelder wurden verwendet, aber mit dem vorhandenen und zusätzlich eingesetzten Kapital wurden Verluste erwirtschaftet.

5. **Der Wert ist der geschätzte künftige Mittelzufluss und -abfluss, wobei jeder prognostizierte Netto-Cashflow mit einem Abzinsungssatz diskontiert wird, der das Risiko des Unternehmens/Vermögenswerts berücksichtigt.** Der Investor sucht nach dem im Verhältnis zu seinem Wert günstigsten Vermögenswert.
6. **Seien Sie mit Ihrem Kompetenzkreis vertraut.** Für die meisten Anleger zählt nicht, wie viel sie wissen, sondern wie realistisch sie die Grenzen dessen definieren, was sie wissen und was nicht.

Investition 3

AMERICAN EXPRESS

Eckpunkte des Geschäfts

Geschäft	**American Express**
Zeit	1991 bis heute
Gezahlter Preis	1991: 300 Mio. USD (21,43 Dollar pro Aktie) 1994: 423,9 Mio. USD (30,81 USD pro Aktie) 1995: 669 Mio. USD (30,83 USD pro Aktie) 1998: 77 Mio. USD (71,57 USD pro Aktie)
Menge	1991: Kauf einer „modifizierten Form von Stammaktien“. Diese „PERCS“ wurden 1994 in 14 Mio. Stammaktien umgewandelt. 1994: zusätzliche 13,8 Mio. Stammaktien (also insgesamt 5,5% von Amex) 1995: 21,7 Millionen Stammaktien (insgesamt 10%) 1998: 1,08 Mio. Stammaktien (gesamt: 11,3%) Berkshire hält nach Rückkäufen jetzt 18,8% an Amex
Verkaufspreis	Noch gehalten
Gewinn	Über 2.000%, Tendenz steigend
Berkshire Hathaway 1991	Aktienkurs: 6.550-9.100 USD Buchwert: 7.380 Mio. USD Buchwert je Aktie: 6.437 USD

Was den 33-jährigen Warren Buffett 1964 zu American Express hinzog, war die unbestreitbare Stärke des Geschäftsmodells und die Qualität der Marke in den Köpfen der Kunden. Diese „Franchise"-Qualitäten blieben trotz des Verlusts einer beträchtlichen Summe in einem obskuren Zweig des Unternehmens bestehen – ein Betrüger hatte American Express auf einer Rechnung von über 60 Millionen Dollar sitzen lassen (Band 1, Investition 8). Buffett machte aus einer Investition von 13 Millionen Dollar (fünf Prozent von Amex und ein Drittel der Mittel der Investmentgesellschaft) rund 33 Millionen Dollar.

Eine ähnliche Logik galt in den frühen 1990er-Jahren, als Buffett, der kein bisschen langsamer machte, als er sich dem üblichen Rentenalter näherte, einen großen Teil des Geldes von Berkshire Hathaway einsetzte. Amex hatte jahrelang Geld auf Unternehmungen außerhalb des Kerngeschäfts mit Kreditkarten, Reiseschecks und damit verbundenen Dienstleistungen verschwendet und sah sich nun der wachsenden Konkurrenz seitens Visa und Mastercard gegenüber.

Mr. Market betrachtete das Unternehmen mit Misstrauen und fragte sich, wie es das Ausbluten einiger seiner Geschäftsbereiche stoppen könnte. Er bezweifelte, dass es über die nötige Führungsstärke verfügte, um einen glaubwürdigen Plan vorzulegen.

Doch unter den Trümmern lag das stets glänzende, qualitativ hochwertige „Franchise". Die Karteninhaber blieben dem Unternehmen treu. Sie schätzten nach wie vor die Bequemlichkeit der Karte, den psychologischen Vorteil der Zugehörigkeit zu einem speziellen Klub von Karteninhabern, die ihr Selbstverständnis (es „geschafft zu haben") mit der Marke verbanden, und sie schätzten nach wie vor die Marke American Express für eine Reihe anderer Finanzdienstleistungen. Urlauber und Führungskräfte vertrauten auf die Reiseschecks von Amex, wenn sie an einem von Tausenden von Orten rund um den Globus landeten.

Die Wall Street konzentrierte sich auf die jüngsten Fehler, Buffett sah die Marktstellung.

Die Wall Street schaute auf die unmittelbaren Zahlen, Buffett sah sich an, wo die Gewinne bei der richtigen Führung in 10 und 20 Jahren liegen könnten.

Die Wall Street prüfte das Unternehmen in seiner jetzigen Form, Buffett erkannte, dass das solide Fundament, das auf einem guten Ruf für Integrität und Service beruht, eine gezielte Expansion innerhalb Amerikas und auf der ganzen Welt ermöglichen würde.

ALLES DREHT SICH UM DIE WIRTSCHAFTLICHEN GESCHÄFTSBEREICHE

In den 1990er-Jahren hatte American Express zwei große Geschäftsbereiche aufgebaut, die beide auf dem Bedürfnis der Kunden basierten, Waren und Dienstleistungen auf eine sicherere und effizientere Weise zu bezahlen als mit Bargeld.

Das Kartengeschäft

Die Kreditkarten von American Express, die 1958 zum ersten Mal eingesetzt wurden, wurden entwickelt, um eine Reihe von Problemen zu lösen.

Erstens brauchten Menschen, die über das Einkommen oder Vermögen verfügten, um überdurchschnittlich viel Geld für Restaurantbesuche, Hotels, Kleidung und Flüge auszugeben, eine Zahlungsmöglichkeit, bei der sie nicht Hunderte von Dollar mit sich herumtragen mussten. Es ist schließlich viel bequemer, im In- oder Ausland für Waren, Erlebnisse oder Dienstleistungen mit einer Karte zu bezahlen, etwa einen Monat später eine ausführliche Abrechnung von Amex zu erhalten und dann den ausstehenden Betrag zu begleichen. Noch besser ist das, wenn jeder weiß, dass American Express eine solche Karte nur an Personen mit einem gewissen finanziellen Status und einer gewissen Zuverlässigkeit vergibt – es schadet dem Selbstwertgefühl nicht, eine Karte mit einem so exklusiven Prestige zu zücken.

Und dann gibt es noch die Händler – Hotels, Geschäfte, Autovermietungen, Fluggesellschaften und so weiter –, die mit dem Problem konfrontiert sind, die Inhaber der American-Express-Karte, die mehr Geld ausgeben, für sich zu gewinnen. Sie wissen, dass Amex ihnen einen hohen Prozentsatz in Rechnung stellt (zum Beispiel erstattet Amex den Betrag eines Einkaufs abzüglich circa 2,5 Prozent), aber das ist in Ordnung, wenn das Angebot, die Amex-Karte zu akzeptieren, den Unterschied zwischen einem Verkauf und keinem Verkauf ausmacht. Einzelhändler, die die Karte ablehnen, gehen das Risiko ein, dass eine Führungskraft, die ein paar Anzüge kaufen möchte, einfach die Straße hinunter zu einem anderen Geschäft geht, das ein auffälliges Schild im Schaufenster hat, auf dem verkündet wird: „Hier wird American Express akzeptiert."

Das dritte Problem, das damit gelöst wurde, war das von Geschäftsinhabern, die unter dem Verwaltungsaufwand litten, der entsteht, wenn Hunderte von Mitarbeitern ermutigt werden, Dienstleistungen oder Waren zu kaufen, wenn sie im Außendienst unterwegs oder in der Zentrale sind. Sie begrüßten die Innovation der Unternehmensversion der American-Express-Karte, die an wichtige Mitarbeiter ausgegeben werden konnte, die damit einen Monat lang Ausgaben für Hotelaufenthalte oder Büromaterialien tätigen konnten. Die verschiedenen Kosten wurden von Amex zusammengefasst, und das Unternehmen brauchte einfach nur etwa einen Monat später den Gesamtbetrag auf einmal zu bezahlen. Die Vertriebsmitarbeiter mussten nicht mehr mühsam eine Vielzahl von Ausgaben abrechnen und auch die Vorstandsmitglieder nicht, die durch die Weltgeschichte reisten.

Besser noch: Die Unternehmen (oder Mitarbeiter) erhielten von American Express Vergünstigungen, deren Höhe je nach den Ausgaben variierte; so wurden beispielsweise 0,5 Prozent der Ausgaben in bar zurückerstattet oder es wurden Flugmeilen gesammelt.

Das Treueprogramm namens Membership Rewards Loyalty Program ist sowohl für die breite Öffentlichkeit als auch für Unternehmen sehr attraktiv. Bei der Nutzung der Karte werden Punkte gesammelt, die dann in eine breite Palette von Waren und Dienstleistungen oder in Bargeld eingelöst werden können.

Gold- und Platinmitglieder erhalten ein breiteres Spektrum an Vorteilen, vom Zugang zu den Executive Lounges an Flughäfen über Zimmer-Upgrades bis hin zu einer Kreditlinie, aber Amex verlangt für solche Mitgliedschaften Hunderte von Dollar pro Jahr, für die Standardkarte hingegen weit unter 100 Dollar.

Karteninhaber können auch die „kostenlose" Geschäftsreise-Unfallversicherung oder die Global Assist Hotline in Anspruch nehmen.[91] Außerdem gibt es eine Versicherung gegen Verlust und Beschädigung bei Autovermietungen (Schutz bei Beschädigung oder Diebstahl, Unfallverletzungen, Tod und so weiter) und den Purchase Protection Plan (Erstattung von gestohlenen oder versehentlich beschädigten Artikeln innerhalb von 90 Tagen nach dem Kauf durch Amex).

Buffett erläuterte die Bedeutung des Kartengeschäfts für American Express auf der Berkshire-Hauptversammlung 1995: Es ist nach wie vor „ein Synonym für finanzielle Integrität und Geldersatz in der ganzen Welt ... Der bei Weitem wichtigste Faktor für die Zukunft von [Amex] wird für viele Jahre die ... Karte sein. Wir glauben, dass das Management von American Express gründlich darüber nachdenkt ... wie es den besonderen Charakter der Karte bewahren kann."[92]

Das Reisescheck-Geschäft

Vor der Erfindung des Reiseschecks standen Reisende, die in einem fremden Land unterwegs waren, vor einer unangenehmen Wahl, wenn es um die Bezahlung von Dienstleistungen wie etwa Hotelübernachtungen ging: Sie mussten entweder große Bargeldbeträge mit sich führen oder über ihre Bank in der Heimat ein Akkreditiv abschließen, um bei einer Bank vor Ort Bargeld abzuheben oder dort Zahlungen zu tätigen.

Ersteres weckte die Angst vor Diebstahl, Letzteres war umständlich und restriktiv (man musste zu einer bestimmten Bank gehen).

Ein Mitarbeiter von American Express erfand 1891 den Reisescheck. Einhundert Jahre später war das Unternehmen der weltweit führende Aussteller solcher Schecks. Man konnte vor einer Reise ein Heft mit Reiseschecks beantragen. Man händigte American Express Bargeld aus, und American Express druckte auf den Namen des Inhabers Schecks aus, die auf eine von Dutzenden Währungen lauten konnten. Wenn sie ankamen, unterschrieb man sie einzeln.

Wenn man dann im Ausland etwas kaufte, unterschrieb man im Beisein des Hoteliers, des Ladenbesitzers oder der Autovermietung einen Scheck erneut. Diese prüften, ob die beiden Unterschriften übereinstimmten. Diese Unternehmen konnten sich auf die Zahlungsgarantie von American Express verlassen, die in der ganzen Welt als vertrauenswürdig gilt.

Kunden, die ihre Reiseschecks verloren oder denen sie gestohlen wurden, konnten von American Express eine Erstattung oder Ersatz erhalten.

American Express profitierte von den Gebühren, die es den Käufern von Reiseschecks in Rechnung stellte, vom Wechselkurs und vom Cash Float. Der Cash Float war für Buffett eine faszinierende Eigenschaft des Unternehmens – das ganze Geld, das es von den Käufern der Schecks einnahm, verblieb im Unternehmen, bis sie ins Ausland reisten und die Schecks einlösten, um etwas zu bezahlen. Zumindest bot dies dem Unternehmen eine großartige Cashflow-Möglichkeit. Darüber hinaus konnte es Zinsen einbringen: Der Float wurde in der Regel in sichere Einkommensquellen investiert (in der Regel Schuldpapiere hoher Bonität – vor allem mittel- und langfristige US-Staatsanleihen oder öffentliche Anleihen).

DER INFORMATIONSVORSPRUNG

American Express betreut Millionen von Kunden, deren Ausgabeverhalten einen Berg von Daten erzeugt. Die Auswertung der Daten ermöglicht sowohl eine Verbesserung des Services durch maßgeschneiderte Angebote als auch die Möglichkeit, den Kunden neue Produkte und Dienstleistungen zu verkaufen. Amex teilt seine Kunden seit Langem in Gruppen ein, die auf einer Vielzahl von Merkmalen beruhen, vom Einkommen und Lebensstil bis hin zu Essensvorlieben und Fluggewohnheiten, sodass das Unternehmen jedem Kunden die passenden Dienstleistungen und Waren anbieten kann.

Die Daten halfen Amex schon vor den 1990er-Jahren, mehr Konsumgüter zu verkaufen als viele große Einzelhändler. Sie förderten auch das Wachstum einer 150 Millionen Dollar teuren Verlagssparte, die Dutzende von Zeitschriften produzierte. Und dann war da noch die umfangreiche Finanzdienstleistungsabteilung, die die Informationen für das Cross-Selling einer Reihe von Produkten nutzte.[93] In den frühen 1990er-Jahren erwirtschaftete diese Abteilung 22 Prozent des Konzernumsatzes. Sie hieß Investors Diversified Services (später American Express Financial Advisors und noch später als Ameriprise Financial ausgegliedert) und bot über Tausende Finanzberater Finanzplanung, Vermögensverwaltung, Investmentfonds, Versicherungen und so weiter an.

Auch die American Express Bank konnte auf die Kundendatenbank zurückgreifen, um für sich zu werben. Obwohl die Bank nur fünf Prozent des Konzernumsatzes ausmachte, hatte sie über 80 Niederlassungen in 37 Ländern und fungierte als lokaler Vertreter für andere Unternehmen. Ihr Schwerpunkt lag auf vermögenden Unternehmern.

Ein weiteres Unternehmen bot Reisearrangements an – Reiseplanung, Reservierungen, Ticketing, Reisekostenverwaltung und so weiter – ähnlich wie Reisebüros.

STÄRKUNG DER MARKTSTELLUNG DURCH BETONUNG DER QUALITÄT

Seit Jahrzehnten wird den Amex-Mitarbeitern die Kultur des ständigen Strebens nach höchstmöglicher Servicequalität eingeimpft. James D. Robinson III., der das Unternehmen von 1977 bis 1993 leitete, sagte häufig: „Qualität ist der einzige Patentschutz, den wir haben." Er pflegte auch zu sagen: „Versprich nur, was du halten kannst, und halte mehr, als du versprichst."

Robinson führte quantitative Qualitätsmaßstäbe ein, zum Beispiel die Anzahl der Sekunden, die man braucht, um ans Telefon zu gehen (in den 1980er-Jahren durchschnittlich sieben Sekunden), und die Anzahl der Stunden, die vergehen, bis ein Kunde für eine verlorene Karte eine Ersatzkarte erhält, nachdem er Amex den Verlust gemeldet hat (selbst in den 1980er-Jahren waren 48 Stunden Standard). So wie McDonald's die McDonald's Hamburger University ins Leben gerufen hat, hat American Express die Quality University gegründet.

Es gibt viele Geschichten von Mitarbeitern, die für ihre Kunden noch einen Extra-Schritt gehen. Manchmal ist das wörtlich zu nehmen, zum Beispiel als ein Mitarbeiter aus Boston mitten in der Nacht aufstand, um einem am Flughafen gestrandeten Kunden eine Karte zu überbringen.

Dieses unerbittliche Augenmerk auf Qualität und umfangreiches Marketing (das Ende der 1980er-Jahre über 250 Millionen Dollar pro Jahr kostete – doppelt so viel wie bei Visa und Mastercard zusammen) führten dazu, dass American Express in den 1990er-Jahren zu den zehn bekanntesten Marken der Welt gehörte. Die Marke wurde mit einem Image von Sicherheit, Integrität und Kundenservice positioniert und verschaffte sich so einen Wettbewerbsvorteil.

Diese Faktoren ermöglichten es American Express, selbst in einer Welt, in der Visa und Mastercard mehr als drei Viertel des Kreditkartenmarkts kontrollierten, hochprofitabel zu sein. American Express konnte die Hälfte seiner Einnahmen von den Händlern einnehmen, indem es ihnen hohe „Rabatte“ auf Transaktionen berechnete. Außerdem konnte es von seinen Kunden erhebliche Jahresgebühren verlangen, während Visa und Mastercard dies nicht taten. Das Unternehmen stützte sich auf seine exklusive, prestigeträchtige Marke – wenn man den Fuß in der Tür hat, kann man eine breite Palette gezielter Dienstleistungen in Anspruch nehmen und hat die Genugtuung, Mitglied in einem Eliteklub zu sein. Im Durchschnitt gaben die Amex-Mitglieder jährlich etwa viermal so viel aus wie die Kunden von Visa und Mastercard.

DER NETZWERKEFFEKT UND GRÖSSENVORTEILE

American Express hat ein weltweites Zahlungsnetz mit Zehntausenden von Händlern aufgebaut, die seine Karten akzeptieren (Anfang der 1990er-Jahre war das Unternehmen in 160 Ländern und 32 Währungen tätig). Dies verschaffte dem Unternehmen den Vorteil des Etablierten. Dies und die ständige Verbesserung des Angebots machten es für einen neuen Marktteilnehmer äußerst schwierig, ein paralleles Netz aufzubauen.

Auch die kumulative Wirkung auf die Psychologie der Mitglieder oder angehenden Mitglieder durch Werbung und andere Markenbildung über Jahrzehnte hinweg war extrem schwer zu überbieten. Und das Ökosystem der Partnerschaftsprogramme mit Unternehmen wie Delta Air Lines, British Airways, Hilton Hotels und so weiter, das auf der Stärkung von Qualitätsimages und maßgeschneiderten Rabatten beruht, wäre für einen Neueinsteiger nur schwer zu kopieren.

FEHLER

Die Kerngeschäfte von American Express warfen in den frühen 1980er-Jahren so viel Geld ab, dass James D. Robinson III. die Möglichkeit sah, einen „Finanz-Supermarkt“ zu schaffen, der den Kunden eine wachsende Palette von Dienstleistungen bietet. Sicherlich würden sich

Synergien ergeben, nicht zuletzt durch die Möglichkeit, an die Karteninhaber und Reisescheck-Kunden zusätzliche Produkte zu vermarkten.

Es liegt auf der Hand, dass die Kunden den Zugang zu einem halben Dutzend verschiedener Dienstleistungen begrüßen würden, für die sie die Amex-Unternehmensfamilie nicht zu verlassen brauchen. Und sicherlich gäbe es auch Größenvorteile bei der Arbeit im Backoffice?

So wurde 1981 die Investmentbank und Retail-Brokerage-Firma Shearson Loeb Rhoades, die zweitgrößte Wertpapierfirma in den USA, für 932 Millionen Dollar übernommen. Im Jahr 1983 kam die Schweizer Privatbank Trade Development Bank für 550 Millionen Dollar hinzu. Und 1984 wurde Investor Diversified Services für 790 Millionen Dollar gekauft.

Um sich noch weiter zu verstärken, wurde 1984 die Investmentbank Lehman Brothers für 360 Millionen Dollar gekauft, gefolgt von E.F. Hutton, einem Retail-Brokerhaus, für 962 Millionen Dollar im Jahr 1987.

Das ist für ein Unternehmen mit einer Marktkapitalisierung von 10 bis 14 Milliarden Dollar eine Menge Geld.

Vielleicht keine so gute Strategie

Viele der einst modischen Finanzdienstleistungs-Konglomerate der 1980er-Jahre entpuppten sich als Fehlschläge. Das American-Express-Experiment war teilweise erfolgreich – IDS zum Beispiel passte gut dazu –, aber meistens gab es Enttäuschungen.

Die verschiedenen Teile fügten sich nicht zu einem kohärenten Ganzen zusammen. Die Führungskräfte der Kartenabteilung wollten ihre wertvolle Marke nicht mit Shearsons Investmentbanking-Abenteuern in Verbindung bringen, da sie befürchteten, dass dessen rücksichtsloser Stil und regelmäßige Fehler ihr Image trüben würden. Sie zögerten auch, ihren wertvollen Kundenstamm, den sie durch geduldigen Beziehungsaufbau entwickelt hatten, den auf harte Verkaufstaktiken ausgerichteten Jungs von Shearson oder Lehman zu überlassen.

Außerdem mochten es die meisten Karteninhaber, sich bei Finanzdienstleistungen umzusehen, anstatt alles bei einer einzigen Organisation zu kaufen.

Das Konglomerat wurde unübersichtlich. In der Wucherung konnten die Abteilungsleiter ihre Bereiche ungehindert ausbauen, und die Macht sickerte aus der Zentrale heraus. Einige Chefs – frei von Zwängen und mit einem Übermaß an Selbstvertrauen – machten Fehler, die große Auswirkungen auf den Konzern hatten.

Bei der Versicherungstochter Fireman's Fund und bei der Trade Development Bank kam es zu Verlusten, weil die Risiken nicht sorgfältig kontrolliert wurden. Shearson setzte die Gruppe enormen Risiken und Verlusten aus, von Fehleinschätzungen beim Underwriting und Fehlern bei gewerblichen Immobilienanlagen bis hin zu schlecht bewerteten Überbrückungskrediten und Debakeln bei lateinamerikanischen Krediten.

Die Verluste wurden so groß, dass Robinson sich nicht weigern konnte, mehr Geld in Shearson zu pumpen, um das Unternehmen über Wasser zu halten. Und die Geschäftsleitung widmete der Brandbekämpfung von Problemen in verschiedenen verlustbringenden Geschäftsbereichen so viel Aufmerksamkeit, dass das Kerngeschäft mit Kreditkarten und Reiseschecks vernachlässigt wurde.

Andere Möglichkeiten, Geld zu verlieren

Als ob diese Probleme nicht schon genug gewesen wären, schloss die Strategie des Konzerns auch die Übernahme von Unternehmen ein, die nicht einmal Finanzdienstleistungen anboten, zum Beispiel das überteuerte Beaver Creek Conference Centre und eine Kunstgalerie.

Es gab auch unethisches Verhalten, wofür die Safra-Affäre ein herausragendes Beispiel ist. Edmond Safra war Leiter der Trade Development

Bank, als diese an Amex verkauft wurde. Ihm wurde vorgegaukelt, dass er die Bank unter dem Dach von Amex auf seine Weise führen könne. Zwei Jahre später, im Jahr 1985, trat er jedoch aus Unzufriedenheit über die Beschränkungen, unter denen er arbeiten musste, zurück.

Als Safra versuchte, eine neue Bank zu gründen, wurde er zum Ziel einer Verleumdungskampagne. Um ihn zu diskreditieren, verbreiteten die Mitarbeiter von Amex in den Zeitungen falsche Gerüchte. Dieses unprofessionelle und prinzipienlose Verhalten fand in der Presse große Beachtung und schadete dem öffentlichen Image von American Express. Beschämt und gedemütigt erklärte sich American Express bereit, 1989 acht Millionen Dollar an von Safra ausgewählte Wohltätigkeitsorganisationen zu zahlen und sich zu entschuldigen.

Hinzu kam eine stärkere Konkurrenz durch Kreditkarten, die von einer Vielzahl von Organisationen herausgegeben wurden – allen voran von Visa und Mastercard, aber auch von mächtigen Konzernen wie Sears (Discover Card), General Electric, Ford und AT&T – und es den Amex-Karten schwer machten, sich durchzusetzen.

Es gab zahlreiche Proteste gegen die von Amex erhobenen Händlergebühren. Angeführt wurden sie von der Boston Fee Party, einer Gruppe von Restaurants. In einer besonders denkwürdigen Episode stach ein Küchenchef im landesweiten Fernsehen ein Messer durch eine Amex-Karte. Amex hatte mit den hohen Händlergebühren davonkommen können, weil die Karteninhaber sehr viel mehr ausgaben als die Inhaber anderer Karten, sodass die Einzelhändler und so weiter besonders an diesen Kunden interessiert waren. Doch in den späten 1980er-Jahren ging Amex wohl zu weit und fiel infolgedessen einer „Verdrängung“ zum Opfer, was bedeutete, dass die Händler ihre Kunden aufforderten, eine andere Karte oder Bargeld zu benutzen. Amex verlor Marktanteile.

DIE AKTIONÄRE WAREN NICHT GLÜCKLICH

John J. Byrne – derselbe „Jack" Byrne, der 1976 GEICO rettete[94] – fasste die Geschichte der 1980er-Jahre so zusammen, als er als Direktor von American Express in einer Vorstandssitzung im September 1992 sprach: „Drei bis vier Milliarden Dollar des Geldes der Aktionäre waren während Robinsons Amtszeit verloren gegangen."[95]

Trotz der Gewinne und der hohen Kapitalrenditen, die aus den Kerngeschäften flossen, kam der Aktienkurs daher in den acht Jahren bis zum Sommer 1991 nicht voran – siehe Abbildung 3.1.

Abbildung 3.1: Aktienkurs von American Express in USD, Sommer 1983 bis Sommer 1991

BUFFETTS ZWEI GESCHÄFTE

Die Shearson-Lehman-Verluste und die sich verschlechternde Lage in anderen Geschäftsbereichen ließen American Express mit einer geschwächten Finanzstruktur dastehen. Dies führte im Juli 1991 zu einer

Herabstufung der vorrangigen Schuldpapiere durch Standard and Poor's von AA auf AA-, was ein sehr negatives Signal für ein Unternehmen darstellte, das in der Vergangenheit als Unternehmen mit einer grundsoliden Geschäfts- und Bilanzstruktur gegolten hatte. Die Kosten für die Aufnahme von Krediten, die für die Gewährung von Zahlungserleichterungen für Karteninhaber benötigt wurden, stiegen, und die Finanzmärkte waren weniger empfänglich für die Geldmarktpapiere, Anleihen und Verbriefungen des Unternehmens.

Mitte Juli 1991 wusste Robinson, dass er etwas tun musste, um Barmittel zu beschaffen und die Kapitalstruktur zu verbessern. Er musste Aktien verkaufen. Jack Byrne, der dem Finanzausschuss von American Express beisaß, dachte sofort an seinen Freund Warren Buffett. Robinson stimmte der Idee von Byrne zu. Buffett erinnert sich: „Ich sagte Jack, dass ich interessiert sei, und er brachte Jim dazu, mich anzurufen."[96]

Das Gespräch mit Robinson verlief gut, und eine Woche später (am 1. August) investierte Berkshire Hathaway 300 Millionen Dollar in American Express (er hätte bis zu 500 Millionen Dollar investiert, aber Robinson wollte nur 300 Millionen Dollar). Buffett war sich der historischen Stärke des Unternehmens durchaus bewusst, aber 1991 war er, wie auch der Rest der Investorengemeinde, nervös angesichts der Probleme, die das Unternehmen aufgetürmt hatte. Es machte Verluste, die eingedämmt werden mussten – wenn sie nicht gestoppt wurden, könnten sie den Konzern überfordern.

Noch wichtiger ist, dass American Express nicht mehr so dominant war wie früher. Die konkurrierenden Kreditkartenanbieter wuchsen schnell und lockten die Verbraucher mit dem Wegfall der Jahresgebühr und mit langen Zahlungsfristen für Karteninhaber (die natürlich mit einem hohen Zinssatz verbunden waren). Außerdem warben sie bei den Händlern mit niedrigeren Gebühren.

Aufgrund der ungewissen Zukunft des Unternehmens konnte sich Buffett 1991 nicht auf den Besitz von Stammaktien festlegen. Stattdessen kaufte er eine ungewöhnliche Art von Vorzugsaktien mit der Bezeichnung PERCS – Preferred Equity Redemption Cumulative Stock. Diese boten eine fixe Dividende von 8,85 Prozent, die im Vergleich zu den üblichen Vorzugsaktien hoch war.

Die PERCS mussten drei Jahre später in *maximal* 12,245 Millionen Stammaktien von American Express umgewandelt werden.[97]

Sollte der Marktwert dieser Stammaktien im August 1994 jedoch 414 Millionen Dollar übersteigen, würde das Umtauschverhältnis so nach unten korrigiert, dass Berkshire nur Aktien im Wert von 414 Millionen Dollar erhalten würde.

Buffett erläuterte in seinem Brief 1991 das Vergütungsprofil der PERCS: „Es gibt also eine Obergrenze für den Wert der Stammaktien, die wir bei der Wandlung erhalten, aber keine Untergrenze."

Zumindest aber konnte der Umtauschtermin um ein Jahr verlängert werden, wenn die Stammaktien am 1. August 1994 unter 24,50 Dollar standen (dies ist die Gewinnschwelle: 24,50 Dollar × 12,245 Millionen Aktien = 300 Millionen Dollar).

Es war ungewöhnlich für Buffett, eine derartige Begrenzung des Gewinns zu akzeptieren, aber Robinson bestand darauf. Buffett hatte nur wenige Alternativen, um Geld zu dieser Art von Rendite zu investieren (der Dividendensatz war gerade wegen des Verlusts vieler positiver Aspekte angehoben worden), und er hoffte, dass das „Franchise" in Zukunft noch stärker ausgebaut werden konnte.

Er fühlte sich außerdem mit dem Unternehmen verbunden, das ihm ein Vierteljahrhundert zuvor zu einem Vermögen und Ansehen verholfen hatte. In einem Interview mit dem *Omaha World-Herald* scherzte der Berkshire-Vorsitzende, Jim Robinson habe ihm nicht angeboten, die Transaktion mit seiner Kreditkarte zu bezahlen.

Buffett nahm zwar keinen Sitz im Vorstand ein – vielleicht weil er bereits im Vorstand von Salomon, einem Rivalen der Wall Street, saß –, aber er sagte gegenüber *Associated Press*, er werde „sprechen, wenn er angesprochen wird".

DAS ZWEITE GESCHÄFT

Im August 1994 löste American Express die PERCS durch die Ausgabe von 13.997.141 Stammaktien an Berkshire zwangsweise ab (die zusätzlichen Aktien, die über die ursprünglich festgelegten 12,245 Millionen hinausgingen, sollten die vorangegangene Abspaltung von Lehman Brothers kompensieren).

An diesem Punkt musste Buffett eine Entscheidung treffen: die 14 Millionen Aktien behalten oder sie verkaufen und in andere Möglichkeiten investieren. Auf der einen Seite war da „der hervorragende CEO von Amex, Harvey Golub [Robinsons Nachfolger], der geeignet schien, das Potenzial des Unternehmens zu maximieren“[98], und die Anziehungskraft des Kerngeschäfts. Andererseits war „das Ausmaß dieses Potenzials fraglich: Amex stand im unerbittlichen Wettbewerb mit einer Vielzahl von Kartenausstellern, allen voran Visa.“[99]

Als Buffett die Argumente abwägte, tendierte er zum Verkauf. Aber während dieses Monats des Grübelns spielte er Golf mit Frank Olson, dem CEO von Hertz.

> „Und da hatte ich Glück ... Frank ist ein brillanter Manager, der sich im Kreditkartengeschäft bestens auskennt. Also habe ich ihn vom ersten Abschlag an über die Branche ausgefragt. Als wir das zweite Grün erreichten, hatte Frank mich davon überzeugt, dass die Amex-Unternehmenskarte ein großartiges ‚Franchise‘ ist, und ich beschloss, nicht zu verkaufen ... Ich bin Frank natürlich sehr dankbar. Aber unser gemeinsamer Freund George Gillespie meint, ich sei in der Frage, wohin meine Dankbarkeit gehen sollte, verwirrt. Schließlich sei er es gewesen, der das Spiel arrangiert und mich Franks Viderermannschaft zugeteilt hat, sagt er.“[100]

FOKUS AUF DAS KERNGESCHÄFT WIEDERHERGESTELLT - BUFFETT KAUFT NACH

Schon lange vor dem Golfspiel hatte Buffett eine Rückkehr zur Vernunft beobachtet.

Zunächst gab es einen Führungswechsel. Nachdem Robinson von Investoren und vom Vorstand zum Rücktritt gedrängt worden war, übernahm Harvey Golub im Februar 1993 seine Position. Golub war ein erfahrener Mann bei Amex, denn er leitete seit 1984 die sehr erfolgreiche IDS Financial Services Division und seit November 1991 das Karten- und Reisescheck-Geschäft. Er verfolgte eine dreiteilige Strategie:

1. Aufbau der Kerngeschäfte mit besonderem Augenmerk auf den „Markenwert" – Musik in Buffetts Ohren
2. Geldbeschaffung durch den Verkauf leistungsschwacher Geschäftsbereiche
3. Kostensenkungen

Zweitens wurde eine Reihe von nicht zum Kerngeschäft gehörenden Geschäftsbereichen in rascher Folge verkauft, was Milliarden einbrachte. Im April 1992 wurde ein 46-prozentiger Anteil an First Data – der Tochtergesellschaft für Informationsdienste (Kartenverarbeitung für viele Kartenunternehmen, darunter Visa und Mastercard) – im Rahmen einer Aktienemission verkauft, die fast 1,1 Milliarden USD einbrachte. Im darauffolgenden März wurde der Anteil an First Data auf etwa 22 Prozent reduziert, was weitere 1,1 Milliarden Dollar einbrachte.

1993 wurde das Retail-Broker- und Vermögensverwaltungsgeschäft von Shearson Lehman für eine Milliarde Dollar plus einen Teil der künftigen Gewinne aus diesem Geschäft verkauft. Und die Boston Company, ein Unternehmen für Privatbankgeschäfte, Treuhand und die Verwaltung von Investmentfonds, wurde zusammen mit der

Shearson Lehman Hutton Mortgage Corporation, die im Hypothekenbankgeschäft tätig war, für 1,45 Milliarden Dollar verkauft.

Im Mai 1994 wurde der Geschäftsbereich Lehman Brothers im Rahmen einer steuerfreien Ausschüttung (Sonderdividende: eine Lehman-Aktie für fünf American-Express-Aktien) an die Aktionäre von American Express ausgegliedert. Zuvor hatte das Unternehmen seine „Investition" in Lehman mit 2,4 Milliarden Dollar angegeben.

Mit diesen Maßnahmen sollten die von Golub gesetzten Ziele erreicht werden:

1. Eine jährliche Eigenkapitalrendite von 18 bis 20 Prozent
2. Steigerung des Gewinns pro Aktie um 12 bis 15 Prozent pro Jahr

Im Jahr 1995 wurde das wiederbelebte Kartengeschäft auf 27 Länder ausgedehnt. Das Unternehmen begann mit dem Ausbau seines Kreditkartenangebots (das zur Unterscheidung von der Charge-Karte den Namen Optima-Karte erhielt), um mit Visa und anderen zu konkurrieren. In diesem Jahr betrat das Unternehmen auch zum ersten Mal ein fremdes Land namens Großbritannien.

GELDÜBERWEISUNG AN DIE AKTIONÄRE

Der dritte Teil von Golubs Strategie muss für Buffett den Ausschlag gegeben haben, denn er gab Aufschluss darüber, inwieweit die Direktoren aktionärsorientiert waren.

Von 1992 bis 1994 gelang es den Chefs so gut, das Kerngeschäft zu verbessern, Kapital durch Verkäufe außerhalb des Kerngeschäfts zu beschaffen und die Kosten zu senken, dass American Express eindeutig einen höheren Cashflow erwirtschaftete, als für die Aufrechterhaltung der wirtschaftlichen Marktstellung erforderlich war. Und es sah so aus, als ob dies auch auf absehbare Zeit so bleiben würde.

Anstatt das Geld zu horten oder in einem wilden Kaufrausch auszugeben – wie es nur allzu viele Manager tun –, gab American Express das Geld in aller Stille durch den Rückkauf von Stammaktien an die Aktionäre zurück.

Sie waren sich ihres Kompetenzkreises bewusst und wussten, dass jeder zusätzlich investierte Dollar eine gute Rendite abwerfen musste. Die Direktoren brachten ihre Absicht im Jahresbericht 1994 zum Ausdruck:

> „In dem Maße, in dem die einbehaltenen Gewinne die Investitionsmöglichkeiten übersteigen, wird das Unternehmen überschüssiges Kapital in Form von Aktienrückkäufen an die Aktionäre zurückgeben. Im Laufe des Jahres 1994 hat sich das Unternehmen von dem Punkt, an dem es vor einigen Jahren seine Kapitalposition stärken musste, zu einem Punkt entwickelt, an dem es über das Kapital verfügt, um seine Kreditratings zu stützen, Wachstumsmöglichkeiten in seinen Kerngeschäften zu finanzieren und Kapital durch ein Aktienrückkaufprogramm an die Aktionäre zurückzugeben."

Der Strom von Barmitteln an die Aktionäre begann im September 1994 mit einem Rückkauf von 14,6 Millionen Aktien zu einem Durchschnittspreis von 30,37 Dollar. Seitdem wurden in den meisten Jahren umfangreiche Rückkäufe getätigt, die 1998 1,89 Milliarden Dollar und 2019 4,6 Milliarden Dollar erreichten.

BERKSHIRE WIRD GRÖSSTER AKTIONÄR

Alle diese ermutigenden Anzeichen führten dazu, dass Buffett zunehmend davon überzeugt war, dass American Express auf dem besten Weg war, eine hervorragende Investition zu werden. Im Jahr 1994 behielt Berkshire nicht nur die 14 Millionen Aktien aus der Umwandlung der PERCS, sondern kaufte auch weitere 13,8 Millionen

Aktien (Durchschnittspreis 30,81 Dollar). Damit erhöhte sich der Anteil von Berkshire auf 5,5 Prozent des Unternehmens.

Mit 724 Millionen Dollar war Amex die größte Ausgabe von Berkshire für ein nicht von Berkshire kontrolliertes Unternehmen – abgesehen von dem Betrag, der für Coca-Cola aufgewendet wurde (1.298 Millionen Dollar).

Im März 1995 kaufte BH dann weitere 21,7 Millionen Aktien zu einem Durchschnittspreis von 30,83 Dollar, womit die Beteiligung auf knapp zehn Prozent anwuchs. Buffett hatte 1.393 Millionen Dollar ausgegeben, sogar mehr als für die Coca-Cola-Beteiligung zu dieser Zeit.

Die Bankenaufsichtsbehörden sehen es mit Argwohn, wenn Nicht-Banken Einfluss auf eine Bank nehmen, da es dadurch zu Interessenkonflikten kommen kann (die Bankgeschäfte von American Express und andere Aktivitäten im Finanzsektor könnten dazu führen, dass Berkshire-Firmen eine Vorzugsbehandlung zum Beispiel bei Krediten angeboten wird). Berkshire stieß 1995 an die Schwelle dessen, was als einflussreiche Beteiligung galt, und so sah sich Buffett gezwungen, die Kontrollmöglichkeiten von Berkshire zu schwächen.

Im Februar schrieb er einen Brief an Golub, in dem es hieß: „Sollte Berkshire zehn Prozent oder mehr der stimmberechtigten Wertpapiere von American Express erwerben ... wird Berkshire (1) keine Aktien ... ohne die vorherige Zustimmung von American Express [an jeden, der mehr als fünf Prozent hielt] veräußern und (2) in Übereinstimmung mit der Empfehlung des Vorstands abstimmen, solange Harvey Golub Chief Executive Officer ist."

Nach einem Kursrücksetzer bei American Express aufgrund der asiatischen Finanzkrise kaufte BH 1998 weitere 1,08 Millionen Aktien für 77 Millionen Dollar. Mit 71,57 Dollar pro Aktie war dies mehr als doppelt so viel wie bei früheren Käufen. Der höhere Preis war leicht zu rechtfertigen, denn 1998 war das sechste Jahr in Folge, in dem das Wachstumsziel des Gewinns pro Aktie von 12–15 Prozent und das Ziel für die Eigenkapitalrendite von 18–20 Prozent übertroffen wurden.

Ein wachsendes Unternehmen

In den späten 1990er-Jahren hatten die Direktoren die Dynamik des Unternehmens von einer Kostenreduzierung bei geringem Umsatzwachstum in eine Dynamik mit Umsatzwachstumsraten im Kerngeschäft von 10–13 Prozent verwandelt. Es gelang ihnen, die Nutzung von Amex-Karten über den Reise- und Geschäftsverkehr hinaus auf alltägliche Ausgaben an Tankstellen, in Supermärkten, bei Einzelhändlern und in der Telekommunikation auszudehnen.

Eine weitere Verschiebung: 1995 entfielen nur vier Prozent der US-Kartenabrechnungen auf Kreditkarten, am Ende des Jahrzehnts waren es 19 Prozent.

Die Zahl der Währungsbezeichnungen von American-Express-Karten stieg 1999 auf 50, und es waren 46 Millionen Karten im Umlauf – siehe Abbildung 3.2. Der Gewinn nach Steuern stieg von weniger als

Abbildung 3.2: Von American Express ausgegebene gültige Karten, in Millionen

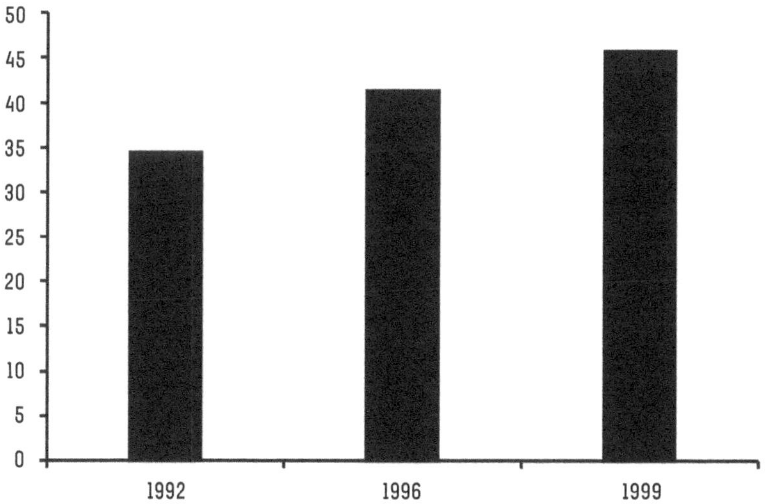

Quelle: Jahresberichte von American Express

Abbildung 3.3: Nettogewinn von American Express in Milliarden USD

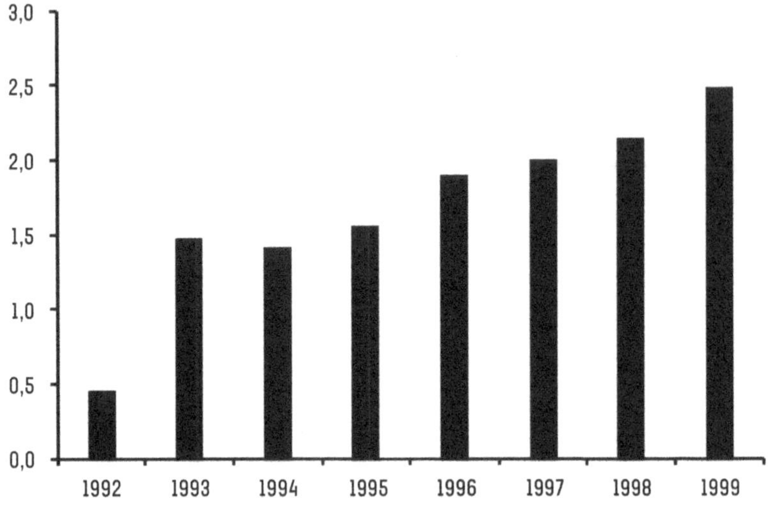

Quelle: Jahresberichte von American Express

*Abbildung 3.4: Aktienkurs von American Express in USD,
Juli 1991 bis Dezember 1999*

Source: ADVFN

0,5 Milliarden Dollar im Jahr 1992 auf fast 2,5 Milliarden Dollar im Jahr 1999 – siehe Abbildung 3.3. Die Aktien reagierten darauf in den 1990er-Jahren mit einem sechsfachen Anstieg – siehe Abbildung 3.4.

DER INNERE WERT - EINE BERECHNUNG, DIE AUF PERFEKTER VORAUSSICHT BERUHT

Am 1. August 1994, als Berkshire seine ersten Stammaktien von American Express kaufte, betrug die Marktkapitalisierung des Unternehmens zwölf Milliarden Dollar. War Mr. Market zu optimistisch, zu pessimistisch oder lag er ungefähr richtig? Um diese Frage zu beantworten, werde ich die jährlichen Eigentümergewinne schätzen und daraus mögliche innere Werte ableiten.

In den folgenden Berechnungen gehe ich von einer vereinfachenden Annahme aus, die jedoch nicht allzu weit von der Wahrheit entfernt ist: Der Betrag, den Amex jährlich für Kapitalposten und Erhöhungen des Betriebskapitals aufwenden musste, um seine wirtschaftliche Marktstellung und sein Volumen aufrechtzuerhalten und in wertsteigernde Projekte zu investieren, entsprach in etwa den nicht zahlungswirksamen Aufwendungen in den Büchern (zum Beispiel Abschreibungen).

Unter dieser Annahme ist der Eigentümergewinn gleich dem Nettogewinn.[101] Dies ermöglicht es uns, den inneren Wert zu schätzen, indem wir den veröffentlichten Nettogewinn verwenden, anstatt die Anpassungen an den veröffentlichten Gewinnen vorzunehmen, die andernfalls notwendig wären, um Schätzungen des Eigentümergewinns zu erhalten.

Um den inneren Wert zu berechnen, muss der Anleger die Finanzberichte des Unternehmens und seine Qualitäten in Bezug auf die strategische Position und das Management betrachten, um die voraussichtliche künftige Ertragskraft zu beurteilen. Dies ist ein Prozess, den Buffett 1994 durchlief, als er auf Schätzungen für die zukünftigen Eigentümergewinne aus war.

Sein Ausgangspunkt könnte die Betrachtung des Eigentümergewinns/Nettogewinns von 1993 in Höhe von etwa 1,5 Milliarden Dollar und die Erwartung von 1,4 Milliarden Dollar für 1994 gewesen sein. Wahrscheinlich untersuchte er auch eine Reihe von Jahren davor und trennte die Einnahmen aus den Kerngeschäften von den Einnahmen aus den nicht zum Kerngeschäft gehörenden Aktivitäten, die häufig zu Abschreibungen und Verlusten führten.

Wenn er einen konservativen Ansatz verfolgte und von einer unveränderten Zukunft ausging, also von einer ewigen Rente von beispielsweise 1,4 Milliarden Dollar, und einen Abzinsungssatz von zehn Prozent verwendete,[102] würde er einen inneren Wert von 1,4 Milliarden Dollar/0,10 = 14 Milliarden Dollar errechnen, der etwas über der Marktkapitalisierung von zwölf Milliarden Dollar lag.

Diese Schätzung berücksichtigt jedoch nicht die Beseitigung der Belastung durch den Verkauf der Investmentbank und des Brokerage-Geschäfts. Wenn er sich einen gewissen Optimismus erlaubte, indem er sich vorstellte, dass die neuen Manager das Unternehmen tatsächlich wieder auf sein Kerngeschäft ausrichten und durch den Verkauf leistungsschwacher Einheiten Kapital beschaffen würden, dann würde der Eigentümergewinn vielleicht von Jahr zu Jahr steigen. Gehen wir von einem geschätzten durchschnittlichen jährlichen Wachstum des Eigentümergewinns von fünf Prozent aus.

In diesem Fall würde der geschätzte innere Wert 1,4 Milliarden Dollar/(0,1 - 0,05) = 28 Milliarden Dollar betragen, was eine sehr große Sicherheitsmarge zum Marktpreis darstellte.

Wir haben den Vorteil der Rückschau, da wir die Nettoerträge *nach* 1994 kennen – siehe Tabelle 3.1. Wir, die wir vollkommen vorausschauend sind, können die tatsächlichen künftigen Eigentümergewinne/Nettogewinne verwenden, um den inneren Wert im Jahr 1994 zu berechnen. Die letzte Spalte von Tabelle 3.1 zeigt den Gegenwartswert des Nettoeinkommens, wenn er auf 1994 abgezinst wird.

Tabelle 3.1: American Express, Nettogewinne, diskontierte Nettogewinne

Jahr	**Nettogewinn in Mrd. USD**	**Diskontierungsfaktor (10 % pro Jahr)**	**Gegenwartswert des Nettogewinns, abgezinst auf 1994 (in Mrd. USD)**
1995	1,56	0,9091	1,42
1996	1,90	0,8264	1,57
1997	2,00	0,7513	1,50
1998	2,14	0,6830	1,46
1999	2,48	0,6209	1,54
2000	2,81	0,5645	1,59
2001	1,31	0,5132	0,67
2002	2,67	0,4665	1,25
2003	2,99	0,4241	1,27
2004	3,45	0,3855	1,33
2005	3,73	0,3505	1,31
2006	3,71	0,3186	1,18
2007	4,01	0,2897	1,16
2008	2,70	0,2633	0,71
2009	2,13	0,2394	0,51
2010	4,06	0,2176	0,88
2011	4,94	0,1978	0,98
2012	4,48	0,1799	0,81
2013	5,36	0,1635	0,88
2014	5,89	0,1486	0,88
2015	5,16	0,1351	0,70
2016	5,41	0,1228	0,66
2017	2,75	0,1117	0,31
2018	6,92	0,1015	0,70

Jahr	Nettogewinn in Mrd. USD	Diskontierungsfaktor (10% pro Jahr)	Gegenwartswert des Nettogewinns, abgezinst auf 1994 (in Mrd. USD)
2019	6,76	0,0923	0,62
2020	3,14	0,0839	0,26
Annahme der ewigen Fortsetzung	6,76 (6,76/0,1) = 67,6	0,0839	5,67
Geschätzter innerer Wert 1994 (Summe der diskontierten Gewinne)			32 Mrd. USD

Quelle: Jahresberichte von American Express

Die konservative Annahme eines konstanten Nettogewinns von 1,4 Milliarden Dollar erwies sich als völlig unzutreffend. Er verdoppelte sich in nur sechs Jahren auf 2,8 Milliarden Dollar – eine durchschnittliche jährliche Wachstumsrate von 14,9 Prozent.

Zugegebenermaßen wurde American Express von der Post-Dotcom-Rezession (die durch den Anschlag auf die Zwillingstürme am 11. September 2001, bei dem elf Amex-Mitarbeiter starben, noch verstärkt wurde) und der weltweiten Finanzkrise von 2008 hart getroffen. Dennoch gingen die Einnahmen selbst nach diesen Schocks nicht allzu stark zurück und sie erholten sich schnell wieder.

Im Jahr 2019 erwirtschaftete American Express einen Nettogewinn von 6,76 Milliarden Dollar und schüttete – sowohl in Form von Dividenden als auch von Aktienrückkäufen – sechs Milliarden Dollar an die Aktionäre aus. Berkshire verfügte nun über „Durchblicksgewinne" in Höhe von 18,8 Prozent der Gewinne von American Express, ein *jährlicher* Anteil, der fast der Gesamtinvestition von Berkshire in den 1990er-Jahren von 1,47 Milliarden Dollar entspricht.

Die Eigenkapitalrendite

Das Schlüsselelement für den herausragenden Erfolg von Berkshires Investment in American Express war die Fähigkeit der Amex-Manager, sogar die ehrgeizigen Renditeziele zu übertreffen, die Harvey Golub 1994 mit 18–20 Prozent pro Jahr festgelegt hatte.

Die erstaunlich hohen prozentualen Renditen können Sie in Abbildung 3.5 sehen. Nur in vier Jahren sank die Eigenkapitalrendite unter 20 Prozent, ein Ziel, von dem Führungskräfte und Anteilseigner in langweiligeren Unternehmen nur träumen können.

Das Führungsteam von American Express hielt die Höhe des Eigenkapitals im Unternehmen bewusst sehr knapp – es war entschlossen, keinen Dollar im Unternehmen zu belassen, der nicht mindestens 20 Cent pro Jahr einbringen konnte. Geld, das nicht dieses Niveau einbrachte, wurde entweder durch Aktienrückkäufe oder Dividenden an die Aktionäre weitergegeben.

Abbildung 3.5: Rendite von American Express auf das im Unternehmen gehaltene Eigenkapital in Prozent

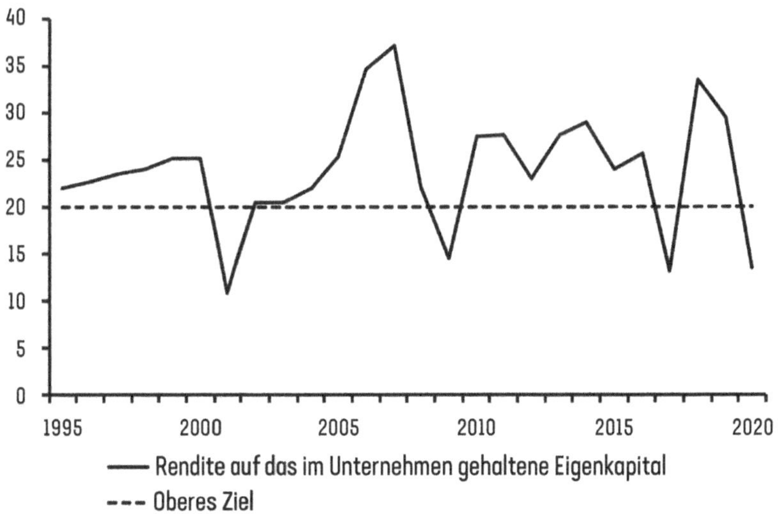

Quelle: Jahresberichte von American Express

Die Reaktion des Aktienkurses

Der Marktwert der Beteiligung von Berkshire Hathaway stieg vom Kaufpreis von 1,47 Milliarden Dollar bis Ende 2020 auf 18,3 Milliarden Dollar – siehe Abbildung 3.6.

Abbildung 3.6: Marktwert der von Berkshire Hathaway gehaltenen Aktien von American Express in Milliarden USD, 1998 bis 2020

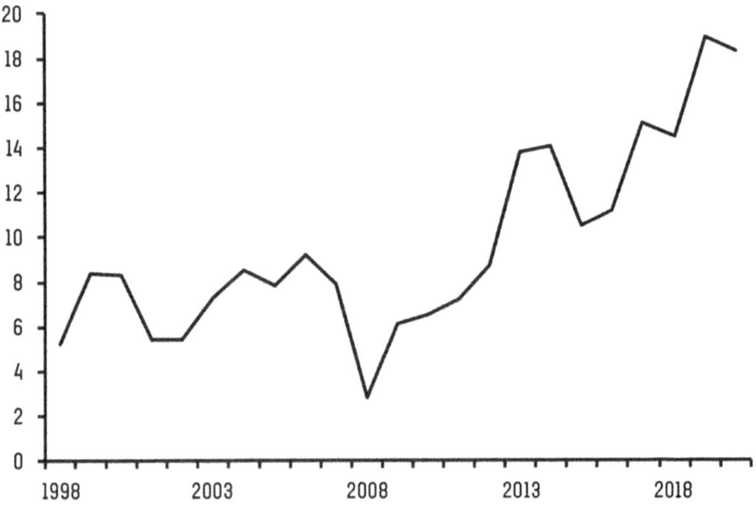

Quelle: Warren Buffetts Briefe an die Aktionäre von Berkshire Hathaway

Zusätzlich zu dem Kursanstieg hat Berkshire Dividenden erhalten, die fast doppelt so hoch sind wie der Betrag, den es für die Aktien bezahlt hat. Außerdem erhielt Berkshire bei der Ausgliederung von American Express Financial Advisors in Ameriprise Financial im September 2005 Aktien. Berkshire wurde Eigentümer von 30,3 Millionen Aktien oder 12,2 Prozent von Ameriprise im Wert von etwa 1,1 Milliarden Dollar (die alle bis Mai 2008 verkauft wurden).

Im Jahr 2020 erhielt Berkshire für jede American-Express-Aktie eine Dividende von 1,72 Dollar, insgesamt 261 Millionen Dollar.

Wunderbare Unternehmen nicht verkaufen

Beachten Sie in Abbildung 3.6 den Preisrückgang um ein Drittel im Jahr 2001 und um zwei Drittel im Jahr 2008. Dennoch entschied sich Buffett, in Erwartung dieser beiden Wirtschaftsabschwünge nicht zu verkaufen, obwohl die wahrscheinlichen Auswirkungen der Rezession auf das Reiseaufkommen, Kreditkartenausgaben, faule Schulden und den Nettogewinn offensichtlich waren.

Er betrachtete American Express als eines seiner „vier großen Ausnahmeunternehmen“[103], die er niemals verkaufen würde. Wie immer verwies er auf seine Vorliebe für langfristige, partnerschaftliche Beziehungen in der Wirtschaft und bei Investitionen: „Wir betrachten diese Beteiligungen als partnerschaftliche Anteile an wunderbaren Unternehmen, nicht als börsenfähige Wertpapiere, die aufgrund ihrer kurzfristigen Aussichten gekauft oder verkauft werden.“[104]

Langfristig hat sich seine Standhaftigkeit als richtig erwiesen. Diese Hingabe und Loyalität stärkte nicht nur die enge Beziehung zwischen Buffett und dem Vorstand von Amex, sondern vermied auch die Falle, zu versuchen, die Höchst- und Tiefststände der Märkte zu erraten.

Die Aktien werden jetzt zu einem Preis von über 140 Dollar pro Stück gehandelt. Beachten Sie, dass dieser Preis nach dem Aktiensplit im Verhältnis 1:3 im Jahr 2000 gilt, sodass jede „alte Aktie“ effektiv von etwa 30 Dollar im Jahr 1994 auf heute über 420 Dollar gestiegen ist (im Jahr 2000 stieg der Anteil von Berkshire von 50,54 Millionen Aktien vor dem Split auf 151,61 Millionen Aktien danach).

WANDEL, ABER DOCH KONTINUITÄT

Harvey Golub kündigte 1999 im Alter von 60 Jahren an, dass er nicht bis zum Alter von 65 in Vollzeit arbeiten wolle. Seine Arbeit sei getan, „das Unternehmen ist in hervorragender Verfassung: Es wurden robuste Wachstumsmotoren aufgebaut; unsere Marke und unser Ruf sind hervorragend; unsere Mitarbeiter und unser intellektuelles Kapital sind hervorragend; und unser Kundenstamm ist groß und loyal."[105]

Er nahm sich für den Übergang zu einem neuen CEO viel Zeit. Golub entschied sich für den hoch angesehenen Ken Chenault, der seit 1993 seine vertrauenswürdige Nummer 2 war und vom Vorstand und den Aktionären bestätigt wurde. Er wurde 2001 erst der dritte schwarze CEO eines S&P-500-Unternehmens.

Buffett schrieb in seinem Brief von 2006, dass er Chenault sehr bewundere. Er wies darauf hin, dass für die Leitung eines Unternehmens andere Fähigkeiten erforderlich seien als für die eines Investors:

> „Ich glaube nicht, dass ich den Managementjob machen könnte, den sie machen. Und ich weiß, dass mir viele der Aufgaben, die mit ihren Positionen verbunden sind, keinen Spaß machen würden – Sitzungen, Reden, Auslandsreisen, Wohltätigkeitsveranstaltungen und Beziehungen zur Regierung. Für mich hatte Ronald Reagan recht: ‚Es ist wahrscheinlich wahr, dass harte Arbeit noch niemanden umgebracht hat – aber warum sollte man dieses Risiko eingehen?' Also habe ich den einfachen Weg gewählt, lehne mich zurück und arbeite mit großartigen Managern zusammen, die ihren eigenen Laden schmeißen. Meine einzige Aufgabe besteht darin, sie anzufeuern, unsere Unternehmenskultur zu formen und zu festigen sowie wichtige Entscheidungen über die Kapitalallokation zu treffen. Unsere Manager geben dieses Vertrauen zurück, indem sie hart und effektiv arbeiten."

Chenault ging 2018 in den Ruhestand und wurde von Stephen Squeri, einem weiteren American-Express-Mitarbeiter, abgelöst. Im Mai 2020, als Covid-19 wütete, gab Buffett Squeri denselben Ratschlag, den er 56 Jahre zuvor auf dem Höhepunkt des Salatölskandals gegeben hatte: „Das Wichtigste an American Express sind die Marke und die Kunden, die mit der Marke in Verbindung gebracht werden wollen."[106] Squeri verdoppelte seine Bemühungen um die Pflege der Kundenbeziehungen, als viele von ihnen in finanzielle Schwierigkeiten gerieten. Amex verzichtete auf Säumnisgebühren, senkte die Zinsen und reduzierte die monatlichen Zahlungen. Außerdem half es den Kunden, Erstattungen zu erhalten.

Gräben und Burgen

Diese Betonung des Markenaufbaus diente stets dazu, den Burggraben um die wirtschaftliche „Franchise-Burg" zu vertiefen:

> „Ein wirklich großartiges Unternehmen muss über einen dauerhaften ‚Burggraben' verfügen, der die hervorragenden Renditen auf das investierte Kapital schützt. Die Dynamik des Kapitalismus garantiert, dass immer wieder Konkurrenten die ‚Burg' eines Unternehmens angreifen, das hohe Renditen erwirtschaftet. Daher ist eine beeindruckende Barriere wie zum Beispiel die Tatsache, dass ein Unternehmen zu den niedrigsten Kosten produziert (GEICO, Costco) oder eine starke weltweite Marke besitzt (Coca-Cola, Gillette, American Express), für nachhaltigen Erfolg unerlässlich."[107]

Buffett rät uns dazu, uns vor illusorischen „wirtschaftlichen Franchises" zu hüten. Es gibt viele „Strohfeuer", also Unternehmen, bei denen der Burggraben seine Wirkung verliert und das Erfolgsmodell verpufft, weil entschlossene Konkurrenten erfolgreich sind.

Ein wirtschaftlicher Burggraben muss per definitionem dauerhaft sein, was in Branchen, die für rasche und kontinuierliche Veränderungen anfällig sind, kaum der Fall sein dürfte. Es findet eine Menge „schöpferische Zerstörung" statt. Das ist zwar gut für die Gesellschaft, schließt aber Investitionssicherheit aus. Wie Buffett sagt: „Ein Burggraben, der ständig neu aufgebaut werden muss, ist irgendwann gar kein Burggraben mehr."[108]

Eine Illusion entsteht, wenn der überragende Erfolg eines Unternehmens von einem großartigen Manager abhängt, der das Unternehmen leitet:

> „Natürlich ist ein hervorragender CEO für jedes Unternehmen ein großer Gewinn, und bei Berkshire haben wir eine Fülle solcher Manager. Ihre Fähigkeiten haben Milliarden von Dollar an Wert geschaffen, die niemals zustande gekommen wären, wenn typische CEOs ihre Unternehmen geleitet hätten. Wenn ein Unternehmen jedoch einen Superstar benötigt, um großartige Ergebnisse zu erzielen, kann das Unternehmen selbst nicht als großartig bezeichnet werden. Eine medizinische Firma unter der Leitung des besten Hirnchirurgen der Region mag überdurchschnittlich hohe und wachsende Gewinne erzielen, aber das sagt wenig über ihre Zukunft aus. Der Burggraben der Firma wird verschwinden, wenn der Chirurg stirbt. Man kann sich jedoch darauf verlassen, dass der Burggraben der Mayo-Klinik bestehen bleibt, auch wenn man den Namen ihres CEO nicht kennt."[109]

Bei Investitionen wirtschaftlich herausragender Unternehmen steht nicht unbedingt das Gewinnwachstum innerhalb des identifizierten wunderbaren Unternehmens im Vordergrund, sondern vielmehr eine hohe Rendite auf das eingesetzte Eigenkapital. Ob das Geld, das das Unternehmen abwirft, in die eigene Geschäftstätigkeit investiert wird, um Wachstum zu ermöglichen, oder ob es die Anleger hernehmen, um es anderswo in Situationen mit hoher Eigenkapitalrendite umzuschichten, hängt von der Rendite pro Dollar ab:

> „Langfristige Wettbewerbsvorteile in einer stabilen Branche sind das, was wir in einem Unternehmen suchen. Wenn dies mit einem schnellen organischen Wachstum einhergeht, ist das großartig. Aber auch ohne organisches Wachstum ist ein solches Unterneh-

> men lohnend. Wir nehmen einfach die üppigen Erträge des Unternehmens und verwenden sie, um anderswo ähnliche Unternehmen zu kaufen."[110]

American Express benötigte einiges an Investitionen, um sein Geschäft auszubauen, aber im Verhältnis zu den erwirtschafteten Barmitteln nicht sehr viel. So schüttete das Unternehmen ein Vielfaches seiner Marktkapitalisierung von Anfang der 1990er-Jahre an die Aktionäre aus. Buffett hat die Milliarden, die Berkshire von American Express erhalten hat, in andere wunderbare Unternehmen gesteckt – Geschichten, die ich mir für spätere Kapitel aufspare.

LEKTIONEN

1. **Konzentrieren Sie sich auf die wirtschaftliche Marktstellung.** Ist sie noch stark, obwohl die Manager Zeit und Geld für andere Unternehmungen verschwendet haben?
2. **Wenn das Unternehmen vom Weg abgekommen ist, ist es dann in der Lage, ihn wieder einzuschlagen?** Verfügt es jetzt über Manager, die in der Lage sind, sowohl rational den richtigen Weg zu wählen als auch den Wandel umzusetzen?
3. **Der Ruf eines Unternehmens ist viel mehr wert als die Millionen, die kurzfristig durch Gemeinheit, Gefühllosigkeit oder billigen Service erzielt werden können.** Buffett riet den Direktoren von Amex in den 1960er-Jahren, sich nicht um die Bezahlung derjenigen herumzustreiten, die durch den Salatölskandal Geld verloren hatten. In den 1990er-Jahren betonte er die Ausgaben für die Qualität der Dienstleistungen und für das Marketing. In der Coronakrise riet er zu Großzügigkeit, Flexibilität und exzellentem Service für Karteninhaber, die sich in einer Phase finanzieller Verlegenheit befanden.

4. **Ein Unternehmen, das hohe Eigenkapitalrenditen erwirtschaftet, sollte nur dann expandieren/diversifizieren, wenn jeder zusätzliche Dollar an Investitionen wahrscheinlich eine gute Rendite abwirft.** Wenn alle wertsteigernden Investitionen finanziert sind, gibt ein gut geführtes Unternehmen alle weiteren Barmittel an die Aktionäre zurück.

Investition 4

THE SHOE GROUP – H.H. BROWN, LOWELL, DEXTER

Eckpunkte des Geschäfts

Geschäft	**The Shoe Group**
Zeit	1991 bis heute
Gezahlter Preis	**H.H. Brown,** Juli 1991: 161 Mio. USD **Lowell,** Dezember 1992: 46 Millionen Dollar **Dexter,** November 1993: 2,14% der Berkshire-Aktien im Wert von 433 Mio. USD
Menge	Alle Aktien
Verkaufspreis	Noch gehalten
Gewinn	Nicht bekannt gegeben, aber als enttäuschend eingestuft
Berkshire Hathaway 1991	Aktienkurs: 6.550–9.100 USD Buchwert: 7.380 Mio. USD Buchwert je Aktie: 6.437 USD

In dieser Geschichte geht es um das, was Buffett selbst als seinen „grausamsten Fehler“ bezeichnete.[111] Innerhalb weniger Jahre hatte sich der Wert der 433 Millionen Dollar, die er für das dritte gekaufte Unternehmen, Dexter, bezahlt hatte, vollständig verflüchtigt. Es hätte sich nicht so schmerzhaft in Buffetts Gedächtnis eingebrannt, wenn er bar bezahlt hätte. Okay, das sind 433 Millionen Dollar Verlust, aber im Zusammenhang mit einem Unternehmen mit einer Marktkapitalisierung von zehn Milliarden Dollar wäre das verkraftbar.

Er hatte sich jedoch bereit erklärt, mit 25.203 Berkshire-Hathaway-Aktien zu bezahlen, was etwa 2,14 Prozent der umlaufenden 1,177 Millionen Aktien entsprach. Die Berkshire-Aktionäre tauschten also 2,14 Prozent ihres Unternehmens gegen etwas ein, das bald durch Schläge von Konkurrenten geschlachtet wurde. Die geopferten Aktien werden heute für über 390.000 Dollar pro Stück gehandelt. Dexter hat also effektiv fast zehn Milliarden Dollar gekostet.

Das Schuhabenteuer war keineswegs nur schlecht. Die spezialisierten Hersteller H. H. Brown und Lowell waren weiterhin in der Lage, Preise zu verlangen, die einen angemessenen Gewinn ermöglichten. Die Kunden dieser Produkte, wie Telefonmastkletterer, Soldaten und Krankenschwestern, brauchten qualitativ hochwertige Stiefel mit Stahlkappen oder bequeme Indoor-Schuhe, die sie den ganzen Tag über tragen konnten. Sie waren mehr als bereit, einen höheren Preis zu bezahlen, um die richtige Passform und Leistung zu erhalten – billig zu sein wäre hier offensichtlich wirtschaftlich falsch. Und so kommt es, dass Berkshire Hathaway seit über drei Jahrzehnten mit dem Verkauf von Schuhen und Stiefeln in Nischenbereichen Gewinne erzielt. Schade ist nur, dass sich zwei Drittel des Geldes, das in die Gründung der von Buffett so genannten Shoe Group gesteckt wurde, als verschwendet erwiesen haben.

Dennoch können wir Anleger viel aus Fehlern lernen, vor allem wenn sie von einem damals sehr erfahrenen 63-jährigen Anleger gemacht wurden.

H. H. BROWN

Henry H. Brown eröffnete 1883 seine erste Schuhfabrik, zusätzlich zu den 23, die es in dem Städtchen Natick in Massachusetts bereits gab. Zwei Jahre später beschäftigte das Unternehmen 175 Mitarbeiter und produzierte täglich 2.000 Paar Schuhe.

1927 verkaufte Henry H. Brown sein Unternehmen für 10.000 Dollar an den 29-jährigen Ray Heffernan. Er leitete das Unternehmen 62

Jahre lang und erwarb sich in dieser Zeit den Ruf, robuste Stiefel herzustellen.[112] Ein Stiefel namens Corcoran war beispielsweise der Originalstiefel der Fallschirmjäger im Zweiten Weltkrieg, und seine Kampfstiefel wurden von Infanteriesoldaten auf vielen Schauplätzen verwendet. Durch Übernahmen sammelte das Unternehmen weitere berühmte Marken, zum Beispiel den Westernstiefel Double-H.

Nicht nur das Militär ist bereit, bis zu 300 Dollar für ein Paar Stiefel zu zahlen (der Durchschnittspreis liegt bei 120 bis 160 Dollar). Bauarbeiter, Farmer und Holzfäller benötigen ebenso wie Polizisten und Feuerwehrleute dauerhafte Festigkeit, Stahlkappen und ganztägigen Komfort. Bergleute, Postangestellte, Radfahrer und Such- und Rettungsteams legen nicht nur Wert auf Widerstandsfähigkeit, sondern auch auf Wasserdichtigkeit.

Hinzu kommt das Gütesiegel der Herstellung in den Vereinigten Staaten, das sich gut zu der Neigung von US-Regierungsorganisationen auf allen Ebenen fügt, im Inland hergestellte Waren zu bevorzugen.[113] Außerdem benötigen viele wichtige Kunden kurze Vorlaufzeiten und manchmal nur kleine Chargen, was bedeutet, dass die Herstellung in Amerika einen Vorteil gegenüber dem weit entfernten Asien darstellt.

Diese Faktoren ermöglichten es H.H. Brown, sowohl seinen Markt zu vergrößern als auch gute Gewinnspannen zu erzielen. 1991 betrug der Betriebsgewinn zwölf Prozent des Umsatzes von über 200 Millionen Dollar. Der Gewinn vor Steuern betrug etwa 25 Millionen Dollar, und der den Aktionären zurechenbare Gewinn nach Steuern lag bei etwa 15 Millionen Dollar.

Frank Rooney

Ray Heffernan leitete die vier Fabriken, die rund 1.800 Mitarbeiter beschäftigten, und den Direktvertrieb mit über 100 Mitarbeitern mit Bravour. Unter seiner Leitung belieferte das Unternehmen Hunderte von kleinen unabhängigen Einzel- und Großhändlern, die dann an

Arbeitnehmer verkauften, die aufgrund ihrer Arbeit in der Schwerindustrie, im Baugewerbe oder in der Stahlindustrie Sicherheitsschuhe oder -stiefel tragen mussten. Hinzu kamen die besonderen Beziehungen, die er zur Armee, der Polizei und der Feuerwehr aufbaute.

Im Laufe seines Lebens schuf Heffernan den führenden einheimischen Hersteller von Sicherheitsarbeitsschuhen und -stiefeln und etablierte eine bedeutende Präsenz auf anderen Märkten, etwa dem Markt für Western- und Freizeitschuhe. Doch Anfang 1990 verschlechterte sich sein Gesundheitszustand und er musste in den Ruhestand gehen. Er wandte sich an seinen Schwiegersohn Frank Rooney, um die Geschäfte weiterzuführen.

Frank Rooney war keiner, der durch Heirat der Tochter Erbe eines großen Unternehmens wurde. Er hatte sich bereits weit weg von Heffernan und lange vor seiner Berufung in das Unternehmen einen Namen gemacht. Nach seinem Abschluss an der Wharton School of Finance and Commerce diente der 22-Jährige 1943 im Pazifik.

Seine berufliche Laufbahn begann ganz unten, als Verkaufstrainee bei der John Foote Shoe Company in Boston im Jahr 1946. 18 Jahre später wurde er im Alter von 42 Jahren CEO der Muttergesellschaft Melville, die er von einem Jahresumsatz von 180 Millionen Dollar im Jahr 1964 auf sieben Milliarden Dollar bei seinem Rücktritt 23 Jahre später führte. Die Gewinne von Melville betrugen im Durchschnitt über 20 Prozent des im Unternehmen eingesetzten Eigenkapitals. Zwischen 1964 und 1987 stiegen die Stammaktien von 16 Dollar auf 960 Dollar (19,5 Prozent durchschnittlicher Anstieg pro Jahr mit Zinseszins).

Zu diesem Zeitpunkt war das Unternehmen weit mehr als nur ein Hersteller und Verkäufer von Schuhen. Es verfügte über Tausende von Geschäften, darunter Thom-McAn-Schuhgeschäfte, Discount-Bekleidungsgeschäfte, Spielwarenläden und eine Haushaltswarenkette. Das führende Einzelhandelsgeschäft der Gruppe war jedoch CVS, das Medikamente, Kosmetika und andere Körperpflegeprodukte verkaufte.

Rooneys Managementansatz bestand darin, die Verantwortung nach unten zu verlagern. Er behielt auch dann nur sieben leitende Angestellte, als sich der Umsatz vervielfachte, und er kommunizierte gern von Angesicht zu Angesicht oder über das Telefon – nicht über Memos, auf die er nach eigener Aussage allergisch reagierte. Infolgedessen reiste er jedes Jahr 80.000 Kilometer, um Geschäfte in ganz Nordamerika zu besuchen.

Sogar seine Kinder wurden rekrutiert (er hatte acht Kinder). Sein Sohn Stephen erinnert sich an viele Samstage, an denen er mit einem oder zwei Geschwistern in das Familienauto gepfercht wurde, um einige Geschäfte zu überprüfen. Rooney befragte den Verkäufer oder den Filialleiter vor Ort, was nicht funktionierte und was die Kunden suchten. „Der Geschäftsführer des Ladens fing einfach an zu reden, und manche dachten, er sei nur ein neugieriger Kunde", sagte Stephen Rooney. „Wenn dann im Gespräch herauskam, dass es sich um sein Geschäft handelte, war der Mann natürlich etwas schockiert."[114]

Aus einer Ausgliederung von Melville ging 1996 die CVS Health Corporation hervor, die heute ein Unternehmen mit 300.000 Mitarbeitern ist und gemessen am Umsatz den vierten Platz in den Vereinigten Staaten einnimmt – gleich hinter Walmart, Amazon und Apple. Seine Marktkapitalisierung beträgt 97 Milliarden Dollar.

Als Rooney 29 Jahre alt war und Frances Heffernan heiratete, wurde ihm von seinem zukünftigen Schwiegervater unvermittelt mitgeteilt, dass er die Idee, für Ray Heffernan bei H. H. Brown zu arbeiten, besser vergessen sollte. Angesichts der Erfolge, die Rooney in den folgenden drei Jahrzehnten erzielte, bezeichnete Buffett diese Ablehnung als „einen der wenigen Fehler von Mr. Heffernan".[115]

DAS H.-H.-BROWN-GESCHÄFT

Ray Heffernan starb im Dezember 1990 im Alter von 92 Jahren. Anfang 1991 kam seine Familie zu dem Schluss, dass es das Beste sei, das

Unternehmen zu verkaufen, und Frank Rooney übernahm die Aufgabe, mit der Hilfe von Goldman Sachs einen Käufer zu finden. Die Bank stellte sorgfältig ein Paket mit Unterlagen für potenzielle Käufer zusammen.

Aber der wirkliche Fortschritt begann auf dem Golfplatz. Ein langjähriger Freund von Buffett, John Loomis, spielte im Frühjahr 1991 auf dem Golfplatz in Florida gegen Frank Rooney. Das Gespräch drehte sich um den Verkauf von H. H. Brown. Loomis war sofort der Meinung, dass das Unternehmen gut zu Berkshire Hathaway passen würde. „John sagte Frank, dass das Unternehmen genau das Richtige für Berkshire sei, und Frank rief mich sofort an", berichtet Buffett in seinem Brief von 1991.

Das Gespräch verlief gut. Laut Rooney „sagte Warren: ‚Nun, das klingt interessant. Schicken Sie mir nichts von dem Zeug von Goldman Sachs, sondern nur die geprüften Zahlen der letzten Jahre.'"[116] Buffett ging in dem Glauben aus dem Gespräch, „dass sie einen Deal machen würden".[117]

Rooney schickte die Unterlagen, und sie vereinbarten ein Treffen in New York. Beim Mittagessen fragte Buffett Rooney und seinen Schwager, ob sie die Gespräche mit anderen potenziellen Käufern einstellen würden, wenn Berkshire ihrer Preisvorstellung zustimmen würde. „Ich sagte ‚Ja', und er sagte: ‚Okay, wir haben einen Deal.' Also gingen mein Schwager und ich einmal um den Block, kamen zurück und sagten: ‚Okay, den haben wir.'"[118]

Rooney war erstaunt, dass Buffett zugestimmt hatte, ohne eine Fabrik gesehen oder einen der Mitarbeiter von H. H. Brown getroffen zu haben. „Warum zum Teufel hat er eine Schuhfirma gekauft? Ich fragte ihn später, und er sagte ... ‚Ihretwegen.'"[119] Berkshire bezahlte am 1. Juli 1991 161 Millionen Dollar in bar für 100 Prozent der H.-H.-Brown-Aktien.

WARUM DER KAUF?

Abgesehen von den nachgewiesenen Gewinnen gab es drei Hauptgründe, warum Buffett H.H. Brown wollte, und alle hingen direkt mit der Wahrscheinlichkeit eines weiteren Gewinnanstiegs zusammen:

1. **Frank Rooney war bereit, das Unternehmen weiterhin zu führen.** „Ein großer Teil meines Enthusiasmus für diesen Kauf kam durch Franks Bereitschaft zustande, als CEO weiterzumachen. Wie die meisten unserer Manager hat er es finanziell nicht nötig, zu arbeiten, sondern tut es, weil er das Spiel liebt und gern Spitzenleistungen erbringt. Manager dieser Art kann man nicht im üblichen Sinne des Wortes ‚anstellen'. Was wir tun müssen, ist, einen Konzertsaal zu schaffen, in dem Wirtschaftskünstler dieser Klasse auftreten wollen."[120]
2. **Das Unternehmen hatte ein ausgezeichnetes Managementteam.** „Schuhe sind ein schwieriges Geschäft – von den Milliarden Paaren, die jedes Jahr in den Vereinigten Staaten gekauft werden, sind etwa 85 Prozent importiert – und für die meisten Hersteller in der Branche läuft es schlecht. Die große Auswahl an Modellen und Größen, die die Hersteller anbieten, führt zu hohen Lagerbeständen; außerdem ist erhebliches Kapital in Forderungen gebunden. In einem solchen Umfeld können nur hervorragende Manager wie Frank und die von Mr. Heffernan aufgebaute Unternehmensgruppe gedeihen."[121]
3. **Eine geniale Art der Managervergütung.** Nur ein kleiner Teil der Gesamtvergütung war fix, der größte Teil des Einkommens eines Managers hing davon ab, ob er für das Unternehmen gute Gewinne im Verhältnis zu dem Kapital erzielte, das er für diese Gewinne einsetzte. „Ein besonderes Merkmal von H.H. Brown ist eines der ungewöhnlichsten Vergütungssysteme, das mir je untergekommen ist – aber eines, das mein Herz erwärmt: Eine Reihe von Managern in Schlüsselpositionen erhält ein Jahresgehalt

> von 7.800 Dollar, zu dem ein bestimmter Prozentsatz der Unternehmensgewinne nach Abzug der Kosten für das eingesetzte Kapital hinzukommt. Diese Manager stecken also wirklich in der Haut der Eigentümer. Im Gegensatz dazu reden die meisten Manager zwar viel, halten sich aber nicht daran, sondern entscheiden sich für Vergütungssysteme, die viel Zuckerbrot, aber wenig Peitsche beinhalten (und die das Eigenkapital fast immer so behandeln, als wäre es kostenlos) … Manager, die gern auf ihre Fähigkeiten setzen, haben in der Regel reichlich Fähigkeiten, auf die sie setzen können."[122]

WER PROFITIERTE VON DEM GESCHÄFT?

Rooney ist der Meinung, dass sowohl Berkshire als auch H.H. Brown von dem Verkauf profitiert haben. Berkshire erwarb einen beständigen Gewinnbringer, und die Mitarbeiter von H.H. Brown behielten die Freiheit, sich auf die Verfolgung renditestarker Geschäfte zu konzentrieren, wie sie es für richtig hielten. Wie üblich wollte Buffett, dass sein wichtigster Manager wie ein Eigentümer fühlt und denkt und das Unternehmen so führt, als wäre es noch zu 100 Prozent in Familienbesitz.

Darüber hinaus konnte H.H. Brown nun auf einen sehr großen Geldpool zugreifen, der für die Stärkung der Shoe Group durch den Erwerb von Schuhherstellern nützlich war. Rooney beurteilte die Zugehörigkeit zu Berkshire als „das Zweitbeste nach dem eigenen Unternehmen".[123]

Und er wurde in Buffetts inneren Kreis aufgenommen:

> „[Buffett ist] eine ungewöhnliche Persönlichkeit, wie ein alter Schuh. Er ist lustig. Er ist klug. Er macht Spaß. Er ist unterhaltsam. Er ist verrückt … Wenn er zu Besuch kommt, macht er sich sein eigenes Frühstück, das aus einem Schinkensandwich und einer Cherry-Cola besteht. Ich hatte den Eindruck, dass er nur das tut,

> was ihm Spaß macht. Was ihm Spaß macht, sind die Menschen und der Umgang mit ihnen."[124]

Das Vergnügen, seine eigene Show zu leiten und mit Buffett zusammenzuarbeiten, ließ Rooney lange über das übliche Rentenalter hinaus arbeiten. Als er 78 Jahre alt war, sagte er in einem Interview mit Bob Miles für sein Buch „The Warren Buffett CEO" (August 2000), Buffett habe ihm „ein Ziel gegeben, und ich führe H. H. Brown, um ihn stolz zu machen". Zu diesem Zeitpunkt war er noch Chairman und CEO, aber er war dankbar für die starke Unterstützung, die er von seiner Nummer 2, Jim Issler, erhielt.

WIE MAN EIN UNTERNEHMEN FÜHRT

Rooneys Managementphilosophie wurde stark vom Management-Guru Peter Drucker beeinflusst, mit dem er früher, als er noch Melville leitete, monatliche Treffen abhielt. Seine wichtigsten Regeln lauteten: die Sache einfach halten; das Geschäft klar definieren; sich auf die Kundenzufriedenheit konzentrieren (auch auf Kosten kurzfristiger Zahlen); umgänglich sein, um die Besten zu gewinnen und zu halten, die Leidenschaft für das Geschäft zeigen; immer Integrität beweisen; delegieren und den Mitarbeitern ihren Spaß lassen.

> „Wir haben eine Strategie. Wir haben eine Mission", sagt er. „Sie ist nicht besonders ausgefallen – einfach die Ärmel hochkrempeln und zupacken, rausgehen und unser Geschäft definieren. Wir sprechen oft darüber, dass man sein Geschäft definieren muss. Das ist nicht so einfach, wie man denkt. Manche Menschen meinen, es gehe nur darum, Gewinn zu machen, aber wir wissen, dass unser Geschäft darin besteht, die Kunden zufriedenzustellen. Und wir glauben, dass wir erfolgreich sein werden, wenn wir daran festhalten."[125]

Rooney überwachte diesen Erfolg 2011, in seinem 89. Lebensjahr, immer noch.

LOWELL

Nach einem für H. H. Brown zufriedenstellenden zweiten Halbjahr 1991 verdiente das Unternehmen im ersten vollen Jahr unter Berkshires Eigentümerschaft 17,3 Millionen Dollar bei einem Umsatz von 215 Millionen Dollar, was einen stetigen Anstieg und einen anständigen Ertrag auf die 161 Millionen Dollar bedeutete, die Berkshire hingelegt hatte.

Am vorletzten Tag des Jahres 1992 unternahmen Rooney und Buffett den nächsten Schritt zur Gründung der Shoe Group, indem sie für 46,2 Millionen Dollar die Lowell Shoe Company erwarben.

Diese Aktion ist beispielhaft für ein BH-Prinzip: Tochtergesellschaften werden ermutigt, kleine Zusatzakquisitionen zu tätigen, wenn dadurch für jeden ausgegebenen Dollar mindestens ein Dollar an Wert geschaffen wird. Solche Schritte können genutzt werden, um das Produktangebot oder die Vertriebsmöglichkeiten zu erweitern. „Auf diese Weise erweitern wir den Zuständigkeitsbereich von Managern, von denen wir bereits wissen, dass sie hervorragend sind – eine risikoarme und renditestarke Angelegenheit."[126]

Lowell, ebenfalls in Neuengland ansässig, aber mit einer Produktionsstätte in Puerto Rico, hatte ein Nischengeschäft, das Krankenschwestern (und gelegentlich Ärzte) mit Schuhen versorgte. Nurse Mates sind rutschfest, leicht und dank ihres breiten Absatzes bequem. Dank ihres über Jahrzehnte aufgebauten Rufs tragen die meisten Krankenschwestern in den Vereinigten Staaten heute Nurse Mates oder Schuhe des Konkurrenten Dansko. Im Jahr 1992 betrug der Umsatz 90 Millionen Dollar. Dieser Umsatz wurde zwar durch den Verkauf anderer Arten von Damenschuhen gesteigert, aber der Wettbewerbsvorteil dank eines guten Rufs lag bei den Schuhen für Krankenschwestern.[127]

Buffett scherzte über eine Beschränkung der möglichen Übernahmekandidaten:

> „Es zeichnet sich ein Trend ab, der weitere Übernahmen schwierig machen könnte. Die Muttergesellschaft hat 1991 einen einzigen Kauf getätigt, nämlich den von H.H. Brown, das von Frank Rooney geleitet wird, der acht Kinder hat. Im Jahr 1992 war unser einziges Geschäft das mit Bill Kizer, einem Vater von neun Kindern. Es wird nicht leicht sein, diese Reihe 1993 fortzusetzen."[128]

EIN SIGNIFIKANTES MUSTER

Bisher habe ich in der Geschichte der Entwicklung der Shoe Group zwei Unternehmen beschrieben, die eines gemeinsam hatten: Sie bedienten Nischenmärkte, in denen die Kunden bereit waren, für arbeitsbezogenes Design, Qualität und Komfort einen Aufpreis zu zahlen. Der Preisaufschlag war nicht groß, aber er reichte aus, um gesunde Gewinnspannen und Kapitalrenditen zu erzielen. In diesem Sinne wenden wir uns dem dritten Unternehmen zu, Dexter.

DEXTER

Harold Alfond, der Sohn russisch-jüdischer Einwanderer, arbeitete sich in der Depression von 25 Cent Stundenlohn in der Schuhfertigung zum Fabrikleiter hoch. Dann nahm er 1939, im Alter von 25 Jahren, auf dem Weg zu einem Jahrmarkt in Maine einen Anhalter mit. Der Anhalter erwähnte beiläufig eine stillgelegte Schuhfabrik im nahe gelegenen Norridgewock. Alfond war fasziniert und ließ den Jahrmarkt ausfallen, um sich die Fabrik anzusehen. Er wollte sie haben, konnte aber den Kaufpreis von 1.000 Dollar nicht aufbringen. Ein Jahr später verkaufte er sein Auto und tat sich mit seinem Vater zusammen, um die Fabrik zu kaufen. Aus den 1.000 Dollar wurden 1,1 Millionen

Dollar, als die Norrwock Shoe Company 1944 für diese Summe an einen Konkurrenten verkauft wurde.

1956 ging Alfond eine zehnmal so hohe Wette ein wie seine erste, indem er ein weiteres Schuhunternehmen gründete und 10.000 Dollar für den Kauf einer stillgelegten Wollfabrik in seiner Heimatstadt Dexter im Bundesstaat Maine ausgab. 1958 stieß sein Neffe Peter Lunder zu ihm, der seine wertvolle rechte Hand werden sollte.

Zunächst konzentrierte sich die Dexter Shoe Company auf die Herstellung von Schuhen unter den Eigenmarken von Kaufhäusern wie Sears, JCPenney und Montgomery Ward. Erst 1962 entwickelten Alfond, Lunder und das Team die „Marke Dexter" mit preisgünstigen und dennoch modischen Herren- und Damenschuhen. Dexter zielte auf den Massenmarkt ab. Mithilfe eines hervorragenden Vertriebs- und Marketingteams wurden diese Schuhe an unabhängige Geschäfte in den gesamten USA verkauft.

Die Innovation der 1980er-Jahre war der Kauf von Einkaufszentren entlang der Highways in Neuengland. Dexter verwandelte diese in Factory-Outlet-Malls, in denen zweite Wahl (neue Schuhe mit leichten Mängeln) und Auslaufmodelle verkauft wurden. Einige Flächen nutzte das Unternehmen für seine eigenen Schuhe – die Einheiten sahen aus wie Blockhütten – und es vermietete Einheiten an andere Hersteller.

1990 besaß Dexter mehr als 80 Factory-Outlets, beschäftigte 4.000 Mitarbeiter und setzte jährlich 250 Millionen Dollar mit dem Verkauf von 7,5 Millionen Paar Schuhen um. Das Unternehmen hatte sich inzwischen auch auf Mokassins, Boots-, Golf- und Sportschuhe verlegt.

WARREN BUFFETTS DEAL ZUM KAUF VON DEXTER

Anfang 1993 war Buffett begeistert von der Art und Weise, wie Frank Rooney und Jim Issler das „hervorragend geführte"[129] Unternehmen

H. H. Brown leiteten, „ein echter Gewinner ... die Erwartungen wurden bei Weitem übertroffen“.[130] Die Zuversicht wurde weiter gestärkt, als Rooney und Issler bei Lowell geschickt einen „Reparaturplan“ umsetzten und Buffetts Hoffnungen erneut übertrafen.

Als Rooney Buffett vorschlug, dass Dexter gut zur Shoe Group passen würde und er sich mit seinen alten Freunden Alfond und Lunder treffen sollte, um über den Kauf des Unternehmens zu sprechen, ergriff Buffett daher die Gelegenheit.

Als Treffpunkt wurde ein Flugplatz in West Palm Beach im Bundesstaat Florida gewählt. „Wir gingen in ein kleines Restaurant, das thematisch auf den Zweiten Weltkrieg ausgerichtet war, aßen Hamburger und sprachen über Schuhe“, erinnert sich Buffett.[131] Er machte sofort ein Barzahlungsangebot.

Alfond und Lunder waren jedoch nicht an Bargeld interessiert. Schließlich konnte ein Drittel davon als Kapitalertragsteuer vom Staat einbehalten werden. Sie wollten Berkshire-Aktien haben. Buffett konnte dem nicht ohne Weiteres zustimmen, er brauchte Bedenkzeit. Es musste schon einen sehr triftigen Grund dafür geben, einen erheblichen Teil der künftigen Gewinne aus Berkshire-Aktien aufzugeben und an jemand anderen zu übertragen. Alfond würde der größte Aktionär von Berkshire außerhalb der Familie Buffett werden.

In den folgenden Monaten stiegen die Berkshire-Aktien, was den Aktientausch schmackhafter machte. Und so wurde ein weiteres Treffen arrangiert, diesmal in Lunders Wohnung in Boston. Keine der beiden Seiten hielt es für nötig, Anwälte, Wirtschaftsprüfer oder Investmentbanker einzuladen. Sie brauchten solche Experten weder zu konsultieren noch ihnen Honorare zu zahlen.

Die Geschäftsmänner trafen eine einfache Vereinbarung: Berkshire Hathaway würde 25.203 Aktien, also 2,14 Prozent der umlaufenden Aktien, im Austausch gegen alle Dexter-Aktien abgeben. Dieses Geschäft wurde am 7. November 1993 abgeschlossen. Zu diesem Zeitpunkt hatten diese Berkshire-Aktien einen Marktwert von 433 Millionen Dollar.

Buffett sah in Dexter viele Vorzüge. Das Unternehmen wurde von erfahrenen Familienmitgliedern auf schlanke und effiziente Weise geführt. Es wies eine gute Ertragsbilanz auf und verfügte aufgrund seines Markennamens und seiner Kundenbeziehungen offensichtlich über eine gewisse Marktmacht. In seinem Brief von 1993 lobte Buffett es überschwänglich: „Dexter, das kann ich Ihnen versichern, braucht keine Reparatur: Es ist eines der am besten geführten Unternehmen, die Charlie und ich in unserem Geschäftsleben gesehen haben."

Er war dankbar, dass Alfond und Lunder das Unternehmen weiterhin führen wollten: „Von größter Bedeutung ist, dass Harold und Peter sicher sein können, dass sie ihr Unternehmen genauso weiterführen können wie vor der Fusion – eine Tätigkeit, die sie sehr lieben. Bei Berkshire sagen wir jemandem mit einem Schlagdurchschnitt von .400 nicht, wie er schlagen soll."[132]

Buffett war sich der Macht der chinesischen Fabriken voll bewusst, die nur ein Zehntel der US-Löhne zu zahlen brauchten, und räumte ein, dass die amerikanischen Schuhhersteller grundsätzlich bedroht seien. Aber während „die heimische Schuhindustrie im Allgemeinen als unfähig angesehen wird, mit Importen aus Niedriglohnländern zu konkurrieren ... hat jemand vergessen, dies dem genialen Management von Dexter und H. H. Brown sowie ihren qualifizierten Arbeitskräften mitzuteilen, die zusammen die US-Fabriken beider Unternehmen in hohem Maße wettbewerbsfähig gegenüber allen Konkurrenten machen", so Buffett in einem Schreiben an die Berkshire-Aktionäre im Frühjahr 1994.

Schon als das Jahr erst ein paar Monate alt war, rechnete Buffett für 1994 mit einem großen Umsatzsprung der Schuhsparte von Berkshire, nämlich von 372 Millionen Dollar im Jahr 1993 auf mehr als 550 Millionen Dollar, wobei alle drei Schuhunternehmen Anstiege verzeichneten.

Seine Erwartungen wurden mit einem Umsatz von 609 Millionen Dollar und einem Nachsteuergewinn von 55,8 Millionen Dollar für

Berkshire weit übertroffen. „Vor fünf Jahren dachten wir nicht daran, in die Schuhbranche einzusteigen. Jetzt haben wir 7.200 Mitarbeiter in dieser Branche, und ich singe ‚There's No Business Like Shoe Business', wenn ich zur Arbeit fahre. So viel zu strategischen Plänen."[133, 134]

ABER 1994 WAR FÜR DIE SHOE GROUP DER HÖHEPUNKT

Die Gewinne der Shoe Group stiegen von 28,8 Millionen Dollar im Jahr 1993 auf 55,8 Millionen Dollar im Jahr 1994, wobei etwa neun Zehntel des Anstiegs auf die Eingliederung von Dexter zurückzuführen waren. Buffett und Munger freuten sich auf 1995:

> „Die Geschäftsleitung war mit der Leistung von Dexter im Jahr 1994 zufrieden, und für 1995 wird mit besseren Ergebnissen gerechnet. Dieser Optimismus resultiert aus der Tatsache, dass die jüngsten Anpassungen der Großhandelspreise dazu beitragen dürften, die Auswirkungen der Kostensteigerungen der Vorjahre bei Dexter zu dämpfen. Darüber hinaus werden betriebliche Effizienzsteigerungen im Zusammenhang mit der Inbetriebnahme des neuen computergesteuerten Vertriebszentrums von Dexter und durch fortschrittliche Fertigungstechnologien erwartet."[135]

Doch statt weiter zu steigen, sank der Gewinn auf 37,5 Millionen Dollar. Buffett machte gute Miene zum bösen Spiel und verwies auf die noch schlechteren Ergebnisse anderer US-Hersteller. „Unsere Schuhsparte bewegt sich in einer Branche, die im vergangenen Jahr durchweg unter Ertragsrückgängen litt, und viele unserer Konkurrenten erzielten nur marginale Gewinne oder Schlimmeres. Das bedeutet, dass wir unseren Wettbewerbsvorsprung zumindest halten und in einigen Fällen sogar ausbauen konnten."[136]

Er rechnete für 1996 mit einer Rückkehr zu erstklassigen Erträgen, da die Manager die Chancen nutzten, die sich aus der Schließung defizitärer Wettbewerber ergaben, und die Produktions- sowie die Verwaltungskosten senkten.

Er forderte die Berkshire-Aktionäre auf, das Ergebnis von 1995 als zyklisches Problem zu betrachten – nur ein schlechtes Jahr in einem Zyklus guter und schlechter Phasen – und nicht als lang anhaltendes Problem, nicht als langfristigen Trend.

Bis zu einem gewissen Grad hatte er recht, denn der Gewinn kletterte 1996 auf 41 Millionen Dollar; die Manager hatten ein leicht verbessertes Marketingumfeld genutzt und tatsächlich die Kosten gesenkt. Buffett rechnete für 1997 mit einer weiteren Steigerung des Betriebsergebnisses.

Aber es sollte nicht sein, denn der Trend war für Dexter letztlich doch eher langfristig. Bei der Shoe Group sank der Gewinn 1997 auf 32,2 Millionen Dollar und die operative Marge auf 7,4 Prozent bei einem Umsatzrückgang um 18,9 Millionen Dollar auf 542 Millionen Dollar.

Dexter wurde nun von Buffett im Jahresbericht eindeutig als Problembereich identifiziert. Der Umsatz des Unternehmens war innerhalb eines Jahres um etwa zwölf Prozent zurückgegangen. Dennoch war das Management von Dexter dabei, „seine Marke neu zu positionieren, um in einem stark auf Rabatte ausgerichteten Einzelhandelsumfeld wettbewerbsfähiger zu sein".[137] Den Berkshire-Aktionären wurde mitgeteilt, dass die Dexter-Manager für 1998 damit rechneten, einen erheblichen Teil des verlorenen Volumens wieder hereinzuholen.

Nachdem sie ein weiteres Jahr gewartet hatten, mussten die Aktionäre mit Erschrecken feststellen, dass die Gewinne des Schuhherstellers noch einmal gesunken waren. Mit 23 Millionen Dollar bei einem Umsatz von nur 500 Millionen Dollar waren sie weniger als halb so hoch wie 1994. „Die ungünstigen Ergebnisse sind die Fortsetzung eines Trends, der vor drei Jahren begonnen hat. Hersteller wie Brown, Lowell und Dexter haben mit einer geringeren Nachfrage nach ihren Produkten zu kämpfen. Außerdem bieten die großen Einzelhändler Sonderangebote an, um den Umsatz zu steigern, was zu anhaltendem Druck auf die Gewinnspannen führt."[138]

Dennoch gab Buffett den Verantwortlichen dieser Betriebe einen Vertrauensbonus, indem er sagte, dass sie daran arbeiteten, die Produktion an das geringere Umsatzniveau anzupassen. Hoffentlich würde ihre Genialität auf operativer Ebene dazu führen, dass die Gewinne ein zufriedenstellendes Niveau erreichten.

Trotz ihrer Bemühungen war 1999 ein furchtbares Jahr. Der Gewinn halbierte sich erneut auf nun elf Millionen Dollar. Buffett hielt fest, dass alle Unternehmen des Berkshire-Konzerns mit Ausnahme von Dexter 1999 „ausgezeichnete Ergebnisse" erzielt hatten.

Er sah das Problem nicht in den Fähigkeiten der Manager. Die Manager von Dexter waren den anderen Berkshire-Managern in Bezug auf Fähigkeiten, Energie und Engagement durchaus ebenbürtig. Nein, der Kern des Problems lag darin, dass „wir die Schuhe hauptsächlich in den USA herstellen und es für einheimische Hersteller extrem schwierig geworden ist, effektiv zu konkurrieren. Im Jahr 1999 stammten etwa 93 Prozent der 1,3 Milliarden Paar Schuhe, die in diesem Land gekauft wurden, aus dem Ausland, wo extrem billige Arbeitskräfte die Regel sind."[139] Das Problem war also strategischer Natur; Dexter fehlte ein Wettbewerbsvorteil, um gegen die ausländischen Hersteller anzukommen.

Mit Verspätung löste sich der Widerwille der Shoe Group auf, einen erheblichen Teil des Ausstoßes in Niedriglohnländern zu produzieren. „Wir haben in unseren US-Fabriken loyale, hoch qualifizierte Arbeiter, und wir wollen jeden Arbeitsplatz hier behalten, den wir behalten können. Um jedoch lebensfähig zu bleiben, beziehen wir nun einen größeren Teil unserer Produktion aus dem Ausland", schrieb Buffett in seinem Brief von 1999. Einige amerikanische Fabriken wurden 1999 geschlossen, und der Konzern musste die Kosten für Abfindungen und Versetzungen tragen.

Abbildung 4.1: Der Nachsteuergewinn von Berkshire aus der Shoe Group in Millionen USD, 1994 bis 1999

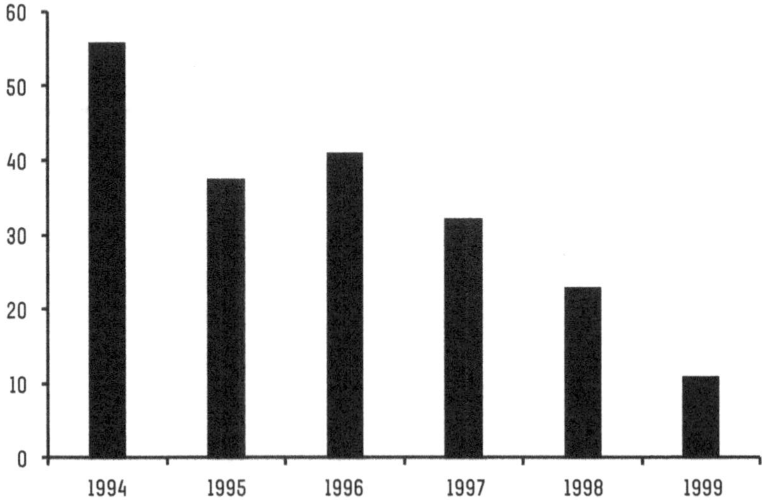

AUCH BUFFETT IST NICHT VOLLKOMMEN

Im Jahr 2000 wurde der gesamte verbleibende Goodwill von Dexter abgeschrieben, weitere Fabriken wurden geschlossen und für 2001 war die Schließung von noch mehr Fabriken geplant. Buffett nahm die Schuld an der Tragödie auf sich. Sein *mea culpa* lenkte die Aufmerksamkeit auf Fehler in seiner gesamten Karriere. „Wir versuchen ... unsere Schätzungen konservativ zu halten und uns auf Branchen zu konzentrieren, in denen geschäftliche Überraschungen den Eigentümern wahrscheinlich keinen Schaden zufügen. Trotzdem machen wir viele Fehler: Erinnern Sie sich, ich bin derjenige, der glaubte, die wirtschaftliche Zukunft von Rabattmarken, Textilien, Schuhen und zweitklassigen Kaufhäusern zu verstehen."[140]

Damit war er viel zu hart zu sich selbst. Auch wenn es in diesen Bereichen Fehler gab, wissen wir, dass die Erfolge in anderen Bereichen diese Fehler bei Weitem überwogen. Auch wurden Mittel aus Blue

Chip Stamps, Berkshires Textilgeschäft und Diversified Retailing als unproduktiven Bereichen abgezogen und für hochprofitable Investitionen in anderen Branchen verwendet, zum Beispiel für Süßigkeitenhersteller (See's Candies), Versicherungen (zum Beispiel National Indemnity) und börsennotierte Aktien wie Capital Cities und Coca-Cola, die sich anschließend versechs- oder gar verzwanzigfachten.

Indem er sich mit seinen Fehlern beschäftigte, führte Buffett sich selbst und anderen die Notwendigkeit vor Augen, sich an den logischen Weg zu erinnern, der jeweils zu dem Fehler geführt hat. Wir alle brauchen eine Nachbetrachtung, um zu lernen, wie wir die Qualität unseres Denkens auf unserer Reise als Investoren verbessern können.

Der Fehler, zu viel von der Schuhproduktion in Amerika belassen zu haben, wurde noch dadurch verschlimmert, dass man für Dexter von vornherein zu viel bezahlt hatte. Noch frustrierender für Buffett war, dass die Zahlung in Berkshire-Aktien erfolgt war, die später Milliarden Dollar wert waren.

STIEFELN UND SCHUHEN DIE TREUE HALTEN

Zu den Schuhherstellern von Berkshire Hathaway gesellte sich im Jahr 2000 Justin Boots (eines der Themen von Band 4), ein Kauf, der deutlich zeigte, dass Buffett diesen Sektor noch nicht aufgegeben hatte. Sowohl Justin Boots als auch H.H. Brown waren 2001 rentabel. Aber ein massiver Verlust bei Dexter führte für Berkshires Schuhfirmen zu einem Gesamtverlust von 46,2 Millionen Dollar vor Steuern.

Frank Rooney und Jim Issler wurden gebeten, die Leitung des inzwischen stark geschrumpften Unternehmens Dexter zu übernehmen. Sie nützten Dexter im Jahr 2001 sehr, aber leider lag der Schwerpunkt auf einer drastischen Verringerung der Geschäftstätigkeit anstelle der Gewinnung neuer Kunden. Die letzten drei verbliebenen Dexter-Fabriken in Maine wurden geschlossen.

Buffett rechnete damit, dass Berkshire Hathaways Schuhsparte nach dem schlimmen Jahr 2002 insgesamt „einigermaßen rentabel sein wird“[141]. In Bezug auf Dexter zeigte er sich jedoch keineswegs optimistisch.

Das Unternehmen wurde nicht vollständig ausradiert. Teile des Geschäfts – eine oder zwei Marken/Linien und einige Anlagen – wurden in die Aktivitäten von H. H. Brown integriert. Die Auswirkungen für die Beschäftigten waren verheerend. Allein in einer kleinen Stadt in Maine wurden 1.600 Mitarbeiter arbeitslos.

In seinem Brief aus dem Jahr 2007 erklärte Buffett, Dexter sei ein wertloses Unternehmen und das schlechteste Geschäft, das er „bis heute“ gemacht habe. Alle erfahrenen Investoren wissen, dass sie im Laufe der Jahre zahlreiche Fehler machen werden. Buffett ist da keine Ausnahme, aber es ist vielleicht ungewöhnlich, dass er in der Öffentlichkeit so ehrlich damit umgeht: „Ich werde auch in Zukunft Fehler machen – darauf können Sie wetten. Eine Zeile aus einem Country-Song von Bobby Bare erklärt etwas, das bei Akquisitionen allzu oft passiert: ‚Ich bin nie mit einer hässlichen Frau ins Bett gegangen, aber auf jeden Fall neben ein paar aufgewacht.‘“[142]

In den Nullerjahren führten Jim Issler und Frank Rooney bei H. H. Brown weiterhin ein straffes Regiment, und die Umsätze und Gewinne stiegen im Laufe des Jahrzehnts (unterstützt auch durch den Verkauf von alljährlich mehr als 1.000 Paar Schuhen bei der Berkshire-Jahreshauptversammlung).

Während die Einnahmen stiegen, blieb die Zahl der Beschäftigten gleich. Das lag zum einen daran, dass das Unternehmen zunehmend Komponenten und fertige Schuhe aus dem Ausland zukaufte, und zum anderen daran, dass eine rasche Expansion vermieden wurde, weil mit neuen Investitionen keine hohen Kapitalrenditen zu erzielen waren. So floss der überwiegende Teil der von den Schuhunternehmen erwirtschafteten Gewinne in die Berkshire-Zentrale, wo Buffett und Munger sie anderweitig einsetzten.

Dieses Muster setzte sich im nächsten Jahrzehnt fort – bis 2021 war die Zahl der Mitarbeiter von H.H. Brown unter 830 gesunken (von rund 1.250), was wiederum auf strenge Regeln für die Expansion über den profitablen Kern hinaus hindeutet.

Trotz des anhaltenden Geldflusses aus der Herstellung von Schuhen und Stiefeln auf das Bankkonto von Berkshire wird Buffett der große Fehler bei Dexter ewig sauer aufstoßen. „Als finanzielles Desaster verdient es einen Platz im Guinness-Buch der Rekorde", schrieb er 2014 in seinem Brief an die Aktionäre.

WAS WURDE AUS DEN HAUPTFIGUREN?

Frank Rooney

Frank Rooney hat nicht nur Melville/CVS zu einem der Top-10-Unternehmen der Vereinigten Staaten aufgebaut und war Buffetts rechte Hand in der Schuhsparte von Berkshire, sondern war bis in seine 90er als bekannter Philanthrop aktiv, der als Treuhänder von mindestens acht Wohltätigkeitsorganisationen tätig war, darunter der InnerCity Scholarship Fund, United Cerebral Palsy und die Smithsonian Institution. Er starb 2015 im Alter von 93 Jahren und hinterließ seine Frau Frances Heffernan, mit der er 65 Jahre verheiratet war, vier Söhne, vier Töchter, 27 Enkelkinder und fünf Urenkel. Warren Buffett und Charlie Munger werden ihm für immer dankbar sein für seine Freundschaft und dafür, dass er aus dem Ruhestand zurückkam, um den Aktionären von Berkshire Hathaway zu Diensten zu sein.

Harold Alfond

Harold Alfond hielt an seinen Berkshire-Hathaway-Aktien fest. Nachdem er sich 2001 von Dexter zurückgezogen hatte, konzentrierte er sich auf die Philanthropie und spendete Millionen Dollar an

Universitäten, Schulen und Krankenhäuser in Maine. Die Harold Alfond Foundation ist nach wie vor die größte private Stiftung in Maine, wobei ein Großteil der Gelder in Berkshire-Hathaway-Aktien angelegt ist. Sie bietet jedem in Maine lebenden Baby bei der Geburt ein College-Stipendium in Höhe von 500 Dollar. Damit soll die Familie des Kindes ermutigt werden, mit dem Sparen für das College zu beginnen. Wir sehen also, dass der Verlust der Berkshire-Aktionäre ein Gewinn für die Kinder von Maine ist, also war das vielleicht doch kein so schlechtes Geschäft.

1978 erwarb Alfond eine Minderheitsbeteiligung an den Boston Red Sox, die ihm viel Freude machte. Er verstarb 2007 im Alter von 93 Jahren und hinterließ den Großteil seines Vermögens seinen vier Kindern, die ihrerseits philanthropische Milliardäre sind. Zwei Söhne führen die Familienbeteiligung an den Red Sox fort. Noch heute besitzt seine Familie wahrscheinlich vier Milliarden Dollar, vor allem dank Harolds beharrlichem Festhalten an den Berkshire-Hathaway-Aktien, die seit 1993 um das 27-Fache gestiegen sind.

Peter H. Lunder

Peter Lunder half seinem Onkel Harold, Dexter zu einem Unternehmen aufzubauen, das Buffett attraktiv fand, und fungierte als Co-Chairman, Präsident und CEO. Er befindet sich jetzt im Ruhestand, ist aber immer noch an vielen Unternehmen beteiligt und war früher Kommanditist der Boston Red Sox. Die Lunder Foundation unterstützt Kunst-, Bildungs- und Gesundheitseinrichtungen in Maine und Massachusetts.

Jim Issler

Jim Issler steht Buffett und Munger immer noch treu als Präsident der Berkshire Hathaway Shoe Holdings zur Seite, zu der 22 Marken gehören, die in den Vereinigten Staaten, aber auch in Europa und Asien vertrieben werden (vor allem Justin, Tony Lama, Chippewa, Børn, B.ø.c, Carolina, Eurosoft, Söfft, Double-H Boots, Nurse Mates und Comfortiva). Das Unternehmen verfügt über zwei Einzelhandelsketten und einige Produktionsstätten in den Vereinigten Staaten, kauft aber hauptsächlich im Ausland ein und erwirtschaftet einen Umsatz von über 350 Millionen Dollar. Jahr für Jahr überweist es Geld an Warren Buffett, damit er es investiert.

LEKTIONEN

1. **Die Geschäftsentwicklung in der Vergangenheit sagt nicht immer etwas über die künftige Ertragskraft aus.** Bis zum Kauf des Unternehmens wies Dexter gute Gewinnzahlen auf. Aber die erdrückende Konkurrenz aus dem Ausland im Bereich der Schuhe für das mittlere Marktsegment erreichte einen neuen Höhepunkt und sorgte für eine düstere Zukunft.
2. **Selbst in Sektoren, die allgemein rückläufig sind, kann es Unternehmen geben, deren Wettbewerbsstärke den Markt übertrifft und die eine gute Kapitalrendite ermöglichen.** H.H. Brown und Lowell beherrschten Nischenmärkte mit starken Marken, die Verbraucher anzogen, die bereit waren, für Leistung und Komfort Spitzenpreise zu zahlen – oder einfach nur dafür, dass sie aus amerikanischer Produktion stammten.
3. **Wenn Sie Anteile an Ihrem Unternehmen gegen Anteile an einem anderen Unternehmen tauschen, sollten Sie den Wert dessen, was Sie abgeben, genauso hoch einschätzen wie den Wert dessen, was Sie bekommen.** Zwei Prozent von Berkshire wurden Milliarden wert. Sie wurden geopfert, um ein Unternehmen zu kaufen, das wertlos wurde. Eine Barzahlung hätte den Schaden begrenzt.
4. **Wenn sich das Ende der Wettbewerbsdynamik klar abzeichnet, muss man schnell handeln.** Buffett lobte weiterhin die

Arbeit der Dexter-Manager, obwohl es ihnen nicht gelungen war, das Unternehmen so zu positionieren, dass es Schuhe so billig wie die ausländischen Konkurrenten produzieren konnte.

5. **Die Kompetenz und der Charakter von Unternehmenslenkern sind neben der strategischen Stärke von entscheidender Bedeutung für die Beurteilung der langfristigen Perspektiven.** Ausschlaggebend für den Kauf von H. H. Brown war die Bereitschaft von Frank Rooney, als CEO weiterzumachen.
6. **Wenn Sie einen unternehmerischen „Künstler“ in Ihrem Team haben, tun Sie alles, was Sie können, um ihn zu unterstützen, aber versuchen Sie nicht, ihn zu managen.** Er braucht Handlungsfreiheit. Buffett hat Frank Rooney einfach einen Konzertsaal zur Verfügung gestellt, in dem er auftreten konnte.
7. **Binden Sie die Vergütung der Manager an die Renditen der Aktionäre.** Bei H. H. Brown erhielten die Manager ein kleines, festes Gehalt und einen großen Bonus, der von der Rendite pro im Unternehmen eingesetztem Dollar abhing.

Investition 5

HELZBERG DIAMOND SHOPS

Eckpunkte des Geschäfts

Geschäft	**Helzberg Diamond Shops**
Zeit	1995
Gezahlter Preis	Nicht bekannt gegeben, schätzungsweise 165-183 Mio. USD in Berkshire-Aktien
Menge	100 % des Eigenkapitals
Verkaufspreis	Heute gehalten
Gewinn	Fließt noch
Berkshire Hathaway 1995	Aktienkurs: 20.500-32.000 USD Buchwert: 17.217 Mio. USD Buchwert je Aktie: 14.426 USD

An einem sonnigen Maimorgen etwa eine Woche nach der Berkshire-Jahreshauptversammlung 1994 in Omaha wollte Warren Buffett an der Ecke 58th Street und Fifth Avenue in New York die Straße überqueren, als er von einer Frau angehalten wurde, die ihm nur sagen wollte, wie sehr ihr die Jahresversammlung gefallen hatte.

Barnett C. Helzberg Jr., der sich gerade in New York aufhielt, um mit Morgan Stanley über den Verkauf seines Unternehmens – einer Kette von 143 Juweliergeschäften, die den Namen seiner Familie trägt – zu sprechen, war nur gut zehn Meter entfernt, als die Frau in dem leuchtend roten Kleid zu Buffett hinüberrief. Als er den Namen des Vorstandsvorsitzenden des Unternehmens hörte, von dem er vier Aktien hielt, blieb er stehen und wartete darauf, dass die Frau sich verabschiedete.

Als Buffett die Straße wieder überqueren wollte, ergriff Helzberg die Gelegenheit. Er streckte die Hand aus und sagte: „Hallo, Mr. Buffett, ich bin Barnett Helzberg von Helzberg Diamonds aus Kansas City."[143]

Helzberg suchte in Buffetts Gesicht nach Anzeichen des Erkennens. Doch die blieben aus, obwohl Helzberg Diamonds damals eine der größten Schmuckketten des Landes war. Aber Buffett war höflich und schüttelte ihm die Hand, sagte „Hallo" und nahm freundlich weitere Komplimente über die Jahreshauptversammlung entgegen.

Dann, in nur 30 Sekunden, „erzählte ich einem der klügsten Geschäftsleute Amerikas auf dem Bürgersteig, während geschäftige New Yorker an uns vorbeirauschten und der Straßenverkehr um uns herum tobte, warum er den Kauf des 70 Jahre alten Juweliergeschäfts unserer Familie in Erwägung ziehen sollte ... ‚Ich glaube, dass unser Unternehmen Ihren Investitionskriterien entspricht.'"[144]

In der Erinnerung von Buffett an diese Begegnung war sein erster Gedanke, dass er wieder einmal die Phrase hörte, es würde „gut passen", während der Hausierer die von Buffett und Munger angewandten Übernahmekriterien nicht wirklich verstanden hatte: „Normalerweise stellt sich heraus, dass er einen Limonadenstand hat – natürlich mit dem Potenzial, sich schnell zur nächsten Microsoft zu entwickeln."[145]

Angesichts der Wahrscheinlichkeit, dass es sich um eine weitere Sackgasse handelte, beendete Buffett das Gespräch, indem er höflich fragte, ob Helzberg ihm die Einzelheiten schriftlich mitteilen könne, „und damit, so dachte ich mir, wäre die Sache erledigt".[146]

Helzberg ging nach Hause und schickte Buffett nichts. Später sagte er, er sei „von Vertraulichkeitsbedenken geplagt worden. Ich bin der Typ, der nach der Sozialversicherungsnummer von jemandem fragt, bevor ich ihm die Uhrzeit sage."[147] Eines Abends las er den Jahresbericht von Berkshire erneut und achtete besonders auf den Abschnitt, in dem

Buffett Unternehmen, die seine Kriterien erfüllen, auffordert, ihm Informationen zu schicken.

BUFFETTS ÜBERNAHMEKRITERIEN

Hier ist die regelmäßige „Werbeanzeige“ in den Jahresberichten von Berkshire. Diese stammt aus dem Bericht von 1995:

> „Wir sind sehr daran interessiert, von Chefs oder Vertretern von Unternehmen zu hören, die folgende Kriterien erfüllen:

(1) Große Käufe (mindestens 25 Millionen Dollar Gewinn vor Steuern)
(2) Nachgewiesene kontinuierliche Ertragskraft (Zukunftsprognosen sind für uns nicht von Interesse, ebenso wenig wie „Turnaround“-Situationen)
(3) Unternehmen, die gute Eigenkapitalrenditen erwirtschaften und dabei wenig oder keine Schulden machen
(4) Management vor Ort (wir können es nicht liefern)
(5) Einfache Unternehmen (wenn viel Technologie vorhanden ist, werden wir sie nicht verstehen)
(6) Ein Angebotspreis (wir wollen weder unsere Zeit noch die des Verkäufers damit verschwenden, auch nur vorläufig über eine Transaktion zu sprechen, wenn der Preis unbekannt ist)

> Je größer das Unternehmen ist, desto größer wird unser Interesse sein: Wir würden gern eine Akquisition in der Größenordnung von drei bis fünf Milliarden Dollar tätigen. Wir sind jedoch nicht daran interessiert, Vorschläge für Käufe zu erhalten, die wir auf dem allgemeinen Aktienmarkt tätigen könnten.
> Wir werden uns nicht auf unfreundliche Übernahmen einlassen. Wir versprechen absolute Vertraulichkeit und eine sehr schnelle

> Antwort – in der Regel innerhalb von fünf Minuten – auf die Frage, ob wir interessiert sind. Wir ziehen es vor, mit Bargeld zu kaufen, werden aber auch die Ausgabe von Aktien in Betracht ziehen, wenn wir so viel an innerem Geschäftswert erhalten, wie wir geben."

Helzberg schlief eine Nacht darüber. Am Morgen fiel ihm schlagartig Buffetts Versprechen der absoluten Vertraulichkeit wieder ein. „Während ich mich rasierte, betrachtete ich den Begriffsstutzigen im Spiegel und schimpfte mit mir selbst, weil ich es hinausgezögert hatte. ‚Er hat dir persönlich gesagt, dass es vertraulich sein würde. Er hat es dir schriftlich gesagt. Willst du es vertont haben? Schicke ihm die Informationen!' Und das tat ich schließlich."[148]

GRUNDSÄTZE FÜR ZUSAMMENSCHLÜSSE

Zum rationalen Kauf von Unternehmen gehört mehr als die oben genannten Kriterien. Einige grundlegendere philosophische Prinzipien müssen beachtet werden. In seinem Brief aus dem Jahr 1995 legte Buffett – nachdem er Helzberg und R.C. Willey (Investition 6) gekauft und kurz zuvor dem Kauf der zweiten Hälfte von GEICO (Band 2, Investition 1 und Investition 10 in diesem Band) zugestimmt hatte – seine Gedanken über die mit Übernahmen verbundenen Gefahren und seine Vorstellungen von dem erforderlichen Denkprozess dar.

Zunächst einmal ist festzustellen, dass manche Fusionen/Übernahmen zwar den Unternehmenseigentümern zugutekommen, die meisten jedoch den Interessen der Aktionäre des übernehmenden Unternehmens schaden. Dies wurde in einer Studie nach der anderen von Gelehrten aus aller Welt nachgewiesen. Buffett und Munger hatten es immer wieder mit eigenen Augen gesehen. Zu verstehen, warum Unternehmensleiter dazu neigen, auf diese Weise Werte zu zerstören, hilft uns, auf dem richtigen Weg zu bleiben.

Ein Faktor ist, dass diejenigen, die verkaufen, blendende Finanzprognosen vorlegen, die einige Menschen täuschen können, sogar hoch bezahlte Direktoren. Wie Buffett schrieb: „Bei der Erstellung rosiger Szenarien kann es die Wall Street mit Washington aufnehmen."[149] „Allzu oft gelten die Worte aus der Operette *H.M.S. Pinafore*: ‚Die Dinge sind selten so, wie sie scheinen, Magermilch gibt sich als Sahne aus.'"[150]

Buffett fordert uns auf, in solchen Prognosen eher einen Unterhaltungswert als einen Bildungswert zu sehen. Buffett und Munger verstehen nicht, warum sich potenzielle Käufer mit Finanzprognosen befassen. Sie werden ihnen häufig angeboten, aber sie werfen keinen zweiten Blick darauf.

Stattdessen erinnern sie sich an die alte Geschichte vom Besitzer eines lahmenden Pferdes: „Er ging zum Tierarzt und sagte: ‚Können Sie mir helfen? Manchmal läuft mein Pferd ganz gut und manchmal humpelt es.' Die Antwort des Tierarztes war prägnant: ‚Kein Problem – verkaufen Sie es, wenn es gut läuft.'"

Ein weiteres Problem ist der Sirenengesang des Spaßfaktors der Akquisition. In einem Gespräch mit dem Magazin *Time* vor einigen Jahren brachte Peter Drucker die Sache auf den Punkt: „Ich verrate Ihnen ein Geheimnis: Dealmaking schlägt Arbeit. Deals abzuschließen ist aufregend und macht Spaß, Arbeiten ist schmutzig. Ein Unternehmen zu leiten ist in erster Linie eine enorme Menge an schmutziger Detailarbeit ... Geschäfte abzuschließen ist romantisch, ist sexy. Deshalb kommt es zu Deals, die keinen Sinn ergeben."[151]

Akquisitionen werden oft durch einen strategischen Plan vorangetrieben, der besagt, dass das Unternehmen auf eine bestimmte Art und Weise wachsen muss, zum Beispiel durch den Aufkauf anderer Akteure in einer Branche oder durch den Einstieg in bestimmte Wachstumsbereiche. Dies kann dazu führen, dass es für die Erfüllung des Plans horrende Preise zahlt.

Der Vorteil von Buffett und Munger besteht darin, dass sie einfach keinen strategischen Plan haben. Das gibt ihnen die Freiheit, nach Belieben die Richtung zu ändern, und zwar dorthin, wo der größte Wert entstehen könnte, sei es, dass sie der Berkshire-Familie ein Unternehmen aus einer anderen neuen Branche hinzufügen, zum Beispiel Schuhe oder Süßigkeiten, sei es, dass sie mehr Minderheitsbeteiligungen an börsennotierten Unternehmen wie Coca-Cola kaufen oder dass sie mehr Unternehmen im Alleineigentum erwerben.

> „Wir vergleichen jeden Schritt, den wir in Erwägung ziehen, immer mit Dutzenden von anderen Möglichkeiten, die sich uns bieten, einschließlich des Kaufs von kleinen Teilen der besten Unternehmen der Welt über die Börse. Unsere Praxis, diesen Vergleich – Akquisitionen gegenüber passiven Investitionen – anzustellen, ist eine Disziplin, die Manager, die sich nur auf Expansion konzentrieren, nur selten anwenden."[152]

Buffett und Munger sind sich ihrer Opportunitätskosten sehr bewusst. Sie haben bereits einige hervorragende Unternehmen unter ihren Fittichen, die ständig daraufhin geprüft werden, ob sie mehr Investitionskapital von Berkshire absorbieren können, was bedeutet, dass sie mit diesem Geld hohe Renditen erzielen können. Die offensichtliche Konsequenz jeder neuen Unternehmung außerhalb der bestehenden Gruppe ist, dass sie Geld von einer dieser internen Investitionen abziehen wird (einschließlich der Hinzufügung weiterer Anteile zu bestehenden Beteiligungen wie American Express). Das sind schwer zu übertreffende Benchmarks, und deshalb kaufen Buffett und Munger nur selten neue Unternehmen – vielleicht nur ein- oder zweimal im Jahr.

DAS NÖTIGE KLEINGELD FÜR DEN KAUF

Anfang der 1990er-Jahre flossen Berkshire Hathaway Dividenden und Zinsen aus der Investition von Versicherungsgeldern zu – siehe Tabelle 5.1. Erstaunliche 283 bis 351 Millionen Dollar pro Jahr stammten aus dieser Quelle. Darüber hinaus verkauften Buffett und Munger

Aktien mit Gewinn – 1993 wurden beispielsweise Kapitalgewinne von über 357 Millionen Dollar realisiert.

Tabelle 5.1: Der Anteil von Berkshire Hathaway am Reingewinn (nach Steuern und Minderheitsbeteiligungen) 1990 bis 1995 in Millionen USD

	1990	**1991**	**1992**	**1993**	**1994**	**1995**
Versicherungsgeschäft	-15	-77	-71	20	81	11
Nettogewinn aus Versicherungsinvestitionen	283	285	306	321	351	418
Realisierte Gewinne aus Wertpapieren	23	124	60	357	61	125
Buffalo News	26	22	28	30	32	27
Fechheimer	7	7	7	7	7	9
Finanzunternehmen	-	-	-	14	15	13
Möbelunternehmen	8	7	8	10	9	17
Schmuck	-	-	-	-	-	19
Kirby	18	23	23	25	28	32
Scott Fetzer Manufacturing	18	16	20	24	25	21
See's Candies	24	26	26	24	28	30
Wesco ohne Versicherungsgeschäft	10	9	9			
Shoe Group	-	7	17	29	56	38
World Book	20	15	20	14	17	7
Sonstige	26	38	23	1	3	1
Zinsen auf Schulden	-50	-57	-63	-36	-37	-35
Gemeinnützige Spenden von BH-Aktionären	-4	-4	-5	-6	-7	-7
Wertverlust der Aktien von USAir					-173	
Steuerrückstellungen aufgrund neuer Rechnungslegungs-vorschritten				-146		
SUMME GEWINN	**394**	**440**	**407**	**688**	**495**	**725**

Quellen: Warren Buffetts Brief an die Aktionäre von Berkshire Hathaway (1991 bis 1995)

Das Einkommen und die Kapitalgewinne aus dem Versicherungs-Float waren zwar die Haupteinnahmequellen, doch auch die operativen Geschäfte – von See's Candies bis Scott Fetzer – waren hübsch profitabel. Noch wichtiger ist, dass sie im Verhältnis zu ihrem Kapitaleinsatz sehr profitabel waren.

Abbildung 5.1: Aktienkurs von Berkshire Hathaway in USD, 1990 bis 1995

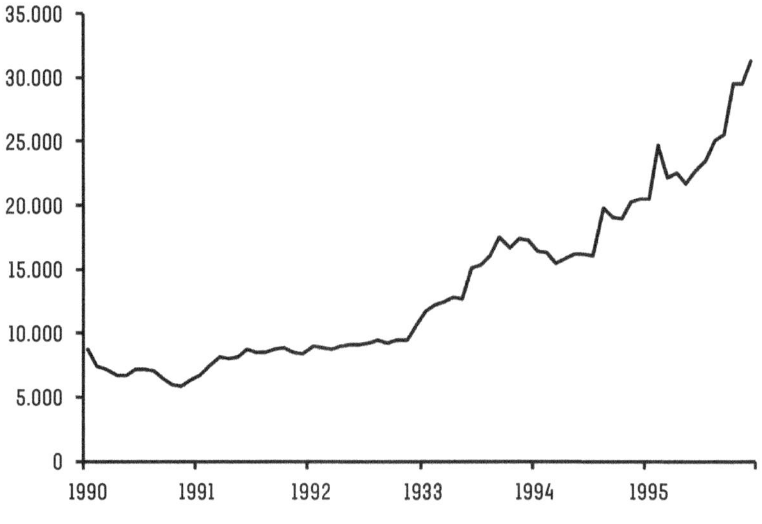

DIE GESCHICHTE VON HELZBERG

Der russische Einwanderer Morris Helzberg, Großvater von Barnett Jr., eröffnete 1915 in Kansas City ein kleines Juweliergeschäft. Alle seine fünf Kinder halfen nicht nur im Geschäft mit, sondern waren auch an den Entscheidungen beteiligt – lange Diskussionen hatten in der Familie Tradition. Es war ein harter Schlag für die Familie, als Morris zwei Jahre nach der Eröffnung einen schweren Schlaganfall erlitt, der ihn arbeitsunfähig machte. Der älteste Sohn, Morton, studierte Zahnmedizin, und ein anderer, Gilbert, musste bald in den

Ersten Weltkrieg ziehen. So blieben zwei Mädchen und der 14-jährige Barnett übrig.

Trotz seines jungen Alters hatte Barnett Sr. bereits großen Enthusiasmus für das Unternehmen gezeigt, und so beschloss die Familie, dass er es übernehmen sollte. Das Problem: Er musste noch zur Schule gehen. Die Lösung bestand darin, dass tagsüber ein Onkel den Laden führen sollte und Barnett, wenn er um 15 Uhr aus der Schule kam, das Geschäft übernehmen sollte. Man ging davon aus, dass Gilbert nach seiner Rückkehr in die Vereinigten Staaten die Leitung übernehmen würde.

Aber Barnett hatte einen Riesenspaß. Er war ein Naturtalent für den Einzelhandel. Er war der geborene Verkäufer und steckte voller aufregender Pläne. Im Jahr 1920, er war gerade 17 Jahre alt, eröffnete er sein eigenes Geschäft in einer teureren Gegend in Kansas City, während Gilbert den ursprünglichen Laden weiterführte. Es dauerte nicht lange, bis Barnetts prestigeträchtigeres Geschäft Gilbert den Rang ablief, sodass Gilbert seinen Laden schloss und bei Barnett eintrat.

Leider starb Gilbert Helzberg 1934 bei einem Autounfall, als das Unternehmen gerade nach Wichita expandierte. 1940 war die Kette mit fünf Geschäften die größte im Mittleren Westen. 1950 hatte Barnett Jr. im Alter von 15 Jahren einen Ferienjob im Geschäft. Er sagt, er sei ein eher schüchternes Kind gewesen, aber schon bald liebte er den Aufbau von Beziehungen zu Kunden und den Nervenkitzel des Verkaufs. Nach seinem Abschluss in Betriebswirtschaft an der University of Michigan trat Barnett Jr. 1956 in das Unternehmen ein – zu einer Zeit, in der das Unternehmen im gesamten Mittleren Westen eine rasante Expansion erlebte. Im Jahr 1962, als Barnett im Alter von 29 Jahren Präsident des Unternehmens wurde, zählte es 39 Geschäfte.

In den 1960er-Jahren schien alles gut zu laufen, aber es gab einen Pferdefuß: Die meisten Helzberg-Geschäfte befanden sich in den Stadtzentren, während die Menschen nun in die neuen Einkaufszentren in den Vororten strömten. Barnett Jr. erinnert sich an diese Zeit mit Gefühlen der Angst und des Bedauerns, denn Helzberg stand nach dieser strategischen Fehlentscheidung kurz vor dem völligen geschäftlichen Scheitern. Das Unternehmen war mit hohen Kosten in der Innenstadt, einem schwindenden Kundenstrom und einer Liquiditätskrise konfrontiert. Er beschloss, die älteren Geschäfte zu schließen, wodurch die Kette auf nur noch 15 Filialen schrumpfte. 1970 befanden sich dann bis auf eine Filiale alle in Vororten und Einkaufszentren.

Barnett Helzberg Jr. sorgte dafür, dass das Unternehmen den Ruf genoss, nur lupenreine Diamanten zu verkaufen, wodurch es sich von den meisten Konkurrenten abhob. Die Mitarbeiter waren stolz darauf, dass das Unternehmen keine Abstriche bei der Qualität in Bezug auf Farbe, Schliff oder Reinheit machte.

Nun, da die Formel in Bezug auf die Zielgruppe (Mittelschicht und gehobene Mittelschicht), den Standort und das Marketing (Barnett Jr.'s Idee der „I am loved"-Kampagne wurde zu einem nationalen Phänomen) stand, beschloss Helzberg, dass es an der Zeit war, mit einer stetigen Rate von etwa drei Geschäften pro Jahr zu wachsen. Ende der 1970er-Jahre gab es bereits 42 Geschäfte in 16 Bundesstaaten. In den 1980er-Jahren wurde das Tempo erhöht, sodass die Kette 1990 bereits 101 Geschäfte in 22 Staaten betrieb.

Während Helzberg an der Spitze des Unternehmens blieb, wurde Jeff Comment 1988 zum Präsidenten ernannt. Comment kam von außen und hatte zuvor ein Kaufhaus in Philadelphia geleitet. Er verstärkte die Kundenbindung, indem er sie beispielsweise nach ihren Geburtstagen fragte, um sie für spätere Marketingzwecke in eine Datenbank aufzunehmen, und eröffnete größere Geschäfte. Bis 1995 lag der durchschnittliche Umsatz der Filialen bei fast zwei Millionen Dollar und war damit fast doppelt so hoch wie der Branchendurchschnitt. Und wenn man bedenkt, dass es damals 143 Läden gab, bedeutete dies, dass der Umsatz des Unternehmens 282 Millionen Dollar betrug.

BARNETTS GRÜNDE FÜR DEN VERKAUF

Als Barnett Helzberg Jr. sein 60. Lebensjahr vollendete, dachte er über die Zukunft des Unternehmens nach. Seit Langem vertrat er die Philosophie, dass Führungskräfte ihre Unternehmen so gestalten müssen, dass sie auch dann noch florieren, wenn sie nicht mehr da sind: „Wenn du sagen kannst, dass, wenn du morgen tot umfallen würdest, dein Unternehmen auch ohne dich ganz gut gedeihen würde, ist das ein Zeichen dafür, dass du eine gute Führungskraft warst."[153]

Mit dem Wachstum des Unternehmens arbeitete er härter und reiste mehr, um neue Standorte zu finden und die Moral in den bestehenden Geschäften zu stärken. Er vermisste seine Familie. Außerdem fühlte er sich unwohl mit der Leitung eines Unternehmens, das so groß geworden war, dass er nicht mehr in der Lage war, jeden Filialleiter mit Vornamen zu kennen. Barnett Helzberg Jr. liebte sein Geschäft, aber er musste aus der Tretmühle aussteigen.

Und er musste an die nächste Generation denken, die damals alles auf eine Karte gesetzt hatte; der Besitz der Familie musste diversifiziert werden. Außerdem wollte Barnett mehr Zeit – und Geld – für seine zahlreichen wohltätigen Aktivitäten aufbringen.

Helzberg war entschlossen, sich vom Aktienmarkt fernzuhalten: „Wir wollten uns nicht unter Druck setzen lassen, den Quartalsergebnissen und dem Aktienkurs mehr Aufmerksamkeit zu schenken als der langfristigen betrieblichen Gesundheit des Unternehmens und dem Wohlergehen unserer Mitarbeiter. Wir wollten auf keinen Fall, dass irgendein Finanzmetzger dieses Juwel zerlegt und stückweise verkauft. Ich wollte auch nicht, dass meine Mitarbeiter auf mein Grab spucken."[154]

Vor der Suche nach einer neuen Heimat für das Unternehmen legte er weitere Kriterien fest. Erstens musste der Eigentümer die derzeitigen Mitarbeiter weiterbeschäftigen. Zweitens musste der Käufer die einzigartige Kultur des Unternehmens, bei der der Kunde im Mittelpunkt steht, schätzen und stärken. Und schließlich musste der Hauptsitz des Unternehmens in der Region Kansas City bleiben.

DAS GESCHÄFT

Als Buffett die Jahresabschlüsse von Helzberg las, fielen ihm einige Dinge auf. Erstens war der Umsatz von zehn Millionen Dollar im Jahr 1974 über 53 Millionen Dollar im Jahr 1984 auf 282 Millionen Dollar im Jahr 1994 gestiegen. Das Unternehmen befand sich eindeutig auf einem beeindruckenden Wachstumspfad. „Es war also nicht von einem Limonadenstand die Rede", bemerkte Buffett in seinem Brief von 1995.

Zweitens wies es eine bemerkenswerte Produktivität pro Ladengeschäft auf. Mit einem durchschnittlichen Umsatz von rund zwei Millionen Dollar lag es weit über den Wettbewerbern, die Geschäfte ähnlicher Größe betrieben. Buffett erklärte den Berkshire-Aktionären: „Wenn das Unternehmen seine erstklassige Leistung fortsetzt – und wir glauben, dass es das tun wird –, könnte es ziemlich schnell auf ein Mehrfaches seiner derzeitigen Größe anwachsen."[155] Die hohen Umsätze pro Quadratmeter trugen wesentlich zu einem Schlüsselelement bei, auf das Buffett Wert legt: eine gute Rendite auf das investierte Kapital.

Drittens liebte der Verkäufer, Barnett Helzberg Jr., das Unternehmen und sorgte sich sehr darum, was mit seinen Mitarbeitern und Kunden unter einem neuen Eigentümer geschehen würde. Der Charakter des Verkäufers einschließlich seiner Motivation gibt Aufschluss darüber, ob ein gutes Geschäft zustande kommen kann. Wenn er beispielsweise nicht davon besessen ist, Geld anzuhäufen, ist es unwahrscheinlich, dass er Probleme verheimlicht, Konten beschönigt oder nicht für eine gute Arbeitsmoral sorgt.

Viertens konnte Buffett sehen, dass mit Jeff Comment eine qualitativ hochwertige Führungspersönlichkeit zur Verfügung stand. Der Patriarch würde zwar nicht mehr lange dabei sein, doch das Führungsteam würde solide bleiben.

> „Für mich stand nie infrage, dass Helzberg erstens die Art von Unternehmen ist, die wir besitzen wollten, und zweitens, dass Jeff der richtige Manager für uns ist. Tatsächlich hätten wir das Un-

ternehmen nicht gekauft, wenn Jeff nicht da gewesen wäre, um es zu führen. Ein Einzelhandelsunternehmen ohne gutes Management zu kaufen ist wie der Kauf des Eiffelturms ohne Aufzug."[156]

EIN TREFFEN

Buffett rief Helzberg an und teilte ihm mit, dass er gern mit ihm sprechen würde. Außerdem machte er Barnett das „ultimative Kompliment"[157], indem er sagte, Helzberg Diamonds sei Berkshire sehr ähnlich. Es dauerte nicht lange, bis sie sich in Buffetts Büro in Omaha trafen, um über den Verkauf zu verhandeln. Neben Jeff Comment brachte Helzberg auch einen beratenden Buchhalter mit, der einige Zahlen ausgerechnet hatte und so auf einen sehr hohen Preis gekommen war (er basierte angeblich auf dem, was Buffett für ein anderes Unternehmen bezahlt hatte). Obwohl dies selbst für Barnett offensichtlich absurd war, reagierte Buffett diplomatisch und zeigte keinerlei Reaktion.

Morgan Stanley hatte einen Stapel von Unterlagen über Helzberg Diamonds zusammengestellt, und so nahm Barnett natürlich einen Satz davon mit zu dem Treffen und bot ihn Buffett an. Er lehnte ihn ab. „Ich bin nicht an Büchern interessiert. Ich bin nicht daran interessiert, mit Morgan Stanley zusammenzuarbeiten. Warum wollen Sie verkaufen?"[158] 10 bis 15 Minuten lang erklärte Barnett, dass er im Leben andere Dinge tun müsse. Für Buffett war das einleuchtend. Schließlich hatte er ähnliche Motive schon bei vielen Verkäufern erlebt.

Buffett bat Comment dann, ihm etwas über das Unternehmen zu erzählen und warum er es kaufen sollte. Comment sprach etwa eineinhalb Stunden lang und beantwortete dabei ein Dutzend Fragen.

Wer braucht denn eine Due Diligence?

Buffett sagte, das Geschäft könnte „das schnellste in der Geschichte" werden.[159] Helzberg war verblüfft. Wie kann das so schnell gehen? Was ist mit der Zeit, die ein Käufer normalerweise braucht, um eine Due-Diligence-Prüfung durchzuführen? Er sagte, dass „die meisten Interessenten verlangen, jeden Fetzen Papier zu sehen, den man jemals produziert habe, und alle Top-Manager zu interviewen".[160] Buffetts Antwort war, er könne „solche Sachen riechen. Und die hier riecht gut."[161]

Es ist auch üblich, eine Klausel aufzunehmen, die verhindert, dass Lieferanten oder leitende Angestellte kündigen und dann mit dem Unternehmen konkurrieren. Helzberg fragte nach dieser Klausel. Aber Buffett hatte Barnett bereits eingeschätzt und kam zu dem Schluss: „Sie würden nie etwas tun, was diesem Unternehmen schaden könnte."[162] Eine Antwort, die bei Helzberg noch größere Bewunderung, Loyalität und erwidertes Vertrauen hervorrief. „Wenn ein Mann so etwas zu dir sagt, hat er dich für den Rest deines Lebens in der Tasche."[163]

Nur ein Preis

Buffetts Ansatz besteht darin, einen Preis zu nennen, den er als fair für beide Seiten ansieht. Dieser ist dann nicht verhandelbar. Einer von Barnett Helzbergs Managementgrundsätzen, die er von seinem Vater geerbt hatte, war, immer faire Verträge anzubieten, nicht solche, bei denen die andere Partei denkt, man wolle sie übervorteilen. Er verstand Buffetts Beharren auf einem fairen Preis.

Auf der Jahreshauptversammlung 2015 äußerte sich Charlie Munger zu einem Muster, das er bei Unternehmensverkäufern beobachtet hatte, zumindest bei solchen, die wie Barnett Helzberg im Gegenzug Berkshire-Aktien wollten.

> „Wir stellen häufig fest, dass die Eigentümer ganzer Unternehmen schizophren sind. Sie wollen ihr Unternehmen für ein wenig mehr verkaufen, als es wert ist, und wollen Aktien, damit sie keine Steuern zahlen müssen. Und sie wollen, dass die Aktien zu einem Unternehmen gehören, das nur eine einzige dumme Akquisition

tätigt – ihre. Danach hütet es seine Aktien wie Gold und tätigt keine dummen Übernahmen mehr. Natürlich ist die Welt nicht so einfach. Und ich glaube, dass wir im Laufe der Zeit Akquisitionen getätigt haben, die für beide Seiten fair waren, und dass sie sich im Durchschnitt für Berkshire gelohnt haben. Und ich glaube, dass ein Unternehmen, das sich so verhält, dem privaten Eigentümer, der verkaufen möchte, langfristig den besten Wert bietet. Man will ja sein Unternehmen nicht gegen Aktien an eine Firma verkaufen, die gern Aktien ausgibt."

Es zieht sich hin

Buffett beendete das Treffen mit der Aussage, er werde sich in ein paar Tagen melden „und Ihnen sagen, was es wert ist".[164] Der gebotene Betrag belief sich auf etwa die Hälfte des vom Buchhalter ermittelten Wertes. Damit war das Geschäft noch nicht abgeschlossen. Es gab viel Hin und Her, weil Helzberg die Lektion über Buffetts Verhandlungsstil noch nicht ganz verinnerlicht hatte. Doch allmählich setzte sich die Erkenntnis durch, und später gab er die Botschaft an andere weiter, indem er sagte: „Im Grunde verhandelt man mit Warren Buffett, indem man eben nicht verhandelt. Er sagt einem, wie der Deal aussieht, und das ist dann der Deal."[165]

Tatsächlich fand der Tausch von Berkshire-Aktien gegen 100 Prozent der Helzberg-Aktien erst am 30. April 1995 statt. Die genaue Anzahl der umgetauschten Berkshire-Aktien ist nicht bekannt, aber wir wissen, dass im Laufe des Jahres 1995 insgesamt 15.762 Aktien im Austausch gegen R.C. Willey und Helzberg ausgegeben wurden. Wir wissen auch, dass die für R.C. Willey ausgegebenen Aktien einen Wert von etwa 175 Millionen Dollar hatten, als die Berkshire-Aktien zwischen 21.650 und 24.200 Dollar gehandelt wurden. Somit wurden zwischen 7.231 und 8.083 Aktien für R.C. Willey ausgegeben. Für Helzberg wurden zwischen 7.679 und 8.531 Aktien im Wert von 165 bis 183 Millionen Dollar ausgegeben.

Barnett entschied sich, einen erheblichen Teil des Erlöses mit seinen Mitarbeitern zu teilen, ein Akt der Großzügigkeit, den Buffett als sehr positiven Indikator wertete: „Wenn sich jemand so großzügig verhält, weiß man, dass man als Käufer gut behandelt wird."[166]

Schätzung des inneren Wertes von Helzberg nach Buffetts Methode

Als Buffett auf der Jahreshauptversammlung im Mai 1996 nach Einzelheiten seiner Diskontierungsmethode gefragt wurde, zum Beispiel auf wie viele zukünftige Jahre er die Berechnung ausdehnt, erklärte er, dass die Methode der diskontierten Eigentümererträge zwar das Grundgerüst für Investitionen oder den Kauf von Unternehmen sei, aber es gebe bei Berkshire keine schriftlichen Berechnungen mit Stichtagen für die Berechnung des sogenannten Endwertes.

Er sagte, die Gleichung sei zwar einfach und direkt, „aber wir haben uns nie hingesetzt und eine Reihe von Zahlen aufgeschrieben, um diese Gleichung in Beziehung zu setzen. Wir machen das sozusagen im Kopf, versteht sich. Ich meine, darum geht es ja auch. Aber es gibt kein Blatt Papier. Es gab nie ein Stück Papier, aus dem hervorging, wie unsere Berechnung für Helzberg oder See's Candy oder The Buffalo News in dieser Hinsicht aussah."

Buffett und Munger befürchten, dass die Menschen bei der Verwendung scheinbar ausgeklügelter numerischer Analysen dem illusorischen Anschein von „wissenschaftlicher" Qualität auf den Leim gehen. Die Eingangsgrößen der Formel sind ungenau. Was man braucht, sind gute grobe Schätzungen, nachdem man die überaus wichtigen qualitativen Faktoren berücksichtigt hat, die Shareholder-Value schaffen (Qualität des „Franchises" und des Managements).

> „Bei jedem Geschäft und jeder Investition sitzen wir im Büro und denken über diese Frage nach. Die Abzinsungssätze haben wir

ganz allgemein im Kopf. Aber wir möchten, dass die Entscheidung für uns so offensichtlich ist, dass wir keine detaillierte Berechnung vornehmen müssen. Das ist der Rahmen, aber er wird nicht in dem Sinne angewandt, dass wir tatsächlich in alle Variablen etwas einsetzen."[167]

Charlie Munger ergänzt:

„Berkshire wird so geführt, wie der Nobelpreisträger Thomas Hunt Morgan die biologische Fakultät am California Institute of Technology geleitet hat. Er verbot die Friden-Rechenmaschine, den Computer der damaligen Zeit. Und die Leute sagten: ‚Wie können Sie das machen? Überall sonst in der Caltech haben wir Friden-Rechner, die laufen überall.' Und er sagte: ‚Nun, wir finden die großen Goldnuggets einfach mit organisiertem gesunden Menschenverstand. Die Ressourcen sind knapp, und wir werden nicht auf blödsinniges Goldwaschen zurückgreifen, solange wir solche großen Goldklumpen finden können.' So funktioniert auch Berkshire. Und ich hoffe, dass die Ära des Goldwaschens nie kommen wird. Jemand hat einmal unsere Personalunterlagen zu einer Akquisition angefordert. Und natürlich hatten wir nicht nur keine Personalunterlagen, sondern auch kein Personal."

DIE ÄRA JEFF COMMENT

Der Verkauf an Berkshire erfüllte alle Kriterien von Barnett Helzberg. Er konnte sich aus dem Unternehmen zurückziehen und so seiner Familie und seinen philanthropischen Aktivitäten mehr Zeit widmen. Die Familie verfügte nun über eine große Beteiligung an Berkshire, die Erträge aus einem breiten Spektrum von Geschäftsbereichen einbrachte, und sie konnte die hochliquiden Berkshire-Aktien jederzeit verkaufen, um eine weitere Diversifizierung zu erreichen.

Am wichtigsten war jedoch, dass die Zukunft des Unternehmens in guten Händen lag. Buffett und Munger verpflichteten sich feierlich, die Geschäftsphilosophie des Unternehmens beizubehalten, die derzeitigen Mitarbeiter weiter zu beschäftigen und den Hauptsitz des Unternehmens in Kansas City zu belassen.

Jeff Comment erwartete, dass sein neuer Chef ihm einige Anweisungen geben würde. Buffett rief ihn tatsächlich am Tag nach dem Verkauf an, aber er sagte nur: „Raten Sie mal, was Sie heute tun dürfen. Brechen Sie alle Ihre Bankbeziehungen ab, denn von nun an bin ich Ihre Bank."[168] Buffett verlangte also die Kontrolle über die Kapitalzuteilung innerhalb der Gruppe. Davon abgesehen stand es Comment jedoch frei, das Unternehmen so zu führen, wie er es für richtig hielt: „Berkshire hat von mir nichts verlangt, was das Geschäft wirklich verändert hätte."[169] Dem *Kansas City Star* sagte er, Buffett habe gesagt, er rufe seine Präsidenten nicht an, aber er freue sich, „ab und zu von euch zu hören".[170]

Jeff Comment sagt, dass Buffett und er sehr unterschiedliche Menschen sind, aber einander wirklich vertrauen und ein hohes Maß an gegenseitigem Respekt haben. Seiner Meinung nach ist das bei allen Managern von Buffett der Fall – es herrscht eine Art Chemie. „Diese Chemie fehlt heute in vielen Unternehmen. Sie sind funktional, sie sind taktisch korrekt, aber man verliert dort die Leidenschaft und die Liebe zum Geschäft. Das passiert hier nicht ... Warren ist ein unglaublich herzlicher, warmer, sympathischer Mensch."[171]

WARUM NICHT BORSHEIMS UND HELZBERG ZUSAMMENBRINGEN?

Die meisten Unternehmensgruppen, die bereits ein Schmuckunternehmen besitzen, würden instinktiv nach Synergieeffekten suchen, zum Beispiel durch Einsparungen beim Einkauf oder durch Rationalisierung des Filialnetzes, wenn sie ein weiteres hinzufügen. Sie würden sie unter dieselbe Leitung stellen. Berkshire ist jedoch keine gewöhnliche Unternehmensgruppe.

Erstens hatte Buffett versprochen, dass die Unternehmen weitgehend eigenständig sein würden, jedes mit seiner eigenen Kultur und Führung. Zweitens wären die Synergiegewinne ziemlich gering im Vergleich zum Verlust des Fokus, der Beschädigung *des Korpsgeistes* und der Verwirrung über die Strategie. Zu letzterem Punkt schrieb Buffett in seinem Brief von 1995, dass „Helzberg ... eine völlig andere Art von Unternehmen ist als Borsheims, unser Schmuckgeschäft in Omaha, und die beiden Unternehmen werden unabhängig voneinander operieren".[172]

Diesen Gedanken hat er auf der Jahreshauptversammlung 1995 weiter ausgeführt:

> „Sowohl [Borsheims als auch Nebraska Furniture Mart] bieten eine unglaubliche Auswahl, niedrige Preise durch ein großes Volumen, niedrige Betriebskosten und all das. Würde man mehrere Standorte betreiben ... würde man etwas verlieren, was die Auswahl angeht, die man anbieten könnte. An einem einzigen Standort von Borsheims werden Schmuckstücke im Wert von über 50 Millionen Dollar verkauft. Wenn jemand einen Ring oder eine Perlenkette oder etwas Ähnliches kaufen möchte, kann er an einem solchen Ort mehr Angebote sehen als bei jemandem, der versucht, an 20 oder 50 Standorten Bestände vorzuhalten. Außerdem haben wir dadurch an einem bestimmten Standort ein Volumen, das sich in Betriebskosten niederschlägt, die ebenfalls bei einer großen Anzahl von Standorten nicht erreicht werden können. Ich glaube deshalb, dass diese Unternehmen in diesem speziellen Modus als Unternehmen mit einem Standort erfolgreicher sind. Nun bietet Helzberg seine Waren in Einkaufszentren im ganzen Land an. Und mit dieser Art der Geschäftstätigkeit ist es außerordentlich erfolgreich. Aber Borsheims kann nicht Helzberg sein, und Helzberg kann nicht Borsheims sein."

Jedes Unternehmen hat es auf unterschiedliche Kundengruppen abgesehen. Es ist wichtig, dass eine Berkshire-Tochter herausfindet, worin sie gut ist und wem sie wirklich etwas Besonderes bieten kann. Borsheims bietet den Menschen etwas ganz Besonderes, da es die größte Auswahl der Welt an einem Ort hat und die Preise niedrig sind, da die Betriebskosten 20 Prozentpunkte unter denen der Konkurrenz liegen. „Es ist sehr schwer, so etwas zu replizieren. Und der Versuch, es an zehn Standorten zu tun, würde wahrscheinlich nicht gut funktionieren."[173] Daher ist es am besten, wenn Helzberg seine besondere Kultur, sein Wissen und seine Erfahrung nutzt, um in 200 Einkaufszentren landesweit tätig zu sein, und Borsheims sein Ein-Laden-Modell weiter verbessert.

DER SCHOCK VON 1996

Im Frühjahr 1996 war Buffett voller Optimismus, was die Aussichten von Helzberg betraf: „Wir glauben, dass das Unternehmen auf ein Vielfaches seiner derzeitigen Größe anwachsen könnte", schrieb er an die Aktionäre. Doch nur wenige Monate später wurde er auf den Boden der Tatsachen zurückgeholt. Jeff Comment hatte so sehr auf Wachstum gesetzt, dass die Zahl der Geschäfte innerhalb von zwölf Monaten von 166 auf 181 angestiegen war, die Kosten in die Höhe schossen und das Managementteam einfach überfordert war. „Wir hatten 1996 einen ernsthaften Abschwung ... Wir haben übermäßig expandiert. Wir waren schneller als unsere Leute", so Comment.[174]

Zusätzlich zu diesen operativen Problemen wurde dem größten Konkurrenten, Zales, gestattet, mit einer sauberen Bilanz (wenige Schulden) aus dem Konkurs zu kommen, und Signet, ein weiterer großer Akteur, pumpte Geld in den Schmuck-Einzelhandel.

Anfang 1996 rief Comment Buffett an, um ihm die schlechte Nachricht zu überbringen. Buffett fragte lediglich, was er, Comment, zu tun gedenke. Er bat um eine Frist von 30 Tagen, um einen Plan auszuarbeiten und sich dann mit Buffett in Omaha zu treffen, um ihn zu erläutern. Der allgemeine Ton des Treffens war nicht der eines Untergebenen, der versucht, Zustimmung zu erhalten, sondern der eines vertrauenswürdigen Managers, der Buffett einfach sagt, was er tut. Buffett fragte ihn jedoch, wann das Unternehmen wieder zu dem Unternehmen würde, das Berkshire gekauft hatte. Comment war zuversichtlich, dass er das Unternehmen 1997 stabilisieren und 1998 einen bedeutenden Umschwung herbeiführen würde.

Und genau das tat er. Tatsächlich gelang der Turnaround schneller als erwartet, sodass Buffett den Berkshire-Aktionären mitteilen konnte, dass sich die Gewinne 1997 verbessert hatten und von der entscheidenden Weihnachtszeit bis in das erste Halbjahr 1998 hinein einen echten Aufschwung erlebten. Es dauerte nicht lange, bis die Expansion wieder auf der Tagesordnung stand, und im September 2000 verfügte Helzberg Diamonds über 236 Geschäfte in 38 Bundesstaaten und war damit die fünftgrößte Schmuckkette des Landes.

Darüber hinaus war die Effizienz der Geschäfte sehr hoch, mit einem durchschnittlichen Umsatz pro Geschäft von fast 2,2 Millionen Dollar im Vergleich zu 1,0–1,5 Millionen Dollar bei den Wettbewerbern. Helzberg Diamonds zeichnete sich durch seine Entschlossenheit aus, nur an erstklassigen Standorten zu eröffnen. Um sich die besten Läden zu sichern, war es hilfreich, dass es enge Beziehungen zu Entwicklern von Premium-Einkaufszentren aufgebaut hatte.

Uns liegen keine veröffentlichten Zahlen vor, nachdem Helzberg in Berkshire aufgegangen war, aber Comment sagte in einem Interview im September 2000, dass er für 2001 einen Umsatz von 500 Millionen Dollar (eine Steigerung von 77 Prozent seit dem Kauf durch Berkshire) und einen jährlichen Gewinn vor Steuern von 50 Millionen Dollar erwarte.[175] Ein solcher Gewinn aus einem Unternehmen, das weniger als 200 Millionen Dollar gekostet hat, muss Buffett sehr gefreut haben.

FLIESSGLEICHGEWICHT

Leider verstarb Jeff Comment im Oktober 2004 plötzlich im Alter von 60 Jahren. Sein Nachfolger wurde H. Marvin Beasley, der fünf Jahre später ohne Bekanntgabe von Gründen zurücktrat.

Im Jahr 2009 wurde die hoch angesehene Schmuckexpertin und Einzelhandelsmanagerin Beryl Raff von Warren Buffett ausgewählt, um die Leitung von Helzberg zu übernehmen. Sie kam von JCPenney, wo sie nach einigen Jahren als CEO von Zales Executive Vice President und General Merchandise Manager für das Edelschmuckgeschäft gewesen war. Bei ihrer Ernennung schrieb Buffett, sie sei „eine herausragende Händlerin und eine starke Führungskraft im Einzelhandel mit mehreren Filialen [mit einer] fein ausbalancierten Mischung aus Händlerinstinkt und analytischer Schärfe".[176]

Im Jahr 2000 arbeiteten über 3.000 Mitarbeiter in 236 Geschäften für Helzberg. Aber das war dann auch der Höhepunkt. Als Raff das Unternehmen übernahm, stieg die Zahl der Geschäfte zwar auf 270, aber die Zahl der Mitarbeiter sank auf 2.147. Heute gibt es weniger als 2.000 Mitarbeiter, die nur 210 Geschäfte betreiben.

Ein Unternehmen auf diese Weise zu schrumpfen ist ungewöhnlich. Buffett und Munger sind für die Kapitalzuteilung zuständig, und ich kann nur vermuten, dass sie nicht davon überzeugt sind, dass zusätzliche Läden die hohen Kapitalrenditen erwirtschaften, die andere Verwendungen dieses Geldes innerhalb der Berkshire-Familie erzielen können.

Das bedeutet nicht, dass die derzeitigen Helzberg-Geschäfte in irgendeiner Weise leiden. Wie die See's-Candies-Geschäfte dürften auch sie hohe Renditen erwirtschaften. Es ist nur so, dass das Team eine klare Vorstellung von den Grenzen seines Kompetenzkreises und seines Kreises der Wettbewerbsvorteile hat. Die bestehenden Geschäfte liegen innerhalb dieser Kreise. Es ist selten, dass ein vorgeschlagenes neues Geschäft über genügend Wettbewerbskraft verfügt, um hohe Renditen zu erzielen.

LEKTIONEN

1. **Gehen Sie rational an Fusionen und Übernahmen heran.** Die meisten Fusionen und Übernahmen schaffen keinen Wert für die erwerbenden Aktionäre. Gründe dafür sind unter anderem der Glaube an rosige Szenarien, Manager, die sich in den Kauf von Unternehmen verlieben, anstatt sich um das Tagesgeschäft zu kümmern, und Manager, die zu sehr in einen strategischen Plan verliebt sind, sodass sie zu viel bezahlen, um den Plan zu erfüllen.
2. **Gute Verkäufer sind nicht allein durch Geld motiviert.** Barnett Helzberg lag sehr viel daran, was nach dem Verkauf in Bezug auf das Wohlergehen der Mitarbeiter und Kunden, die Unternehmenskultur und die Loyalität gegenüber Kansas City geschah. Dies verringerte das Risiko eines Kaufs bei ihm.
3. **Suchen Sie nach guten Kapitalrenditen.** Buffett war der Meinung, dass Helzbergs hoher Umsatz pro Quadratmeter in Verbindung mit dem erfahrenen und fähigen Management, der soliden Unternehmenskultur und dem guten Ruf eine überdurchschnittliche Rendite auf das investierte Kapital ermöglichte.
4. **Es müssen immer hoch qualifizierte Führungskräfte vorhanden sein.** Wenn Jeff Comment nicht da gewesen wäre, hätte Buffett das Unternehmen nicht gekauft.
5. **Machen Sie sich Ihre eigenen Gedanken über die entscheidenden Eigenschaften eines Unternehmens.** Investmentbanker und Wirtschaftsprüfer neigen dazu, zu quantitativ vorzugehen, während die wirklich wichtigen Faktoren für den Unternehmenserfolg qualitativ sind. Sie entwerfen nur dann positive Szenarien, wenn sie im Auftrag des Verkäufers handeln.
6. **Der Charakter bestimmter Schlüsselpersonen ist weit wichtiger als die herkömmliche Due-Diligence-Prüfung.** Achten Sie auf Integrität, Ehrlichkeit, Kompetenz, Werte und Rationalität.

7. **Die aussagekräftigsten Schätzungen des inneren Wertes (diskontierte Cashflows/Eigentümergewinne) müssen nicht präzise auf Papier festgehalten werden.** Alles, was Sie brauchen, sind gute grobe Schätzungen, die eine ausreichende Sicherheitsmarge zum Kaufpreis lassen. Die Entscheidung muss so offensichtlich sein, dass keine detaillierten Berechnungen erforderlich sind.

Investition 6

R.C. WILLEY[177]

Eckpunkte des Geschäfts

Geschäft	**R.C. Willey**
Zeit	1995
Gezahlter Preis	175 Millionen Dollar in BH-Aktien
Menge	100% des Eigenkapitals
Verkaufspreis	Noch gehalten
Gewinn	Mehr als das Fünffache des Kaufpreises ist bereits an Berkshire geflossen, und es geht weiter.
Berkshire Hathaway 1995	Aktienkurs: 20.500-32.000 USD Buchwert: 17.217 Millionen Dollar Buchwert je Aktie: 14.426 USD

Die Geschichte von R.C. Willey ist eine Geschichte der Werte des Mittleren Westens: harte Arbeit, Anstand, Geschäftssinn und Hingabe an die Gemeinschaft, die zu herausragendem Erfolg führen. Es ist die Geschichte von drei Männern, die diese Werte verkörpern: Rufus Call Willey, Bill Child und natürlich Warren Buffett.

Rufus Call (oder R.C.) Willey verkaufte 1932 vom Rücksitz eines Pick-ups aus Elektrogeräte in der Gegend nördlich von Salt Lake City im Bundesstaat Utah. Als perfekter Verkäufer hatte er die erstaunliche

Fähigkeit, auf Menschen zuzugehen und ihnen oft Dinge zu verkaufen, von denen sie dachten, sie bräuchten sie nicht. Wenn die Menschen in der landwirtschaftlichen Gegend rund um seine Heimatstadt Syracuse sagten, sie könnten sich keinen Kühlschrank leisten, schlug er ihnen sanft vor, ihn eine Woche lang kostenlos auszuprobieren, „und wenn Sie ihn nach einer Woche nicht haben wollen, komme ich wieder und nehme ihn mit – ganz unverbindlich".[178] Natürlich beschafften sie, sobald sie die Vorteile erlebt hatten, in der Regel irgendwoher das Geld.

Als sich die Konkurrenten bei den Herstellern beschwerten, dass R.C. einen Wettbewerbsvorteil habe, weil er nicht die Gemeinkosten eines Ladens tragen musste, und sie ihn deshalb nicht mehr beliefern durften, baute R.C. neben seinem Haus aus Betonziegeln ein einfaches, knapp 60 Quadratmeter großes Geschäft und bestückte es mit Kühlschränken, Herden und anderen Geräten. Sein 22-jähriger Schwiegersohn Bill Child half abends und samstags aus, wenn er nicht gerade an der University of Utah studierte, um eine Stelle als Lehrer an der Junior High in der nahe gelegenen Stadt Clearfield anzutreten.

Als R.C. 1954 plötzlich starb, fiel die Verantwortung für den kleinen Laden Bill Child in den Schoß. Obwohl das Geschäft bei den Kunden einen ausgezeichneten Ruf genoss, häuften sich die Schulden, und es stand auf der Kippe, ob es überleben würde.

Mit enormer Entschlossenheit, Erfindungsreichtum und einer Familie, die an einem Strang zog, schaffte man es. Im Laufe der Zeit wurden an das einstöckige Gebäude Erweiterungen angebaut. Niedrige Preise und ein hervorragender Kundenservice zogen die Kunden immer wieder an, obwohl das Geschäft in einer Seitenstraße lag. Dann wurde ein zweites Geschäft eröffnet. Schließlich waren es sechs, alle in Utah. 1995 lag der Jahresumsatz bei mehr als 250 Millionen Dollar, die Gewinne und die Kapitalrendite waren großartig, und es gab kaum Schulden. Auf R.C. Willey entfiel damals die Hälfte der in Utah verkauften Möbel und ein Drittel der Elektroartikel.

Im Alter von 63 Jahren wollte Bill Child die Zukunft des Unternehmens über seine Amtszeit als CEO hinaus sichern. Er erinnerte sich daran, dass R.C. Willey in einem viel jüngeren Alter gestorben war, und befürchtete, dass sein eigener Tod enorme Steuerzahlungen nach sich ziehen könnte, die die Familie nur durch den Verkauf eines großen Teils ihrer Aktien aufbringen könnte. Eine viel bessere Lösung war der Tausch der Aktien von R.C. Willey gegen Berkshire-Hathaway-Aktien. Damit wäre nicht nur die Steuerlast besser zu bewältigen, sondern auch das Team und sein einzigartiges Ethos würden erhalten bleiben.

Warren Buffett konnte sehen, dass die Werte, die er am meisten bewunderte, in Child stecken. Er schrieb:

> „Bill Child verkörpert das Beste von Amerika. In Sachen Familie, Philanthropie, Geschäften oder einfach nur Bürger sein ist jeder, der in seine Fußstapfen tritt, auf dem besten Weg nach Norden ... Indem er die richtigen Dinge für seine Kunden und Partner tat, ließ er schließlich die einst starken Konkurrenten im Staub zurück ... Er wandte einfach das älteste und solideste Prinzip an, das je aufgestellt wurde: Behandle den anderen so, wie du selbst behandelt werden möchtest."[179]

Buffett rät uns, die Lektionen aus Childs Leben zu untersuchen und sie auf unser eigenes anzuwenden, um ein glücklicheres, produktiveres Leben zu führen. In diesem Kapitel werden diese Lektionen und Werte beschrieben, und es wird erläutert, warum Buffett mehr als bereit war, 175 Millionen Dollar für das Unternehmen zu zahlen.

RUFUS CALL WILLEY

Rufus Call, geboren 1900 in Syracuse, 25 Meilen nördlich von Salt Lake City, war eines von elf Kindern einer mormonischen Bauernfamilie. Mit 17 Jahren fand er Arbeit auf dem aufregenden Gebiet der

Elektrizität, die damals gerade erst die ländlichen Gebiete erreichte. Er leistete Schwerstarbeit beim Aufstellen von Masten und beim Verlegen von Kabeln in ganz Utah. Im Jahr 1922 heiratete er Helen Swanker und belegte Abendkurse, um zertifizierter Elektriker zu werden; später wurde er zum Leiter einer Umspannstation ernannt.

Ein paar Jahre später überraschte er Helen mit einem Kühlschrank. Sie liebte ihn – wie auch viele Nachbarn, die immer wieder vorbeikamen, um ihn zu sehen und sich zu fragen, wie er funktionierte. Sie erkannten die Vorteile eines solchen Geräts in ihrem Haus. R.C. kam auf die Idee, sich nebenbei ein Geschäft aufzubauen. Sein Arbeitgeber, die Utah Power and Light Company, ließ ihn nur zu gern Kühlschränke und andere Geräte an seine Nachbarn verkaufen. Schließlich wollte sie ja, dass die Menschen ihren Strom nutzen.

1932 baute R.C. das Geschäft richtig auf und kaufte mit einer Kreditlinie der Barnes Banking Company eine Reihe von Geräten, die er auf die Ladefläche seines Pick-ups packte – und los ging der Verkauf von Tür zu Tür. R.C. konnte im jeweiligen Haus Kabel verlegen und sogar einen Kredit anbieten, sodass die Farmer erst nach der Ernte zahlen mussten.

Das Geschäft wurde von nur zwei Personen geführt: R.C. und Lamar Sessions (der die verschiedenen Geräte lieferte und reparierte). Als sich die Konkurrenten über R.C.s Geschäfte beschwerten, wollte der Hotpoint-Vertreter seinen besten Verkäufer in der Gegend nicht verlieren und schlug R.C. vor, eine Art Laden zu bauen. Das tat er dann auch, und zwar in einer Ecke seiner Farm neben seinem Haus an einem alten Weg, der nicht genutzt wurde. Ein Stromkabel führte von R.C.s und Helens Haus aus dorthin. Der Laden verfügte über keine sanitären Anlagen und hatte vier Parkplätze. Doch durch Mundpropaganda, Integrität und Verkaufskunst konnte er 1950 einen Jahresumsatz von etwa 50.000 Dollar erzielen.

BILL CHILD

Bill Child heiratete 1951 Helen Darline, die jüngste Tochter von R.C. und Helen (die beiden waren seit ihrer Kindheit ein Paar). Bill hatte kurz zuvor ein Stipendium für ein Studium an der University of Utah erhalten, was seinem Ziel, Lehrer zu werden, sehr förderlich war. Ein paar Monate später, als Darline ein Kind erwartete, schenkten R.C. und Helen dem jungen Paar ein kleines Stück Land, 50 Meter vom Laden entfernt, um darauf ein Fertighaus zu errichten.

Bill arbeitete im Sommer im Laden und während des Semesters abends und samstags. Er war nicht nur stark und arbeitete hart, sondern hatte auch eine natürliche, fürsorgliche Art, mit Menschen umzugehen, ihnen die Befangenheit zu nehmen und auf ihre Bedürfnisse einzugehen.

Hier ein Hinweis auf die Art der Gemeinschaft: An vielen Samstagen gingen R.C. und Child zum örtlichen Baseballspiel und hinterließen eine Nachricht an der offenen Tür, auf der stand: „Sind beim Baseball … komm rein und schau dich um."[180]

PROBLEME

Im Frühjahr 1954 hatte R.C. ein unangenehmes Gefühl im Magen. Er dachte, er hätte Magengeschwüre, die von dem Stress herrührten, nur mit Sessions als zweitem Vollzeitbeschäftigten einen Jahresumsatz von 250.000 Dollar zu bewältigen, aber er kämpfte weiter. Als die Beschwerden nicht besser wurden, verkündete R.C., er brauche unbedingt Urlaub. Er buchte zwei Wochen in Kalifornien und bat Sessions, das Geschäft während seiner Abwesenheit am Laufen zu halten. Zunächst protestierte Sessions und meinte, es gebe zu viel zu tun, aber etwas, was R.C. sagte, verblüffte ihn. „Weißt du, Lamar, wenn du glaubst, dass du sterben wirst, tust du fast alles, um dein Leben zu verlängern."[181]

Etwa um diese Zeit wurde Child eine sichere Stelle als Lehrer an der North Davis Junior High angeboten. Er musste nur noch den Vertrag unterschreiben und sein Arbeitsleben war geregelt. Am Tag von Childs

Universitätsabschluss (1. Juni 1954) ging R.C. zum Haus von Bill und Darline, um zu erklären, dass er Urlaub brauchte, und übergab Bill die Schlüssel für den Laden mit der Bitte, ihn während seiner Abwesenheit zu beaufsichtigen.

Es war schon ein schlechtes Zeichen, dass R.C. und Helen eine Woche früher zurückkehrten, weil sich R.C. zu krank fühlte, um länger zu bleiben. Dann die schlechte Nachricht: Bei ihm wurde Bauchspeicheldrüsenkrebs diagnostiziert, und es war unwahrscheinlich, dass er das Krankenhaus noch einmal verlassen würde.

Bill Child stand vor einem Dilemma. Einerseits konnte er den Lehrerposten annehmen, den er sich immer gewünscht hatte. Auf der anderen Seite gab es ein Geschäft, das ihn wirklich brauchte, ein Geschäft, das die Familie ernährte. Das Geschäft hatte Verpflichtungen gegenüber den Kunden, den Lieferanten und gegenüber Sessions. Vielleicht würde der Schuldirektor ihm Zeit geben, das Unternehmen auf den richtigen Weg zu bringen, bevor er in den Schuldienst eintrat?

Aber es gab noch mehr schlechte Nachrichten. Zuerst kam ein Steuerinspektor in den Laden, um eine Prüfung durchzuführen. Der 22-jährige Bill hatte keine Ahnung, was vor sich ging. Es stellte sich heraus, dass der Buchhalter des Geschäfts seit Jahren keine Steuerzahlungen abgeführt hatte – über 10.000 Dollar waren fällig.

Dann rief die Bank an und teilte Bill mit, er solle ab sofort keine Schecks mehr ausstellen, es gebe dafür keine Deckung.

Dann starb R.C. am 3. September.

Nach der Beerdigung lud der Bankdirektor Bill und Helen zu einer Besprechung ein, um ihnen zu erklären, wie schlecht es um die Finanzen des Unternehmens bestellt war. R.C. hatte sich 9.000 Dollar geliehen und die unbezahlten Zinsen häuften sich. Darüber hinaus hatte die Bank Kredite finanziert, die an Kunden vergeben worden waren. Für diese Finanzierungen hatte das Unternehmen gebürgt. Es stellte sich heraus, dass zwei Drittel der Kunden mit ihren Zahlungen im Rückstand waren. Von diesen Kunden hatte die Hälfte seit neun Monaten nichts mehr bezahlt. Für ein Unternehmen mit einem Umsatz von 250.000 Dollar und 150.000 Dollar auf Kredit ist das eine Menge ausstehendes Geld. Der Bankdirektor verlangte, dass das Unternehmen sofort 50.000 Dollar an säumigen Kundenkrediten loskaufte.

Die Bank hatte offensichtlich wenig Vertrauen in einen in Geschäftsdingen unbeleckten 22-jährigen Lehramtsanwärter. „Helen", sagte der Banker, „Sie müssen das Unternehmen verkaufen und Bill als Lehrer arbeiten lassen."[182]

Sie waren sich einig, dass die Familie ein wenig Zeit brauchte, um zu besprechen, was zu tun sei. Bill hatte die Aufgabe, das Geschäft zu führen, nur übernommen, weil er davon ausging, dass es nur für kurze Zeit sein würde. Der Job an der Schule wartete auf ihn, warum also nicht einfach verkaufen? Aber wegen der vielen Schulden war es unwahrscheinlich, dass das Unternehmen einen guten Preis erzielen würde. Außerdem hatte R.C. kein Geld für Helen gespart. Wenn er Gewinne erzielte, gab er sie großzügig für seine Familie aus oder verschenkte sie an bedürftige Menschen, die er traf. Wenn das Geschäft geschlossen würde, hätte seine Witwe wenig zum Leben, und niemand in der Familie konnte sie unterstützen. Bill musste das Ruder herumreißen. Und angesichts des enormen Goodwills, den es im Laufe der Jahre aufgebaut hatte, hatte es nach wie vor Potenzial.

GESCHÄFTSMANN DURCH ZUFALL

Bill Child sprach mit dem Schuldirektor, der sofort verstand, dass er die Sache in Ordnung bringen musste. Da er sich immer noch nach dem Klassenzimmer sehnte, fragte Bill: „Wenn in Zukunft eine Lehrerstelle frei wird, würden Sie mich dann bitte in Betracht ziehen?"[183] Der Direktor gab ihm die prophetische Antwort: „Bill, ich würde Sie sehr gern als Lehrer einstellen. Aber meine Intuition sagt mir, dass Sie niemals unterrichten werden, wenn Sie in die Wirtschaft gehen."

Als Nächstes suchte Child den Bankdirektor auf und bat ihn um Zeit: „Wenn wir das Geschäft schließen, haben wir kein Geld, um Sie zu bezahlen. Wenn wir geöffnet bleiben, können wir alles zurückzahlen."[184] Angesichts des Mangels an Vermögenswerten, die sie beschlagnahmen konnte, stimmte die Bank widerwillig zu.

Dann ging Child zu einer anderen Bank, um zu sehen, ob sie ihm ein Darlehen geben würde. Das tat sie nicht. Schließlich war das Inventar auf Kredit gekauft worden, und zu dem Geschäftsraum gab es keine separate Eigentumsurkunde, da er zum Anwesen der Familie gehörte. Bargeld gab es auch keins. Der einzige wirkliche Vermögensgegenstand war ein Pick-up.

R.C. hatte sich die Loyalität seiner Kunden unter anderem dadurch erworben, dass er Geräte zu niedrigen Preisen, manchmal sogar unter dem Selbstkostenpreis, verkaufte. Es war nicht so, dass er bewusst einen Verlust anstrebte, sondern er war in erster Linie ein Verkäufer und wollte seine Kunden gut behandeln. Kurzfristige Gewinne waren zweitrangig.

Dann hatte Child Glück. Er versuchte es bei einer weiteren Bank, der First National Bank of Layton. Sie rivalisierte mit R.C.s Bank, und in ihrem Bestreben, einen Kunden abzuwerben, erklärte sie sich bereit, R.C. Willey eine Kreditlinie von 10.000 Dollar zu gewähren. Aber es blieb immer noch die beängstigende Aufgabe, den alten Kredit über 9.000 Dollar und 50.000 Dollar an Kundenschulden abzuzahlen.

Eine weitere Chance: Die Utah Power and Light Company bot den Haushaltsgerätehändlern Anreize in Form von Prämien in Höhe von 35 Dollar für jeden Kunden, der seinen Gasboiler durch einen Elektroboiler ersetzte, und 25 Dollar für den Umstieg auf einen Elektroherd. Bill setzte sich und Sessions das Ziel, 150 Warmwasserbereiter und 150 Herde zu verkaufen, um so die 9.000 Dollar zusammenzubringen. Langsam, aber sicher wurde die Hypothek zurückgezahlt.

Was die säumigen Kredite anbelangt, so wählte Child einen anderen Ansatz. Er erfuhr, dass eine Finanzgesellschaft namens Commercial

Credit, die sich auf das spezialisiert hatte, was wir heute als Subprime-Kredite bezeichnen würden, bereit sein könnte, die überfälligen Verträge von R.C. Willey zu kaufen und dann von den Kunden einzutreiben, was sie konnte, wobei sie einen höheren Zinssatz verlangte.

Es war wichtig, dass die nicht zahlenden Kunden ihre Zustimmung zu der Umschuldung gaben. Child besuchte sie, um Druck zu machen. Obwohl er mit ihnen befreundet bleiben wollte, machte er ihnen schließlich unmissverständlich klar, dass sie die Vereinbarung unterschreiben müssten, sonst würde das Gerät wieder in Besitz genommen. Die meisten unterschrieben, und das Geld floss dem Unternehmen zu, während die Verantwortung für die Eintreibung der Schulden vom Unternehmen wegfloss.

Das Geschäft begann sich zu beleben. Um damit fertigzuwerden, stellte Child Connie O'Brien in Teilzeit ein, um Telefonanrufe und Verwaltungsaufgaben zu erledigen, während er sich auf das Verkaufen konzentrierte. Die Beziehung zu Commercial Credit blühte auf und ermöglichte es Child, seinen Kunden ohne viel Papierkram und ohne Inanspruchnahme des Kapitals von R.C. Willey Kredite zu gewähren.

Bill arbeitete zwölf Stunden am Tag, aber es machte ihm Spaß. Er und seine Familie lebten sparsam und investierten das Geld, das sie hatten, wieder in das Geschäft. Er zahlte sich selbst den gleichen Lohn wie seinem Mechaniker Sessions, 100 Dollar pro Woche. Aber in den ersten Jahren nahm er das Geld wegen der knappen Kassenlage nur etwa die Hälfte der Zeit in Anspruch. Er sagte, das Leben koste ihn nicht viel; er arbeite so hart, dass er kaum Zeit habe, das Geld auszugeben.

ANSTÄNDIG HANDELN

In den Jahren 1954 und 1955 war die automatische Waschmaschine von Hotpoint ein Verkaufsschlager – 400 Stück wurden mit einer Bruttomarge von je 40 Dollar verkauft. Doch etwa ein Jahr später gingen Anrufe ein, dass die Schleuderfunktion ausgefallen war und die Wäsche nass blieb. Der Hersteller war verpflichtet, die defekten Teile zu ersetzen, wobei R.C. Willey die Arbeitskosten übernahm. Hotpoint lieferte die Teile, aber absurderweise waren sie wieder fehlerhaft. Und der Hersteller war nur einmal zur Reparatur verpflichtet.

Natürlich beschwerten sich die Kunden nach einem weiteren Jahr wieder, nur konnte Hotpoint dieses Mal jede Verantwortung von sich weisen. R.C. Willey würde 400 unzufriedene Kunden haben. Child beschwerte sich bei Hotpoint und forderte bessere Ersatzteile, aber es brachte nichts.

Nach zweieinhalb Jahren harter Arbeit, um das Unternehmen aus den Schulden zu führen und 1956 endlich möglicherweise einen Gewinn zu sehen, musste Bill die Kosten für diese Reparaturen tragen, wenn der Ruf des Unternehmens nicht ruiniert werden sollte. Er schwankte in seinem Entschluss, weiterzumachen. Sollte er schließen und Lehrer werden? Dann würden Hunderte von Familien in der Umgebung mit defekten Waschmaschinen dastehen. Bill dachte: „Das ist nicht der Stil von R.C. Willey."[185] Außerdem hatte er so viel Arbeit in das Geschäft gesteckt; dies war eindeutig ein Unternehmen mit Potenzial.

Er ließ sich nicht beirren und beschloss, die Garantiekosten auf sich zu nehmen, um den Menschen in seiner Gemeinde ihr Recht zu verschaffen, obwohl er dazu nicht gesetzlich verpflichtet war. Das kostete Tausende von Dollar. Dieser Akt der Dienstleistung und Großzügigkeit blieb nicht unbemerkt. Es sprach sich herum, und die Menschen beschlossen, nicht mehr woanders zu kaufen.

EXPANSION

Child suchte nach Möglichkeiten, Gewinne zu erzielen, und kam 1956 auf die Idee, Möbel zu verkaufen – die zum Glück keine beweglichen Teile und keine lästigen Garantien haben. Zunächst wurden einige Stücke in Childs privater Doppelgarage aufgestellt, und die Kunden des Hauptgeschäfts wurden ermutigt, einen Spaziergang von 50 Metern zu machen, um sich die Möbel anzusehen. Vor allem die Sofas waren ein großer Erfolg und sehr schnell ausverkauft. 1957 wurde beschlossen, die Ladenfläche um 170 Quadratmeter zu erweitern.

Bill brauchte jetzt wirklich Hilfe im Ausstellungsraum. Sein 18-jähriger Bruder Sheldon nahm das Angebot, in Teilzeit zu arbeiten, begeistert an. Als Sheldon an der Utah State University studierte, fuhr er samstags nach Hause, um zu arbeiten. Dabei handelte es sich hauptsächlich um Auslieferungen und Installationen mit Roy Hodson, dem kürzlich eingestellten Lieferanten. Sheldon verstand es hervorragend, die Funktionsweise der Geräte vorzuführen. Er zog in das alte Haus von R.C. und Helen direkt neben dem Laden, um mehr in seinem geliebten Beruf arbeiten zu können.

Die Umstellung auf Möbel funktionierte, und der Umsatz des Unternehmens verdoppelte sich innerhalb eines Jahres. Sowohl ein Vollzeit- als auch ein Teilzeitverkäufer wurden eingestellt, und das Geschäft wurde erneut erweitert. Sheldon wurde gebeten, eine Stelle als Verkäufer anzunehmen. Um sein Studium zu finanzieren, nahm er die Stelle an, aber auch er hatte den Ehrgeiz, Lehrer zu werden. Als sein letztes Studienjahr im Herbst 1959 näher rückte, sagte Bill zu seinem Bruder: „Ich werde dir nicht sagen, was du tun sollst. Aber wenn du unterrichten willst, dann solltest du zurück zur Uni gehen. Wenn du hingegen in der Möbelbranche bleiben willst, glaube ich nicht, dass ein Abschluss einen Unterschied macht … Du könntest ein Jahr lang arbeiten und dann entscheiden, ob du weiterstudieren willst."[186] Sheldon war einverstanden.

Dieses Jahr war ein Jahr der raschen Expansion, in dem weitere Produktlinien hinzukamen und mehr Verkäufer an Bord kamen. Es war aufregend. Sheldon und seine Frau bauten ihr eigenes Haus neben dem von Bill und begannen sich damit abzufinden, dass Sheldon wahrscheinlich nicht mehr aufs College zurückkehren würde.

Das Geschäft wurde weiter ausgebaut, sodass es 1965 das größte Möbelhaus in Utah außerhalb von Salt Lake City war. Die abgelegene

Lage wurde sogar mit Werbeslogans wie „Geringere Gemeinkosten bedeuten niedrigere Preise aufgrund unserer Lage auf dem Land“ zum Vorteil gemacht. Die Leute kamen von weit her, um ein Schnäppchen zu machen. Die Zahl der Mitarbeiter stieg auf 50 Vollzeitbeschäftigte.

Im Frühjahr 1965 starb Bills Frau Darline im Alter von 31 Jahren an einer seltenen Krankheit, die Blutgerinnsel verursacht, und hinterließ einen am Boden zerstörten Bill sowie zwei Jungen und zwei Mädchen. Die ganze Familie war zutiefst erschüttert, fand aber Kraft in ihrer mormonischen Religion, in der der Glaube an die Wiedervereinigung der Familien im Himmel stark ausgeprägt ist. Bill hielt sich außerordentlich beschäftigt, um nicht zu viel nachzudenken.

DIVERSIFIZIERUNG

In der Nähe von Syracuse befand sich der Luftwaffenstützpunkt Hill, der mehr als 20.000 Zivilisten und 3.000 Militärangehörige beschäftigte. R.C. Willey profitierte nicht nur von dem Wohlstand, der durch die Löhne der Zivilisten in die Region gebracht wurde, sondern auch von den Umzügen der Luftwaffenangehörigen, die in der Regel Möbel und Geräte kauften, wenn sie sich in Utah niederließen.

Der Stützpunkt war ein Segen, stellte aber auch eine Bedrohung dar. Es war möglich – und es gab entsprechende Gerüchte –, dass der Stützpunkt herabgestuft werden könnte, was zu einer Verringerung der Belegschaft führen würde. Bill erkannte, dass sich die Einnahmen von R.C. Willey zu sehr auf einen Ort konzentrierten. Manchmal waren bis zu zwei Drittel der Einnahmen mit dem Stützpunkt verbunden.

Die Lösung bestand darin, das Konzept aus niedrigen Preisen und hervorragendem Service in einem anderen Geschäft zu wiederholen, das so weit entfernt war, dass es andere Kunden anziehen konnte. Ein vier Hektar großer Standort in Murray, südlich von Salt Lake City und 36 Meilen von Syracuse entfernt, schien ideal. Eine erfolgreiche Fernsehkampagne hatte den Bekanntheitsgrad des Unternehmens in der

Region bereits erhöht, sodass die Marke in Utah weit über Syracuse hinaus bekannt war.

Erst 1969 konnte das circa 1.900 Quadratmeter große Geschäft eröffnet werden. Zu diesem Zeitpunkt hatte Bill bereits Patricia geheiratet, und ihr erstes Kind war ein Jahr alt. Sie bekamen schließlich vier Kinder, sodass die Familie insgesamt acht Kinder hatte.[187] Es war eine Zeit außergewöhnlich harter Arbeit für Bill und Patricia, da sie die Bedürfnisse des Geschäfts und die der Kinder unter einen Hut bringen mussten.

Glücklicherweise war das neue Geschäft ein großer Erfolg, im Laufe des nächsten Jahrzehnts kamen nicht weniger als acht Erweiterungen hinzu, und die Zahl der Mitarbeiter in Murray stieg von 20 auf über 200.

DER EINSTIEG INS FINANZWESEN

1975 begann R.C. Willey, eigene Kreditkarten auszugeben. Dies erforderte viel Kapital und war mit einem beträchtlichen Risiko verbunden, aber es war eine Möglichkeit, die Marke aufzubauen, und man konnte damit beträchtliche Zinsen verdienen (obwohl sie niedriger waren als die, die den Kunden von Banken oder anderen Finanzinstituten berechnet wurden).

Durch die Bereitstellung von Finanzierungen pflegte R.C. Willey auch die Beziehung zu seinen Kunden. Dadurch konnte sich das Unternehmen mehr Zeit nehmen als eine Bank, um die Umstände zu verstehen, die zu einem Zahlungsausfall führten – etwa der Verlust des Arbeitsplatzes oder eine Krankheit –, und sich mitfühlender und geduldiger verhalten als ein anonymes Finanzinstitut, und das führte zu langfristiger Loyalität.

Mitte der 1980er-Jahre wurden über sieben Millionen Dollar Gewinn aus Kreditzinsen erzielt. Anfang der 1990er-Jahre stieg dieser Betrag auf mehr als 18 Millionen Dollar.

DAS RICHTIGE TUN

In seinen Geschäften bot R.C. Willey gegen eine Gebühr Garantien für ein oder zwei Jahre an, nachdem die einjährige Herstellergarantie abgelaufen war. R.C. Willey reparierte oder ersetzte die Geräte ohne Kosten für den Kunden. Später gab das Unternehmen die Verantwortung für die Kosten der Reparatur oder des Austauschs an eine Versicherung weiter. R.C. Willey zahlte der Versicherung etwas weniger, als der Kunde für die verlängerte Garantie bezahlt hatte.

Dann meldete der Versicherer eines Tages Konkurs an. R.C. Willey war rechtlich nicht verpflichtet, die Garantien zu erfüllen, da dies in die Zuständigkeit der Konkursversicherung fiel. Aber die Gebrüder Child waren der Meinung, dass sie den Kunden nicht sagen konnten, sie hätten Pech gehabt (wie es einige andere Einzelhändler taten, die eine Beziehung zu demselben Versicherer hatten). Diese Entscheidung kostete das Unternehmen 1,5 Millionen Dollar. „Wir hatten das Gefühl, dass es das Richtige war. Die Kunden vertrauen uns so sehr, dass sie bei uns Produkte kaufen. Deshalb waren wir der Meinung, dass wir die Garantien decken sollten."[188]

GROSS WERDEN

Nach einem Jahresumsatz von über 50 Millionen Dollar im Jahr 1985 wurde nur acht Meilen westlich der Filiale in Murray eine dritte Filiale eröffnet. Im Jahr 1990 wurden dann auf einem 13 Acre großen Grundstück in South Salt Lake City (etwa sieben Meilen nördlich von Murray) ein 16.700 Quadratmeter großes Lager, 2.800 Quadratmeter Büros und eine 6.500 Quadratmeter große Möbelausstellung eröffnet.

Der Umsatz des Unternehmens stieg auf 85 Millionen Dollar. Gerade als es bei R.C. Willey so richtig losging, wurde der Mann, auf den sich Bill im Unternehmen am meisten stützte, sein Bruder Sheldon (damals Verkaufsleiter und Präsident), von der Kirche Jesu Christi der Heiligen der Letzten Tage gebeten, hauptamtlicher Präsident der

Mission der Kirche in New York City zu werden. Er nahm die Berufung an.[189]

Trotz des Verlustes von Sheldon wuchs das Unternehmen weiterhin rasant und erzielte 1995 einen Umsatz von 257 Millionen Dollar; zu diesem Zeitpunkt gab es bereits fünf Läden in Utah und ein sechster war in Planung.

LEITPRINZIPIEN

Damit Bill Child erfolgreich sein konnte, musste er sich an solide Prinzipien halten, um das Vertrauen der Kunden und die Bewunderung und Loyalität der Mitarbeiter zu gewinnen. Zu unserem Glück hat er über seine Erfolgsregeln geschrieben:[190]

1. **Lasse dich durch hervorragende Leistungen motivieren, nicht durch Geld.** Wenn du besser bist als deine Konkurrenten, werden die Gewinne schon kommen.
2. **Biete deinen Kunden einen echten Wert durch Qualitätsprodukte.** Ein niedriger Preis für ein billiges Möbelstück ist kein Wert.
3. **Denke wie der Kunde und behandle ihn so, wie du selbst behandelt werden möchtest.** Sie können jederzeit woanders einkaufen gehen. (Die Mitarbeiter konnten sich täglich davon überzeugen, wie sehr sich Bill und Sheldon um ihre Kunden bemühten. Auch sie setzten sich für die Menschen ein.)
4. **Genieße dein Geschäft, kenne die Branche und ihre Zukunft.**
5. **Vermeide unnötige Schulden.** Wenn die Wirtschaft einen Abschwung erlebt, werden dich übermäßige Schulden untergehen lassen.
6. **Sei effizient.** Nichts schadet einem Unternehmen mehr als Verschwendung.

7. **Behandle deine Mitarbeiter mit Respekt.** Sonst werden die Mitarbeiter die Kunden nicht mit Respekt behandeln. (Ein Beispiel: Das Unternehmen hat einen großzügigen Gewinnbeteiligungsplan.)
8. **Achte auf die Details.** Um es mit einem Satz von Warren Buffett zu sagen: Im Einzelhandel muss man jeden Tag gut sein.
9. **Sei ehrlich!** Nichts zerstört einen Ruf schneller als Unehrlichkeit. Es dauert Jahre, einen Ruf aufzubauen, aber er kann an einem Tag durch eine einzige Untat zerstört werden. (Sheldons Motto war: „Wenn du immer die Wahrheit sagst, musst du dich nie daran erinnern, was du gesagt hast.")
10. **Stelle gute und fähige Leute ein.** Menschen, die dich respektieren und mit denen du gern zusammenarbeiten wirst.
11. **Triff Entscheidungen mit Blick auf die Zukunft.** Nicht nur das, was für heute gut ist.
12. **Hebe dein Unternehmen durch Marketing ab; folge nicht immer der Masse.** Manchmal musst du über den Tellerrand hinausschauen.
13. **Am wichtigsten ist, dass du in der Lage bist, dich an Veränderungen auf dem Markt anzupassen, und dass du keine Angst hast, dich zu verändern, wenn die Umstände es erfordern.** Wir leben in einer sich verändernden Welt.

Er fügt hinzu, dass es noch eine weitere wichtige Lektion gibt: **wie wichtig es ist, sich zu bedanken** – bei Mitarbeitern, bei Menschen, die einem auf dem Weg helfen, und bei der Familie.

Aus dieser Liste und seiner Lebensgeschichte können wir vielleicht schließen, dass Bill Child tatsächlich doch noch Lehrer wurde, nur nicht auf die Art und Weise, die er ursprünglich beabsichtigt hatte.

DAS GESCHÄFT MIT WARREN BUFFETT

Anfang 1995 trat eine Investmentbank an Bill Child mit einem Angebot zum Kauf von R.C. Willey heran. Als erste Zahl wurde ein Betrag von 200 Millionen Dollar genannt. Es folgten separate Angebote von zwei börsennotierten Einzelhändlern. Es handelte sich um völlig unverlangte Angebote. Nachdem er sich in den Geschäften der beiden Einzelhändler umgesehen hatte und von der Art und Weise, wie die Möbel präsentiert wurden, unbeeindruckt war, entschied Child, dass sie nicht zu R.C. Willey passten.

Was die Investmentbank betrifft, so waren die 200 Millionen Dollar nicht ganz das, was sie zu sein schienen. Die Bank wollte nur 100 Millionen Dollar in bar zur Verfügung stellen und sich die anderen 100 Millionen Dollar mit den Vermögenswerten von R.C. Willey als Sicherheiten leihen. Das Unternehmen würde sich somit von einer sehr konservativ geführten Bilanz zu einer riskanten Bilanz verschlechtern. Bill und Sheldon würden zwar eine Menge Geld bekommen, aber ihre Schöpfung wäre mit Schulden belastet, was sie und alle von ihr abhängigen Existenzen angreifbar machen würde. Sie hassten diesen Gedanken.

Bill war 63 Jahre alt, er wusste, dass sein Schwiegervater im Alter von 54 Jahren gestorben war, und er war sich der Möglichkeit bewusst, dass er den Hinterbliebenen plötzlich ein Chaos hinterlassen würde. Er wollte, dass das Unternehmen mit seinen treuen Mitarbeitern, Kunden und Lieferanten noch Jahrzehnte nach seinem Tod weitergeführt wird. Wenn er an einen der Finanzingenieure der Wall Street oder an einen weniger fähigen Einzelhändler verkaufen würde, war dies unwahrscheinlich. Sheldon war sechs Jahre jünger als er und wäre ein natürlicher Nachfolger gewesen, aber er fühlte sich zunehmend zur Kirche hingezogen.

Während er im Januar 1995 über dieses Problem nachdachte, besuchte Bill die San Francisco Furniture Mart Trade Show, wo er seinen alten Freund Irv Blumkin, den CEO von Nebraska Furniture Mart

(Band 2, Investition 3), traf. Die Familie Blumkin war 1983 mit einem ähnlichen Problem konfrontiert gewesen und hatte die Lösung darin gefunden, die meisten NFM-Anteile an Berkshire Hathaway zu verkaufen.

Bill war neugierig, wie das Leben in den seither vergangenen Jahren ausgesehen hatte. Irv antwortete so positiv – Buffett habe jedes Versprechen gehalten, er sei der beste Geschäftspartner und die Familie habe immer noch die Kontrolle über das Unternehmen –, dass Bill ihn fragte: „Meinst du, Warren wäre daran interessiert, unser Unternehmen zu kaufen?"

Irv schätzte R.C. Willey als eines der am besten geführten Möbelunternehmen des Landes und hielt Bill für einen hervorragenden und prinzipientreuen Manager. Er sagte, dass Buffett höchstwahrscheinlich interessiert wäre, und bot an, Bill mit Warren bekannt zu machen, um die Möglichkeit zu prüfen.

Bill besprach die Sache mit Sheldon, der sofort zustimmte, dass ein Verkauf an Berkshire eine ausgezeichnete Lösung wäre. Einige Tage später bat Bill Irv, sich mit Buffett in Verbindung zu setzen. Irv sollte einige Tage später mit Buffett zu Abend essen und versprach, R.C. Willey zu diesem Zeitpunkt anzusprechen.

Es war nicht das erste Mal, dass sie über R.C. Willey sprachen, denn schon seit Jahren hatte Buffett Irv mit der Frage konfrontiert: „Gibt es daheim noch mehr von eurer Sorte?" Irv hatte darauf geantwortet, dass es im ganzen Land verstreut drei weitere sehr gut geführte Möbelhäuser gebe, von denen eines R.C. Willey sei (die beiden anderen werden später in der Buffett-Geschichte erwähnt). In seinem Brief von 1995 schrieb Buffett, dass Irv ihm im Laufe der Jahre von den Stärken des Unternehmens erzählt hatte, sodass er mit dem Unternehmen bereits vertraut war.

WARREN UND BILL SPRECHEN MITEINANDER

Mitte Februar rief Irv an, um Bill die gute Nachricht zu überbringen. Buffett sei wirklich interessiert und werde anrufen. Nur ein paar Minuten später rief er an. „Bill, hier spricht Warren Buffett. Ich habe gerade mit Irv gesprochen, und wie ich höre, haben Sie Interesse am Verkauf Ihres Unternehmens.“[191]

Buffett wollte vor allem wissen, warum Bill verkaufen wollte. Child antwortete: „Ich möchte sicherstellen, dass das Unternehmen über meine Lebenszeit hinaus fortbesteht. Zweitens: Sollte mir oder meiner Frau etwas zustoßen, müsste das Unternehmen zum Schleuderpreis verkauft werden, um die Erbschaftsteuer zu bezahlen.“[192]

Buffett brauchte ein gutes Management und fragte deshalb, wie lange Bill vorhabe, CEO zu bleiben. Aus Buffetts Sicht war die Antwort großartig: „Solange ich produktiv sein und einen Beitrag leisten kann. Ich kann Ihnen mindestens sieben Jahre versprechen.“[193]

Die abschließende Schlüsselfrage: „Wie viel?“

Bill antwortete: „Nur einen fairen Preis ... Wir wollen, dass derjenige, der es kauft, in zwei, drei und fünf Jahren noch genauso glücklich ist.“[194]

Buffett sagte, er würde sich das gern ansehen, und bat um die Bilanzen der letzten zwei bis drei Jahre sowie um einige historische Daten.

Buffett gefiel, was er sah: 17 Prozent jährliches Umsatz- und Gewinnwachstum, ein dominierender Marktanteil in Utah und ein rentables Finanzgeschäft. Die Bilanz des Unternehmens war grundsolide: Alle Grundstücke und Gebäude waren bezahlt, und es gab keine Schulden außer denen, die zur Finanzierung eines Teils der an die Kunden vergebenen Kredite dienten.

Vier Tage nachdem er das Päckchen aus Salt Lake City erhalten hatte, schrieb Buffett an Child, dass er „ein Juwel von einem Unternehmen“ habe und Buffett innerhalb von drei Tagen einen Kaufpreis nennen werde. Buffetts zweiter Brief versprach, dass das Unternehmen genauso weitergeführt würde wie vor dem Verkauf und dass es seine

Identität als lokale Institution behalten werde, so wie die meisten Kalifornier See's Candies als eine rein kalifornische Institution betrachteten. Bill würde CEO sein und nie nach Omaha reisen müssen. Das Angebot belief sich auf 170 Millionen Dollar in bar oder in Berkshire-Aktien.

Es gab für Bill und Sheldon viel zu besprechen, nicht zuletzt die Preisdifferenz von 20–30 Millionen Dollar im Vergleich zum Verkauf an ein Wall-Street-Unternehmen. Buffetts Angebot hatte jedoch den Vorteil, dass die Familie das Unternehmen weiterführen konnte und es zu keinen Störungen für die Kunden oder die Mitarbeiter kam. Buffett hatte von Borsheims bis Scott Fetzer immer wieder bewiesen, dass er bezüglich der Kontinuität Wort hielt – im Fall von See's Candies seit über zwei Jahrzehnten.

Bill rief Irv Blumkin an, der ihm riet: „Egal, was du tust, nimm die Aktien. Hätten wir Aktien statt Bargeld genommen – und sie behalten –, wären sie heute über eine Milliarde Dollar wert" (90 Prozent der NFM-Aktien waren für 55,35 Millionen Dollar an Berkshire verkauft worden).

Ein befreundeter Investmentbanker sagte, das Angebot sei zu niedrig und Bill solle verhandeln. Aber Bill sagte: „Wenn Warren das Unternehmen kauft, werde ich mit ihm und für ihn arbeiten. Ich fühle mich nicht wohl dabei, mit ihm zu verhandeln."[195]

Er rief Warren an, sagte, das Angebot sei sehr fair, und lud Buffett ein, sich das Unternehmen anzuschauen. „Ich brauche nicht zu kommen und es mir anzusehen, erwiderte Buffett. „Sie haben einen wunderbaren Ruf. Ich weiß, wenn Sie sagen, dass das Vermögen da ist, dann ist es auch da, und noch ein bisschen mehr."[196]

„Warren, ich kann Ihnen das Unternehmen doch nicht verkaufen, ohne dass Sie vorher sehen, was Sie kaufen. Das wäre einfach nicht fair."

Buffett sagte, er könne vorbeikommen, wenn er auf dem Weg nach Palm Springs sei, um mit Bill Gates Golf zu spielen. Beim Rundgang durch die Geschäfte sowie bei Cola und Hamburger sprach Bill das

Thema der Bezahlung in Berkshire-Aktien an. Er wies darauf hin, dass der Wert einer Berkshire-Aktie schwankte, was es für ihn und Sheldon schwierig mache, sie zu bewerten. Wo würde der Wert zum Zeitpunkt des Verkaufsabschlusses liegen?

„Ich kann Ihre Besorgnis verstehen", sagte Buffett, „die Aktie steht jetzt bei 22.000 Dollar. Ich werde Ihnen sagen, was ich tun werde. Ich werde sie bei 22.000 Dollar festschreiben, wenn wir das Geschäft abschließen. Wenn sie steigt, ist das zu Ihrem Vorteil."[197]

„Und was ist, wenn der Wert sinkt?", fragte Bill.

„Dann werden wir darüber reden", antwortete Buffett, was Bill fair fand.

In den nächsten Wochen war die Familie Child bemüht, die Steuern auf den Deal zu minimieren. Buffett rief regelmäßig an, um zu erfahren, ob sie eine Lösung gefunden hatten. Schließlich sagte er, er könne zwar nicht garantieren, dass keine Steuern anfallen würden, aber wenn dies zur Lösung der Situation beitrage, werde er weitere fünf Millionen Dollar in den Topf werfen.

Die Aktien von Berkshire Hathaway waren inzwischen auf 24.000 Dollar gestiegen, was Buffetts Angebot von Berkshire-Aktien zu 22.000 Dollar noch attraktiver machte. Die zusätzlichen fünf Millionen Dollar gaben den Ausschlag. „Warren, wenn Sie das tun, sind wir sofort im Geschäft. Alles in Aktien."[198]

Beruhigende Ehrlichkeit

Als die Papiere für Bill und die anderen Familienaktionäre zur Unterschrift bereit waren, stellte er fest, dass Berkshire fälschlicherweise vier zusätzliche Aktien in den Vertrag aufgenommen hatte, was den Preis um etwa 100.000 Dollar erhöhte.

Bill rief in der Berkshire-Zentrale an und sprach mit Marc Hamburg, der sagte, er werde Buffett am Morgen Bescheid geben. Am nächsten Tag kam die Nachricht zurück: „Machen Sie sich keine Sorgen, Warren will, dass Sie die bekommen."[199] Die Fusion wurde am 29. Juni 1995 wirksam.

NACH DEM DEAL

An den Entscheidungen des Managements änderte sich im Grunde nichts. Die einzige Ausnahme war, dass Buffett ein Vetorecht bei Investitionen in neue Ladengeschäfte hatte. Bill Child sagte gegenüber *Utah Business,* Warren Buffett sei ein wunderbarer Partner:

> „Anstatt uns vorzuschreiben, wie wir unser Geschäft zu führen haben, gibt er uns ein großes Vertrauensvotum, hundertprozentige Unterstützung und absolutes Vertrauen. Wir haben niemanden, der uns über die Schulter schaut. Ihm geht es um die langfristige Perspektive ... Wenn wir in den nächsten vier Jahren alle unsere Haushaltsgeräte und Elektronikprodukte mit einer sehr niedrigen Gewinnspanne verkaufen würden, um unseren Marktanteil zu bewahren, würde er wahrscheinlich kein Wort sagen. Er ist der perfekte Partner."[200]

SONNTAGS GESCHLOSSEN

Da R.C. Willey nun den Möbel- und Elektromarkt in Utah beherrschte, war es für Bill nur natürlich, dass er daran dachte, seine Gewinne in andere Bundesstaaten zu stecken. Er arbeitete an einem Plan, ein Geschäft in Las Vegas zu eröffnen, wo allein im Clark County jeden Monat etwa 8.000 neue Einwohner hinzukamen. In Henderson im Clark County, etwa 16 Meilen südöstlich von Las Vegas, gab es einige ausgezeichnete, preisgünstige und gut angebundene große Grundstücke.

Nachdem Child mit Buffett einen Hubschrauberrundflug über das Gebiet gemacht hatte, bei dem er das rasche Wachstum der Haushalte hervorhob, fragte er Buffett, was er von den Aussichten halte.

„Wir werden das nicht machen", sagte Buffett.

Child war schockiert. Der Plan war durchdacht. Eine neue Filiale in Henderson könnte profitabler sein als jede Filiale, die sie in Utah hatten.

Buffett akzeptierte, dass es in einer von Mormonen bewohnten Region sinnvoll sei, alle Geschäfte am Sonntag geschlossen zu lassen, aber in den meisten Bundesstaaten war der Sonntag der wichtigste Verkaufstag für Möbel – oft ein Viertel des Wochenumsatzes. Child konnte bei seinen Prinzipien keine Kompromisse eingehen und hatte daher gesagt, dass ein etwaiges Geschäft in Henderson sonntags geschlossen bleiben sollte.

Buffett respektierte Childs religiöse Überzeugungen, aber es machte für ihn einfach keinen finanziellen Sinn, zig Millionen für ein neues Geschäft auszugeben, wenn die Konkurrenz dann sonntags die Kunden abschöpfte. Er sagte zu seinem Freund: „Wir werden sonntags nicht öffnen. Aber wir werden auch keinen Markt betreten, in dem wir nicht erfolgreich sein können."[201]

Child war damit nicht einverstanden, akzeptierte aber Buffetts Sichtweise. Er verstand, wie schwierig es für andere sein konnte, seine Vision zu verstehen.

Eine Investition, der Buffett hingegen zustimmte, war 1997 der Bau von Amerikas größtem (80.000 Quadratmeter) Vertriebszentrum in Salt Lake City, das eine konkurrenzlose Kapazität zur Versorgung der Geschäfte und Kunden in Utah bot.

EIN ANDERER ANSATZ

Die Expansion nach Westen – nach Las Vegas – war abgelehnt worden, aber Child sah noch anderswo Potenzial. Er konzentrierte sich auf den Staat nördlich von Utah – Idaho. Dort brauchte Boise eine große R.C.-Willey-Filiale, dachte er. Auch diese Stadt wuchs schnell und war nur 350 Meilen von dem neuen Vertriebszentrum entfernt, das eine neue Filiale über Nacht auffüllen konnte.

Buffett sagte erneut Nein. Er war mit der Leistung des Unternehmens in Utah zufrieden. „Es läuft gut“, sagte er.

Eines Morgens stand Bill unter der Dusche und beschloss, sie nicht eher zu verlassen, bis er einen Weg gefunden hatte, Buffett davon zu überzeugen, ihm die Erlaubnis zu geben, das Geschäft in Boise zu eröffnen. Noch an diesem Tag rief er Buffett an: „Ich würde gern mit Ihnen über Boise sprechen.“

Buffett sagte knapp: „Über Boise haben wir doch schon gesprochen.“

„Warren, ich mache Ihnen ein Angebot, das Sie nicht ablehnen können. Ich werde als Privatperson das Land kaufen und das Gebäude errichten. Und wenn wir nach sechs Monaten nicht erfolgreich sind, werden wir wieder gehen. Das garantiert, dass das Unternehmen keinen einzigen Cent verliert.“[202]

Berkshire konnte nichts verlieren, also sagte Buffett: „Okay, wenn das Geschäft im ersten Jahr keine 30 Millionen Dollar umsetzt, dann lassen wir es sein. Wenn das Geschäft 30 Millionen Dollar umsetzt, werde ich es von Ihnen pachten und Ihnen vier Prozent des Bruttoumsatzes zahlen.“

Aber Bill war mit seiner Großzügigkeit noch nicht am Ende. Er sagte nun, dass er das Geschäft, wenn es wirklich erfolgreich wäre, zu dem Preis, den es ihn gekostet hatte, an Berkshire verkaufen würde, ohne Zinsen.

Buffett sagte: „Okay.“

Etwa zwei Wochen später rief Buffett an und sagte, er habe über den Vorschlag nachgedacht und könne seinen Freund nicht auf diese Weise ausbeuten. „Es gibt da keine Vorteile für Sie, nur Nachteile.“[203]

„Warren, erstens würde ich es nicht anders haben wollen. Zweitens gibt es doch einen gewissen Vorteil. Der Vorteil ist, dass Sie uns, wenn wir erfolgreich sind, nach Las Vegas gehen lassen“, antwortete Bill.[204]

Das Geschäft wurde im August 1999 eröffnet und war mit einem Umsatz von einer Million Dollar in der ersten Woche sofort ein Erfolg. Einige Monate später schrieb Buffett in seinem Brief an die Aktionäre

1999 über seine Skepsis gegenüber Bills Vorhaben, seine „Sonntags geschlossen"-Politik nach Boise zu übertragen, sowie über Bills „wirklich außergewöhnlichen Vorschlag", der ihn neun Millionen Dollar gekostet hatte und der ihn mit einem leeren Gebäude hätte zurücklassen können. Er schrieb:

> „Der Laden wurde im August letzten Jahres eröffnet und war sofort ein großer Erfolg. Bill übergab uns daraufhin die Immobilie ... Und jetzt kommt's: Bill weigerte sich, auch nur einen Cent Zinsen für das Kapital zu nehmen, das er in den zwei Jahren gebunden hatte ... Sie können verstehen, warum mich die Möglichkeit, mit Menschen wie Bill Child zusammenzuarbeiten, jeden Morgen mit Begeisterung zur Arbeit gehen lässt."

Buffett wurde eingeladen, bei der offiziellen Eröffnung des Geschäfts in Boise das Band zu durchschneiden. Er erzählte den Anwesenden, dass die Verkaufszahlen die Erwartungen bei Weitem übertroffen hätten, und sagte frech, dass es wohl die ganze Zeit seine Idee gewesen sein müsse, nachdem er entdeckt hatte, wie gut das Geschäft lief. „Ich bin wirklich froh, dass Bill es mir nicht ausgeredet hat." Der Umsatz im ersten Jahr betrug 50 Millionen Dollar.

LAS VEGAS – ENDLICH

Noch im Glanz des Erfolgs in Boise hielt Bill es für einen guten Zeitpunkt, mit Warren über Las Vegas zu sprechen. „Warren, wir haben es in Boise geschafft. Jetzt musst du uns nach Las Vegas gehen lassen. Und ich biete dir den gleichen Deal wie zuvor an."[205] Buffett sagte, er könne einen Mann nur einmal ausnutzen, und wenn er es in Las Vegas schaffen würde, „dann würdest du mich wirklich zum Konvertiten machen".[206]

Das Geschäft wurde im Jahr 2001 eröffnet. Die Verkaufszahlen nach der Eröffnung deuteten darauf hin, dass es ein großer Erfolg würde, sodass Buffett bei der offiziellen Eröffnung ankündigte, ein weiteres Geschäft im Großraum Las Vegas zu bauen.

In seinem Brief an die Aktionäre aus dem Jahr 2001 erklärte Buffett, dass er in Las Vegas noch skeptischer sei als in Boise, ob die Politik des geschlossenen Sonntags funktionieren könne, gab Bill aber dennoch grünes Licht.

> „Das Ergebnis: Dieses Geschäft übertrifft alle anderen der R.C.-Willey-Kette und hat ein Geschäftsvolumen, das dasjenige aller Wettbewerber bei Weitem übersteigt und das doppelt so hoch ist, wie ich erwartet hatte. Ich schnitt das Band bei der großen Eröffnung im Oktober durch – das war nach einer ‚sanften' Eröffnung und ein paar Wochen mit außerordentlichen Umsätzen – und genau wie in Boise suggerierte ich der Menge, dass das neue Geschäft meine Idee gewesen sei. Das hat nicht geklappt. Wenn ich heute über den Einzelhandel spreche, fragen die Leute von Berkshire nur: ‚Was hält Bill davon?' (Einen Schlussstrich ziehe ich allerdings, wenn er vorschlägt, dass wir auch samstags schließen sollten.)"

Der Umsatz in Henderson betrug im ersten Jahr 86 Millionen Dollar.

Wie kommt es, dass R.C. Willey mehr als seine Konkurrenten verkaufen kann, die sieben Tage die Woche geöffnet haben? Die Antwort muss im Preis-Leistungs-Verhältnis liegen. Aber wie erreicht man das Niveau der Effizienz und des Engagements der Mitarbeiter, um dieses Preis-Leistungs-Verhältnis bieten zu können? Es liegt an der Unternehmenskultur, an den Werten, an der Integrität und an der Fürsorge. Buffett hat versucht, dies auszudrücken: „Andere Leute können die gleichen Möbel kaufen, das gleiche Land, das gleiche Geschäft bauen – all diese Dinge lassen sich duplizieren. Aber R.C. Willey können sie nicht duplizieren."[207]

VIER ZU HAUSE

Innerhalb von Berkshire Hathaway wurde R.C. Willey zusammen mit Nebraska Furniture Mart und 1997 mit Star Furniture of Houston in das Segment Wohnungseinrichtung eingegliedert. Jordan's Furniture aus Massachusetts kam 1999 hinzu. Im Jahr 2002 erzielte R.C. Willey einen Umsatz von mehr als 400 Millionen Dollar, und die Einrichtungssparte erwirtschaftete einen Gewinn vor Steuern von 106 Millionen Dollar.

Child sprach von den Vorteilen, die die Zugehörigkeit zu dieser Gruppe mit sich bringt: „Wir tauschen Ideen aus. Wir treffen uns. Wir besuchen die Geschäfte der anderen. Wir sind in ständiger Kommunikation. Wir kaufen nicht gemeinsam ein, aber wir gehen gemeinsam auf Einkaufsreisen nach Asien."[208]

Er sagte auch, dass seine Beziehung zu Buffett ein wahr gewordener Traum sei, ein Höhepunkt in einer wunderbaren Unternehmerkarriere:

> „Ich liebe seine Philosophie, ich liebe seine Integrität. Ich liebe die Art, wie er mit Menschen umgeht. Jedes Gespräch mit ihm ist aufbauend, und ich lerne jedes Mal etwas von ihm, wenn wir uns unterhalten ... Er hat so eine Art, einen zu motivieren. Er vertraut einem so sehr, dass man einfach nur Leistung bringen will ... Ich will Warren nicht im Stich lassen, ich will ihn nicht enttäuschen."[209]

NOCH MEHR WACHSTUM

Im Jahr 2001 trat Bill Child als CEO zurück. Derzeit – im Jahr 2021 – ist er Vorsitzender des Verwaltungsrats. Mit 89 Jahren geht er immer noch fast jeden Tag ins Büro, aber die meiste Zeit verbringt er mit der Verwaltung seiner Familienangelegenheiten, darunter ein hawaiianisches Resort namens Koloa Landing (*USA Today* wählte 2020 den Resort-Pool zum schönsten in ganz Amerika).

In den letzten 20 Jahren ist R.C. Willey kontinuierlich gewachsen. Im Jahr 2003 wurde ein weiteres, sehr erfolgreiches Geschäft im Großraum Las Vegas eröffnet. Im Jahr 2005 folgte eines in Reno, Nevada, über das Buffett schrieb: „Bill und Scott [Hymas, CEO] baten mich erneut um Rat. Anfänglich bildete ich mir etwas darauf ein, dass sie mich zurate zogen. Aber dann dämmerte mir, dass die Meinung von jemandem, der sich immer irrt, für Entscheidungsträger einen besonderen Nutzen hat."[210] Das Umsatztempo in Reno übertraf das des Geschäfts in Boise.

Sacramento in Kalifornien war 2006 der nächste Standort, dem 2018 ein zweites Geschäft in Sacramento folgte. Utah erhielt 2014 sein größtes Einrichtungshaus – 15.000 Quadratmeter, 22 Meilen südlich von Salt Lake City.

Seltsamerweise ist die Zahl der Beschäftigten während dieses Baubooms nur von 2.486 im Jahr 2008 auf 2.866 im Jahr 2018 gestiegen. Heute arbeiten weniger als 2.500 Mitarbeiter bei R.C. Willey, aber der Umsatz liegt bei 870 Millionen Dollar – über 350.000 Dollar pro Mitarbeiter.

Bill, der von seiner Frau als Workaholic bezeichnet wird, arbeitet weiterhin bei R.C. Willey, allerdings weniger Stunden, während er sich verstärkt seinen philanthropischen Aktivitäten widmet. Die von ihm und Patricia bevorzugten Bereiche für wohltätige Zwecke sind Bildung, Krankenhäuser und Zentren für jugendliche Obdachlose. Das volle Ausmaß seiner philanthropischen Arbeit werden wir jedoch nie erfahren, da Bill aus Gewissensgründen und aus Bescheidenheit nicht darüber sprechen möchte. Das Paar ist auch an vielen erfolgreichen Immobilienprojekten beteiligt.

Für jemanden, der in der notorisch schwierigen Möbelbranche triumphiert hat, ist Child bemerkenswert bescheiden, wenn es um die Formel für den Erfolg geht: „Es ist keine Raketenwissenschaft. Wenn man versucht, sein Bestes zu geben ... und sich nie damit zufriedengibt, wo man steht, wird man Erfolg haben ... wenn man sich nicht verändert, überlebt man nicht."[211]

LEKTIONEN

1. **Die stärksten Unternehmen sind in der Regel diejenigen, die Stein für Stein schlank aufgebaut werden.** Die jahrzehntelangen harten Zeiten und das stetige, unspektakuläre Wachstum von R.C. Willey haben dem Unternehmen eine stabile Basis verschafft, die sichere Schritte in neue Bereiche und einen weiterhin kostengünstigen Betrieb ermöglicht. Anleger sollten sich vor schnell wachsenden Unternehmen in Acht nehmen, die auf umfangreiches Financial Engineering oder Übernahmen zurückgreifen, um zu wachsen.
2. **Tun Sie das Richtige.** Dies gilt nicht nur für die Art und Weise, wie Kunden und Mitarbeiter behandelt werden, sondern auch für die Art und Weise, wie Geschäftspartner behandelt werden. Child und Buffett waren beide darauf bedacht, dass der andere gerecht von den Geschäften profitierte, die sie machten.
3. **Lernen Sie, einigen Menschen vollkommen zu vertrauen.** Buffett konnte darauf vertrauen, dass sich Child gegenüber den Investoren fair verhielt, und ließ ihm deshalb beim Geschäftsbetrieb freie Hand. Ein solches Maß an Vertrauen ist hochgradig motivierend.
4. **Die Kapitalrendite ist der Schlüssel.** Die wirtschaftliche Marktstellung von R.C. Willey war in Utah stark, wo sie hohe Renditen auf das eingesetzte Kapital einbrachte, aber Buffett war der Meinung, dass sie in Idaho nicht stark genug sein würde, um den Einsatz von Millionen von Dollar zu rechtfertigen.
5. **Lernen Sie aus Ihren Fehlern.** Es stellte sich heraus, dass sich Buffett in Bezug auf die Stärke des Namens R.C. Willey und des Geschäftsmodells in Idaho und Nevada geirrt hatte. Er gibt seinen Irrtum freimütig zu – mit dem einen oder anderen ironischen Scherz – und vertraut den Einzelhandelsexperten von Berkshire Hathaway jetzt noch mehr.

Investition 7

FLIGHTSAFETY INTERNATIONAL

Eckpunkte des Geschäfts

Geschäft	**FlightSafety International**
Zeit	1996
Gezahlter Preis	1,5 Milliarden Dollar
Menge	100% des Eigenkapitals
Verkaufspreis	Noch gehalten
Gewinn	Bisher über 4 Milliarden Dollar Nachsteuergewinn
Berkshire Hathaway 1996	Aktienkurs: 30.200-37.950 USD Buchwert: 23.426 Millionen Dollar Buchwert je Aktie: 19.011 USD

Al Ueltschi stürzte 1940, als er 23 Jahre alt war, aus einem Flugzeug. In einem Moment saß er noch bequem, im nächsten „fehlte das ganze Flugzeug“![212] Der Sitz, an dem er angeschnallt war, hatte sich einfach gelöst, als der Doppeldecker auf dem Kopf stand. Er war kein Fluglehrer mehr, sondern ein fallender Gegenstand, der direkt auf ein Stück Ackerland in Ohio zusteuerte.[213] Es war sehr kalt, aber er wusste, dass er seine Handschuhe ausziehen musste, um die Reißleine seines Fallschirms zu ziehen. Der Fallschirm explodierte durch seine Beine, „also fiel ich wohl kopfüber“.[214] In nur noch 45 Metern Höhe öffnete sich schließlich die Fallschirmkappe.

Der Ruck war so heftig, dass die Beingurte seine Unterwäsche zerrissen. Er landete in einem Gestrüpp, wobei noch mehr von seiner Kleidung zerrissen wurde. „Abgesehen von ein paar kleinen Kratzern und einem stark geprellten Ego ging es mir gut."[215]

Aber die Lektion, wie wichtig es ist, einen gut ausgebildeten Piloten zu haben, dem man unter allen Umständen vertrauen kann, hatte er wirklich gelernt. Er hatte sein Leben in die Hände von jemandem gelegt, den er unterrichtete. Der Flugschüler probierte eine Rolle. Immer wieder scheiterte er, und die Strömung riss ab. Der letzte Versuch war so abrupt, dass Ueltschis Sitz einfach aus dem Doppeldecker fiel. Damals fand die Ausbildung überwiegend in der Luft und nicht in Simulatoren statt, was dazu führte, dass es in der Ausbildung mehr Todesfälle durch Unfälle gab als im normalen Flugbetrieb.

Derselbe Al Ueltschi (amerikanische Aussprache: Jultschi) verkaufte 56 Jahre später sein Pilotenausbildungsunternehmen für 1,5 Milliarden Dollar an Berkshire Hathaway. Er tauschte seine 37-prozentige Beteiligung gegen Berkshire-Aktien im Wert von rund 555 Millionen Dollar. Der Flieger, der schon mit 16 Jahren Alleinflüge absolviert hatte, leitete das Unternehmen bis in seine 90er-Jahre, als seine Aktien zwei Milliarden Dollar wert waren.

Einen großen Teil dieses Geldes verwendete er, um Millionen von Menschen in Entwicklungsländern durch die von ihm gegründete Wohltätigkeitsorganisation Orbis sehkrafterhaltende Operationen zu ermöglichen. Heute dominiert FlightSafety International die Pilotenausbildungsbranche.

LINDBERGH UND AL UELTSCHIS LIEBE ZUM FLIEGEN

Ueltschi wurde 1917 als jüngstes von sieben Kindern auf einer Farm in Kentucky geboren. Als er aufwuchs, beobachtete er, wie seine Eltern den ganzen Tag, sieben Tage die Woche, für einen mageren Gewinn am Ende des Jahres arbeiteten. Er wollte kein Farmer werden.

Alfred war als 10-Jähriger begeistert, als Charles Lindbergh den Atlantik überflog, sein Ohr klebte am RCA-Röhrenradio der Familie und „lauschte jeder kratzig klingenden Meldung über den Fortgang seines Fluges. Als die Meldung kam, dass er in Paris gelandet war und auf den Schultern Tausender jubelnder Franzosen vom Feld getragen wurde, war ich süchtig."[216]

Von da an gab es für ihn keinen Zweifel mehr, dass er Pilot werden musste. (Um der Geschichte vorzugreifen: Ueltschi und Lindbergh wurden Freunde, und 35 Jahre nach dem Missgeschick mit dem Doppeldecker teilten sie sich ein Zimmer in Le Bourget, dem Ort in Paris, an dem Lindbergh so viele Jahre zuvor gelandet war. Die beiden waren in Frankreich, um ein Flugzeug zu bewerten.)

Der junge Alfred erkannte schnell, dass er mit der Landwirtschaft nicht das nötige Geld für die Flugstunden verdienen konnte, und suchte nach etwas anderem. Mit 16 eröffnete er einen winzigen Hamburger-Stand, in dem er Burger und Cola für fünf Cent verkaufte. Er verkaufte eine Menge. Das Problem war nur, dass er keinen Gewinn machte. Das Problem wurde gelöst, indem er seine Preise verdoppelte. Es dauerte nicht lange, und er hatte zwei weitere Stände, die von Schulkameraden betrieben wurden. Als die Gewinne flossen, begannen sie mit Flugstunden auf einer Landebahn in der Nähe von Lexington.

Zwei Jahre später wollte Ueltschi die Fliegerei zu seinem Beruf machen und unbedingt ein Flugzeug kaufen. Aber das würde Tausende von Dollar kosten. Glücklicherweise war einer seiner Burger-Kunden der Präsident der Farmers Bank. Al bat um ein Darlehen von 3.500 Dollar und erhielt es, wobei er die Hamburger-Stände als Sicherheiten einsetzte.

Er mähte einen Grasstreifen auf einem nahe gelegenen Bauernhof und bezeichnete ihn als Flugplatz. In der ganzen Gegend wurden Flugblätter verteilt, die für den Frankfort Flying Service warben. Zunächst bestand der Tagesablauf darin, unter der Woche nach der Schule Burger zu servieren und am Wochenende Flugstunden zu verkaufen.

Als ob er nicht schon genug zu tun hätte, schrieb sich Ueltschi an der University of Kentucky ein. Er war jedoch ein schlechter Student, der sich gedanklich nicht von den Flugzeugen lösen konnte. Literatur, Philosophie, Geschichte und so weiter konnten sich nicht mit der Aufregung des Fliegens messen. Also brach er sein Studium ab und verkaufte sein Burger-Geschäft an einen seiner Brüder, um sich darauf zu konzentrieren, seinen Lebensunterhalt als Pilot zu verdienen. Aber die Wirtschaft befand sich immer noch in der Flaute der Großen Depression.

Er war zu allem bereit, um Geld zu verdienen. Ein kurzer Flug kostete für einen Erwachsenen einen Dollar und für ein Kind 50 Cent. Kunstflugvorführungen wurden gut bezahlt, waren aber gefährlich: „Die Leute kamen hergefahren, um zu sehen, ob sich der dumme Junge umbringen würde, und wie ein Dummkopf habe ich ihnen diesen Gefallen mehrmals beinahe getan. Mann, habe ich mich erschreckt … Ich bin erstaunt, dass ich überlebt habe."[217]

Es war nicht nur gefährlich, sondern auch finanziell schwierig. Als ihm daher ein fester Job beim Queen City Flying Service in Cincinnati angeboten wurde, griff er zu.

PAN AM

Um große Flugzeuge zu fliegen, wechselte er 1941 zu Pan Am – der Fluggesellschaft seiner Träume. Damals gab es in Amerika eine ganze Reihe lokaler und regionaler Fluggesellschaften, aber nur Pan Am bot Linienflüge in andere Länder an. Die 1928 mit einer Verbindung von Havanna nach Key West an den Start gegangene Gesellschaft bediente bis 1941 Strecken in ganz Mittel- und Südamerika, im Pazifikraum, in Neuseeland, auf den Philippinen und in China sowie nach Irland, Großbritannien und Portugal.

Pan Am verfügte über die neuesten und luxuriösesten Flugzeuge sowie über die erfahrensten und angesehensten Flugbesatzungen der Welt. Ueltschi wurde allgemeiner Einsatzpilot und arbeitete einige Zeit in der Ausbildungsabteilung, aber auch als Crewmitglied von Flugbooten und Luftfähren.

Das Luftfähren-System lieferte Militärflugzeuge über Afrika in den Nahen Osten. Auf Ersuchen von Präsident Roosevelt schuf Pan Am innerhalb von 60 Tagen eine neue Fluggesellschaft, die 12.000 Meilen über Ozean, Dschungel und Wüste zurücklegte. Die Route führte von Miami durch die Karibik und über Brasilien nach Westafrika, dann über Zentralafrika nach Ostafrika. Kein Wunder, dass die Piloten von Pan Am mit einer Mischung aus Ehrfurcht und Ehrerbietung betrachtet wurden.

Juan Trippe, der 1928 mit Ende 20 Pan Am gegründet hatte, brauchte ein Flugzeug für seine Reisen durch Amerika (die Regulierungsbehörden verhinderten, dass die Flugzeuge von Pan Am innerhalb der USA flogen, weil das Unternehmen international so dominant war). Ueltschi wurde gebeten, das Flugzeug 1943 in Kolumbien abzuholen, und wurde dann als persönlicher Pilot von Trippe eingesetzt. Er freute sich auf diese Aufgabe und bezeichnete Trippe als „einen der größten Männer, die ich je gekannt habe … mit Hartnäckigkeit, Geschäftssinn, politischem Geschick, einer Vorliebe für Publicity und der Bereitschaft, große Risiken einzugehen“.[218]

Ueltschi blieb 25 Jahre lang Trippes Pilot und lernte ihn gut kennen. Am meisten beeindruckten ihn sein Charakter, seine Intelligenz und seine Einsicht: „Er war ein respektvoller und weiser Ratgeber.“[219]

SEIN EIGENES UNTERNEHMEN

In den späten 1940er-Jahren kauften viele Unternehmen Firmenflugzeuge, um flexibler zu sein und den Führungskräften Zeit zu sparen. Ueltschi kannte die meisten der Piloten, die für die Direktoren arbeiteten, da sie sich häufig auf Flughäfen im ganzen Land trafen. Er stellte fest, dass einige von ihnen ihre Flugkenntnisse auffrischen mussten.

Die Ausbildung bei Pan Am war rigoros und endlos, und die Piloten kehrten immer wieder in die Schule zurück, um das neueste System oder die neueste Navigationstechnik zu erlernen oder einfach nur, um alte Kenntnisse aufzufrischen. Der Betriebsleiter von Pan Am legte großen Wert auf Präzision und Professionalität. „Und dann wurden wir geprüft, um sicher zu sein, dass wir wussten, was wir zu wissen glaubten. Uns allen war klar, dass dies um der Sicherheit willen notwendig war."[220] Ueltschi wurde oft eingesetzt, um älteren Pan-Am-Piloten beim Übergang zu DC-6s und Constellations (neueren Flugzeugen) zu helfen.

Im Gegensatz dazu hatten Firmenflugzeugpiloten ihre Ausbildung in der Regel schon Jahre zuvor beendet, oft nachdem sie das Militär verlassen hatten. Der Mangel an aktuellem Wissen war ein Problem, weil neue Hochleistungsflugzeuge in die Flotten der Unternehmen kamen. Diese waren viel schneller als die langsamen und niedrig fliegenden Flugboote und Leichtflugzeuge, an die sie gewöhnt waren.

Während die großen Fluggesellschaften gezwungen waren, sowohl durch internen Sicherheitsdruck als auch durch die halbjährlichen staatlichen Befähigungsprüfungen Schritt zu halten, waren die Piloten der Geschäftsluftfahrt auf sich allein gestellt und mussten ihre Kompetenz nicht nachweisen.

Ueltschi dachte lange über das Problem nach und kam schließlich zu dem Schluss, dass es eine Möglichkeit geben könnte, ein Unternehmen zu gründen, das auf ihre Bedürfnisse eingeht und ein Ausbildungssystem anbietet, das denjenigen der großen Fluggesellschaften in nichts nachsteht.

Er ging mit der Idee zu Trippe, der sie für ausgezeichnet hielt; sie würde die Luftfahrt verbessern und sei eine gute Geschäftsmöglichkeit. Ueltschi sprach auch mit Bernard Baruch, einem führenden Finanzier, Präsidentenberater und Freund, der viel vorsichtiger war: „Du solltest vorsichtig sein. Du hast bei Pan Am einen guten Job und du könntest alles verlieren."[221]

Ueltschi musste das Problem lösen, die Sicherheit der Familie – er und seine Frau Eileen hatten inzwischen vier kleine Kinder – mit der Verfolgung seines Traums zu vereinbaren.

Seine Lösung bestand darin, erstens eine Hypothek über 15.000 Dollar auf das Haus aufzunehmen und 1951 für das neue Unternehmen FlightSafety ein 20 Quadratmeter großes Büro im dritten Stock des LaGuardia Airport zu mieten. Es gab nur eine bezahlte Angestellte, eine Sekretärin, die hauptsächlich Briefe tippte, um Aufträge zu akquirieren. Ueltschi selbst war 17 Jahre lang unbezahlt bei der Firma angestellt.

Zweitens behielt er seinen Job bei Pan Am. Trippe war damit einverstanden, solange er seine Tätigkeit für FlightSafety auf seine Freizeit und seine freien Tage beschränkte.

Jahrelang war das Geschäftsaufkommen gering, weil die älteren Piloten im Allgemeinen keinen Schulungsbedarf sahen. „Sie wussten bereits, wie man fliegt, danke, warum brauchten sie da Ratschläge von irgendwelchen Außenstehenden?"[222]

Trippe war Ueltschis größter Unterstützer, und er überzeugte viele seiner Freunde an der Spitze von Fortune-500-Unternehmen, dass sie wirklich von Piloten geflogen werden müssten, die sich mit modernen Flugzeugen richtig auskennen. Ueltschi erinnert sich: „Wir hielten durch, und nach und nach kamen die Kunden und zum Glück auch die Schecks."[223]

Anfänglich wurde die Ausbildung von nicht im Dienst befindlichen Pan-Am-Piloten mit den Flugzeugen der Kunden durchgeführt. Zunehmend wurden auch Schulungsflugzeuge am Boden eingesetzt, die für zehn Dollar pro Stunde von Pan Am angemietet wurden. Dann wurden vier gebrauchte Schulungsflugzeuge von TWA gekauft.

SPRUNGHAFTE ENTWICKLUNG

Im Jahr 1955 kostete ein Simulator auf dem neuesten Stand der Technik 150.000 Dollar pro Stück, was das kleine Unternehmen bei Weitem überforderte. Ueltschi entwickelte einen brillanten Finanzierungsplan: Seine Kunden würden ihm Geld geben. Unternehmen wie Eastman Kodak, National Dairies und Coca-Cola wurden davon überzeugt, insgesamt 70.000 Dollar als Vorschuss über fünf Jahre für die beste Simulatorschulung zu zahlen. Mit diesen Schecks in der Hand hatte Ueltschi wenig Schwierigkeiten, den Rest des Geldes zu beschaffen.

Das Überleben des Unternehmens schien damals möglich, aber die Gewinne waren immer noch dürftig. Im Jahr 1955 betrug der Erlös 177.096 Dollar und der Reingewinn 277 Dollar.

Das Aufkommen von Düsenflugzeugen (Gulfstreams, Learjets und so weiter) in den frühen 1960er-Jahren veränderte alles. Das Niveau an Raffinesse und Geschwindigkeit übertraf bei Weitem das, was Firmenpiloten bis dahin gewohnt waren. Und sie kosteten ein Vermögen – es war klar, dass sie am besten von gut ausgebildeten Piloten geflogen werden sollten, das dachten sowohl die Versicherer als auch die Eigentümer und die Piloten. Bei diesen Geschwindigkeiten war es geradezu gefährlich, bei der Ausbildung in der Luft Fehler zu machen; viel besser war es, die Fehler in einem Simulator zu machen.

Die FlightSafety-Ingenieure nahmen reale Cockpits und verbanden sie mit analogen Computern und hydraulisch bewegten Sockeln. Später ermöglichten digitale Prozessoren eine bessere Nachahmung der Handhabung, der visuellen Darstellung, der Anzeige von Bewegungsinstrumenten und der Geräusche. Im Jahr 1963 überstieg der Umsatz eine Million Dollar.

Ein weiterer Durchbruch war die Zusammenarbeit mit Privatjet-Herstellern. Der erste war die französische Firma Dassault, die 1966 ein Joint Venture mit Pan Am unter dem Namen Pan Am Business Jets gründete – daher die Reise von Ueltschi und Lindbergh nach Le Bourget, um die Dassault Falcon zu beurteilen.

Es dauerte nicht lange, bis Ueltschi, der immer noch als Trippes persönlicher Pilot arbeitete, ihn und das Business-Jet-Team davon überzeugte, die Ausbildung von Piloten und Wartungstechnikern bei FlightSafety in den Kaufpreis jeder Falcon aufzunehmen.

DER AKTIENMARKT

FlightSafety zog Aufträge an, hatte aber nicht genügend Simulatoren. Ueltschi wusste, dass er durch einen Börsengang Eigenkapital beschaffen musste, um mehr Simulatoren zu kaufen.

Nach 17 Jahren als unbezahlter CEO kündigte der 50-Jährige 1968 schließlich bei Pan Am:

> „Ich hielt es für unangemessen, dass der CEO eines börsennotierten Unternehmens Angestellter eines anderen Unternehmens ist. Pan Am zu verlassen war wahrscheinlich der schwierigste und zugleich aufregendste Moment meiner Karriere ... Ich liebte diese Fluggesellschaft und meinen Job, und ich hielt große Stücke auf Juan Trippe. Doch die Aussicht, mein eigenes Unternehmen in Vollzeit zu leiten, begeisterte mich. Und so war der Tag schließlich gekommen. Nach der Rückkehr von einem Flug trug ich stolz das Gepäck von Mr. Trippe aus dem Flugzeug, schüttelte ihm die Hand und dankte ihm von ganzem Herzen für die wunderbare Karriere, die er mir ermöglicht hatte. Dann überquerte ich die Rampe, stieg die Treppe hinauf und wurde Vollzeit-CEO von FlightSafety. Erst dann, 17 Jahre nach der Gründung des Unternehmens, begann ich, einen Gehaltsscheck von FlightSafety zu erhalten. Das musste ich tun. Ich hatte gerade meinen regulären Job gekündigt."[224]

In diesem Jahr erreichten die Einnahmen 5,6 Millionen Dollar.

Sobald die neuen Simulatoren in Betrieb waren, folgten weitere Schulungsverträge, die mit Flugzeugverkäufen einhergingen und

FlightSafety-Schulungen als Standard für Learjet, Gulfstream, Sabre, JetStar, Jet Commander und andere Hersteller etablierten.

In der Nähe der Fabriken oder Servicezentren der Hersteller wurden spezielle Ausbildungszentren eingerichtet, in denen die Piloten trainieren konnten, während ihre Flugzeuge gebaut wurden, und in denen sie mit Konstrukteuren und Ingenieuren zusammenarbeiten konnten.

FlightSafety hatte den Markt für sich allein. Es war das einzige Unternehmen, das über die Ausbilder, die Ausrüstung und die Erfahrung verfügte, um die Kompetenz von Geschäftsflugzeugpiloten zu gewährleisten.

Das eingenommene Geld wurde in den Betrieb und die Anlagen investiert, um sicherzustellen, dass FlightSafety stets hochmoderne Full-Visual-Simulatoren anbieten konnte, von denen es die meisten selbst herstellte. Es dauerte nicht lange, bis diese Simulatoren jeweils Millionen Dollar kosteten. Aber das Geld für die Anschaffung kam immer wieder herein. Die Einnahmen stiegen 1970 auf mehr als neun Millionen Dollar und nur acht Jahre später auf 43 Millionen Dollar.

Weitere Geschäftszweige wurden eingerichtet. Im Jahr 1973 wurde MarineSafety für die Ausbildung von Offizieren der Handelsmarine und der Überwasserschifffahrt der Kriegsmarine gegründet. 1981 kamen Hubschraubersimulatoren hinzu, wodurch die Einnahmen 1986 auf 110 Millionen Dollar stiegen. Ein begehrter Vertrag mit der US-Luftwaffe für die C-17-Flugzeuge wurde 1989 abgeschlossen, gefolgt von vielen weiteren Militärverträgen. 1994 wurde das Ausbildungsprogramm für Flugbegleiter gestartet.

Zu dem Zeitpunkt, als Warren Buffett sich für den Kauf des Unternehmens interessierte, betrieb FlightSafety 175 Simulatoren für mehr als 50 verschiedene Flugzeuge (einschließlich der Boeing 747) und schulte jährlich in 36 Schulungszentren mehr als 50.000 Piloten und Wartungstechniker. Der Umsatz lag bei über 325 Millionen Dollar.

DAS GESCHÄFT MIT WARREN BUFFETT

In den 1990er-Jahren traten viele Großunternehmen an Ueltschi heran, um ihn zu fragen, ob er das Unternehmen verkaufen wolle. Schließlich war er schon weit über 70 und musste sich Gedanken machen, was nach seinem Tod passieren konnte, zum Beispiel dass Steuern aus seinem Nachlass bezahlt werden müssten.

Er konnte sich nicht dazu durchringen, seine Schöpfung mit ihrem Kader aus erstklassigen Ausbildern und Technikern, von denen viele gute Freunde waren, an eine der Heuschrecken von der Wall Street zu verkaufen. Diese konnten das Unternehmen mit Schulden belasten, es mit ihren eigenen unerfahrenen und ungeschickten Managern besetzen und/oder das Unternehmen stückweise verkaufen.

> „Ich habe schon erlebt, dass große Unternehmen, wenn sie kleine Firmen kaufen, versuchen, alles zu ändern. Und das wollte ich nicht. Viele unserer Mitarbeiter waren schon seit Jahren da, und ich wollte sehen, dass sie ihre Aufgabe, die Luftfahrt so sicher wie möglich zu machen, erfüllen können. Das sind gute Leute."[225]

Ueltschi war Buffett noch nicht begegnet, obwohl dieser seine Piloten zwecks Ausbildung zu FlightSafety schickte (Berkshire hatte für Buffett ein Flugzeug gekauft, um das Land zu bereisen, und es „Indefensible" genannt).

Tatsächlich stammte die Idee für eine Fusion von keinem von beiden. Buffetts Helden dieser Geschichte sind Richard Sercer und seine Frau Alma Murphy. Sercer war mit der Luftfahrt und der marktbeherrschenden Stellung von FlightSafety vertraut, da er als Luftfahrtberater tätig war. Außerdem war er Aktionär des Unternehmens.

Alma Murphy, die an der Harvard Medical School Augenheilkunde studiert hatte, überwand 1990 schließlich den Widerwillen ihres Mannes, Aktien von Berkshire Hathaway zu kaufen (die ihm in den 1980er-Jahren teuer erschienen waren). Danach nahmen sie an jeder

Jahreshauptversammlung teil und kannten daher Buffetts Kriterien für eine Übernahme. Sie waren der Meinung, dass FlightSafety perfekt zu Buffett passte und dass Ueltschi eine Übernahme begrüßen würde, da sie seinem Unternehmen ein gutes Zuhause geben würde, ohne das Geschäftsmodell oder die Unternehmensführung zu beeinträchtigen.

DIE ANBAHNUNG

Sercer hatte seit Langem eine gute Arbeitsbeziehung zu Jim Waugh, dem stellvertretenden Marketingleiter von FlightSafety, die auf seiner Arbeit für Firmenkunden in der Luftfahrt beruhte. Am 24. Juli 1996 trafen sich die beiden. Sercer brachte Buffetts „Eigentümerhandbuch" mit, das den Berkshire-Aktionären im Monat zuvor in einer aktualisierten Fassung übergeben worden war (das Original stammte aus der Zeit der Blue-Chip-Fusion von 1983).

In diesem Dokument[226] legt Buffett die 13 Grundsätze dar, nach denen Berkshire Hathaway geführt werden soll, zum Beispiel „unsere Einstellung ist partnerschaftlich ... wir essen, was wir selbst gekocht haben ... [Ziel] ist die Maximierung von Berkshires durchschnittlicher jährlicher Steigerungsrate des inneren Unternehmenswerts pro Aktie ... [und] ein sparsamer Einsatz von Schulden".

Er übergab Waugh auch ein Exemplar der Berkshire-Übernahmekriterien, die einige sehr attraktive Positionen für Manager enthalten, die am Verkauf eines Unternehmens interessiert sind. Dinge wie: „Management vorhanden (wir können es nicht liefern) ... Wir werden uns nicht an unfreundlichen Übernahmen beteiligen ... Wir können absolute Vertraulichkeit und eine sehr schnelle Antwort – normalerweise innerhalb von fünf Minuten – auf die Frage versprechen, ob wir interessiert sind."

Waugh war von der Idee angetan, da er der Meinung war, dass etwas getan werden müsse, um die Zukunft von FlightSafety zu sichern. Die Ungewissheit darüber, was nach Ueltschis Tod passieren würde, beschäftigte viele seiner Mitarbeiter. Seine vier Kinder und zwölf Enkelkinder würden wahrscheinlich Aktien verkaufen müssen, um die Erbschaftssteuer zu bezahlen, was die Kontrolle über das Unternehmen infrage stellen würde. Würde dann eine Wall-Street-Heuschrecke das Unternehmen übernehmen?

Sercer bat Waugh, die Möglichkeit einer Fusion mit Ueltschi zu erörtern und dabei zu betonen, dass die einzige wirkliche Veränderung darin bestünde, dass die Eigentümergewinne an Berkshire fließen würden, damit Buffett und Munger sie nach eigenem Gutdünken einsetzen könnten, dass aber der Investitionsbedarf von FlightSafety an erster Stelle stünde.

Waugh war der Meinung, dass die Botschaft mehr Wirkung zeigen würde, wenn die Person, die sie an Ueltschi richtete, Warren Buffett selbst wäre. Deshalb bat er Sercer, mit Buffett zu sprechen und ihn zu bitten, Ueltschi direkt anzurufen und zu sagen: „Hey, Al, wie wäre es, wenn Sie mir beim Mittagessen von Ihrem Unternehmen erzählen würden?“[227]

Sercer war nicht im Geringsten zuversichtlich, dass er einfach zum Telefonhörer greifen und mit Buffett sprechen könnte, der zu diesem Zeitpunkt täglich eine Unmenge an Post und Anrufen erhielt. Anstatt sich also direkt an Buffett zu wenden, schrieb Sercer an Bob Denham, den Vorstandsvorsitzenden von Salomon, erläuterte seine Logik hinsichtlich der Qualität des Zusammenschlusses und schlug ihm vor, die Möglichkeit einer Fusion zu prüfen (Sercer und Denham hatten sich bereits einige Male auf den Jahreshauptversammlungen von Berkshire Hathaway unterhalten).

DAS TREFFEN

Denham und dann Buffett hielten die Idee offensichtlich für gut, denn am 18. September wurde ein Treffen in New York vereinbart. Ueltschi erinnert sich:

„Als ich Warren kennenlernte, merkte ich, dass ich ihn mochte. Wir setzten uns in New York an einen kleinen Tisch. Er aß einen Hamburger und trank eine Cherry-Cola, ich einen Hamburger und eine Cola, und wir schlossen das Geschäft ab, das ganze Geschäft, in ein paar Stunden oder so. Wir schüttelten uns die Hände und er ging wieder."[228]

Buffett sagt, er habe nach etwa 60 Sekunden gewusst, dass Ueltschi „genau unsere Art von Manager" sei.[229] Ueltschi konnte Buffetts Zusage, dass FlightSafety eine unabhängige Tochtergesellschaft bleiben würde, die ihre Geschäfte weiterführen und von denselben Menschen geführt werden sollte, aufs Wort glauben.

Einige Tage nach dem Treffen schrieb Buffett einen Brief, in dem er genau festhielt, was er zu tun bereit war, und das klang laut Ueltschi „für mich vernünftig".[230]

Er stieß jedoch auf den Widerstand einiger seiner Aktionäre, die sich beschwerten, dass sie mehr Geld bekommen sollten. Ueltschi entgegnete: „Wenn jemand mit Geld kommt – es handelt sich ja um ein börsennotiertes Unternehmen –, wenn er das Gebot überbieten kann, dann soll er es tun." Niemand sonst meldete sich, und das Geschäft wurde im Dezember, zwei Tage vor Weihnachten, abgeschlossen.

WAS WURDE BEZAHLT?

Ueltschi bestand darauf, dass die Aktien seiner Familie gegen Aktien von Berkshire Hathaway getauscht wurden. Buffett und Munger zögerten jedoch, eine große Anzahl von Aktien auszugeben, und strukturierten das Geschäft so, dass die FlightSafety-Aktionäre die Wahl hatten, entweder Bargeld oder Berkshire-Aktien zu erwerben, wobei der Wert des Bargelds etwas höher war, um sie von den angebotenen Aktien abzubringen.

Letztlich wurden etwa 51 Prozent der FlightSafety-Aktien gegen Bargeld getauscht (50 Dollar pro FlightSafety-Aktie, insgesamt 769 Millionen Dollar), 41 Prozent gegen Berkshire-A-Aktien (17.728 Stück, etwa 48 Dollar pro FlightSafety-Aktie) und acht Prozent gegen die kurz zuvor aufgelegten Berkshire-B-Aktien (112.655 B-Aktien – eine Beschreibung der B-Aktien findet sich im Anhang des Kapitels).

Nach der öffentlichen Bekanntgabe erklärte Ueltschi gegenüber der Presse: „Ich persönlich halte Berkshire-Aktien für eine der besten Investitionen, die ich tätigen konnte, und gehe davon aus, die Aktien auf unbestimmte Zeit zu halten. Ich freue mich darauf, FlightSafety als Teil von Berkshire weiterzuführen und mit Warren Buffett zusammenzuarbeiten."[231]

Jahre später sah Ueltschi das Geschäft so, dass er sein Unternehmen nicht verkauft, sondern lediglich seine Aktien gegen Berkshire-Aktien eingetauscht hatte. In einem Interview aus dem Jahr 2006 fügte er lachend hinzu: „Es gehört mir immer noch, glaube ich ... aber ich habe diese Aktien, doch das sind Berkshire-Aktien, und sie gehören nicht zu FlightSafety."[232]

In Anbetracht von Ueltschis Alter scherzte Buffett in seinem Brief von 1996 über die Tatsache, dass viele seiner wichtigsten Mitarbeiter die normale Pensionsgrenze weit überschritten hatten:

> „Ein Beobachter könnte aus unseren Einstellungspraktiken schließen, dass Charlie und ich schon früh in unserem Leben durch ein Bulletin der Equal Employment Opportunity Commission über Altersdiskriminierung traumatisiert wurden. Die wahre Erklärung ist jedoch Eigeninteresse: Es ist schwierig, einem Jungen alte Tricks beizubringen. Die vielen Berkshire-Manager, die die 70 überschritten haben, schlagen heute Homeruns in demselben Tempo, das ihnen vor langer Zeit den Ruf als junge Sensation einbrachte. Wenn Sie also einen Job bei uns bekommen wollen, müssen Sie nur die Taktik des 76-Jährigen anwenden, der eine

> umwerfende 25-jährige Schönheit überredet hat, ihn zu heiraten. ‚Wie hast du sie dazu gebracht, zuzustimmen?', fragten seine neidischen Altersgenossen. Die Antwort: ‚Ich habe ihr gesagt, ich sei 86.'"

Richard Sercer und Alma Murphy wurden auf der Berkshire-Jahreshauptversammlung 1996 mit stehenden Ovationen bedacht.

INVESTIEREN IST WEDER KOMPLEX NOCH EINFACH

Im Zusammenhang mit der kurz zuvor erfolgten Übernahme von FlightSafety für 1,5 Milliarden Dollar betonte Warren Buffett in seinem Brief an die Aktionäre aus dem Jahr 1996, intelligente Investitionen seien nicht komplex. Die Technologie von FlightSafety mag komplex sein, aber die Bewertung des Unternehmens ist relativ einfach. FlightSafety war der führende Anbieter von Flugtraining außerhalb von Behörden und großen Fluggesellschaften. Es verfügte über die besten Ausbilder und ein ausgezeichnetes Team von Managern. Es verfügte über einen tiefen Burggraben, der für potenzielle Konkurrenten gefährlich war, weil es über den Ruf, das technische Know-how und die Einrichtungen verfügte – eine Kombination, die nur schwer zu replizieren ist.

Intelligentes Investieren ist zwar nicht komplex, aber auch nicht einfach. Nicht jeder hat den Fokus, die Neigung oder das geschäftliche Wissen, um Dinge wie die strategische Positionierung oder die Kompetenz und Integrität von Führungskräften beurteilen zu können.

Viele konzentrieren sich lieber auf Schnörkel in einem Diagramm, erraten die Stimmung an der Börse oder haben ein Gefühl für das nächste große Ding (ist es diesen Monat Lithium, sind es Online-Zahlungsunternehmen oder Bitcoin?), als sich mit Unternehmen zu beschäftigen. Um erfolgreich zu investieren, braucht man kein Beta, keine Optionspreistheorie, keine moderne Portfoliotheorie und keine Vertrautheit mit Schwellenländern.

Buffett sagt uns: „Was ein Investor braucht, ist die Fähigkeit, ausgewählte Unternehmen richtig zu bewerten."[233] Das Wort „ausgewählt" ist sehr wichtig. Man kann nicht Experte für jedes Unternehmen oder auch nur für viele Unternehmen sein.

Das hindert einen aber nicht daran, ein intelligenter Investor zu sein. „Sie müssen nur in der Lage sein, Unternehmen innerhalb Ihres Kompetenzkreises zu bewerten. Die Größe dieses Kreises ist nicht besonders wichtig; seine Grenzen zu kennen ist jedoch entscheidend."[234]

Man muss zwei Dinge lernen:

1. Wie man ein Unternehmen bewertet
2. Wie man über Marktpreise nachdenkt

Wenn Sie dies erst einmal intus haben, können Sie „zu einem vernünftigen Preis eine Beteiligung an einem leicht verständlichen Unternehmen erwerben, dessen Erträge in 5, 10 und 20 Jahren mit ziemlicher Sicherheit wesentlich höher sein werden als heute".[235]

Selbst mit diesen Instrumenten und selbst wenn Sie zehn Stunden am Tag daran arbeiten, finden Sie nur wenige Unternehmen pro Jahr, die diesen Standards genügen, „wenn Sie also eines sehen, das sich qualifiziert, sollten Sie eine sinnvolle Menge an Aktien kaufen".[236]

Und wenn Sie eine finden, werden Sie sie viele Jahre lang halten wollen: „Wenn Sie nicht bereit sind, eine Aktie zehn Jahre lang zu besitzen, denken Sie nicht einmal daran, sie zehn Minuten lang zu besitzen."[237]

Buffetts Ansatz besteht darin, ein Portfolio aus Unternehmen zusammenzustellen, deren Erträge über die Jahre steigen werden, und sich nicht um die Höhe der Marktindizes zu kümmern.

Ein Tipp zur Vereinfachung der Portfoliokonstruktion auf ein überschaubares Maß – bevorzugen Sie Branchen mit geringen Veränderungen

Buffett und Munger machten sich das Leben leichter, indem sie in Unternehmen und Branchen investierten, bei denen keine großen Veränderungen zu erwarten sind. „Der Grund dafür ist einfach: Wir suchen nach Unternehmen, von denen wir glauben, dass sie mit ziemlicher Sicherheit auch in 10 oder 20 Jahren noch eine enorme Wettbewerbskraft haben werden. Ein sich schnell veränderndes Branchenumfeld mag die Chance auf große Gewinne bieten, aber es schließt die Gewissheit aus, die wir suchen."[238]

Dieser Ratschlag bedeutet nicht, dass man nach Bereichen sucht, in denen es keinerlei Veränderungen geben wird. Das würde nicht funktionieren, denn alle Unternehmen sind Veränderungen unterworfen. Aber es bedeutet, nach Bereichen zu suchen, in denen es unwahrscheinlich ist, dass sich die grundlegenden wirtschaftlichen Verhältnisse (die Verhältnisse der Preissetzungsmacht) ändern.

Buffett hebt das Beispiel von See's Candies hervor, wo der Wandel eindeutig stattgefunden hat. Die Palette der Süßigkeiten hat sich verändert, ebenso die Maschinen, die für die Produktion eingesetzt werden, und einige Vertriebsmethoden.

Aber die Menschen kaufen heute immer noch aus den gleichen Gründen bei See's Candies wie 1972, als Berkshire das Unternehmen kaufte, und diese Gründe werden sich in den nächsten 50 Jahren wahrscheinlich nicht ändern (in Kalifornien besteht seit Langem eine große Verehrung für See's Candies – kein Kalifornier würde seiner Freundin, Frau oder Mutter eine minderwertige Süßigkeit schenken wollen).

Ein weiteres Beispiel: Coca-Cola.

Coca-Cola ist ständig bestrebt, seine Arbeitsabläufe zu verbessern, um die Effizienz zu steigern – neue Technologien tragen dazu bei, neue Werbemethoden im Internet tragen dazu bei –, aber die geschäftlichen Grundlagen ändern sich nicht. Diese Grundlagen verleihen Coca-Cola seine „Wettbewerbsdominanz und atemberaubende Wirtschaftlichkeit“[239] und umfassen den „Share of Mind“ (die Menschen denken automatisch an Coca-Cola, wenn sie ein Getränk suchen), den Markennamen und das hoch entwickelte Vertriebssystem.

Erfolgreiche Investitionen nicht abwürgen

Wenn Sie zu einem guten Preis (also mit einer Sicherheitsmarge) eine Beteiligung an einem Unternehmen mit ausgezeichneten wirtschaftlichen Verhältnissen und fähigen, ehrlichen Managern erworben haben, wollen Sie danach nicht mehr wechseln. Sie müssen natürlich beobachten, ob die wirtschaftlichen Verhältnisse und das Management weiterhin hervorragend sind, und bereit sein, zu verkaufen, wenn sie sich verschlechtern. Aber warum sollte man verkaufen, wenn die Aussicht besteht, dass die Erträge in Zukunft flott steigen werden?

In diesem Fall ist es sicherlich keine gute Idee, ein Portfolio umzuschichten, indem man die Aktien verkauft, die stark gestiegen sind und nun einen hohen Anteil am Gesamtvermögen ausmachen. Es ist in Ordnung, einige wenige Aktien zu haben, die einen großen Anteil des Portfolios ausmachen.

> Ein solcher Investor „würde ein ähnliches Ergebnis erzielen, wenn er eine Beteiligung von, sagen wir, 20 Prozent an den zukünftigen Einnahmen einer Reihe herausragender College-Basketballstars erwerben würde. Eine Handvoll von ihnen würde es zum NBA-Star bringen, und die Einkünfte des Anlegers aus diesen Stars würden bald seinen Tantiemenstrom dominieren. Vorzuschlagen, dass dieser Investor Teile seiner erfolgreichsten Investitionen verkaufen sollte, nur weil sie sein Portfolio dominieren, ist in etwa so, als würde man den Bulls vorschlagen, Michael Jordan

zu verkaufen, weil er für die Mannschaft so wichtig geworden ist."[240]

NACH DEM DEAL

Im Jahr vor dem Erwerb des Unternehmens durch Berkshire für 1,5 Milliarden Dollar erwirtschaftete FlightSafety International einen Vorsteuergewinn von 111 Millionen Dollar. Buffett lag richtig mit der Annahme, dass die starke Marktposition des Unternehmens zu einem erheblichen Gewinnanstieg führen würde. Im Jahr 2007 lag der Gewinn vor Steuern bei 270 Millionen Dollar. Nun hätte das Unternehmen zu einem weitaus höheren Preis als dem von Berkshire gezahlten an jemand anders verkauft werden können.

Aber Buffett hatte sich gegenüber Ueltschi und seinen Mitarbeitern feierlich verpflichtet, dass Berkshire niemals verkaufen würde. Außerdem war ein Verkauf nicht sinnvoll, da die wirtschaftliche Lage 2007 noch besser war als 1996, ebenso wie die Manager.

Die Gewinne vor Steuern beliefen sich in den ersten 13 Jahren der Eigentümerschaft auf etwa 2,5 Milliarden Dollar. Bis 2009 lagen die jährlichen Gewinne bei über 300 Millionen Dollar, Tendenz steigend. In den nächsten zehn Jahren erzielte Berkshire weitere Gewinne vor Steuern in Höhe von etwa 3,5 Milliarden Dollar. Selbst nach Abzug der Steuern waren das allein in diesem Jahrzehnt über 233 Prozent dessen, was für das Unternehmen bezahlt wurde. Und immer noch ist Berkshire Eigentümer des Unternehmens und erhält Jahr für Jahr Hunderte von Millionen Dollar an Barmitteln, die es erwirtschaftet.

IMMER WEITER WEITERMACHEN

Was die Führung des Unternehmens anbelangt, so sagte Ueltschi, dass sich nach 1996 nichts geändert habe, und das sei auch gut so. Er sagte:

„Warren Buffett ... er ist nicht der Typ, der versucht, Unternehmen zu zerschlagen. Manche Großunternehmen kaufen ein Unternehmen und wollen dann ganz große Dinge ändern: Sie setzen ihren Namen darauf und wollen alles ändern. All die Menschen, die dort jahrelang gearbeitet haben, die es aufgebaut haben – und die dort arbeiten, weil es ihr Herzblut ist und sie daran glauben –, verlieren ihren gesamten Enthusiasmus, wenn jemand aus dem großen Büro kommt und ihnen sagt, wie sie das Unternehmen zu führen haben. Und diese Menschen wissen, wie man es führt. Bei FlightSafety arbeiten einige der besten Leute der Welt für mich, und sie alle sind engagiert, loyal, respektvoll, ehrlich und tun alles, um sich um die Kunden zu kümmern."[241]

Buffett fragte einmal eine Gruppe von Studenten der Columbia University: „Glauben Sie, dass Al Ueltschi, der Berkshire-Aktien im Wert von einer Milliarde Dollar besitzt, sein Unternehmen weiterführen will, wenn ich ihm bei seinen Entscheidungen über die Schulter schaue?"[242]

Für Ueltschi hatte die Zugehörigkeit zu Berkshire noch weitere Vorteile, zum Beispiel die Tatsache, dass er nicht ständig von Wall-Street-Analysten gefragt wurde, wie viel Geld FlightSafety im nächsten Quartal verdienen würde und warum es im letzten Quartal nicht mehr verdient hat. „Jetzt führen wir das Unternehmen mit langfristiger Ausrichtung, ohne uns Gedanken über das nächste Quartal zu machen. Das ist eines der besten Dinge an der Zusammenarbeit mit Warren."[243]

Ueltschi wies auf Buffetts erstaunliche Führungsqualitäten hin und sagte, die Buchstaben des Wortes stünden für die Eigenschaften, die er besitze:

L steht für Loyalität
E steht für Enthusiasmus
A steht für Attitude/Einstellung
D steht für Disziplin
E steht für Example/Beispiel, man muss mit gutem Beispiel vorangehen
R steht für Respekt
S steht für Scholarliness/Gelehrsamkeit
H steht für Honesty/Ehrlichkeit
I steht für Integrität
P steht für Pride/Stolz[244]

Was motivierte einen Mann in seinen 80ern, der bereits Milliardär war, weiterhin zu arbeiten? „Ich versuche, [Buffett] stolz zu machen, und ich versuche, jeden Aktionär stolz zu machen. Dazu fühle ich mich verpflichtet. Ich möchte kein Unternehmen leiten, über das man in der Zeitung Schlechtes liest."[245]

EIN ALTER HASE ÜBERNIMMT DEN STEUERKNÜPPEL

Im Jahr 2003 übernahm Bruce Whitman, der seit 1961 Ueltschis rechte Hand beziehungsweise sein Co-Pilot war, die Rolle des Präsidenten und CEO. Aber wie Buffett in seinem Brief von 2004 schrieb: „Al geht nicht; ich lasse ihn nicht gehen."

Als Ueltschi 88 Jahre alt war, sagte er über seine Rolle:

> „Keine Sorge, ich leite das Unternehmen immer noch. Wir sind ein Team. Wenn Menschen im Team arbeiten, arbeiten sie alle zusammen, sie arbeiten für eine Mission. Alle wissen, was sie tun, und ich bin sehr stolz auf sie. Und ich möchte, dass das so weitergeht."[246]

Die Mission bestand darin, die Luftfahrt immer sicherer zu machen: „Das Wichtigste, was ein Mensch hat, ist sein Leben, und damit diese Industrie wachsen kann, müssen wir alles tun, um zu verhindern, dass Menschen getötet werden."[247]

Einige Jahre zuvor war Charlie Munger von einem befreundeten Magnaten angesprochen worden, der einen Kurs bei FlightSafety absolviert und nicht bestanden hatte. Der Magnat bat Munger, zu intervenieren, um die Entscheidung zu ändern. Ueltschis Antwort an Munger lautete: „Sagen Sie Ihrem Kumpel, dass er in den hinteren Teil des Flugzeugs gehört, nicht ins Cockpit."[248]

Bruce Whitman verpflichtete sich genauso zu Strenge und Integrität, und Buffett lobte ihn dafür: „Bruce teilt die Überzeugung von Al, dass das Fliegen eines Flugzeugs ein Privileg ist, das nur Personen zusteht, die regelmäßig eine erstklassige Ausbildung erhalten und unbestreitbar kompetent sind."[249] Buffett brachte Whitman das gleiche Vertrauen entgegen wie Ueltschi:

> „Warren lässt Sie Ihr Unternehmen so führen, als ob es Ihr eigenes wäre, und das Geld ausgeben, als ob es Ihnen gehören würde. Und er ist ein großartiger Unterstützer. Er ist ein Cheerleader, aber er ist da, wenn Sie ihn brauchen. Er verlangt keine Budgets. Er verlangt keine Geschäftspläne."[250]

JA, DAS IST EIN KAPITALINTENSIVES GESCHÄFT. ABER ES IST TROTZDEM GROSSARTIG

Warren Buffett zieht es vor, hervorragende Kapitalrenditen mit Unternehmen zu erzielen, die keine große Kapitalbasis benötigen, Beispiele sind See's Candies und Scott Fetzer. FlightSafety muss in einen einzigen Simulator 19 Millionen Dollar oder mehr investieren. Wenn man mehr als 300 Simulatoren hat und diese regelmäßig durch modernere Modelle ersetzen muss, fließt eine große Menge Geld in das Unternehmen zurück. So wurden beispielsweise allein im Jahr 2000 248 Millionen Dollar in Simulatoren investiert.

Das macht das Unternehmen aber nicht zu einer schlechten Investition. Es ist vielleicht nicht sensationell, aber es kann hohe Renditen erzielen. Sein dauerhafter Wettbewerbsvorteil aufgrund seines erstklassigen Rufes bedeutet, dass die Kunden für jede Unterrichtsstunde hohe Gebühren bezahlen.

Wie Buffett sagt: „Einen anderen Flugausbildungsanbieter als den besten zu nehmen ist so, als würde man bei einem chirurgischen Eingriff das billigste Angebot nehmen."[251] Dadurch ist das Unternehmen betriebswirtschaftlich gut aufgestellt und kann daher hohe operative Gewinnspannen einkalkulieren.

Aufschlussreiche Zahlen

Zum Zeitpunkt des Kaufs, am 23. Dezember 1996, verfügte FlightSafety über ein Anlagevermögen von 570 Millionen Dollar. Damit erwirtschaftete das Unternehmen ein Betriebsergebnis vor Steuern in Höhe von 111 Millionen Dollar.

Laut Buffett beliefen sich die Abschreibungen (die alljährlich den Gewinn schmälern) bis Ende 2007 auf 923 Millionen Dollar, aber die Investitionsausgaben waren viel höher, da Simulatoren, die eine breite Palette neuer Flugzeuge imitieren können, für insgesamt 1.635 Millionen Dollar erworben wurden.

Im Jahr 2007 belief sich das Anlagevermögen auf 1.079 Millionen Dollar, eine nach allen Maßstäben enorme Gesamtinvestition. Dank seiner Marktmacht konnte FlightSafety in diesem Jahr jedoch ein Betriebsergebnis vor Steuern von 270 Millionen Dollar erzielen.

Somit waren die Gewinne von 1996 bis 2007 um 159 Millionen Dollar gestiegen, während die zusätzlichen Investitionen 509 Millionen Dollar betrugen (1.079 Millionen Dollar – 570 Millionen Dollar = 509

Millionen Dollar). Buffett äußerte sich zu diesen Zahlen so: „Folglich ist FlightSafety, wenn man es nur an den wirtschaftlichen Erträgen misst, ein ausgezeichnetes, aber nicht außergewöhnliches Unternehmen. Seine Erfahrung, mehr investieren zu müssen, um mehr zu verdienen, entspricht der der meisten Unternehmen."[252]

Buffett akzeptiert, dass er nicht immer Unternehmen mit einer so außergewöhnlichen Wirtschaftlichkeit wie See's Candies finden kann, und ist daher ganz zufrieden damit, sein Geld in Bereichen wie der Stromerzeugung und der Eisenbahn sowie der Ausbildung von Piloten einzusetzen, die hervorragende, wenn auch nicht astronomische operative Gewinne erzielen.

GEBEN BIS ZUM SCHLUSS

In den 1970er-Jahren bat Juan Trippe Ueltschi um einen Gefallen, und dieser war gern bereit, sich für all die Gefälligkeiten zu revanchieren, die er von seinem Mentor erhalten hatte. Der Gefallen bestand schlicht darin, mit Trippes Tochter Betsy und einem Freund von ihr, Dr. David Paton, zu Mittag zu essen. Das schien ein bescheidener Gefallen zu sein, aber mit diesem Treffen begann etwas Großes.

Dr. Paton war Leiter der Fakultät für Augenheilkunde am Baylor College of Medicine in Texas. Er träumte davon, die Technologie und das Wissen der reichen Welt zu nutzen, um die Ärmsten dieser Welt von Augenkrankheiten zu befreien.

Es gab Hunderte, wenn nicht gar Tausende von Augenärzten in westlichen Krankenhäusern und Praxen, die gern helfen würden, aber nicht in der Lage waren, die Bedürftigsten zu erreichen. Paton hatte einen Plan: die Augenärzte in ein Flugzeug setzen und sie dorthin fliegen, wo die Patienten waren und wo das örtliche medizinische Personal von den Besten der Welt angeleitet werden konnte.

Bei dem Essen fragten er und Betsy Ueltschi gleich, ob es möglich wäre, ein Krankenhaus in einem Flugzeug unterzubringen. „Ich sagte ihnen, ich sei nicht sicher, aber wenn das Flugzeug groß genug wäre, könne es funktionieren."[253]

Das führte zu der zweiten Frage: Woher bekommt man ein solches Flugzeug? Und sie legten gleich nach: „Mit circa 100 Prozent Rabatt." Ueltschi war sich nicht sicher, dachte aber, dass es vielleicht einen Hersteller oder eine Fluggesellschaft geben könnte, die ein solches Flugzeug spenden würde. Und auf der Stelle erklärte sich Ueltschi bereit, ein kostenloses Flugzeug zu besorgen und die Modifikationen zu beaufsichtigen, um es zu einer fliegenden Augenklinik zu machen. (Später übernahm er den Vorsitz bei den Bemühungen, das Flugzeug im Einsatz zu halten.)

Er sprach alle Fluggesellschaften und Hersteller an, die er kannte. Schließlich bot United Airlines eine alte DC-8 an, die in der Wüste von Las Vegas abgestellt war. Sie verlor Hydraulikflüssigkeit und Treibstoff, aber das ließ sich reparieren. Dann begann die Suche nach Mikroskopen, Kerosin, OP-Ausstattung und so weiter.

Die gemeinnützige Organisation, die nach diesem Mittagessen gegründet wurde, heißt Orbis International. Ihre DC-8 flog noch rund zehn Jahre lang in einige der ärmsten Gegenden der Welt, transportierte freiwillige Ärzte und anderes medizinisches Personal und stellte das Augenlicht von Tausenden von Kindern und Erwachsenen wieder her. Sie wurde 1994 durch eine DC-10 ersetzt, und im Jahr 2008 spendeten United Airlines und FedEx einen Ersatz für diese Maschine. Das Flying Eye Hospital der vierten Generation, eine von FedEx gespendete DC-10, wurde 2016 eingeweiht und verfügt über ein Notstromaggregat, eine Wasseraufbereitungsanlage, ein Klassenzimmer mit 46 Plätzen, einen Sterilisationsraum und einen Operationssaal.

Die wichtigste Arbeit der Orbis-Freiwilligen besteht darin, den medizinischen Fachkräften vor Ort zu helfen, neue Kompetenzen zu erlernen und gute Augenbehandlungen zu bieten. Ueltschi hat nie vergessen, wie ein kleines russisches Mädchen die Treppe hinaufstieg und schüchtern, zögerlich, den Untersuchungsraum betrat. Ihr linkes Auge starrte weit nach rechts, während das rechte Auge aufgrund einer angeborenen Muskelerkrankung ganz nach links gerichtet war.

> „Die Orbis-Ärzte machten sich an die Arbeit und führten einen komplizierten chirurgischen Eingriff durch, um die muskuläre Störung zu korrigieren. Am nächsten Tag kam das Kind wieder, um die Verbände abnehmen zu lassen. Als sie ihre Augenlider hob, blickten ihr linkes und rechtes Auge gerade in die Augen der Ärzte, die sie operiert hatten. Die Freude in ihrem Gesicht und die Glückstränen, die sie, ihre Ärzte, ich und alle anderen weinten, werden mir immer in Erinnerung bleiben.“[254]

Heute stellen Hunderte der besten Augenärzte der Welt ihre Zeit zur Verfügung, um Ärzte, Augenärzte, Krankenschwestern und biomedizinische Techniker in Entwicklungsländern zu unterrichten – an Bord des Flying Eye Hospital, aber hauptsächlich in stationären Krankenhäusern. Orbis unterhält inzwischen langfristige Programme in Bangladesch, China, Äthiopien, Indien und Vietnam und bietet internetgestützte fachliche Betreuung, Konsultationen in Echtzeit und die Vermittlung von Methoden der Augenheilkunde an.

EIN GUTES LEBEN

Während seiner gesamten Laufbahn blieb Al Ueltschis Motto bestehen: Die beste Sicherheitseinrichtung jedes Flugzeugs ist ein gut ausgebildeter Pilot. Am stolzesten war er nicht auf den Reichtum, den er angehäuft hatte, nicht auf seinen Aufstieg vom Bauernjungen aus Kentucky zu einem hohen sozialen Status, sondern auf die Tausende von Leben, die er und seine Kollegen gerettet hatten.

> „Ich bin stolz auf dieses Unternehmen, auf seine Mitarbeiter und auf das, was sie tun. Wir bei FlightSafety glauben, dass wir unseren Kunden bei ihrem Streben nach einem sicheren und zuverlässigen Transport geholfen haben. Dabei haben wir natürlich auch Leben gerettet. Mit diesem Wissen macht es jeden Tag Spaß, zur Arbeit zu gehen, und ich schlafe nachts wie ein Baby."[255]

Al Ueltschi starb im Oktober 2012 nach einem erfüllten, produktiven und großzügigen Leben. Und die Aktionäre von Berkshire Hathaway werden sich noch viele Jahre lang an den fetten Gewinnen aus Sicherheitsschulungen erfreuen können.

LEKTIONEN

1. **Die meisten Unternehmer, die in den Schoß von Berkshire aufgenommen werden, konzentrieren sich auf ein Segment einer Branche.** Sie sind ständig auf der Suche nach Innovationen, verbessern kontinuierlich ihr Angebot für die Kunden und blicken unablässig in die Zukunft, um den technologischen und gesellschaftlichen Wandel in diesem Bereich vorherzusagen. Dies steht im Gegensatz zu dem Unternehmertyp, der ein Unternehmen eine Zeit lang pflegt, dann zum nächsten und dann wieder zum nächsten übergeht.
2. **Anerkannte Marken und hohe Eintrittsbarrieren bilden einen tiefen und gefährlichen Burggraben.** FlightSafety ist das größte nichtstaatliche Ausbildungsunternehmen der Welt, das nicht von Fluggesellschaften betrieben wird. FlightSafety genießt einen ausgezeichneten Ruf, verfügt über qualitativ hochwertige Ausbilder, stellt selbst kapitalintensive Simulatoren her und verfügt über ein breit gefächertes Angebot (Flugzeugtypen, Standorte der Ausbildungszentren und so weiter).

Diese Faktoren sind für potenzielle Konkurrenten schwer nachzuahmen.

3. **Eine treibende, nicht auf Geld ausgerichtete Leidenschaft wie die Verbesserung der Flugsicherheit rund um den Globus kann dazu führen, dass sowohl dieses Ziel erreicht als auch eine Menge Geld verdient wird.** Dieses Phänomen des „Umwegs"[256] ist im Geschäftsleben weitverbreitet, Beispiele sind James Dysons Entschlossenheit, technische Probleme bei Staubsaugern zu lösen, die Boeing-Ingenieure, die davon besessen waren, mit dem Jumbo-Jet 747 das Wunderwerk der 1960er-Jahre zu schaffen, oder all die Wissenschaftler, die an der Impfleistung der mRNA arbeiten.
4. **In der Wirtschaft ist Geduld gefragt.** Die meisten Unternehmen brauchen viele Jahre oder Jahrzehnte, um ein solides Fundament in Form von den Markt schlagenden, kooperativen Teams, verbreitetem intrinsischen Wissen, effizienten Managementsystemen, hohem Ansehen und herzlichen Beziehungen zu Kunden und Lieferanten zu schaffen. Manche Dinge lassen sich einfach nicht überstürzen.
5. **Auch kapitalintensive Unternehmen können gute Investitionen sein.** Wenn die Gewinnspannen bei gutem Umsatz hoch genug sind, lassen sich hervorragende Kapitalrenditen erzielen.
6. **Bei Fusionsgeschäften geht es um Menschen.** Psychologie und persönliches Engagement sind viel wichtiger als die nackten Zahlen. Wenn Sie dem Leiter des Unternehmens, das Sie kaufen wollen, nicht vertrauen können, werden Sie kein gutes Geschäft machen. Wenn Sie das Wohlwollen der Mitarbeiter verlieren, wird die Rendite viel schlechter ausfallen als erwartet.
7. **Intelligentes Investieren ist nicht komplex.** Aber es erfordert die Konzentration auf die wirklichen investitionsbezogenen Elemente, zum Beispiel auf die betriebswirtschaftlichen Aspekte und nicht auf spekulative Elemente wie zum Beispiel

die Bewegungen an der Börse. Sie müssen sich für Unternehmen interessieren, den Charakter von Managern einschätzen können und eine unabhängige Meinung über die Marktpreise haben. Sie müssen so wählerisch sein, dass Sie nur wenige Unternehmen mit einer ausreichenden Sicherheitsmarge in Ihrem Kompetenzbereich finden; und wenn Sie sie finden, kaufen Sie bedeutende Mengen und halten Sie diese über Jahre oder Jahrzehnte. Verkaufen Sie nicht Ihre Michael Jordans, um das Portfolio umzuschichten, sondern halten Sie weiterhin einen überproportionalen Anteil an den Besten.

ANHANG: DIE B-AKTIEN VON BERKSHIRE HATHAWAY

Der Mai 1996 war ein bedeutender Monat für Berkshire Hathaway: Es wurden 517.500 B-Aktien[257] aufgelegt und verkauft, die nur ein Dreißigstel des wirtschaftlichen Anteils an Berkshire darstellten, den eine ursprüngliche A-Aktie vertrat. Der Verkauf brachte Berkshire 565 Millionen Dollar ein.

Aber es war nicht die Notwendigkeit, Geld zu beschaffen, die den Verkauf veranlasste. Vielmehr war es die Bedrohung durch die in Kürze auf den Markt kommenden Unit Trusts, die sich als Berkshire-ähnliche Unternehmen vermarkten wollten. Da eine A-Aktie über 30.000 Dollar kostete, konnten sich viele Buffett-Fans den Kauf nicht leisten, und Vertreter der Wall Street schritten ein, indem sie vorschlugen, Berkshire-A-Aktien über sogenannte Unit Trusts zu kaufen, die dann „Einheiten“ an Kleinanleger verkauften. Jede Einheit würde einen Bruchteil einer A-Aktie darstellen.

So viele unerfahrene Kleinanleger spielten mit dem Gedanken, ein paar Hundert oder ein paar Tausend Dollar in diese geplanten Unit Trusts zu investieren, dass Buffett eine Spekulationsblase der Berkshire-

Aktien befürchtete. Unit Trusts sind „offene" Fonds, was bedeutete, dass bei steigender Nachfrage mehr Einheiten geschaffen würden, die mehr Geld einsaugen würden, das dann dazu verwendet worden wäre, „wahllos" – wie Buffett es ausdrückte – mehr A-Aktien zu kaufen und so den Preis künstlich in die Höhe zu treiben.

Buffett schrieb in seinem Brief von 1996: „Zumindest eine Zeit lang hätte sich der Kurssprung selbst bestätigt, da er neue Wellen naiver und beeinflussbarer Anleger in die Trusts hineingezogen und noch mehr Käufe von Berkshire-Aktien ausgelöst hätte."[258]

Eine solche Spekulationsblase wäre einigen Altaktionären, die sich zu diesem Zeitpunkt zum Ausstieg entschlossen hätten, wohl zugutegekommen „da sie auf Kosten von Käufern, die mit falschen Hoffnungen eingestiegen waren, hätten profitieren können".[259] Aber die verbleibenden Aktionäre (Buffetts „Partner") hätten schließlich in zweierlei Hinsicht gelitten. Erstens hätte Berkshire, wenn sich die Realität durchsetzte und die Preise auf den Boden der Tatsachen zurückfielen, Hunderttausende von unglücklichen, indirekten Eigentümern über Investmentfonds gehabt. Zweitens hätte Berkshire einen schlechten Ruf bekommen.

Wären die Investmentfonds mit großem Marketingaufwand auf den Markt gebracht worden, hätte man den Anteilsinhabern vorgegaukelt, dass die Performance von Berkshire zwischen 1965 und 1996 repräsentativ für die wahrscheinlichen künftigen Erträge sei. Und das, obwohl Buffett wiederholt öffentlich erklärt hatte, dass seine Ergebnisse definitiv nicht wiederholbar seien.

Die Käufer von B-Aktien hingegen würden nur kaufen, nachdem sie Buffetts Warnungen gehört hatten, dass die vergangene Wertentwicklung kein guter Indikator für künftige Erträge ist.

Außerdem hätten die Anteilsinhaber hohe Gebühren und Provisionen zahlen müssen, um eine Beteiligung an Berkshire zu halten. Kauften sie stattdessen B-Aktien, fielen nur geringe Transaktions- und laufende Kosten an. Und sie hatten eine direkte Beziehung zum Unternehmen.

Buffett und Munger versuchten, die B-Aktien an langfristig orientierte Anleger zu verkaufen, die ihrem Investment-Ethos entsprachen. Dies scheint funktioniert zu haben, wie die Tatsache zeigt, dass viele von den 40.000 Aktionären, die damals gekauft haben, ihre Aktien immer noch halten und jedes Frühjahr an den Jahreshauptversammlungen von Berkshire teilnehmen.

Investition 8

DAIRY QUEEN

Eckpunkte des Geschäfts

Geschäft	**Dairy Queen**
Zeit	1998
Gezahlter Preis	587,8 Mio. USD
Menge	100% des Eigenkapitals
Verkaufspreis	Noch gehalten
Gewinn	Nicht bekannt gegeben
Berkshire Hathaway 1998	Aktienkurs: 47.000-80.900 USD Buchwert: 57.403 Mio. USD Buchwert je Aktie: 37.801 USD

Ende der 1990er-Jahre boomte der Aktienmarkt. Die Aktien von Berkshire Hathaway stiegen stärker als die meisten anderen. Die A-Aktien stiegen von 47.000 Dollar zu Beginn des Jahres 1998 auf 68.300 Dollar am Ende des Jahres, nachdem sie im Juni kurzzeitig 80.900 Dollar erreicht hatten. Das war schon beeindruckend genug. Aber die Veränderung in den neun Jahren seit dem Beginn des Jahrzehnts, als die Aktie bei 8.625 Dollar gestanden hatte, war ein bemerkenswerter Anstieg um das Achtfache.

Abbildung 8.1: Die A-Aktie von Berkshire Hathaway in USD, 1990 bis 1998

DER INNERE WERT IST NICHT DASSELBE WIE DER BUCHWERT, ABER SIE BEWEGEN SICH IM ALLGEMEINEN IN DIESELBE RICHTUNG

Buffett misst sich jedoch nicht an den Sprüngen der Börsenkurse. Vielmehr konzentriert er sich auf die Steigerung des inneren Wertes. Ein sehr grober Näherungswert für die jährlichen Veränderungen des inneren Wertes ist die Entwicklung des Reinvermögens (Buchwert). Allein in den zwölf Monaten des Jahres 1998 stieg das bilanzielle Reinvermögen von Berkshire um 25,9 Milliarden Dollar, was einem Anstieg des Buchwerts je A-Aktie von 48,3 Prozent entspricht.

In den 34 Jahren seit Buffetts Beteiligung an dem angeschlagenen Textilhersteller Berkshire Hathaway war der Buchwert pro Aktie von 19 Dollar im Jahr 1964 auf 37.801 Dollar gestiegen, was einer jährlichen Wachstumsrate von 24,7 Prozent entspricht.

Doch selbst das gab die Performance zu niedrig an, weil 1998 „der innere Wert ... den Buchwert bei Weitem übersteigt“.[260] Mit anderen Worten erfasste die Angabe des Nettovermögens in der Bilanz nicht angemessen den Wert der abgezinsten Eigentümergewinne, die Berkshire in den kommenden Jahren aus seiner Sammlung hervorragend wirtschaftlich positionierter und erstklassiger Unternehmen zufließen würden. „Buchwertgewinne sind bei Berkshire natürlich nicht das Entscheidende. Was wirklich zählt, sind die Zugewinne beim inneren Unternehmenswert pro Aktie. Normalerweise bewegen sich diese beiden Größen jedoch ungefähr im Gleichschritt.“[261]

Während Buffett sich weiterhin auf den inneren Wert konzentrierte, fand er sich inmitten von Menschen wieder, die in der Psychologie einer Börsenmanie gefangen waren, die später als Dotcom-Blase bezeichnet wurde. Damals wurden Aktien von Spekulanten in die Höhe getrieben, die auf eine steigende Anzahl von Besuchern auf der Website eines Unternehmens aus dem Silicon Valley hofften.

Trotz der großen Kursgewinne der Berkshire-Aktie, die von der naiven Begeisterung mitgerissen wurde, verlor Buffett nie die wahren Ursprünge des Wertes aus den Augen – also die nüchtern bewerteten wahrscheinlichen Barmittel, die langfristig an die Aktionäre fließen.

BRÜSTE DICH NICHT, WENN DICH EIN BÖRSENAUFSCHWUNG NACH OBEN ZIEHT

In seinem Brief an die Aktionäre aus dem Jahr 1997 wies Buffett auf den Irrtum hin, dass man als Anleger gut abgeschnitten habe, während in Wirklichkeit nur der Gesamtmarkt in die Höhe geschossen sei.

Als 1997 die A-Aktien von Berkshire um 35,6 Prozent stiegen und der Buchwert pro Aktie um 34,1 Prozent zunahm, sagte Buffett, es sei verlockend, „den Sieg zu verkünden und weiterzuziehen“. Aber er erinnerte sich selbst und seine Anhänger daran, dass „jeder“ Anleger hohe Renditen erzielen kann, wenn die Aktien allgemein steigen. Er schrieb: „In einem Bullenmarkt muss man den Fehler der aufgeplusterten Ente vermeiden, die nach einem sintflutartigen Regenguss prahlerisch quakt und glaubt, ihre Paddelkünste hätten ihr den Aufstieg in der Welt ermöglicht. Eine richtig denkende Ente würde stattdessen ihre Position nach dem Regenguss mit derjenigen der anderen Enten auf dem Teich vergleichen."[262] In jenem Jahr stieg der S&P 500 Index (einschließlich Dividenden) um 33,4 Prozent und somit ähnlich stark wie die Aktien von Berkshire.

Buffett ist sich der Notwendigkeit bewusst, die wichtigsten Grundsätze ständig zu bekräftigen und aus guten und schlechten Erfahrungen zu lernen, und er ist stets ehrlich und selbstkritisch. Bei der Bewertung seines „Enten-Ratings" erklärte er, dass die passiven Enten, die einfach in den S&P 500 investiert hatten, fast so schnell aufstiegen wie die Berkshire-Aktionäre, obwohl er selbst kräftig paddelte. Seine Einschätzung seiner Leistung im Jahr 1997 lautete „Quack".

Buffett sollte nicht so hart mit sich ins Gericht gehen. Es gab einen wichtigen mildernden Umstand für die nur durchschnittliche Performance von Berkshire, nämlich die Tatsache, dass der S&P 500 im Gegensatz zu Berkshire keine Kapitalertragsteuer und keine Steuern auf Zinsen oder Dividenden zahlen muss.

WAS TUN VALUE-ANLEGER, WENN DIE MÄRKTE IN DIE HÖHE GESCHOSSEN SIND?

In den späten 1990er-Jahren stand Buffett vor einem Dilemma, das alle Investoren von Zeit zu Zeit (wenn auch vielleicht mit kleineren Beträgen) erleben: Er hatte Geld zum Investieren, Milliarden Dollar in bar oder ähnlich liquide, aber „die Preise sowohl von Unternehmen als auch von Aktien waren hoch".[263] Was sollte er tun?

Erstens war er nicht daran interessiert, Unternehmen wie See's Candies oder Anteile an weltbekannten Unternehmen wie Coca-Cola oder der Washington Post zu verkaufen, da er mit dem, was Berkshire besaß, zufrieden war. Außerdem hatte er den Unternehmensleitern zugesagt, dass er sie nicht weiterverkaufen würde.

Zweitens handelte er nicht auf der Grundlage der Vorhersage eines Marktrückgangs: „Wir haben zu dieser Angelegenheit absolut keine Meinung."[264]

Damit blieb die große Schwierigkeit des Kaufs zu einem Zeitpunkt, zu dem Berkshire „relativ wenig an voraussichtlichen Erträgen erhalten [würde], wenn wir frisches Geld einsetzen".[265]

LASS DIE BÄLLE VORBEIFLIEGEN

In solchen Zeiten ist äußerste Disziplin gefragt. Buffett verwendete eine Baseball-Metapher, um das erforderliche Maß an Selbstbeherrschung zu erklären:

> „Wir versuchen, eine ähnliche Disziplin wie Ted Williams zu üben. In seinem Buch ‚The Science of Hitting' erklärt Ted Williams, dass er die Strike-Zone in 77 Zellen unterteilt hat, jede in der Größe eines Baseballs. Er wusste, wenn er nur Bälle in seiner ‚besten' Zelle schlug, konnte er eine Schlagzahl von .400 erreichen; wenn er nach Bällen in seiner ‚schlechtesten' Zone, der unteren äußeren Ecke der Strike-Zone, schlug, würde er nur auf .230 kommen. Mit anderen Worten: Auf den fetten Pitch zu warten würde die Reise in die Hall of Fame bedeuten; wahllos zu schlagen würde den Abstieg in die Minor League bedeuten."[266]

In dieser Zeit sah Buffett zwar geschäftliche „Würfe", aber die meisten waren einfach nicht in der Strike-Zone. Die wenigen, die in die „untere äußere Ecke" gingen, waren nicht besonders attraktiv. Würde er hier zuschlagen, wäre Berkshire auf niedrige Renditen festgelegt.

Im Gegensatz zu einem Baseballspieler können Investoren nicht aus dem Spiel genommen werden, wenn sie drei Würfe ausfallen lassen, die am äußersten Rand der Strike-Zone liegen. Sie können einen Ball nach dem anderen vorbeifliegen lassen. Für Berkshire bedeutet dies, dass die Barmittel, die aus dem operativen Geschäft, dem Versicherungs-Float und den Dividenden aus Minderheitsbeteiligungen an amerikanischen Giganten wie Disney fließen, sich einfach ansammeln oder in Schatzwechsel investiert werden.

Aber, wie Buffett sagt: „Tag für Tag mit dem Schläger auf der Schulter dazustehen, macht mir keinen Spaß", auch wenn es das Richtige ist.

Deine Zeit wird kommen

Um sich in solchen Momenten aufzumuntern, ist es wichtig, sich vor Augen zu halten, dass die Zeit kommen wird – vielleicht schon bald –, in der es wieder reichlich lohnenswerte Würfe geben wird, so wie es für Buffett in den 1970er- und 1980er-Jahren sowie dann wieder nach dem Dotcom-Crash (2000–2002) und der Finanzkrise 2009 der Fall war. Dies sind die Zeiten des Geldsegens, denn niedrige Preise bedeuten, dass sich der langfristige Investor künftige Cashflows billig sichern kann, wobei er die kurzfristigen Marktsorgen und Marktschwankungen ignoriert.

LASSEN SIE SICH NICHT AUF EINEN HEITEREN KONSENS EIN

Als die Aktien im Sommer 1979 billig waren, schrieb Buffett für *Forbes* einen viel zitierten Artikel mit dem Titel: „An der Börse bezahlt man für einen heiteren Konsens einen sehr hohen Preis."[267] Darin geißelte er die Manager von Pensionsfonds dafür, dass sie „Investitionsentscheidungen treffen, während sie starr in den Rückspiegel schauen ... dieser Ansatz von Generälen, die den letzten Krieg ausfechten, hat sich in der

Vergangenheit als kostspielig erwiesen und wird sich wahrscheinlich auch dieses Mal als kostspielig erweisen".

Aktien wurden damals zu niedrigen Preisen im Verhältnis zu den Gewinnen und den potenziellen Gewinnen verkauft, sodass sie wahrscheinlich langfristig gute Renditen abwarfen. Doch die Fondsmanager, die in den Abschwüngen der jüngsten Vergangenheit die Angst vor Verlusten verspürt hatten, neigten dazu, Aktien zu meiden, und hielten sich lieber an die vermeintlich sicheren Anleihen. Buffett schrieb 1979 in *Forbes*, dass „der Aktien-Enthusiasmus der Profis proportional zur Freude am Aktienbesitz in jüngster Zeit schwankt".

Buffett wies auf die Ähnlichkeit zum Jahr 1972 hin, als die Unternehmen im Dow Jones im Durchschnitt satte elf Prozent Ertrag auf ihren Buchwert erzielten. Verdrehterweise stürzten sich die Pensionsfonds auf Aktien, *nachdem* der Dow Jones von 607 auf 1.020 Punkte (68 Prozent) gestiegen war. Er schrieb: „Je mehr die Vermögensverwalter für Aktien bezahlten, desto besser fühlten sie sich damit."

Nachdem der Dow Jones 1973 und fast das ganze Jahr 1974 hindurch auf 690 Punkte gefallen war, lag die Rendite des Dow Jones bei 14 Prozent des Buchwerts. „Diese Schnäppchenpreise führten eher zu Panik als zu Käufen." Nur 21 Prozent der neu verfügbaren Anlagemittel flossen in Aktien, und der Anteil der Aktien an den Portfolios der Pensionskassen sank um 20 Prozentpunkte im Vergleich zu der Zeit, als der Dow Jones mit über 1.000 Punkten im Höhenflug war (von 74 Prozent auf 54 Prozent).

Während des Markteinbruchs 1974 erklärte Buffett, er fühle sich „wie ein sexgieriger Mann in einem Harem. Dies ist der Zeitpunkt, um mit dem Investieren anzufangen."[268] Nur wenige Monate später begann eine der größten Dow-Jones-Rallys aller Zeiten, die den Index auf mehr als 1.000 Punkte brachte.

Auch 1976, als der Dow Jones auf rund 1.000 Zähler stieg, flossen Gelder in den Markt. Aber als der Index 1978 fiel und die Aktien wieder günstig waren, wurden nur neun Prozent der neuen Nettomittel in Aktien investiert.

Dieses Muster der umgekehrten Vorliebe für Aktien im Verhältnis zu günstigen Preisen könnte, so vermutet Buffett, eine einfache Pawlow'sche Reaktion sein. Die Fondsmanager hatten im vorangegangenen Jahrzehnt mit ihren Investments viel Leid erlebt und wollten nicht „an den Unfallort zurückkehren".[269]

Buffetts Hingabe an die Rationalität bedeutete, dass er das Auf und Ab an den Finanzmärkten übergehen und sich stattdessen auf die Unternehmensleistung konzentrieren konnte.

Er stellte fest, dass in den Jahren 1978 und 1979 bei vielen Unternehmen die Geschäftstätigkeit gut lief. Es war offensichtlich, dass sich die Aktien schlechter entwickelt hatten als die zugrunde liegenden Unternehmen – der Markt wurde etwa zum Buchwert je Aktie gehandelt, und die Gewinne lagen bei attraktiven 13 Prozent des Buchwerts. „Eine solche Underperformance kann nicht ewig anhalten, ebenso wenig wie die frühere Outperformance der Aktien gegenüber den Unternehmen, die Gelder von Pensionskassen zu hohen Kursen an die Börse lockte."[270]

WARUM TUN SIE DAS?

Eine stets wiederkehrende Ausrede, um bei niedrigen Kursen nicht in Aktien zu investieren, lautet: „Wir machen eine Zeit der Unsicherheit durch." Die Fondsmanager sagen sich und ihren Geldgebern: „Wäre es nicht besser, zu warten, bis sich die Lage etwas aufgeklärt hat?" Das ist eine sehr menschliche Reaktion. Buffetts Entgegnung ist direkt:

> „Bevor Sie zu dieser Krücke greifen, sollten Sie sich zwei unangenehme Tatsachen vor Augen führen: Die Zukunft ist nie klar; an der Börse zahlt man für einen heiteren Konsens einen sehr hohen Preis. Unsicherheit ist eigentlich der Freund des Käufers langfristiger Werte ... Diejenigen, die jetzt auf eine ‚bessere Zeit' für Aktieninvestitionen warten, werden diese Haltung höchstwahrscheinlich bis weit in den nächsten Bullenmarkt hinein beibehalten."[271]

DIE GESCHICHTE REIMT SICH

Auch Ende der 1990er-Jahre beobachtete Buffett einen heiteren Konsens. Während der Konsens der späten 1970er-Jahre mit seiner Skepsis, seiner Enttäuschung und seinem Pessimismus in Bezug auf Aktien mutigen, langfristig orientierten Anlegern die Möglichkeit bot, hervorragende Unternehmen zu wirklich attraktiven Preisen zu erwerben, war der heitere Konsens der späten 1990er-Jahre das Gegenteil: Er war viel zu positiv.

Zwar erwirtschafteten die Unternehmen damals tatsächlich gute Gewinne, aber die Börsenkurse waren so stark gestiegen, dass sie „die ‚Sicherheitsmarge', die Benjamin Graham als Eckpfeiler des intelligenten Investierens bezeichnete, erheblich aushöhlten".[272]

In diesem aufgeblasenen Umfeld zog Buffett den Kauf von Dairy Queen in Erwägung.

WÜRDEN SIE DIESES UNTERNEHMEN KAUFEN? ZU DIESEM PREIS?

Im Jahr 1997 schien Dairy Queen auf den ersten Blick kein Schnäppchen zu sein. Das Unternehmen wies ein geringes Gewinnwachstum auf, und die Kosten für die Übernahme des Unternehmens entsprachen einem Kurs-Gewinn-Verhältnis von 17,4. Bevor ich die Gewinnzahlen präsentiere, werde ich das Unternehmen kurz beschreiben.

Dairy Queen war und ist ein Franchise-Unternehmen, das 1997 mehr als 5.700 Franchisefilialen hatte, die Fast Food verkauften – die vornehmere Bezeichnung lautet Quick-Service Restaurant (Schnellservice-Restaurant) oder QSR –, sowie 34 Filialen, die sich im alleinigen oder Teilbesitz des Unternehmens befanden. Ursprünglich lag der Schwerpunkt auf dem Verkauf von Softeis, doch 1997 wurde das Angebot auf herzhafte Speisen wie Hamburger und Hot Dogs sowie auf Getränke ausgeweitet. Einige Geschäfte boten nur Speiseeis an, und das auch nur saisonal, während andere das ganze Jahr über eine breite Palette an warmen und kalten Speisen anboten. Die meisten Läden befanden sich in den Vereinigten Staaten und Kanada, aber es gab sie auch in 24 anderen Ländern.

Die 420 Filialen der Marke Orange Julius verkauften Fruchtmixgetränke und Snacks und die 60 Karmelkorn-Filialen boten Popcorn und andere Leckereien an. Außerdem vergab das Unternehmen die Rechte an der Fast-Food-Kette Golden Skillet außerhalb der USA an Franchisenehmer, die in 21 Filialen Brathähnchen und Beilagen verkauften.

EINNAHMEQUELLEN

IDQ (oder International Dairy Queen Inc., um den vollständigen Namen zu verwenden) sah seine Aufgabe darin, seine Franchisenehmer zu unterstützen, die oft ein einziges Geschäft als Familienunternehmen betrieben – obwohl es auch viele millionenschwere Franchisenehmer mit Dutzenden von Restaurants gab. Die Unterstützung erfolgte in Form von Markenwerbung, wobei der Schwerpunkt klar auf Werbung im Fernsehen, im Radio und in Zeitungen lag. Die Franchisenehmer zahlten drei bis sechs Prozent ihres Bruttoumsatzes an Werbe- und Verkaufsförderungsfonds.

IDQ übernahm auch die Produktentwicklung, Markttests, Schulungen und Beratungsdienste (Produktvorbereitung, Geschäfts- und Finanzmanagement, Marketing) und setzte Standards der Qualitätskontrolle durch, um Einheitlichkeit zu gewährleisten. Die Franchisegebühren betrugen je nach Art des Geschäfts vier oder sechs Prozent des Bruttoumsatzes.

Um eine hohe Qualität zu gewährleisten, durften die Geschäfte im Allgemeinen nur zugelassene Produkte verwenden. So erzielte IDQ Einnahmen durch den Verkauf des „Dairy Queen Mix“ – Konzentrate und andere zugelassene Lebensmittel – an die Franchisenehmer. Auch Ausrüstungsgegenstände wie Kühlanlagen, Behälter und Papierprodukte wurden von Dairy Queen gekauft.

STRATEGISCH POSITIONIERT

Schon seit den 1940er-Jahren fuhr IDQ bewusst die Strategie, die meisten Läden in kleineren Städten oder in Vororten größerer Städte anzusiedeln, wo die Konkurrenz geringer war. Die Dairy-Queen-Filiale war oft der einzige Treffpunkt im Umkreis von mehreren Kilometern, und so wurde sie zu einem Brennpunkt, zu einem Ort, der in der amerikanischen Folklore des Kleinstadtlebens verankert ist, ein Ort, an dem Erinnerungen an Teenager-Liebeleien oder Mahlzeiten nach dem Football wach werden. Dairy Queens Eiscreme ist legendär und wird auf ewig mit langen, heißen Sommern und faulen Feiertagen assoziiert werden.

Tabelle 8.1: Dairy Queen, ausgewählte Finanzdaten 1987 bis 1996

Geschäftsjahr bis 30. November	Erlös in Mio. USD	Nachsteuergewinn in Mio. USD	Gewinn je Aktie in USD	Eigenkapital zu Jahresbeginn in Mio. USD
1996	412	34	1,52	148
1995	372	33	1,43	131
1994	341	31	1,30	117
1993	311	30	1,19	103
1992	297	29	1,12	97
1991	289	28	1,05	83
1990	283	27	0,97	76
1989	255	23	0,83	58
1988	243	20	0,70	43
1987	211	15	0,51	

Quelle: Jahresbericht 1996 von Dairy Queen International Inc.

Für jede Dairy-Queen-Aktie zahlte Berkshire 27 Dollar in bar oder 26 Dollar in Form von Berkshires A- oder B-Aktien – im Durchschnitt waren es 26,45 Dollar, insgesamt also 587,8 Millionen Dollar (45 Prozent der Dairy-Queen-Aktionäre entschieden sich für Bargeld).

Das Kurs-Gewinn-Verhältnis auf der Grundlage des letzten vollständigen Jahresgewinns betrug 26,45 Dollar/1,52 Dollar = 17,4. Bildet man den Kehrwert, erhält man eine Gewinnrendite von 5,7 Prozent. Zur Veranschaulichung: Die sicherste langfristige Anlage, die es Ende 1997 / Anfang 1998 gab, nämlich die Kreditvergabe an die US-Regierung durch den Kauf zehnjähriger Anleihen, brachte eine höhere Rendite von 5,8 Prozent. Dairy Queen war bei Weitem nicht risikolos, aber zumindest hatte es das Potenzial, seine Erträge zu steigern.

Der Aktienmarkt insgesamt befand sich in einer Haussephase und hatte das Kurs-Gewinn-Verhältnis des S&P 500 am 31. Dezember 1997 auf 24,8 hochgeschoben,[273] was für die typische US-Aktie eine Gewinnrendite von nur vier Prozent ergab. Im Vergleich zum Aktienmarkt schien ein KGV von 17,4 also gar nicht so schlecht zu sein. Das Problem bei der Messung von Kursniveaus im Verhältnis zum Markt ist, dass man sich im Zuge von Blasen mitreißen lassen kann.

Ein bodenständigerer Maßstab ist das zyklisch bereinigte Kurs-Gewinn-Verhältnis (CAPE = Cyclically Adjusted Price-to-Earnings) nach Benjamin Graham, das den durchschnittlichen Gewinn pro Aktie über zehn Jahre zugrunde legt. Für Dairy Queen lag dieses Verhältnis Ende 1997 bei 26,45 Dollar/1,06 Dollar = 25 und damit deutlich über dem langfristigen Durchschnitt der US-amerikanischen Aktien von 15,05 (für die Jahre 1881 bis 1997 anhand von Zahlen von Professor Robert Shiller von der Yale University berechnete CAPE-Verhältnisse).[274]

Dairy Queen war also auf die Gewinne bezogen nicht billig. Aber auch im Verhältnis zum Nettovermögen war es nicht billig – der Betrag, den Berkshire zahlte, war das Fünffache des Reinvermögens (des gesamten Aktionärskapitals).

Was machte Dairy Queen angesichts des großzügigen Preises im Verhältnis zu den Gewinnen und Vermögenswerten für Warren Buffett so attraktiv?

Erstens: Hohe Kapitalrenditen

Dairy Queen besaß ein verhältnismäßig geringes Anlagevermögen. Der größte Teil der Investitionsausgaben für den Bau und die Instandhaltung von Tausenden von Restaurants wurde von den Franchisenehmern getragen. Als Franchisegeber verfügte IDQ beispielsweise nur über wenige Immobilien. Seine Hauptniederlassung in den Vereinigten Staaten umfasste nur gut 10.000 Quadratmeter, von denen 2.500 Quadratmeter überflüssig waren und daher an Dritte vermietet wurden. Das Unternehmen besaß nur eine Handvoll anderer Gebäude: eine Mixgetränk-Produktionsstätte in Georgia, ein kleines Lagerhaus, ein kleines Bürogebäude mit Lagerhaus in Kanada, elf Regionalbüros (die zusammen nur 1.479 Quadratmeter groß waren), sechs Büros in Minnesota und sechs Geschäfte.

IDQ hatte einiges an Geld in Anlagen, Maschinen und Fahrzeugen gebunden und natürlich in Vorräten an Lebensmitteln und anderen Waren, die zur Auslieferung an die Geschäfte bereitstanden. Aber selbst wenn man all dies mit einbezieht, belief sich das Nettovermögen auf nur 148 Millionen Dollar. (Die Nettosachanlagen unterschieden sich nicht vom gesamten Reinvermögen von 148 Millionen Dollar, da in der Bilanz keine immateriellen Vermögenswerte ausgewiesen waren.)

Ein Unternehmen, das in der Lage ist, mit einem Nettovermögen von 148 Millionen Dollar ein Betriebsergebnis von 55 Millionen Dollar zu erwirtschaften, wie es Dairy Queen 1996 tat, sieht nach einem außergewöhnlich guten Unternehmen aus, denn das bedeutet, dass die Manager eine Rendite von 37 Prozent auf das Kapital erwirtschafteten, das ihnen zu Beginn des Jahres zur Verfügung stand.

Und 1996 war kein Ausreißer. Mit 37 Prozent war die Rendite sogar die *niedrigste* seit neun Jahren – siehe Tabelle 8.2. Ein weiterer Beweis dafür, dass die Aktionäre gutes Geld verdienten, ist der Netto-Cashflow aus der Geschäftstätigkeit. Wie die fünfte Spalte von Tabelle 8.2 zeigt, waren diese Zahlen hoch im Verhältnis zu dem Betrag, den die Aktionäre am Unternehmen hielten. Selbst nach Abzug der Gelder, die für Investitionen in das Unternehmen verwendet wurden, zum Beispiel für neue Maschinen, Fahrzeuge und so weiter (sechste Spalte), sehen wir ein Unternehmen, das große Mengen an Bargeld erwirtschaftete.

Tabelle 8.2: Nettorendite auf das Anlagevermögen (Eigenkapital) von Dairy Queen 1988 bis 1996

Geschäftsjahr bis 30. November	Operatives Ergebnis in Mio. USD	Eigenkapital zu Jahresbeginn in Mio. USD	Verhältnis des operativen Ergebnisses zum Eigenkapital	Netto-Cashflow aus laufender Geschäftstätigkeit in Mio. USD	Für Investitionstätigkeit eingesetzte Barmittel
1996	55	148	37%	47	18
1995	53	131	40%	22	2
1994	50	117	43%	34	5
1993	48	103	46%	35	17
1992	48	97	49%	26	4
1991	45	83	54%		
1990	44	76	58%		
1989	39	58	67%		
1988	35	43	81%		
1987	29				

Quellen: Jahresberichte von Dairy Queen International

Die Anleger an der Börse wussten, dass IDQ hohe Kapitalrenditen erzielte. Als beispielsweise das Fusionsangebot im Oktober 1997 bekannt gegeben wurde, erklärte Stephen Yacktman von Yacktman Asset Management in Chicago – der fast eine Million IDQ-Aktien besaß –, dass Buffett ein gutes Geschäft mache. „Das ist genau sein Ding", sagte Yacktman und verwies auf den konstanten Einkommensstrom von den Franchisenehmern und die niedrigen Gemeinkosten, da das Unternehmen nur so wenige Läden besitzt. Solange ein Geschäft in Betrieb bleibt, so fügte er hinzu, ist IDQ „ein Einkommensstrom so gut wie garantiert".[275]

Aber der von Berkshire gezahlte Preis betrug 587,8 Millionen Dollar. Nun gut, das Betriebsergebnis und der Nettobarmittelzufluss aus dem operativen Geschäft lagen im Bereich von 50 Millionen Dollar. Aber nach Abzug von Zinsen, Steuern und Abschreibungen stellen wir fest, dass das Geld, das für die Aktionäre erwirtschaftet wurde und das sie tatsächlich mitnehmen könnten, ohne das Absatzvolumen des Unternehmens oder die Qualität seiner strategischen Position zu beeinträchtigen, bei etwa 29 bis 34 Millionen Dollar lag.

Das war immer noch gut, aber war es wirklich 587,8 Millionen Dollar wert? Buffett und Munger müssen davon ausgegangen sein, dass die Ertragskraft gesteigert werden kann. Das Geheimnis dafür lag in den nächsten beiden Faktoren.

Zweitens: Gute Wirtschaftlichkeit und ein hervorragendes Management

Kurz nach Abschluss des Kaufs schrieb Buffett in seinem Brief von 1997, dass IDQ „wirtschaftlich hervorragend" sei und von „hervorragenden Leuten" geführt werde. Der reichliche Cashflow stammte aus einer Reihe von Quasi-Monopolen in vielen Städten, Countys und Dörfern, in denen die Kommunalverwaltungen die Willkommensmatte für ihre geschätzte Dairy Queen auslegten.

Es war zwar nicht die absolut beste Fast-Food-Marke auf dem Markt, aber es war eine gute, solide Marke in Nischenmärkten im Herzen Amerikas. Es war ein Geschäft, das Buffett verstehen konnte, womit er meinte, dass es relativ einfach war und sich in seinen Grundlagen im Laufe der Zeit wahrscheinlich nicht ändern würde.

Als Buffett am 2. März 1999 in der Fernsehsendung „Nightline" in einem Dairy Queen in Omaha interviewt wurde, sagte er:

> „Es war ein Unternehmen, das ich verstehen konnte. Jetzt gibt es alle möglichen Unternehmen, die ich nicht verstehe, und ich versuche, mich nicht in diese einzukaufen, denn ... warum sollte ich erwarten, mit etwas Geld zu verdienen, das ich nicht verstehe? Ich bin zum Beispiel in keinem Hightech-Unternehmen engagiert. Aber ich verstehe einen Ultimate Hamburger oder einen Peanut Buster oder einen Dilly Bar, und damit kann ich umgehen. Und ich mag die Menschen, die es betreiben. Ich mag die wirtschaftlichen Aspekte des Geschäfts. Es ist ein gutes Geschäft."[276]

Ein Berkshire-Aktionär brachte die Stabilität eines solchen Unternehmens treffend zum Ausdruck: „Da man aus dem Cyberspace keine Kalorien herunterladen kann, wird es für Captains of Technology schwierig sein, Dairy Queen nennenswerte Gewinne abzugraben."[277]

Es gab auch einen Share-of-Mind-Vorteil: Vielerorts dachten die Menschen bei Eiscreme an Dairy Queen. 60 Jahre Familienvergnügen, Treffen mit Freunden und jede Menge Nostalgie hatte Loyalität geschaffen – sowohl gegenüber der Marke als auch gegenüber den Franchisenehmern, die das Gesicht von Dairy Queen in ihren Gemeinden waren. Die Marke wurde den Kunden von klein auf eingeimpft. Dairy Queen war viel mehr ein Ort zum Herumhängen als zum Beispiel Taco Bell oder Subway.

Bemerkenswerterweise war es zu einem Symbol des amerikanischen Kleinstadtlebens geworden, auf das in der Literatur Bezug genommen wird, zum Beispiel in „Walter Benjamin at the Dairy Queen: Reflections at Sixty and Beyond“ von Larry McMurtry, „Dairy Queen Days“ von Robert Inman und „Chevrolet Summers, Dairy Queen Nights“ von Rob Greene.

Alle diese Faktoren sprachen dafür, dass in dem Maße, in dem die amerikanische und kanadische Bevölkerung wuchs und die Gesellschaft wohlhabender wurde, Dairy Queen mehr Eiscreme verkaufen und die Gewinne steigen würden. Außerdem bestand Potenzial, die Marke im Ausland zu vermarkten.

Drittens: Der Gewinn war zurückgegangen und eine Erholung fällig

Es wurde vermutet, dass das Gewinnwachstum in den 1990er-Jahren durch die Spannungen zwischen IDQ und vielen seiner Franchisenehmer beeinträchtigt wurde. Diese spitzten sich zu, als etwa ein Drittel der verärgerten Franchisenehmer IDQ verklagte. Es herrschte das allgemeine Gefühl, dass das Unternehmen wenig Sinn für Orientierung oder eine Antwort auf Konkurrenten wie McDonald’s hatte, die in den Kleinstädten Kunden abwarben.

Der rechtliche Streitpunkt war jedoch die Behauptung, dass IDQ die Bezugsquellen für die Produkte zu stark kontrollierte und zu hohe Preise für das verlangte, was es lieferte (Eiscreme-Mischungen und so weiter). Die Franchisenehmer wollten die rechtliche Freiheit haben, alternative Lieferanten zu finden. Der Unmut entlud sich erstmals 1994, doch der Rechtsstreit zog sich über Jahre hin.

Während der Streit in der Öffentlichkeit weiterging, verbesserten sich die Beziehungen hinter den Kulissen Ende der 1990er-Jahre unter der Führung von John Mooty. Er und sein Managementteam gingen auf die Franchisenehmer zu. Sie entwickelten neue Produkte und Marketingkonzepte, um mit den Hot-Food-Konkurrenten zu konkurrieren. Sie waren auch transparenter, was die Finanzen von IDQ betraf, und senkten die Gewinnspannen der an die Franchisenehmer gelieferten Produkte.

Mooty investierte auch in das Marketing und versuchte, die Unternehmensgruppe so weiterzuentwickeln, dass sie für die Verbraucher relevant blieb. Unter dem Markennamen „Grill & Chill" wurde die Eiscreme- und Hot-Food-Formel eingeführt, die das Angebot an warmen Speisen von Standardgerichten wie Burgern, Pommes frites und Hot Dogs auf eine Vielzahl von Sandwiches, Salaten und Hähnchenprodukten erweiterte. Das 5-Dollar-Mittagessen (Hauptspeise und Dessert) war ein großer Erfolg.

Die Veränderungen schienen die Franchisenehmer zu beflügeln, auch wenn sich der Rechtsstreit hinzog. Dieser wurde im Jahr 2000 gütlich beigelegt, indem sich IDQ verpflichtete, in den Jahren 2000 bis 2005 jährlich fünf Millionen Dollar für die landesweiten Verkaufsförderungsprogramme des Franchisesystems bereitzustellen und sechs Millionen Dollar an die IDQ-Betreiberkooperative zu überweisen, um den Franchisenehmern weiterhin alternative Lebensmittelprodukte und andere Lieferungen zur Verfügung zu stellen.

Das Urteil wurde von beiden Seiten als gerecht empfunden, wobei IDQ den Nutzen der zusätzlichen Werbeausgaben zur Stärkung der Marke Dairy Queen hervorhob. Die Person, in deren Namen die Klage eingereicht worden war, Hugh Collins, zeigte sich anschließend versöhnlich und sagte: „Es war zwingend notwendig, dass wir diesen Rechtsstreit abschließen und unsere Differenzen beilegen. Die Bereiche, in denen die Franchisenehmer von Dairy Queen mit IDQ übereinstimmen, überwiegen bei Weitem unsere Streitpunkte. Wir können diesen Streit jetzt hinter uns lassen und uns auf die vielen Vorteile konzentrieren, die es mit sich bringt, Teil des Dairy-Queen-Systems zu sein."[278]

Der langjährige Franchisenehmer Mike McKinnon, der in der Region Olympia im Bundesstaat Washington fünf Grill & Chills betreibt, fügte hinzu:

„Wenn es zu Streitigkeiten zwischen Franchisegebern und Franchisenehmern kommt, geht es in der Regel um Produkte, die durch die Hintertür kommen, [aber] wir haben gesehen, dass sich die Dinge wirklich verbessert haben … Wenn man gegen seinen Franchisegeber prozessiert, ist es ziemlich schwierig, zusammenzuarbeiten. IDQ hat gute Arbeit geleistet und die Preise für die Produkte gesenkt, die es an seine Franchisenehmer verkauft."[279]

Als Buffett Ende 1997 den Kauf von IDQ mit Managern und Aktionären besprach, konnte er feststellen, in welchem Maße sich die Beziehungen zwischen Franchisenehmern und Franchisegebern rapide verbesserten – er konnte auch mit Freunden sprechen, denen das örtliche Dairy-Queen-Franchise gehörte. Er konnte feststellen, dass die Franchisenehmer von den neuen Formaten, die den Kunden angeboten wurden, und den verhältnismäßig herzlichen Beziehungen zum Franchisegeber wirklich begeistert waren. Daher hatte er guten Grund, zu glauben, dass die Gewinne von 1996 übertroffen würden.

Viertens: Buffett liebt das Produkt

Warren Buffett liebt Dairy Queen schon seit Langem. Als Junge nahm er eine junge Dame mit zu Dairy Queen. John Gainor, der später CEO von IDQ wurde, berichtet, dass Buffett ihm sagte, die Dame habe eine „großartige Erfahrung" gemacht, und dass Buffett „sagte, wenn er jemals die Gelegenheit hätte, würde er das Unternehmen kaufen. Das tat er dann 1998 auch."[280]

Im Mai 2019 machten sich Bill Gates und Warren Buffett einen Spaß daraus, Kunden in einem Dairy Queen in Omaha zu bedienen. Gates veröffentlichte ein Video ihrer Eskapaden auf seinem Blog GatesNotes unter dem Titel „Grilling and Chilling with Warren". Bill und Warren setzten sich nach ihren Strapazen schließlich zusammen, und Gates fragte Warren: „Wann hast du Dairy Queen gekauft und was hat es gut aussehen lassen?“

Buffett erwiderte: „Ich kenne Dairy Queen schon mein ganzes Leben lang. Dairy Queen wurde in den 1930er-Jahren gegründet, und als sie über einen Verkauf nachdachten, dachte er tatsächlich an Berkshire. Wer wäre besser geeignet als ein Mann, der das Produkt liebt, und wir haben ein Geschäft abgeschlossen und leben seitdem glücklich und zufrieden.“

Bill Gates schätzt seine Freundschaft mit Buffett sehr. In seinem Blog schreibt er: „Jedes Mal, wenn ich Warren treffe, bin ich von seiner überraschenden, aufschlussreichen und ‚auf den Kopf gestellten‘ Sicht der Welt beeindruckt. Er denkt anders – über fast alles. Zunächst einmal führt er seinen erstaunlichen Erfolg auf etwas zurück, das jeder tun könnte. ‚Ich sitze einfach in meinem Büro und lese den ganzen Tag‘, erklärt er.“

DIE ANBAHNUNG DES GESCHÄFTS

John F. „Grandpa“ McCullough und sein Sohn Alex experimentierten in den 1930er-Jahren in einem Keller mit der Beschaffenheit und Temperatur von Speiseeis und entwickelten schließlich halbgefrorenes Eis und Softeis. Sie benannten es nach Grandpas Kuh, die er als die Königin der Milchwirtschaft – „Dairy Queen“ – bezeichnete. Das Geheimnis eines guten Softeises besteht darin, während des Gefriervorgangs Luft einzublasen, damit es lockerer wird. Und wenn es mit einer höheren Temperatur als festeres Eis serviert wird, unterkühlt es die Geschmacksknospen nicht, was einen volleren Geschmack ermöglicht.

Im Jahr 1938 veranstaltete Sherb Noble aus Kankakee in Illinois, einer der Abnehmer ihres herkömmlichen Speiseeises, einen Tag unter dem Motto „Für 10 Cent so viel Softeis, wie du essen kannst“, um die Nachfrage nach Softeis zu testen. Mit 1.600 Portionen in zwei Stunden war die Aktion ein Hit.

Es dauerte eine Weile, die Gefriertechnik in den Griff zu bekommen, um das Eis zuverlässig gleichmäßig ausgeben zu können. Das Problem wurde mithilfe von Harry Oltz gelöst, der eine Maschine entwickelte, um die Temperatur konstant zu halten. Die Nutzungsrechte für die Maschinen und die Speiseeisrezeptur waren wertvoll und konnten als Grundlage für ein Franchise-Unternehmen genutzt werden. 1940 waren sie so weit, gemeinsam mit Noble die erste Dairy-Queen-Filiale in Joliet im Bundesstaat Illinois zu eröffnen. Nach 30 Monaten gab es schon acht Filialen.

1943 schlossen sie mit Harry Axene eine Vereinbarung, wonach er gegen eine Gebühr die Rechte für den Verkauf von Speiseeis in bestimmten Bundesstaaten erhielt. Axene verkaufte die Verkaufsgebiete gegen eine anfängliche Gebühr und eine Beteiligung an den Eisverkäufen weiter. Bis 1947 war das Unternehmen auf 100 Läden angewachsen. Bei den Geschäften mit Harry Axene handelte es sich nicht um echte Franchisevereinbarungen, da es keine zentrale Koordination gab, sondern jeder Ladenbesitzer das Geschäft nach seinen eigenen Methoden betrieb. Dennoch verbreitete sich der Name Dairy Queen schnell in den USA und Kanada, und bis 1955 wurden über 2.600 Geschäfte eröffnet.

1962 verkaufte die Familie McCullough für 1,5 Millionen Dollar ihre Anteile an eine Gruppe von DQ-Ladenbesitzern. Das neue Team machte sich daran, ein geordneteres System zu schaffen, indem es das Franchising, das Marketing, den Einkauf, die Betriebsabläufe und die Standards der Qualitätskontrolle koordinierte. Und so wurde seltsamerweise der Franchisegeber von einer Gruppe von Franchisenehmern gegründet.

1970 trat Dairy Queen an eine Gruppe von Geschäftsleuten aus Minnesota, darunter Rudy Luther und John Mooty, heran, um deren Autovermietungsgeschäft zu kaufen (sie glaubten an die damals populäre Strategie des Konglomerats). Das Geschäft kam nicht zustande, aber nachdem die Autovermietung an ein anderes Unternehmen verkauft worden war, ließ sich die Gruppe aus Minnesota dazu überreden, für fünf Millionen Dollar eine Mehrheitsbeteiligung an Dairy Queen zu erwerben, nachdem das Unternehmen in finanzielle Schwierigkeiten geraten war.

Die neuen Mehrheitseigentümer investierten weitere Millionen, um die Effizienz und die Standards zu verbessern. Dairy Queen ging 1977 an die Nasdaq. Unter der Führung von John Mooty stieg es zum fünftgrößten Fast-Food-Unternehmen in Amerika auf.

Im Sommer 1997 starb Rudy Luther, der 15 Prozent der Aktien gehalten hatte. Die Familie musste Geld für die Zahlung der Erbschaftssteuer aufbringen und wandte sich daher an Warren Buffett, damit er ein paar Aktien kaufte. Buffett hatte bereits zuvor Interesse am Kauf des gesamten Unternehmens gezeigt und äußerte diesen Wunsch erneut, erklärte jedoch, dass er nicht bereit sei, eine Minderheitsbeteiligung zu erwerben. Mooty und die Hauptaktionäre kamen zu dem Schluss, dass es ein guter Zeitpunkt sei, das Unternehmen zu verkaufen, und waren daher bereit, Verhandlungen mit Buffett aufzunehmen.

EIN SCHNELLES ANGEBOT

Ein Jahr vor Rudy Luthers Tod machte Dick Kiphart von der Investmentbank William Blair & Co. Buffett mit John Mooty und Mike Sullivan, dem CEO von IDQ, bekannt. Buffett „war von beiden Männern beeindruckt".[281] Somit war die Grundlage geschaffen, auch wenn es 1996 nicht zum Abschluss kam.

Doch im Herbst 1997 griff Kiphart zum Telefon und sprach mit Buffett in Omaha, um ihm mitzuteilen, dass eine Übernahme sowohl möglich als auch sinnvoll für Berkshire Hathaway wäre. Einen Tag später reichte Buffett sein Angebot ein.

Die veräußernden Aktionäre sollten die Möglichkeit haben, sich entweder für Bargeld oder für Berkshire-Aktien mit einem etwas niedrigeren sofortigen Wert zu entscheiden. „Indem wir die Gegenleistung so gestaffelt haben, haben wir die Aktionäre ermutigt, sich für Bargeld zu entscheiden, die Art der Zahlung, die wir bei Weitem bevorzugen. Doch auch so entschieden sich nur die Inhaber von 45 Prozent der IDQ-Aktien für Bargeld."[282]

In der Ankündigung vom 21. Oktober schrieb Mooty:

> „Unsere Familie wird mit ihren gesamten 35 Prozent der stimmberechtigten Aktien von Dairy Queen für die Fusion stimmen und sich dafür entscheiden, für alle in unserem Besitz befindlichen Dairy-Queen-Aktien Berkshire-Hathaway-Stammaktien zu erhalten. Wir sind nicht daran interessiert, unsere Dairy-Queen-Aktien gegen andere Wertpapiere einzutauschen. Ich persönlich halte Berkshire-Aktien für eine der besten Investitionen, die unsere Familie tätigen könnte, und wir gehen davon aus, dass wir die Aktien auf unbestimmte Zeit halten werden."

Buffett antwortete in der gleichen Erklärung: „Dairy Queen ist ein Unternehmen, das ich mag und das von einem hervorragenden Managementteam geführt wird. Dairy Queen wird eine großartige Ergänzung für die Berkshire-Familie sein." Dank der Tatsache, dass die leitenden Angestellten und Direktoren von Dairy Queen 50,9 Prozent der stimmberechtigten Aktien kontrollierten, konnte die Übernahme am 7. Januar 1998 abgeschlossen werden.

Im darauffolgenden Monat scherzte Buffett in seinem 1997er-Brief: „Charlie und ich bringen ein gewisses Maß an Produktkenntnis in diese Transaktion ein: Er ist seit Jahrzehnten Stammgast bei den Dairy Queens in Cass Lake und Bemidji in Minnesota und ich bin Stammgast in Omaha. Wir setzen unser Geld dort ein, wo wir es genießen."

In einem Interview für das Buch von Lawrence Cunningham aus dem Jahr 2014[283] sagte Mooty, dass das Geschäft „möglicherweise zu einem Preis unter dem finanziellen Wert" abgeschlossen wurde, weil

Berkshire den drei beteiligten Parteien – Aktionären, Mitarbeitern und Franchisenehmern – etwas anderes von Wert bot.

1. **Den Aktionären:** Diejenigen, die Berkshire-Hathaway-Aktien erwarben, wurden Anteilseigner eines außergewöhnlich gut geführten, diversifizierten Unternehmens, das in den nächsten zehn Jahren einen starken Anstieg des Aktienkurses erwarten ließ.
2. **Dem Management:** Im Berkshire-Imperium war Autonomie die übliche Arbeitsweise, und das Team von IDQ konnte Dutzende von Beispielen dafür finden, dass Buffett und Munger Unabhängigkeit und Handlungsfreiheit fördern.
3. **Den Franchisenehmern:** Sie brauchten Stabilität, Beständigkeit und das Engagement, die Marke und das Kundenangebot kontinuierlich auszubauen. Buffett und Munger sahen eindeutig die Notwendigkeit, über Jahrzehnte hinweg in wichtige Teile des Unternehmens zu investieren.

NACH DEM GESCHÄFT

Berkshire Hathaway hat außer für die ersten beiden Jahre seiner Eigentümerschaft keine Informationen über die finanzielle Performance von Dairy Queen veröffentlicht. 1998 flossen an Berkshire 35 Millionen Dollar Nachsteuergewinn von Dairy Queen aus einem Umsatz von 420 Millionen Dollar (ein leichter Anstieg gegenüber den 412 Millionen Dollar im Jahr 1996). Die Investitionsausgaben waren mit zehn Millionen Dollar relativ gering (die materiellen und immateriellen Abschreibungen beliefen sich auf sieben Millionen Dollar), sodass das Unternehmen über 30 Millionen Dollar an Barmitteln abwarf, die Buffett anderweitig investieren konnte.

Auch 1999 wurde ein Gewinn von 35 Millionen Dollar nach Steuern erzielt. Diesmal stiegen die Erlöse jedoch um 40 Millionen Dollar auf 460 Millionen Dollar. Unter Buffetts wachsamem Auge sanken die

Abbildung 8.2: Gesamtzahl der Geschäfte von Dairy Queen, Orange Julius und Karmelkorn, 1996 bis 2020

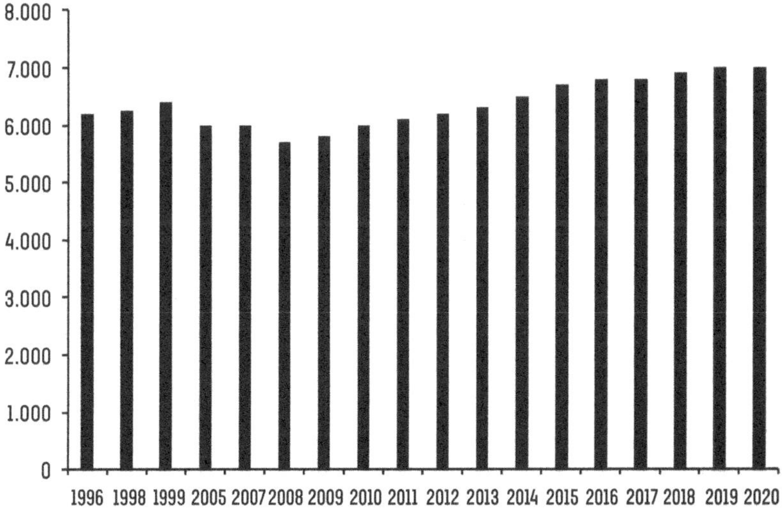

Investitionsausgaben sogar auf nur neun Millionen Dollar (die Abschreibungen beliefen sich auf vier Millionen Dollar), sodass Buffett erneut rund 30 Millionen Dollar an Gewinnen zur Verfügung standen, die er einsetzen konnte.

Es herrschte eine gewisse Aufbruchstimmung hinsichtlich des Potenzials, in den ersten Jahren Hunderte weiterer Geschäfte zu eröffnen. In der Tat stieg die Zahl der Verkaufsstellen von 6.244 im Jahr 1998 auf 6.400 im Jahr 1999 (siehe Abbildung 8.2). Danach schien es jedoch eher zu einem Abbau von Geschäften als zu einer Expansion zu kommen, denn die Gesamtzahl sank im Laufe des Jahrzehnts auf etwa 5.700 im Jahr 2008.

Es scheint, dass sich Markennamen nicht immer gut verpflanzen lassen. Während Amerikaner und Kanadier mit Dairy Queen, Chill & Grill, Blizzards und Dilly Bars vertraut sind, haben beispielsweise die meisten Europäer nie eine Zuneigung zu diesen Produkten entwickelt.

Sie haben ihre eigenen. Es ist bemerkenswert, dass es in meinem Heimatland, dem Vereinigten Königreich, keine Dairy Queens gibt. IDQ ist sich des mangelnden Bekanntheitsgrads der Marke in Großbritannien bewusst und versucht daher gar nicht erst, Unternehmern hier Franchisemöglichkeiten anzubieten.

Dairy Queen hat ähnlich wie See's Candies eine starke strategische Position, da das Produkt und die Marken von den Verbrauchern in bestimmten Gebieten sehr geschätzt werden. Bei See's Candies ist dies sehr begrenzt – hauptsächlich auf Kalifornien und die nähere Umgebung. Buffett ist sich der fehlenden Markentreue jenseits des historischen Marktes bewusst und hat die Expansion auf die Gebiete beschränkt, in denen das Unternehmen einen Wettbewerbsvorteil und damit Preissetzungsmacht hat oder wahrscheinlich schnell entwickeln wird.

Allerdings gibt es inzwischen Dairy-Queen-Filialen in 27 anderen Ländern als den Vereinigten Staaten und Kanada, und die Zahl der Filialen ist in den letzten zehn Jahren stetig auf mehr als 7.000 gestiegen, also wurden jedes Jahr etwa 100 Standorte gefunden, an denen das Team dachte, dass die Formel funktionieren würde.

Auf den Auslandsmärkten profitiert Dairy Queen vielleicht nicht von der amerikanischen Kleinstadtnostalgie, aber dafür hat das Unternehmen mit Warren Buffett ein Marketing-Ass in der Hand. Als Buffett beispielsweise bei der offiziellen Eröffnung einer neuen DQ-Filiale in Shanghai anwesend war, kamen über 250 Medienvertreter, um ihn zu interviewen, was eine enorme Menge an kostenloser Werbung bedeutete. Inzwischen gibt es in China über 800 Dairy Queens. Das hätte Grandpa McCullough beeindruckt.

LEKTIONEN

1. **Konzentrieren Sie sich auf die Steigerung des inneren Wertes Ihres Portfolios, nicht auf die Börsenkurse.** Der innere Wert ist die Summe der abgezinsten künftigen Eigentümergewinne.

2. **Seien Sie keine aufgeplusterte Ente.** Quaken Sie nicht prahlerisch nach einem sintflutartigen Regenschauer und glauben, dass Sie durch Ihre Paddelkünste in der Welt aufgestiegen sind. Vergleichen Sie die Kursveränderungen Ihres Portfolios mit denen des Gesamtmarkts. Seien Sie ehrlich und selbstkritisch.
3. **Wenn die Aktienkurse hoch sind, sollten Sie nicht in der Hoffnung verkaufen, aufgrund einer Marktprognose später billiger wieder kaufen zu können.**
4. **Wie beim Baseball müssen die Anleger nicht jeden Ball schlagen.** Tatsächlich können Anleger Hunderte von „Bällen" vorbeifliegen lassen, wenn die Preise im Verhältnis zu den Aussichten der Unternehmen zu hoch sind.
5. **Lassen Sie sich nicht von einem heiteren Konsens mitziehen.** Denken Sie unabhängig und rational über die aktuelle Differenz zwischen dem inneren Wert und dem Marktpreis nach. Gelegentlich ist der Marktkonsens übermäßig optimistisch, was dazu führt, dass der Preis weit über den inneren Wert steigt. Bei anderen Gelegenheiten ist die allgemeine Meinung viel zu pessimistisch und es wimmelt von Schnäppchen.
6. **Die Zukunft ist nie klar.** Würden Investoren warten, bis sich der Nebel der Ungewissheit lichtet, würden sie niemals investieren. Ungewissheit beziehungsweise Unsicherheit ist der Freund des Käufers von langfristigen Werten.
7. **Schauen Sie bei der Einschätzung der Ertragskraft und des inneren Wertes über die jüngsten Gewinnzahlen hinaus.** Buffett zahlte für IDQ ein hohes Kurs-Gewinn-Verhältnis von 17,4, weil er in den qualitativen Faktoren Potenzial für Gewinnwachstum sah. So bedeutete das Geschäftsmodell, dass die Franchisenehmer den größten Teil der Investitionskosten übernahmen, was zu hohen Kapitalrenditen für den Franchisegeber führte. Hinzu kamen eine ausgezeichnete Wirtschaftlichkeit und ein gutes Management sowie viele DQ-Läden, die die lokalen

Märkte dominierten; Geschäftsgrundlagen, die sich in Zukunft nicht so schnell ändern würden; ein hoher „Share of Mind“; und schließlich wurden Streitigkeiten und Fehler, die die historischen Gewinne behinderten, gelöst.

Investition 9

NETJETS

Eckpunkte des Geschäfts

Geschäft	NetJets
Zeit	1998
Gezahlter Preis	725 Mio. USD
Menge	100% des Eigenkapitals
Verkaufspreis	Noch gehalten
Gewinn	11 Jahre lang Verluste, dann Gewinne
Berkshire Hathaway 1998	Aktienkurs: 47.000-80.900 USD Buchwert: 57.403 Mio. USD Buchwert je Aktie: 37.801 USD

Auf die Frage nach dem Einfluss der Französischen Revolution soll der verstorbene ehemalige chinesische Premierminister Zhou Enlai gesagt haben: „Es ist noch zu früh, das zu sagen." Ähnlich verhält es sich mit Warren Buffetts Investition in NetJets im August 1998, die 725 Millionen Dollar kostete. In den folgenden elf Jahren machte das Unternehmen einen Gesamtverlust von 157 Millionen Dollar.

Bis 2010 sah die Investition sicherlich wie ein Blindgänger aus. Doch dann begann die Trendwende, die zu jährlichen Gewinnen von regelmäßig mehr als 200 Millionen Dollar führte. Wenn sich dieses Muster fortsetzt, dürfte Berkshire am Ende eine anständige Summe von NetJets erhalten. Aber es hat verdammt lange gedauert, und während dieser Zeit wurden Milliarden von Berkshires Barmitteln oder Bürgschaften von anderen Investitionsmöglichkeiten abgezogen, um NetJets expandieren zu lassen.

Es ist keine große Überraschung, dass Buffett in seinem Brief von 2011 erklärte: „Vor ein paar Jahren war NetJets meine größte Sorge: Die Kosten standen in keinem Verhältnis zu den Einnahmen und die Barmittel bluteten aus. Ohne die Unterstützung von Berkshire wäre NetJets pleitegegangen."

Die Opportunitätskosten für diese Investition in den ersten Jahren des 20. Jahrhunderts waren beträchtlich. Zukünftige Buffett-Historiker werden vielleicht zu dem Schluss kommen, dass das investierte Geld zwar zurückgewonnen wurde, aber dass es eine schlechte Investitionsentscheidung war. Wir werden abwarten müssen – vielleicht wird NetJets ja irgendwann Jahr für Jahr eine Milliarde Dollar einbringen, die Buffett dann anderweitig investieren kann. Auf jeden Fall dominiert das Unternehmen seinen Nischenmarkt des Teileigentums an Flugzeugen mit überwältigender Mehrheit, sodass hier ein gewisses Potenzial vorhanden ist – *wenn* die Nische wächst und *wenn* sich der Preiswettbewerb in Grenzen hält. Das sind zwei große Wenn.

DAS GESCHÄFTSMODELL

Bevor das NetJets-Modell erfunden wurde, hatte man als Führungskraft oder wohlhabende Person mit wenig Zeit, die fliegen wollte, drei Möglichkeiten. Erstens konnte man wie jeder andere einen Linienflug buchen. Doch selbst wenn man sich die erste Klasse gönnt, hat das offensichtliche Nachteile, zum Beispiel die Beschränkung auf bestimmte Zielorte und Flugzeiten. Außerdem kann das Drehkreuzsystem selbst ohne Flugverspätungen eine Geduldsprobe sein.

Zweitens könnte man sich einen eigenen Privatjet kaufen. Aber das wird teuer, vor allem wenn dieser Vermögensgegenstand, der einem

Wertverlust unterliegt, die meiste Zeit im Hangar steht. Außerdem sind Wartung, Versicherung, Personal und so weiter sehr kostspielig. Hinzu kommt, dass die meisten Privatflugzeuge keine Interkontinentalflüge schaffen. Als Faustregel gilt, dass sich der Kauf eines eigenen Flugzeugs nur lohnt, wenn man rund 400 Stunden pro Jahr in der Luft ist.

Die dritte Möglichkeit besteht darin, ein Privatflugzeug zu chartern, das einen mit minimalem Aufwand dorthin bringt, wo man hinwill. Der Nachteil sind die höheren Kosten pro Meile und die begrenzte Verfügbarkeit von Flugzeugen am richtigen Ort.

Der ehemalige Mathematikdozent und Goldman-Sachs-Mitarbeiter Richard Santulli dachte sich eine bessere Lösung für Menschen aus, die nicht jeden Tag ein Flugzeug brauchen, und nannte sie Fractional Ownership – zu Deutsch „Bruchteilseigentum“ oder „Teileigentum“. Dabei kauft man einen Teil eines Flugzeugs, beispielsweise ein Viertel oder ein Achtel. Dann hat man Anspruch auf 200 oder 100 Flugstunden pro Jahr.

Zusätzlich zu den Anschaffungskosten, die sich auf eine oder zwei Millionen belaufen können, bezahlt man eine monatliche Managementgebühr, um Dinge wie Pilotengehälter und -ausbildung, Versicherung und einen Hangarplatz zu decken (5.000–20.000 Dollar pro Monat für ein eher kleines Flugzeug wie einen Siebensitzer). Außerdem bezahlt man für jede Flugstunde separat Treibstoff, Wartung, Landegebühren, Reinigung und Verpflegung (1.300 Dollar und mehr pro Stunde).

NetJets sorgt dafür, dass das Flugzeug oder ein ebenso gutes Flugzeug an einem von Tausenden von Flughäfen zur Verfügung steht, wenn man es braucht (je nach Flugzeugtyp reicht es, vier bis sechs Stunden vorher Bescheid zu geben).

Santulli dachte sich, wenn NetJets groß genug wäre und Hunderte von Flugzeugen hätte, könnte es einen Kontinent flächendeckend so versorgen, dass sich die Kunden auch zu Stoßzeiten – zum Beispiel an Thanksgiving – auf die garantierte Verfügbarkeit eines Flugzeugs verlassen könnten, ohne den Ärger und die Kosten eines eigenen Flugzeugs auf sich nehmen zu müssen. Und diese Flugzeuge könnten kleinere, bequemer gelegene Flughäfen anfliegen als Linienflugzeuge.

Das letzte Element der Formel bestand darin, dass der Teileigentümer nach fünf Jahren NetJets auffordern kann, das Flugzeug zum Verkehrswert zurückzukaufen, in der Regel etwa 80 Prozent des ursprünglichen Listenpreises.

BEVOR RICHARD SANTULLI DAS UNTERNEHMEN KAUFTE

In den 1960er-Jahren steckte die Geschäftsluftfahrt noch in den Kinderschuhen, und die wenigen Flugzeuge, die es gab, waren in Firmen- oder Privatbesitz. Eine Gruppe pensionierter Luftwaffengeneräle aus dem Zweiten Weltkrieg erkannte eine Marktlücke: Privatjetflüge für Menschen, für die sich der Kauf eines eigenen Flugzeugs nicht lohnte.

Im Jahr 1964 gründeten sie Executive Jet Aviation (EJA), das weltweit erste Charterunternehmen für Geschäftsflugzeuge. Der Präsident des Unternehmens war Brigadegeneral Paul W. Tibbets Jr., der 19 Jahre zuvor die Enola Gay über Hiroshima geflogen hatte. Im Vorstand saß auch der Schauspieler und Pilot des Zweiten Weltkriegs Colonel James Stewart, der eine Kapitalbeteiligung erworben hatte. (Im Krieg verzichtete Stewart auf die Schauspielerei, um zu kämpfen. Er führte Geschwader in 20 Kampfeinsätzen über Deutschland und erhielt neben anderen Orden zwei Distinguished Flying Crosses und das Croix de Guerre.)

Sie richteten in Columbus, Ohio, eine Basis ein und kauften zehn Exemplare des neu eingeführten Learjets 23, der als „Ferrari der Lüfte“ galt.

Einige Jahre lang liefen die Geschäfte gut, doch dann sank durch die Ölkrise Mitte der 1970er-Jahre die Zahl der Führungskräfte, die bereit waren, für Privatflüge zu bezahlen. EJA hatte danach weiterhin zu kämpfen, und 1984 waren General Tibbets und der Vorstand bereit, das Unternehmen zu verkaufen. Tibbets hatte sechs Monate zuvor

Richard Santulli kennengelernt und dachte, dass er interessiert sein könnte, also bat er einen Bankangestellten, Santulli anzurufen.

RICHARD SANTULLI KAUFT EJA

Richard T. Santulli wurde 1944 in Brooklyn in eine Arbeiterfamilie hineingeboren und besuchte das Brooklyn Polytechnic Institute. Nach zwei Master-Abschlüssen (Mathematik und Verfahrensforschung) wurde er Mitglied der mathematischen Fakultät und begann seine Promotion.

Er war gern Dozent, hatte aber nach der Geburt eines Sohnes im Jahr 1967 das Gefühl, dass er sich „einen richtigen Job suchen" sollte.[284] Er ging zu Shell Oil und stieg zum Leiter einer Verfahrensforschungs-Gruppe auf. Er hielt Brooklyn die Treue und weigerte sich, nach Houston zu ziehen, als die Shell-Bosse beschlossen, die Zelte abzubrechen. Auch wenn er den Namen Goldman Sachs bislang nicht gekannt hatte, bewarb er sich dort um eine Stelle, um an einem Projekt zur Anwendung computergestützter Modelle im Investmentbanking mitzuwirken, einem damals neuen Konzept.

1972 wechselte er in die Abteilung für Leasing-Finanzierungen. Es dauerte nicht lange, bis er mit Mitte 30 zum Leiter dieser sehr profitablen Abteilung aufstieg. Dann, 1979, reichte er plötzlich seine Kündigung ein:

> „Im nächsten Jahr hätte ich Partner werden können, und das hätte sicherlich geklappt. Und das ist genau der Grund, warum ich gegangen bin. Ich liebte das Unternehmen, und ich wusste, wenn ich Partner von Goldman würde, wäre das im Grunde eine Verpflichtung fürs Leben. Und an diesem Punkt in meinem Leben war ich zu einer lebenslangen Verpflichtung nicht bereit … Ich wollte sehen, ob ich es auch ohne den Namen Goldman schaffen würde. Und der einzige Weg, das herauszufinden, war, mein eigenes Unternehmen zu gründen."[285]

Als der Co-Chef von Goldman, John Whiteman, erfuhr, dass Santulli ging, sagte er zu seinen Partnern: „Wenn er etwas gründet, dann sorgen Sie dafür, dass wir dort investieren."[286]

Santulli gründete RTS Capital Services, um sich auf die Vermittlung von Leasinggeschäften für Hubschrauber zu konzentrieren. Diesen Bereich vernachlässigten die großen Banken, weil er im Vergleich zum Leasing von Flugzeugen so klein war. Der Wettbewerb war daher begrenzt und kam nur von einer Handvoll regionaler Banken, „und die hatten keinerlei Fachkenntnisse in einem so komplizierten Bereich wie der Leasingfinanzierung".[287] Fünf Jahre später hatte er das größte Hubschrauber-Leasing-Unternehmen der Welt aufgebaut.

Als Santulli EJA entdeckte, lag das Unternehmen bereits in den letzten Zügen. Er schloss 1983 auf übelste Weise Bekanntschaft damit. Santulli war auf einem „Männer-Skiausflug" in Vail im Bundesstaat Colorado – einer von der Sorte, bei der man schäbige Kleidung trägt und sich nicht rasiert. Am Tag vor der Abreise rief ein Kunde an und sagte, er werde mit seinem Learjet heimfliegen. Ob Santulli und seine drei Freunde nach New York mitfliegen wollten? „Na klar."

Nach ein paar Stunden landete das Flugzeug, angeblich um aufzutanken, was seltsam war, da ein Learjet durchaus in der Lage ist, ohne aufzutanken nach New York zu fliegen. Noch merkwürdiger war, dass an jenem Sonntag auf dem Flughafen von Columbus General Tibbets im Anzug bereitstand, um sie zu begrüßen. Besagter Kunde sagte: „Rich, wenn Sie eine Minute Zeit haben, möchte ich, dass Sie mit den Leuten von Executive Jet sprechen. Ich möchte das Unternehmen vielleicht kaufen, und ich will, dass Sie es für mich finanzieren."[288]

Sie betraten einen Sitzungssaal, in dem acht Männer in Anzug und Krawatte saßen, die sich in der Annahme versammelt hatten, dass Santulli dort über den Kauf des Unternehmens sprechen wollte. Er war „stinksauer", weil er ohne Vorwarnung hinterlistig in diese Situation gebracht worden war. Er entschuldigte sich und erklärte, was geschehen war. Er habe kein Interesse an dem Unternehmen und wisse nicht einmal, wer sie seien. Er stieg wieder ins Flugzeug und reiste ab.

Sechs Monate später erhielt Santulli einen Anruf von einem Banker, der im Namen von General Tibbets anrief. Der betrügerische Kunde war von der Bildfläche verschwunden, und nun wollte der General über die Möglichkeit sprechen, dass Santulli EJA kaufte.

Das Unternehmen machte Verluste, aber zumindest, so dachte Santulli, wäre es ein nettes Nebengeschäft für seine Leasingfirma. Dort könnte er Flugzeuge abladen, deren Leasingprogramme ausliefen. Also kaufte RTS Capital Services im Jahr 1984 EJA.

DER AUFBAU DES BRUCHTEILSEIGENTUMS

Da Santulli nun eine Flugzeugfirma besaß, dachte er, dass er sich einen Privatjet kaufen sollte – das schien nur passend –, und EJA könnte sich dann darum kümmern. Aber als Mathematiker setzte er sich hin und rechnete durch, wie sich der unmittelbare Besitz eines Privatjets auswirken würde. In Anbetracht der wenigen Flugstunden, die er tatsächlich absolvieren würde – weniger als 50 im Jahr –, ergab es überhaupt keinen Sinn. Wenn er jedes Mal ein Flugzeug chartern würde, wenn er eines brauchte, wäre er besser dran.

Doch dann fiel ihm eine bessere Möglichkeit ein: mit einer Gruppe von Freunden ein Flugzeug kaufen. Drei Freunde kamen zu Santulli, um den Plan zu besprechen. Es war finanziell sinnvoll, sich ein Flugzeug zu teilen, das sahen sie alle ein und dazu waren sie bereit. Doch dann begannen die Probleme. Einer sagte, wenn sie ein Flugzeug hätten, dann würde er darauf bestehen, es jeden Dienstag und Donnerstag zu nutzen. Ein anderer sagte, er wolle es dann, wenn er es brauche, und das könne durchaus ein Dienstag oder Donnerstag sein. Eine Sackgasse.

Nach dem gescheiterten Treffen dachte Santulli über das Problem nach: gemeinsames Eigentum in Verbindung mit garantiertem Zugang, wenn man sein Flugzeug haben wollte. Wenn er das knacken könnte, hätte er es geschafft.

EINE INTELLEKTUELLE HERAUSFORDERUNG

Es war ein mathematisches Rätsel. Um es zu lösen, musste er auf die umfangreiche Datenbank zurückgreifen, die alle Flüge von EJA in den letzten 20 Jahren enthielt (die Militärs hatten ordentlich Buch geführt). Bei der Betrachtung der Flugmuster stellte er ein hohes Maß an Vorhersehbarkeit in Bezug auf Start, Ziel, Wochentag, Tageszeit, technische Ausfälle und so weiter fest.

Es dauerte fast sechs Monate, bis die Lösung gefunden war, aber es stellte sich heraus, dass NetJets für jeweils 20 Flugzeuge, die als Teileigentum verkauft wurden, 5,25 Flugzeuge für sich selbst kaufen und in seine Unternehmensflotte aufnehmen musste, um die Lücken zu füllen, wenn zwei oder mehr Miteigentümer ihr Flugzeug zur gleichen Zeit nutzen wollten. So konnte NetJets mit nur wenigen Stunden Vorlaufzeit ein Ersatzflugzeug mit den gleichen oder besseren Spezifikationen bereitstellen. Dies würde eine Verfügbarkeit von 98 Prozent ermöglichen.[289] Für die restlichen zwei Prozent der Fälle könnte NetJets Flugzeuge chartern.

NetJets würde sich um alles kümmern, von der Wartung bis zur Pilotenausbildung. Alles, was der Kunde tun musste, war, dem Kundendienst mitzuteilen, wann er wohin fliegen wollte.

ABFLUG

EJA startete das NetJets-Programm im Jahr 1986. Anfangs waren die angesprochenen potenziellen Kunden skeptisch, da sie dachten, dass es bestimmt zahlreiche Fälle geben würde, in denen sie ein Flugzeug benötigten, aber keines verfügbar war. Santulli sagte ihnen einfach, dass alles ausgearbeitet sei und NetJets tatsächlich die Verfügbarkeit garantieren könne. Wenn sie immer noch nicht daran glaubten, hätten sie nach sechs Monaten Anspruch auf die Rückzahlung ihres gesamten Geldes.

Santulli sagt, ihm sei klar gewesen, dass das ganze Geschäft platzen würde, wenn NetJets nicht „für die ersten 10, 15 oder 20 Kunden absolut perfekt wäre".[290] Um das zu verhindern, kaufte er acht Cessnas. Diese sollten nicht an Kunden weiterverkauft werden, sondern dienten als Reserveflugzeuge für die 25 Maschinen, die er in Bruchteilen von jeweils einem Sechzehntel (50 Flugstunden), einem Achtel, einem Viertel und der Hälfte (400 Stunden) verkaufen wollte. Bei erfolgreichem Verkauf würde sich die Flotte also auf 33 Flugzeuge belaufen.

TURBULENZEN

Aber es dauerte seine Zeit. Im ersten Jahr wurden nur vier Flugzeuge verkauft. Und es ging nicht aufwärts – im zweiten Jahr wurden nur vier verkauft, im dritten Jahr ebenfalls vier. Dann kam die Rezession 1989 und es wurden keine Bruchteile mehr verkauft.

Santulli verlor 35 bis 40 Millionen Dollar, weil er persönlich für die Schulden gebürgt hatte und hohe Fixkosten – zum Beispiel für Piloten – auch für ein Flugzeug anfielen, von dem nur ein Sechzehntel verkauft worden war. Er dachte, das sei das Ende, der Konkurs drohte. Zu allem Überfluss drängten Konkurrenten auf den Markt, was die Preiserhöhungen begrenzte.

Aber die Rezession hatte noch eine andere Auswirkung: Die Unternehmen schauten sich ihre Flugkosten genau an und fragten sich, ob sie wirklich weiterhin 100 Prozent eines Flugzeugs besitzen mussten. Der Verkauf eines Jets würde ihnen Millionen einbringen, um die schweren Zeiten zu überstehen. Wenn sie nur wenige Flugreisen pro Jahr machen mussten, war Bruchteilseigentum die perfekte Lösung.

Santulli wusste, dass der Weg zum endgültigen Erfolg darin bestand, der größte und beste Anbieter mit der größten Flotte, der größten geografischen Abdeckung und der größten Vielfalt an Flugzeugen zu sein. Das bedeutete, Flugzeuge im Wert von Hunderten von Millionen Dollar zu kaufen. Und irgendwoher musste das Geld dafür kommen.

Einen Rettungsanker warf Goldman Sachs im Jahr 1995 mit dem Kauf einer 25-prozentigen Beteiligung aus. Die Flotte wuchs, als das Modell von den Führungsetagen zunehmend verstanden wurde. Sogar Unternehmen mit eigenen Jets erkannten die Vorteile des Einsatzes von NetJets-Flugzeugen als Ergänzung zu den Kapazitäten ihres eigenen Jets.

Die Akzeptanz wurde durch den Beitritt berühmter Persönlichkeiten, von Arnold Schwarzenegger bis Tiger Woods, erheblich gesteigert. Ein Netzwerkeffekt machte sich bemerkbar: Die wachsende Zahl von Kundenflugzeugen bedeutete niedrigere Kosten pro Stunde, eine größere Abdeckung und damit einen größeren Nutzen, wenn man Mitglied der größten Gruppe, der NetJets-Kundenfamilie, war. Die Reichen und Berühmten begannen Schlange zu stehen, um sich in die Listen für die angesagten neuen Flugzeuge einzutragen.

Santulli hielt die Marke exklusiv, indem er sich weigerte, das Geschäft zur „Massenware" zu machen, indem er zum Beispiel einen Anteil von einem Zweiunddreißigstel anbot oder etwas kaufte, das weniger attraktiv war als die teureren Hawkers, Falcons und Gulfstreams. Das Unternehmen positionierte sich bewusst im oberen Marktsegment. Dies spricht nicht nur Elitekunden an, sondern zudem sind die zusätzlichen Ausgaben für die Qualität der Flugzeuge und die Sicherheitsschulungen beruhigend. Wie Buffett sagt: „Wenn Sie einen Gehirnchirurgen engagieren würden, würden Sie dann fragen, welcher der billigste ist?"[291]

Ende der 1990er-Jahre war EJA mit mehr als 1.000 Kunden, über 600 Piloten und 163 Flugzeugen – von denen 23 im Besitz von EJA waren oder von EJA geleast wurden – der bei Weitem größte Betreiber von Jets im Bruchteilseigentum in den Vereinigten Staaten. Und das Unternehmen wuchs schnell: Allein 1997 stammten 31 Prozent aller weltweit bestellten Geschäftsflugzeuge von ihm.

Das NetJets-Team strebte auch Wachstum in Europa an, wo das Unternehmen 1996 eintrat, um dort ebenso wie in Nordamerika eine kritische Masse aufzubauen. Amerikanische Kunden konnten mit einem in den Vereinigten Staaten stationierten Flugzeug nach Europa fliegen und dann innerhalb des Kontinents die Flugzeuge von NetJets Europe nutzen. Die in Europa ansässigen Kunden konnten den umgekehrten Weg gehen. Es wurden Pläne für ein Programm für den Mittleren Osten ausgearbeitet, das 1999 anlaufen sollte.

EINE ÄNDERUNG DER EIGENTUMSVERHÄLTNISSE

Goldman Sachs wollte 1998 eine Rendite auf seine 25-prozentige Beteiligung erzielen oder zumindest einen Marktwert und einen Handelsplatz für seine Anteile haben und drängte Santulli daher, das Unternehmen an die Börse zu bringen. Santulli zögerte, weil er glaubte, dass die Investoren an der Börse Angst vor der Volatilität und den geringen Gewinnen von NetJets in der Phase des schnellen Wachstums haben würden.

Wenn er es überhaupt an Investoren verkaufen konnte, dann wahrscheinlich zu einem niedrigen Preis, dachte er. „Ich könnte dieses Unternehmen niemals an die Börse bringen. Die Aktionäre wären nicht in der Lage, das Auf und Ab dieses Geschäfts zu ertragen“, erklärte er dem Journalisten Stephen Pope.[292] Santulli wollte sich auch nicht von „einem 28-jährigen Analysten“ sagen lassen, wie er sein Unternehmen zu führen habe.[293]

Aber vielleicht gab es jemanden, den er kannte, der die Stärke der Marktposition und das Potenzial des Unternehmens erkannte und bereit war, einen angemessenen Preis zu zahlen, während er ihm die Möglichkeit gab, das Unternehmen auszubauen?

VERKAUF EINES BRUCHTEILS AN BUFFETT

1995 rühmte Frank Rooney von H. H. Brown (Investition 4 in diesem Band) die Vorzüge seiner NetJets-Mitgliedschaft und schlug Buffett vor, sich mit Richard Santulli zu treffen, um eine Mitgliedschaft zu prüfen.

Buffett sagte: „Rich brauchte etwa 15 Minuten, um mir ein Viertel (200 Stunden pro Jahr) einer Hawker 1000 zu verkaufen."[294] Warren und seine Frau Susan sahen sich in Teterboro in New Jersey ein Flugzeug an, „und Rich saß dort in einer Hawker 1000, und meine Frau verliebte sich auf der Stelle", erinnerte sich Buffett in einem Interview mit Warren Berger, der dann frech fragte: „In Santulli oder in das Flugzeug?" Buffett lachte: „Glauben Sie mir, ich möchte sie niemals vor die Wahl zwischen mir und Rich stellen. Sie würde mich wahrscheinlich in einer Minute verlassen."[295]

In den folgenden drei Jahren flog die Familie Buffett auf 300 Reisen 900 Stunden. Sie schätzten den Service und fanden ihn freundlich, effizient und sicher. Buffett gefiel er so gut, dass er sich mit Begeisterung an einer Testimonial-Werbung beteiligte, lange bevor er wusste, dass es eine Möglichkeit gab, das Unternehmen zu kaufen. Aber er sagte zu Santulli, falls er jemals verkaufen wolle, solle er ihn bitte anrufen.

EINE KURZE DISKUSSION UND DANN EIN GESCHÄFT

Dieser Anruf kam im Mai 1998, als der Umsatz von 100 Millionen Dollar im Jahr 1995 auf fast eine Milliarde Dollar gestiegen war. Santulli wollte Buffetts Rat, ob er dem Drängen von Goldman Sachs, sein Unternehmen an die Börse zu bringen, nachgeben sollte. Buffetts Antwort: „Und wenn ich das Unternehmen kaufe?"[296]

Das Geschäft wurde in weniger als drei Wochen mit minimaler Prüfung der Bücher abgeschlossen. Wichtiger als eine detaillierte Due-Diligence-Prüfung ist für Buffett der Charakter der Person, die ihm Anteile verkauft. Die wichtigste Frage, die er sich bei jedem Geschäft stellt, ist, ob der Verkäufer „das Geld nehmen und sich an den Strand setzen oder bleiben und das Unternehmen leiten würde".[297] Santulli konnte Buffett leicht davon überzeugen, dass er die treibende Kraft hinter dem Unternehmen bleiben würde. „Ich betrachte es immer noch als mein Unternehmen", sagte Santulli kurz nach der Fusion zu *Forbes.*

Es gibt noch eine weitere Frage, die Buffett immer stellt: Ist diese Dienstleistung den Menschen das Geld wert? In Bezug auf NetJets kam er zu dem Schluss: „Meiner Meinung nach lautet die Antwort Ja – und der Beweis ist, dass niemand, der sie ausprobiert, sie jemals wieder aufgibt."[298]

WIR HABEN GERADE ERST ANGEFANGEN

Santulli war nicht wie andere Unternehmenseigentümer, die aus einem Unternehmen, das sein volles Potenzial bereits unter Beweis gestellt hat, aussteigen wollen. Nein, er sah NetJets erst am Anfang seiner aufregendsten Wachstumsphase stehen. Das Unternehmen brauchte daher einen Eigentümer mit tiefen Taschen, der eine sehr schnelle Expansion unterstützen konnte, ohne sich in den Betrieb einzumischen. NetJets musste seinen Konkurrenten weit voraus sein und so stark werden, dass potenzielle Rivalen abgeschreckt wurden, bevor sie überhaupt versuchten, in den Markt einzutreten.

Er hatte große Pläne, bestellte 220 weitere Flugzeuge und plante 60 weitere Bestellungen, was insgesamt fast vier Milliarden Dollar kostete. Er wollte den Dienst in Europa und Nordamerika drastisch ausbauen, was nicht nur erhebliche Ausgaben, sondern wahrscheinlich auch kurzfristige Verluste bedeuten würde. „Warren Buffett ist ein langfristiger Akteur. Er macht sich keine Gedanken über die nächsten drei oder sechs Monate", sagte Santulli im August 1998 dem *Columbus Dispatch.*[299] Buffett und Santulli waren sich einig in der Vision von schnellem Wachstum und langfristiger Marktdominanz.

Berkshire Hathaway erklärte sich bereit, für alle Anteile an EJA 725 Millionen Dollar zu bezahlen, davon 350 Millionen Dollar in bar und den Rest in Berkshire-Aktien. Die Fusion wurde am 7. August 1998 abgeschlossen, wobei Santulli mehr als die Hälfte des Erlöses erhielt: 250 Millionen Dollar in bar und 3.437 A-Aktien von Berkshire.[300]

Santulli verriet später, dass seine Freunde bei Goldman Sachs von dem Preis enttäuscht waren, weil sie glaubten, dass sie bei einem Börsengang für ihre 25-prozentige Beteiligung mehr erhalten hätten. In einem Interview mit Lawrence Cunningham erklärte er jedoch, er habe gewollt, dass das Unternehmen an Berkshire geht, weil er „neben dem Geld auch Berkshires Kultur der Autonomie und Beständigkeit schätzte“[301] – Motive, die wir bei Buffetts Geschäften immer wieder beobachten können.

Buffett erklärte Santulli öffentlich, dass er ein Künstler in leitender Funktion sei, der die Vision habe, zu wissen, was auf seinem Wandgemälde zu sehen sein sollte, während niemand sonst dies wisse. Alles, was Buffett zu tun habe, sei, Santulli etwas Farbe und ein paar Pinsel zu bringen und ihm ansonsten nicht im Weg zu stehen.

> „Rich ist nicht nur eine großartige Führungskraft, sondern auch sehr unterhaltsam. Wie die meisten unserer Führungskräfte hat er es finanziell überhaupt nicht nötig, zu arbeiten. Rich verbringt seine Zeit bei EJA, weil das sein Baby ist – und er sehen will, wie weit er es bringen kann. Wir beide kennen die Antwort bereits, sowohl im wörtlichen als auch im übertragenen Sinne: bis ans Ende der Welt.“[302]

WARUM HAT ER GEKAUFT?

Buffett hatte viele Gründe, NetJets für einen guten Kauf zu halten.

Als Marktführer mit einem Anteil von mehr als der Hälfte der Branche hatte NetJets einen Wettbewerbsvorteil, weil „unsere Kunden davon profitieren, dass wir eine Armada von Flugzeugen haben, die jederzeit im ganzen Land positioniert sind, und es diese Flächendeckung uns ermöglicht, einen unübertroffenen Service anzubieten. Gleichzeitig profitieren wir von der flächendeckenden Präsenz, weil wir dadurch die Kosten für Leerflüge reduzieren können."[303, 304] Und das Unternehmen hatte das Potenzial, die gleiche Dominanz im Kundenservice auf anderen Kontinenten zu erreichen.

Die Unabhängigkeit von den Flugzeugherstellern verschaffte NetJets einen Wettbewerbsvorteil, da das Unternehmen eine Vielzahl von Flugzeugen anbieten konnte, während seine Hauptkonkurrenten an den einen oder anderen Hersteller gebunden waren und daher nur deren Flugzeuge anboten. NetJets bezog „Produkte von Boeing, Gulfstream, Falcon, Cessna und Raytheon ... In der Tat ist NetJets wie ein Arzt, der jedem Patienten dasjenige Medikament empfehlen kann, das am besten zu seinen Bedürfnissen passt; unsere Konkurrenten produzieren hingegen eine ‚Hausmarke', die sie allen verschreiben müssen."[305]

Rich Santulli war ein brillanter Unternehmer und Manager, und er hatte in dieser Branche einen Informations- und Erfahrungsvorsprung.

Ein weiterer Wettbewerbsvorteil: Kunden, die für verschiedene Arten von Reisen eine Reihe von Flugzeugen benötigten, konnten Bruchteile von Flugzeugen unterschiedlicher Größe zu Gesamtkosten kaufen, die unter denen für den Kauf und Betrieb eines komplett gekauften Flugzeugs lagen. „So konnte ein Kunde beispielsweise je ein Sechzehntel von drei verschiedenen Jets besitzen (für jeweils 50 Flugstunden), was ihm insgesamt eine virtuelle Flotte verschaffte, die er für einen Bruchteil der Kosten eines einzigen Flugzeugs erhielt."[306]

Für Großunternehmen, die bereits ein oder zwei eigene Flugzeuge besaßen, war es attraktiv, Kunde des größten Teilflugzeugbetreibers mit der umfassendsten Abdeckung zu sein. „Einige der größten Unternehmen Amerikas nutzen NetJets als Ergänzung zu ihrer eigenen Flotte. Das spart ihnen viel Geld, sowohl bei der Deckung von Bedarfsspitzen als auch bei Einsätzen, für die ihre eigenen Flugzeuge unverhältnismäßig viele Leerflugstunden aufwenden müssten."[307] Auch hier hat also der marktbeherrschende Anbieter einen Vorteil.

Und schließlich bezahlten ja die Kunden die hohen Kapitalkosten der meisten Flugzeuge, wodurch sich die Kapitalbindung für Berkshire verringerte. Aber es blieb immer noch ein beträchtlicher Geldbetrag, der erstens in die Kernflotte und zweitens in Flugzeuge floss, die den Herstellern abgekauft wurden, von denen aber Bruchteile unverkauft blieben.

Das AAA-Bonitätsrating von Berkshire konnte die Kreditkosten für NetJets senken und den Weg zu einer wesentlich höheren Kreditaufnahme und damit zu einer schnellen Expansion ebnen.

DAS WACHSTUM HATTE ALLERDINGS SEINEN PREIS

Mit Berkshire im Rücken setzten die Manager von NetJets voll auf Wachstum. Innerhalb von zwei Jahren hatte sich der Umsatz mehr als verdoppelt und die Kunden besaßen Flugzeuge im Wert von zwei Milliarden Dollar. Schon 1998 fragte Buffett Santulli: „Wer ist die Konkurrenz in Europa?“, worauf dieser antwortete: „Niemand.“ Daraufhin sagte Buffett spitz: „Was brauchen Sie, damit das so bleibt?“[308] Es floss Geld von Berkshire, um das Ziel zu erreichen, das Bruchteilseigentum sowohl in den Vereinigten Staaten als auch in Europa zu dominieren.

Als 1999 der Aufbau einer kritischen Masse in Europa in vollem Gang war, schrieb Buffett, er beabsichtige, die Expansion von NetJets in der ganzen Welt zu unterstützen. „Das wird teuer – sehr teuer –, aber wir werden alles dafür tun. Die Größe ist sowohl für uns als auch für unsere Kunden entscheidend: Das Unternehmen, das weltweit die meisten Flugzeuge in der Luft hat, kann seinen Kunden den besten Service bieten. Das Motto ‚Kaufe einen Bruchteil und du bekommst eine Flotte‘ hat bei EJA eine echte Bedeutung.“[309]

Im Jahr 2000 wurde das Gaspedal noch stärker durchgedrückt, und es wurden neue Flugzeuge im Wert von 4,2 Milliarden Dollar bestellt.

Die Manager von NetJets hätten sogar noch mehr bestellt, aber sie nahmen bereits circa acht Prozent aller weltweit hergestellten Geschäftsflugzeuge ab und die Hersteller konnten nicht mithalten.

DER WORTGEWANDTE VERKÄUFER

Buffett wurde NetJets wichtigster Verkäufer. Auf der Berkshire-Jahreshauptversammlung im Mai war vom ersten Jahr an eine voll ausgestattete Kabine zu sehen (1998 war es ein Boeing Business Jet 737 mit Schlafzimmer, zwei Duschen, 14 Stunden Reichweite und 19 Passagiersitzen). Die zahlreichen Milliardäre und Hunderte von Millionären, die jedes Jahr die Berkshire-Wochenendveranstaltungen besuchen, sind die hauptsächliche Zielgruppe der NetJets-Verkaufsteams. Und Buffett hat es zur Tradition gemacht, das Unternehmen in seinem jährlichen Brief immer zu erwähnen.

Im Jahr 1999 überredete er zwei der unabhängigen Verwaltungsratsmitglieder von Berkshire, Flugzeugbruchteile zu kaufen. Dann verkündete er einen Durchbruch: „Und jetzt halten Sie sich fest! Letztes Jahr hat EJA den ultimativen Test bestanden: Charlie ist beigetreten. Keine andere Empfehlung könnte den Wert des Services von EJA besser unterstreichen.“[310] Munger, der für seinen sparsamen Umgang mit Geld bekannt ist, pflegte selbst dann, als er schon reich war, in der Economyclass zu fliegen, sodass der Umstieg auf Privatjets durchaus etwas Besonderes war.

Buffett ging so weit, in seinem Brief eine kostenlose Telefonnummer anzugeben: „Rufen Sie uns unter 1-800-848-6436 an und fragen Sie nach unserem ‚White Paper‘ über Fractional Ownership.“[311] Die Hauptversammlung im Mai 1999 hatte den Verkauf von mindestens acht Bruchteilen ausgelöst. Um für NetJets zu werben, sprach Buffett bei Abendessen oder Wirtschaftsforen an Orten wie Hollywood oder London. Und es gab eine berühmte Werbung mit Bill Gates und Warren Buffett, die sich in einem Jet rekeln und über einen Scherz lachen. Unbezahlbare PR.

GREIF ZU

Im Oktober 2000 sprach Santulli über Buffetts Einstellung zum Wachstum des Unternehmens: „Eines der schönsten Dinge daran, Teil von Berkshire zu sein, ist, dass Warren, wenn ich sagen würde ‚Ich werde für eine Milliarde Dollar Flugzeuge kaufen', zu mir sagen würde: ‚Warum fragst du mich? Mach es einfach.'"[312] Es wurden in großem Umfang Flugzeuge gekauft – mit großen Preisnachlässen – und Bruchteile davon verkauft; im Jahr 2001 wurden mehr als 50 neue Jets an Kunden ausgeliefert – sieben Prozent der Weltproduktion.

Das schnelle Wachstum ging jedoch zulasten der Rentabilität, da die Betriebskosten auf dem noch jungen europäischen Markt die Einnahmen überstiegen und die Jagd nach Wachstum in den Vereinigten Staaten die dortigen Betriebskosten in die Höhe trieb. Das Jahr 2001 brachte die Landung auf dem Boden der Tatsachen. Der Erlös stieg um mehr als 20 Prozent, doch das Unternehmen machte Verlust, obwohl das Interesse an Privatjetflügen nach dem Anschlag vom 11. September 2001 auf die Zwillingstürme wieder zunahm.

Zu diesem Zeitpunkt betreute NetJets allein in den Vereinigten Staaten 300 Flugzeuge. Aber die Marktanteile der Konkurrenten machten zusammengenommen fast die Hälfte des Marktes aus, und sie waren entschlossen, preislich wettbewerbsfähig zu bleiben, was wenig Raum für Gewinne ließ. Buffett schrieb, er erwarte „für einige Jahre" nur „bescheidene Gewinne".[313]

Trotz dieser düsteren Aussichten beharrte Buffett darauf, dass die Strategie richtig sei:

> „Die Aufrechterhaltung eines erstklassigen Sicherheits- und Serviceniveaus war schon immer teuer ... Egal, wie hoch die Kosten sind, wir werden weiterhin in allen drei Bereichen Branchenführer sein. Das kompromisslose Beharren darauf, seinen Kunden nur das Beste zu liefern, ist in der DNA von Rich Santulli verankert ... Ich freue mich über seinen Fanatismus in

diesen Dingen, sowohl für das Unternehmen als auch für meine Familie."[314]

Aber die Schulden wuchsen. Berkshire Hathaway hatte zur Unterstützung von NetJets Kredite in Höhe von weit mehr als einer Milliarde Dollar aufgenommen.

Im Jahr 2002 änderte EJA seinen Namen in seinen wertvollsten Markennamen, NetJets, als die Einnahmen einen neuen Rekord erreichten. Aber es fielen immer noch Verluste an. Buffett hielt an seinem Optimismus fest:

„Die nackte Tatsache ist, dass der Betrieb von Flugzeugen kostspielig ist. Mit der Zeit sollte sich diese wirtschaftliche Realität zu unserem Vorteil auswirken, da Privatflugzeuge für viele Unternehmen ein wesentliches Geschäftsinstrument darstellen. Und für die meisten dieser Unternehmen ist NetJets als Haupt- oder Ergänzungslieferant der benötigten Flugzeuge sehr sinnvoll. Viele Unternehmen könnten jährlich Millionen Dollar einsparen, wenn sie mit uns fliegen [und] ihre betrieblichen Möglichkeiten durch den Einsatz von NetJets steigern würden. Ein Bruchteilseigentum an einem einzigen NetJets-Flugzeug ermöglicht es einem Kunden, mehrere Flugzeuge gleichzeitig in der Luft zu haben."[315]

Im darauffolgenden Jahr kam es zu einem regelrechten Einbruch mit einem Verlust von 41 Millionen Dollar. Der größte Teil des Verlustes, 32 Millionen Dollar, war auf den Preisverfall bei gebrauchten Flugzeugen zurückzuführen. NetJets war verpflichtet, Flugzeugbruchteile von ausscheidenden Eigentümern zu den geltenden Preisen zurückzukaufen, aber bevor es sie weiterverkaufen konnte, fiel der Markt. Diese Art von Risiko wird den NetJets-Managern vor allem in Zeiten der Rezession immer wieder vor Augen geführt.

Obwohl Europa immer noch rote Zahlen schrieb, war Buffett guter Dinge:

> „Unsere Eigentümer lieben das NetJets-Erlebnis. Wenn ein Kunde uns einmal ausprobiert hat, ist die Rückkehr zur kommerziellen Luftfahrt so wie die Rückkehr zum Händchenhalten. NetJets wird mit der Zeit ein sehr großes Unternehmen werden, mit dem wir sowohl hinsichtlich der Kundenzufriedenheit als auch der Gewinne führend sein werden. Rich wird dafür sorgen."[316]

Buffett untermauerte diesen Optimismus, indem er zuließ, dass die Bestellungen neuer Jets auf mehr als sechs Milliarden Dollar stiegen, da die Zahl der Verträge mit Teileigentümern auf 3.877 stieg, verglichen mit etwa 1.200 im August 1998.

Mit Erleichterung konnte Buffett seinen Aktionären für 2004 einen bescheidenen Gewinn melden. Während der US-Markt profitabel war, war der europäische Markt, obwohl er an Dynamik gewann, „viel teurer, als ich erwartet hatte",[317] schrieb Buffett.

Dennoch, so fügte er hinzu, müsse Berkshire weiterhin in den europäischen Markt investieren, nicht zuletzt um seine amerikanischen Kunden bei Laune zu halten:

> „Unsere US-Eigner wollen schon jetzt einen Qualitätsservice, egal wohin sie reisen, und ihr Wunsch nach Flugstunden im Ausland wird in den kommenden Jahrzehnten mit Sicherheit drastisch zunehmen. Im vergangenen Jahr unternahmen US-Eigner 2.003 Flüge in Europa, das waren 22 Prozent mehr als im Vorjahr und 137 Prozent mehr als im Jahr 2000. Ebenso wichtig ist, dass unsere europäischen Eigentümer 1.067 Flüge in den USA absolvierten, was einem Anstieg von 65 Prozent gegenüber 2003 und 239 Prozent gegenüber 2000 entspricht."[318]

Doch dann ging 2005 alles wieder schief und zusätzlich zu den Gewinneinbußen in Europa rutschte das US-Geschäft weit in die roten Zahlen. Dennoch trieben Buffett und Santulli die Expansion voran und die ausstehenden Bestellungen für Flugzeuge stiegen bald auf mehr als zehn Milliarden Dollar (insgesamt über 400 Flugzeuge).

Auf der Einnahmenseite hatte sich die Expansion ausgezahlt – der Erlös war 2006 sechsmal so hoch wie 1998 –, es waren also Hunderte von Kunden gewonnen worden. Und endlich war auch Europa profitabel, nachdem dort bis Dezember 2006 ein kumulierter Vorsteuerverlust von 212 Millionen Dollar zu verzeichnen gewesen war. Auch das US-Geschäft hatte ein gutes Jahr, das NetJets einen Gewinn vor Steuern von 143 Millionen Dollar bescherte.

Im Jahr 2007 betrieb Santulli 487 Flugzeuge in den Vereinigten Staaten und 135 in Europa und wollte noch viel größer werden, sodass er weitere 541 Flugzeuge in Auftrag gegeben hatte. Ermutigt wurden er und Buffett durch den Gewinnanstieg im Jahr 2007 im Vergleich zu 2006. Vielleicht war dies ein Trend, der Durchbruch, auf den sie gewartet hatten? Im Jahr 2008 war der Gewinn mit 213 Millionen Dollar vor Steuern sogar noch höher.

DOCH DANN GING ALLES FURCHTBAR SCHIEF

Die Große Rezession schlug zu. Mit einem Schuldenberg von 1,9 Milliarden US-Dollar machte NetJets 2009 einen „erschütternden“[319] Verlust von 711 Millionen Dollar, der alle Gewinne zunichtemachte, die seit der Übernahme von NetJets durch Berkshire elf Jahre zuvor erzielt worden waren (Gesamtverlust vor Steuern 157 Millionen Dollar). In jenem Jahr gingen die Einnahmen um 1.465 Millionen Dollar oder 32 Prozent zurück, was auf einen Rückgang der Flugzeugverkäufe um 77 Prozent und einen Rückgang der Flugstunden um 19 Prozent zurückzuführen war, wodurch die Einnahmen aus dem Flugbetrieb sanken.

Das größte Problem war jedoch der enorme Bestand an gebrauchten Flugzeugen in einer Zeit, in der ihre Marktwerte sanken. Infolgedessen war NetJets gezwungen, „Wertminderungen und andere Verkleinerungskosten" in Höhe von 676 Millionen Dollar abzuschreiben. Die Verlockung für Bruchteilseigentümer, zu einem marktgerechten Preis an NetJets zurückverkaufen zu können, wurde NetJets zum Verhängnis.

Die Finanzkrise hatte Banker und andere Führungskräfte dazu veranlasst, einen Sparkurs einzuschlagen, und es war schlechte PR, in einen Firmenjet zu steigen, vor allem wenn man auf dem Weg zum Kongress war, um Finanzhilfen zu beantragen – ja, manche waren so krass.

Im Jahr 2009 verkauften die Eigentümer in einem noch nie da gewesenen Tempo ihre Bruchteile. NetJets kaufte sie, musste dann aber einige Monate später feststellen, dass die Preise noch tiefer gefallen waren und kein Käufer in Sicht war. Einige wurden in den Büchern zu 40 Prozent unter dem Preis geführt, den NetJets für sie bezahlt hatte.

WIRD ES ÜBERLEBEN?

Buffetts Brief zum Jahr 2009 enthielt ein *mea culpa*: „Es ist klar, dass ich Sie habe hängen lassen, als ich NetJets in diesen Zustand geraten ließ." Seine Lösung bestand darin, einen Berkshire-Manager hinzuzuziehen, der dafür bekannt war, harte Entscheidungen zu treffen, insbesondere die Kosten und das Personal zu reduzieren, nämlich David Sokol, den Buffett als „den enorm talentierten Erbauer und Betreiber von MidAmerican Energy" bezeichnete.

Sokol wurde im August 2009 CEO von NetJets, als Santulli zurücktrat. In Buffetts 2009er-Brief wurde Santulli kurz als „bisheriger CEO", als Verfechter von Sicherheit und Service und als „Vater" des Bruchteilseigentums erwähnt, aber es wurde keine detaillierte Erklärung für Santullis Rücktritt gegeben. War er nach einer Periode mit massiven Verlusten dazu gedrängt worden?

Beachten Sie jedoch, dass er zwar als CEO zurückgetreten war, sich aber bereit erklärt hatte, noch ein Jahr lang als Berater tätig zu sein, sodass dies nicht nach einem Rücktritt nach dem Motto „Lass dich hier nie wieder blicken" klang.

Andererseits gab es Gerüchte, Santulli habe sich gegen eine Verkleinerung des Unternehmens und die damit verbundenen Entlassungen gewehrt. „Quellen sagen uns, dass er hinausgedrängt wurde, weil er nicht aggressiv genug vorging, um die finanziellen Verluste des Fractional-Ownership-Riesen einzudämmen. Andere sagen, er sei in Ungnade gefallen, nachdem er Forderungen zurückgewiesen hatte, leitende Manager zu entlassen, die jahrelang mit ihm zusammengearbeitet hatten", schrieb Stephen Pope in *Business Jet Traveler*.[320]

Chad Trautvetter von *Aviation International News* hatte Gerüchte aufgeschnappt: „Unmittelbar nach der Ankündigung wurde heftig darüber spekuliert, ob der Firmengründer das Unternehmen freiwillig verlassen hat oder nicht, und mehrere Quellen sagten damals gegenüber *AIN*, dass die Finanzen von NetJets ein Faktor gewesen sein könnten."[321]

Santullis Verwendung der bei Rücktrittserklärungen üblichen und gewöhnlich mit Skepsis aufgenommenen Formulierung „um mehr Zeit mit meiner jungen Familie zu verbringen und anderen Interessen nachzugehen" dämpfte die fieberhaften Spekulationen nicht gerade.

Aber es gab viele Menschen, die Santulli aufs Wort glaubten. Er hatte eine Leidenschaft für Vollblutpferde, drei Kinder und drei Hunde. Es gab also viele andere Aspekte in seinem Leben, die er bis zu einem gewissen Grad geopfert hatte, während er darum kämpfte, NetJets in die Gewinnzone zu bringen.

In einer Mitteilung vom August 2009 zeigte sich Buffett bedauernd und freundlich:

> „Ich akzeptiere Richards Entscheidung, von seinem Amt zurückzutreten, nur widerwillig. Richard Santulli ist ein Synonym für die Fractional-Jet-Branche, und seine Vision und Energie haben

NetJets zu dem führenden Unternehmen gemacht, das es heute ist. Alle Freunde von Richard bei Berkshire Hathaway wünschen ihm alles Gute für diesen Übergang."

Im Dezember 2009 wurde Santulli Vorsitzender der Loan Value Group (einer Hypothekenmarktgesellschaft), und im August 2010 gründete er die Milestone Aviation Group, eine Leasinggesellschaft für Hubschrauber und Geschäftsflugzeuge. Darüber hinaus baute er seine philanthropischen Aktivitäten aus, die sich auf Menschen mit Entwicklungsstörungen, die Unterstützung des öffentlichen Bildungswesens für unterprivilegierte Jugendliche, Militärangehörige, die unter den Folgen einer traumatischen Hirnverletzung und posttraumatischem Stress leiden, sowie die Andre Agassi Foundation for Education konzentrieren. Er gelobte: „Alles, was ich besitze, werde ich zu meinen Lebzeiten verschenken, abzüglich der Summe, die meine Frau zum Leben braucht."[322]

IST DAS UNTERNEHMEN NOCH ZU RETTEN?

Es gab viele Kommentare zu der Frage, ob das Fractional-Ownership-Geschäftsmodell am Ende sei. War es zu teuer geworden im Vergleich zu der Alternative, die sich einer Führungskraft bietet, nämlich einfach nach Bedarf Flugzeuge zu chartern? Gab es zu viele Flugzeuge, die auf zu wenige Kunden warteten?

Michael Riegel von dem Beratungsunternehmen AviationIQ erklärte 2009, das Fractional-Geschäftsmodell sei gescheitert: „Es gibt eine Menge verärgerte Verbraucher, die beobachten, was vor sich geht", und stellte fest, dass der Rückgang der jährlichen Nettoumsätze mit Flugzeugbruchteilen seit 2002 ein Trend war.[323] Dies bedeutete, dass der drastische Verlust von Kunden im Jahr 2009 nicht einfach als rezessionsbedingter Ausrutscher abgetan werden konnte.

Er war der Meinung, dass die Kunden nicht gut behandelt wurden, dass die Stundensätze stärker als die Inflation stiegen und dass der

Betrag, der mit den genutzten Bruchteilen eingenommen wurde, niedriger war als erwartet.

> „Die Kosten, die man als Eigentümer zu tragen hat, sind viel höher als früher. Viele Eigentümer sagen, dass es zu teuer geworden ist und sie das nicht mehr machen wollen. Die Branche hat sich selbst eine Grube gegraben."[324]

Andere Kommentatoren erkannten die Probleme zwar an, hielten sie aber für lösbar und meinten, es seien eher „Anpassungen" als der Tod der Branche erforderlich. Der Berater Brian Foley sagte, er glaube, die Nachfrage nach Teileigentum sei möglicherweise überschätzt worden, die Hauptakteure hätten den Markt bis zum Punkt der Überkapazität hochgeredet und die „Kernnachfrage" sei „nicht da".[325]

NetJets und seine Konkurrenten müssten lernen, wie sie in einer gereiften anstatt einer wachsenden Branche effizient arbeiten können. Foley sagte „eine große Umwälzung voraus ... Die Fractionals werden überleben, aber es wird weniger Akteure geben, was für die Verbleibenden besser ist. Sie müssen einen Weg finden, in der reifen Phase profitabel zu bleiben."[326]

ENDLICH PROFIT

Dave Sokol handelte schnell. Innerhalb einer Woche hatte er die Führungsstruktur umgestaltet und einen neuen Leiter für NetJets North America sowie einen neuen Chief Operating Officer ernannt. Außerdem kündigte er an, dass der Hauptsitz von NetJets von Woodbridge in New Jersey nach Columbus in Ohio verlegt würde, wo sich der Flugbetrieb des Unternehmens befand.

Buffett scheint Foleys Argumentation akzeptiert zu haben, denn in seinem 2009er-Brief schrieb er, dass NetJets „mehr Flugzeuge besitzt, als für das derzeitige Betriebsniveau erforderlich sind".

Flugzeugbestellungen wurden storniert, und bis zum Frühjahr 2010 hatte Sokol die Schulden auf 1,4 Milliarden Dollar gesenkt. Innerhalb von zwei Jahren wurden 1.700 Mitarbeiter entlassen (von 7.945). Sokol hatte Pläne, „ausgewählte Flugzeuge" zu veräußern, weigerte sich aber, dies in Form eines Notverkaufs zu tun, sondern wartete, bis die Preise angemessen waren. Die Flotte wurde innerhalb von drei Jahren von 629 Flugzeugen auf weniger als 500 reduziert.

Er sagte, die harten Entscheidungen seien notwendig:

> „Wenn man einen so großen wirtschaftlichen Wandel wie im Herbst 2008 erlebt, muss man sich neu erfinden. Ich wette, in fünf Jahren werden wir alle auf das Jahr 2008 zurückblicken und sagen, dass es das Beste war, was der Luftfahrtindustrie je passiert ist, weil es Innovationen erzwungen hat, die es sonst nicht gegeben hätte."[327]

Das Urteil von Stephen Pope in *The Business Jet Traveler* lautete so:

> „Die Prognosen für das Unternehmen sind gut, denke ich. Das Fractional-Ownership-Geschäftsmodell ist ausgereift, und die Anpassung an den nächsten Wachstumszyklus wird eine neue Denkweise erfordern ... die Kernkundschaft des Unternehmens ist immer noch da. Sie will nicht zum Chartern zurückkehren. Sie will zum Telefonhörer greifen, vier Stunden später am Flughafen ankommen und in ein sorgfältig gewartetes Flugzeug mit gut ausgebildeten Piloten einsteigen, die sich an die Vorschriften halten. Die Kunst wird darin bestehen, die richtige Balance zu finden, damit die Zahlen wieder stimmen."[328]

Der bemerkenswert schnelle Turnaround gefiel Buffett sehr, und im Frühjahr 2010 schrieb er (in seinem Brief 2009), dass die bereits umgesetzten Pläne zu einer passenden Schrumpfung führen würden. Außerdem sei NetJets auf dem Weg, 2010 einen Gewinn zu erzielen.

Leider war die Zeit von David Sokol bei NetJets begrenzt. Seine Zeit bei Berkshire Hathaway wurde Anfang 2011 durch einen bedauerlichen Vorfall unterbrochen. Er hatte Aktien von Lubrizol gekauft, bevor er Buffett vorschlug, Berkshire Hathaway solle das Unternehmen kaufen. Er kaufte sie, weil er das Unternehmen für hervorragend und für eine ausgezeichnete Investition hielt, aber er fragte auch den CEO von Lubrizol, ob er an einem Aufkauf durch Berkshire interessiert sei.

Sokol wusste nicht mit Sicherheit, dass Buffett Lubrizol kaufen würde, als er seine zehn Millionen Dollar investierte. Er hatte Buffett mitgeteilt, dass er Aktien von Lubrizol besaß, aber „es war eine beiläufige Bemerkung, und ich habe ihn nicht nach dem Datum seines Kaufs oder nach dem Umfang seiner Beteiligung gefragt", schrieb Buffett.[329]

Carol Loomis vom *Fortune Magazine* schrieb: „Die Fakten über Sokols Kauf brachten ihn – in Verbindung mit dem Anstieg der Lubrizol-Aktien, der mit Buffetts Entscheidung, tatsächlich zu kaufen, einherging – in Verruf, weil einige Beobachter das für möglichen Insiderhandel hielten."[330]

Buffett war darauf bedacht, öffentlich darauf hinzuweisen, dass Sokols Handlungen nicht rechtswidrig waren, auch wenn er einen Gewinn von drei Millionen Dollar erzielte, der nur einen Bruchteil seiner jährlichen Vergütung ausmachte.

Sokol trat am 28. März zurück, um, wie er sich ausdrückte, „die verbleibende Zeit meiner Karriere zu nutzen, um die Geldmittel meiner Familie zu investieren".[331] Er hatte in den Jahren zuvor bereits zwei ähnlich formulierte Rücktrittsgesuche eingereicht, aber Buffett hatte ihn überredet, weiterzumachen. In der Ankündigung vom März schrieb Buffett, dass er ihn nicht um seinen Rücktritt gebeten habe und dieser für ihn überraschend gekommen sei, dass er aber auch nicht vorhabe, ihn auch dieses Mal zu bitten, im Amt zu bleiben.

Im April kam ein Bericht des Berkshire-Prüfungsausschusses zu dem Schluss, dass gegen die Richtlinie des Unternehmens verstoßen worden war, wonach es seinen Managern untersagt war, Aktien von Unternehmen zu kaufen, deren Übernahme Berkshire in Erwägung zog. Auch die Richtlinie, vertrauliche Informationen nicht für den persönlichen Gebrauch zu verwenden, war nicht befolgt worden, und der Ruf von Berkshire war geschädigt worden.

Einige Tage später sagte Buffett auf der Jahreshauptversammlung, er bedauere, dass er Sokol nicht schärfer gerügt habe. Er korrigierte dies, indem er Sokols Vorgehen als „unentschuldbar und unerklärlich" bezeichnete. Später teilte die Börsenaufsichtsbehörde Sokol mit, dass gegen ihn keine Vollstreckungsmaßnahmen eingeleitet würden. Er beteuerte weiterhin seine Unschuld in dieser Angelegenheit.

KONTINUIERLICH PROFITABEL

Der Umschwung innerhalb eines Jahres war bemerkenswert. NetJets meldete im Jahr 2010 einen Gewinn vor Steuern in Höhe von 207 Millionen Dollar, sieben Prozent mehr als 2009. Buffett lobte, dass „Berkshires einziges großes geschäftliches Problem" zu einem „solide profitablen Unternehmen" geworden sei.[332] Der Marktanteil war fünfmal so hoch wie der des nächsten Konkurrenten und die Kundenzufriedenheit erreichte neue Höchstwerte.

Im darauffolgenden Jahr stiegen die Gewinne um ein Zehntel, was auf eine Verkleinerung der Flotte um zehn Prozent zurückzuführen war, die die Wartungskosten senkte. Jordan Hansell übernahm den Vorsitz und die Geschäftsführung im April 2011, zwei Jahre nachdem er als Chief Administrative Officer und Chefsyndikus eingestellt worden war. Er begann mit dem Aufbau einer Präsenz in Asien und ging Partnerschaften mit einigen lokalen Unternehmen ein.

Die Erträge stagnierten 2012, stiegen aber 2013 um sieben Prozent, gefolgt von einem weiteren stetigen Anstieg im Jahr 2014.

Einen Ausrutscher bei der Gewinnentwicklung gab es 2015, als das Unternehmen nach der Beilegung eines erbitterten Streits Pauschalbeträge an die Piloten zahlte. Die Piloten von NetJets hatten sogar

Streikposten vor den Aktionären von Berkshire Hathaway aufgestellt, die im Frühjahr 2014 an der Berkshire-Jahreshauptversammlung in Omaha teilnahmen. Sie waren wütend über Gehaltskürzungen und gestiegene Gesundheitskosten. Der Gewerkschaftsvorsitzende berichtete, dass 98 Prozent der Piloten Hansell das Misstrauen ausgesprochen hatten. Es wurden Klagen eingereicht.

Im Juni 2015 verließ Hansell das Unternehmen und wurde durch Adam Johnson ersetzt, der seit 1996 bei NetJets tätig war. Er hatte das Unternehmen erst einen Monat zuvor verlassen und war gerade dabei, eine neue Aufgabe bei einem anderen Unternehmen zu übernehmen.

In seine Rolle als Präsident und COO kehrte auch Bill Noe zurück, ein ehemaliger Pilot, der NetJets zwei Monate zuvor nach 22 Jahren bei dem Unternehmen verlassen hatte. Der Gewerkschaftsführer war „vorsichtig optimistisch", dass die neue Führung die angespannten Beziehungen wiederherstellen würde. Er scheint recht gehabt zu haben, denn die Gewinne stiegen 2016, 2017, 2018 und 2019.

Interessant ist, dass die Direktoren seit der Krise von 2009 die Lektion gelernt haben, dass das Wachstum des Kernmarkts nicht übertroffen werden darf, und deshalb die Flottenerweiterung begrenzt haben. Tatsächlich war die Zahl der Flugzeuge im Jahr 2020 mit 629 genauso hoch wie 2008 (nachdem sie in den Jahren 2011 bis 2013 unter 500 gesunken war).

NetJets hat sich wirklich zu einem ausgereiften Unternehmen entwickelt, das sich auf den Gewinn konzentriert. Es ist kein Start-up-Unternehmen mehr, das schnelles Wachstum anstrebt und befürchtet, nicht groß genug zu sein, um seine Branche zu dominieren.

Gewinne von mehr als 200 Millionen Dollar pro Jahr seit mehr als einem Jahrzehnt deuten darauf hin, dass das Unternehmen stark genug ist, um die gewünschte Kundschaft anzuziehen, nämlich diejenigen, die bereit sind, einen für beide Seiten akzeptablen Preis zu zahlen, um mit nur vier Stunden Vorlaufzeit um die Welt zu jetten – etwas, das 1986 nur ein Traum war, als Rich Santulli darum kämpfte, seine mathematischen Gleichungen auf einen profitablen Weg zu bringen.

Ob Buffett 725 Millionen Dollar für NetJets hätte zahlen sollen, müssen wir abwarten.

LEKTIONEN

1. **Als Investor muss man manchmal sehr geduldig sein.** Buffett hielt trotz jahrelanger Verluste an seiner Strategie fest, die Marktdominanz zu festigen – den Burggraben zu vertiefen.
2. **Manche Marktsegmente sind einfach zu klein, um große Gewinne zu ermöglichen, selbst wenn das marktbeherrschende Unternehmen mehrere Wettbewerbsvorteile hat.** Nachdem Buffett zunächst 725 Millionen Dollar und dann weitere Millionen an jährlichen Verlusten gezahlt hatte, stellte er fest, dass der Markt für Bruchteilseigentum viel begrenzter war als zunächst angenommen. Als das Unternehmen dies erkannte, passte es sein Angebot entsprechend an, was zu einem Strom von (unspektakulären) Gewinnen führte.
3. **Benjamin Graham legte den Schwerpunkt auf bewährte Tatsachen wie nachgewiesene Gewinne in der Vergangenheit oder ein solides Nettoumlaufvermögen, aber Buffett entfernte sich mit seiner Investition in NetJets deutlich von diesem Grundsatz.** Er konzentrierte sich auf die Hoffnung, was aus NetJets in vielen Jahren werden könnte, wenn genug Geld in das Unternehmen gepumpt würde. Ist das wirklich Value-Investing?

Investition 10

GENERAL RE

Eckpunkte des Geschäfts

Geschäft	**General Re**
Zeit	1998
Gezahlter Preis	22 Mrd. USD
Menge	100% des Eigenkapitals
Verkaufspreis	Noch gehalten
Gewinn	5 Jahre lang Verluste, dann versicherungstechnische Gewinne. Zusätzlich ständige Verwendung des Versicherungsfloats von 15 bis 23,7 Mrd. USD für Investitionen
Berkshire Hathaway 1998	Aktienkurs: 47.000-80.900 USD Buchwert: 57.403 Millionen Dollar Buchwert je Aktie: 37.801 USD

Versicherungen sind das Herzstück von Berkshire Hathaway. Die erste bedeutende Handlung, nachdem Warren Buffett die Kontrolle über Berkshire übernommen hatte, war 1967 der Kauf von National Indemnity für 8,6 Millionen Dollar. Eine gut geführte Versicherungsgesellschaft in Berkshire einzugliedern hat zwei Hauptvorteile. Erstens könnte sie, auch wenn die meisten Versicherungsunternehmen dies nicht tun, einen Gewinn aus dem Versicherungsgeschäft erzielen. Das heißt, dass der Betrag, den sie für Schäden auszahlt, zusammen mit den Betriebskosten (Löhne und so weiter) kleiner ist als die Prämieneinnahmen.

Zweitens führt die Verzögerung zwischen der Überweisung der Prämien durch die Versicherungsnehmer und der Auszahlung der Versicherungsansprüche dazu, dass sich Geld im Unternehmen befindet, das man auch als Float bezeichnet. Als Buffett die Kontrolle über National Indemnity übernahm, belief sich der Float auf 17,3 Millionen Dollar. Für Buffett war das eine beträchtliche Summe, die er investieren konnte; schließlich hatte Berkshire Hathaway damals ein Reinvermögen von weniger als 30 Millionen Dollar. Sein Geschick sollte zu hohen Renditen auf das ihm anvertraute Geld führen.

Technisch gesehen behandeln Buchhalter den Float als Verbindlichkeit von Berkshire, da er irgendwann für Schadensfälle ausgezahlt werden soll. In Wahrheit ist der Float in den richtigen Händen ein enormer Vermögenswert.

Nachdem Buffett in den 1970er-Jahren erlebt hatte, wie aufregend es ist, mit dem Float Geld zu verdienen und gleichzeitig (in den meisten Jahren) profitable Versicherungsgeschäfte zu machen, war er entschlossen, die Versicherungssparte des Unternehmens auszubauen. Zu National Indemnity fügte er eine Reihe anderer Unternehmen hinzu, von denen GEICO das bedeutendste war. Bis 1998 hatte die Versicherungssparte einen Börsenwert von mehr als sieben Milliarden Dollar und erwirtschaftete jährliche Prämien von mehr als fünf Milliarden Dollar.

Dann wagte Buffett einen Riesensprung, indem er den Float von Berkshire von sieben Milliarden Dollar auf 22,8 Milliarden Dollar verdreifachte, indem er den führenden Rückversicherer General Re kaufte. Er bezahlte nicht mit Bargeld, sondern durch die Ausgabe von A- und B-Aktien,[333] die etwa 272.200 A-Aktien von Berkshire entsprachen. Dadurch erhöhte sich das umlaufende Aktienkapital um 21,8 Prozent und die Zahl der Berkshire-Aktionäre verdoppelte sich auf etwa 250.000.

Eine andere Betrachtungsweise ist, dass die bisherigen Aktionäre von General Re nach der Übernahme mehr als ein Fünftel des wirtschaftlichen Wertes von See's Candies, FlightSafety, NFM und den anderen hundertprozentigen Tochterunternehmen sowie mehr als ein Fünftel der marktfähigen Wertpapiere von Berkshire besaßen, zum Beispiel die 8,1-prozentige Beteiligung an Coca-Cola (im Wert von 13,4 Milliarden Dollar) und die 11,3-prozentige Beteiligung an American Express (im Wert von 8,4 Milliarden Dollar).

Durch die Ausgabe neuer Aktien von Berkshire Hathaway verringerte sich auch Warren Buffetts Anteil am wirtschaftlichen Nutzen der Unternehmen der Gruppe von 43 Prozent auf 34 Prozent (er und seine Frau Susan hielten jedoch über ihre A-Aktien 38,4 Prozent der Stimmrechte).

Was erhielt Berkshire im Gegenzug?

Buffett dachte, er bekäme eine konservativ geführte Versicherungsgesellschaft, die entweder versicherungstechnische Gewinne oder hier und da kleine Verluste macht. Und er bekam einen Float in Höhe von 15 Milliarden Dollar, der seine Feuerkraft erheblich erhöhte. Nach der Übernahme reduzierte er die Investmentabteilung von General Re für die Verwaltung dieses Floats fast sofort von 150 auf eine Person, nämlich sich selbst.

Doch das Unternehmen brachte auch einen ganzen Haufen Probleme mit sich. Buffett und Munger brauchten Jahre, um die Probleme in den Griff zu bekommen. Sie reichten von zu preisgünstigen Versicherungen und unzureichenden Rückstellungen für wahrscheinliche Schadensfälle bis hin zu einer riesigen Anzahl von Derivategeschäften (über 23.000 Kontrakte mit 884 Gegenparteien). Nach dem Kauf durch Berkshire blutete General Re finanziell. In den ersten fünf Jahren verlor das Unternehmen mit dem Versicherungsgeschäft 7,9 Milliarden Dollar.

Ende 2001, nach dem Terroranschlag auf die Zwillingstürme in New York, lief es so schlecht, dass Buffett sagte, General Re wäre pleite gegangen, wenn Berkshire nicht so tief in die Tasche gegriffen hätte, um das Unternehmen zu retten. Zu diesem Zeitpunkt hielten viele, einschließlich Buffett, den Kauf für einen Fehler.

Doch später wurde General Re zu dem, was Buffett einen Schatz nannte. Die Geschichte vom Niedergang und Aufstieg der Rückversicherung ist lehrreich für jeden, der sich für Investitionen in Versicherungsunternehmen interessiert, nicht zuletzt weil sie zeigt, wie wichtig es ist, Manager mit der richtigen vorsichtigen Einstellung zu haben, die durch die rationale und entschlossene Übernahme von Versicherungsgeschäften zu niedrigen Kosten einen Float schaffen.

DAS VERSICHERUNGSGESCHÄFT

Um die Bedeutung der Übernahme von General Re zu verstehen, müssen wir zu den Anfängen zurückgehen, sowohl was die Ursprünge von Berkshires Versicherungsgeschäft als auch was die Funktionsweise der Versicherungsbranche betrifft.

National Indemnity als Fundament

Nach dem Kauf von National Indemnity und der Schwestergesellschaft National Fire and Marine Insurance interessierte sich Buffett sehr für deren Versicherungsgeschäft. Außerdem übernahm er die vollständige Kontrolle über die Anlage ihres Floats. Zu diesem Zeitpunkt konzentrierte sich National Indemnity auf Sach- und Unfallversicherungen, insbesondere für Fahrzeuge. (Mehr über National Indemnity finden Sie in Band 1, Investition 11.)

Von Anfang an machte Buffett die Rentabilität des Unternehmens zum obersten Ziel. Dies bedeutete, dass man auf Einnahmen verzichten musste, wenn die verlangte Prämie wahrscheinlich nicht höher war als die Auszahlungen an die Versicherten und die Betriebskosten. Um die Mitarbeiter zu ermutigen, nicht auf Umsatzwachstum zu setzen, sagte er, dass sie alle ihren Job behalten würden, selbst wenn die Kundenzahlen ein oder zwei Jahre lang um zwei Drittel zurückgingen. In einem Vortrag vor Studenten der Universität Notre Dame sagte er einmal, wenn die Versicherungspreise unattraktiv seien, „machen viele Mitarbeiter Kreuzworträtsel". Das Unternehmen würde abwarten, bis die Versicherungstarife wieder anziehen. Dann würden die Mitarbeiter vollauf beschäftigt sein.

Es sah gut aus, denn die in den Jahren 1967, 1968 und 1969 gemeldeten versicherungstechnischen Gewinne generierten einen Float, ohne dass damit Kosten verbunden waren. Zunächst wurde der Float nur schrittweise auf 23,4 Millionen Dollar im Jahr 1969 erhöht. In diesem Jahr startete Berkshire unter der Leitung von George Young eine Rückversicherungssparte.

Rückversicherer verringern die Risikoexposition der Erstversicherer, indem sie gegen eine Prämie einen Teil des Risikos auf sich selbst übertragen. So könnte ein Rückversicherer die Hälfte des Risikos eines kalifornischen Erdbebens von einem lokalen kalifornischen Erstversicherer übernehmen oder sich bereit erklären, Schäden oberhalb eines bestimmten Betrags zu decken, zum Beispiel dass der kalifornische Versicherer die ersten zehn Millionen Dollar Schaden übernimmt und alles, was darüber hinausgeht, vom Rückversicherer gezahlt wird.

Außerdem übernehmen Rückversicherer häufig Rückversicherungsgeschäfte von anderen Rückversicherern, um das Risiko auf größere oder vielfältigere Schultern zu verlagern (dies wird oft als Retrozession bezeichnet). Das fast sofort profitable Rückversicherungsgeschäft wuchs schnell.

Im Jahr 1970 expandierte Berkshire in eine andere Richtung und gründete Cornhusker Insurance[334], ein „Homestate"-Unternehmen. Homestate-Versicherungen sind Sach- und Unfallversicherungen, die auf lokaler Ebene angeboten werden (Haus-, Auto-, Arbeiterunfallversicherung für Gesundheitsversorgung und Arbeitsausfall).

Auf Cornhusker, benannt nach einem Spitznamen für Nebraska, folgten 1971 die Lakeland Fire and Casualty Company in Minnesota, 1972 die Texas United Insurance und 1973 die Insurance Company of

Iowa. 1976 wurde die Kerkling Reinsurance Corporation (die später in Central Fire and Casualty Company umbenannt wurde, um ihre Ausrichtung auf die Hausratversicherung und nicht auf die Rückversicherung besser zum Ausdruck zu bringen)[335] und Ende 1977 die Kansas Fire and Casualty Company[336] gekauft.

Jedes dieser Unternehmen hatte seine eigene lokale Underwriting- und Managementpräsenz in seinem jeweiligen Gebiet, aber Buffett interessierte sich sehr für das Underwriting und kontrollierte natürlich ihre Floats.

Außerdem kamen weitere geografisch breit gefächerte Versicherungsgesellschaften hinzu. Die Home and Automobile Insurance Company mit Sitz in Chicago und einem Prämienvolumen von rund 7,5 Millionen Dollar wurde 1971 gekauft und 1977 wurde die Cypress Insurance Company aus San Francisco, eine Arbeiterunfallversicherung, in die Gruppe aufgenommen.

Zum Anstieg des Floats im ersten Jahrzehnt trugen vor allem die ursprüngliche Erstversicherung National Indemnity und ihre Rückversicherungssparte bei, aber auch die anderen Versicherungssparten leisteten nützliche Beiträge. Zwischen 1967 und 1977 stiegen die Versicherungsprämien von 22 Millionen Dollar auf 151 Millionen Dollar und der Float von 17,3 Millionen Dollar auf 139 Millionen Dollar.

Tabelle 10.1: Gewinn und Float der Versicherungsunternehmen von Berkshire Hathaway 1967 bis 1981

	Versicherungs-technischer Verlust in Mio. USD	**Durchschnitt-licher Float in Mio. USD**	**Ungefähre Finanzierungs-kosten (Verhältnis von Verlust zu Float) in %**	**Rendite langfristiger Staatsanleihen zum Jahresende in %**
1967	Gewinn	17,3	kleiner null	5,50
1968	Gewinn	19,9	kleiner null	5,90
1969	Gewinn	23,4	kleiner null	6,79
1970	0,37	32,4	1,14	6,25

	Versicherungstechnischer Verlust in Mio. USD	Durchschnittlicher Float in Mio. USD	Ungefähre Finanzierungskosten (Verhältnis von Verlust zu Float) in %	Rendite langfristiger Staatsanleihen zum Jahresende in %
1971	Gewinn	52,5	kleiner null	5,81
1972	Gewinn	69,5	kleiner null	5,82
1973	Gewinn	73,3	kleiner null	7,27
1974	7,36	79,1	9,30	8,13
1975	11,35	87,6	12,96	8,03
1976	Gewinn	102,6	kleiner null	7,30
1977	Gewinn	139,0	kleiner null	7,97
1978	Gewinn	190,4	kleiner null	8,93
1979	Gewinn	227,3	kleiner null	10,08
1980	Gewinn	237,0	kleiner null	11,94
1981	Gewinn	228,4	kleiner null	13,61

Quelle: Warren Buffetts Brief an die Aktionäre von Berkshire Hathaway 1997

Der Versicherungs-Float wurde in eine Mischung aus Anleihen und Aktien investiert, darunter einige von Buffetts besten Aktien, etwa die Washington Post (1974), GEICO (1976) und ABC (1978).

Aus dem Börsengang flossen Berkshire rasch Zins- und Dividendenerträge zu. Allein im Jahr 1977 beliefen sich diese Einnahmen auf 12,3 Millionen Dollar. Darüber hinaus wurde in diesem Jahr ein realisierter Kapitalgewinn von 6,9 Millionen Dollar erzielt und es gab einen kumulierten nicht realisierten Kapitalgewinn von 74 Millionen Dollar.

Eine weitere Art von Versicherungsmarkt wurde 1979 erschlossen: die Kautionsrückversicherung. Bei der Kautionsrückversicherung garantiert der Versicherer einem Gläubiger, zum Beispiel einer Bank, die Geld verleiht, oder einem Bauunternehmer, der eine spätere Zahlung erwartet, dass er den fälligen Betrag auch dann erhält, wenn der

Schuldner in Verzug gerät. Berkshire nahm Gebühren für die Rückversicherung der primären Kautionsversicherer ein.

Jahre der Prüfung

Bis 1982 war Buffett persönlich für die Strategie des Versicherungsgeschäfts, die Ernennung von Führungskräften und die Überwachung verantwortlich. Als das Geschäft wuchs, erkannte er die Notwendigkeit, sich mehr zurückzunehmen, um mehr Zeit für die Investitionen zu haben. Er sah sich nach einem talentierten Manager um, der die Leitung des gesamten Versicherungsgeschäfts von Berkshire übernehmen sollte, und fand ein solches Talent in Mike Goldberg, einem ehemaligen Berater von McKinsey & Company.[337]

Selbstironisch erklärte Buffett in seinem 1982er-Brief, dass sich „Planung, Einstellung und Überwachung deutlich verbessert haben, seit Mike mich in dieser Funktion abgelöst hat". Auch im folgenden Jahr war Buffett wieder hart zu sich selbst:

> „Die Unternehmen, die wir betreiben und deren versicherungstechnische Ergebnisse die Folgen von Entscheidungen widerspiegeln, für die ich vor ein paar Jahren verantwortlich war, haben insgesamt gesehen absolut schreckliche Ergebnisse erzielt. Glücklicherweise schoss GEICO, auf dessen Politik ich keinen Einfluss habe, weit über das Ziel hinaus. Die Schlussfolgerung, die Sie aus dieser Zusammenfassung ziehen, ist richtig. Ich habe vor ein paar Jahren schwere Fehler gemacht."

Vielleicht war das gar keine Selbstironie. Die Entscheidungen der späten 1970er- und frühen 1980er-Jahre rächten sich Mitte der 1980er-Jahre. Einige schlechte Underwriting-Entscheidungen waren eine Weile unerkannt geblieben, aber nun mussten sie schließlich zugegeben werden.

Im Jahr 1983 verbuchte Berkshire auf jeweils 100 Dollar an Prämieneinnahmen Aufwendungen von 121 Dollar für Schadensfälle und Betriebskosten. Mit anderen Worten lag die Schaden-Kosten-Quote bei 121 Prozent (die Schaden-Kosten-Quote ist der Quotient aus den Gesamtkosten der Versicherungstätigkeit und den gesamten Prämieneinnahmen).

Buffett sagte, es „wäre schön", wenn die versicherungstechnischen Unzulänglichkeiten Mike Goldberg angelastet werden könnten, aber das Versicherungsgeschäft habe eine lange Vorlaufzeit, bevor die Auswirkungen von Entscheidungen sichtbar würden: „Die Wurzeln der Ergebnisse von 1983 liegen also in operativen und personellen Entscheidungen, die vor zwei oder mehr Jahren getroffen wurden, als ich die unmittelbare Führungsverantwortung für die Versicherungssparte hatte."[338]

Versicherungen fällt es oft sehr schwer, die Schäden für einen Zeitraum von zwölf Monaten zu schätzen. Die mangelnde Klarheit und die Abhängigkeit von Schätzungen öffnen übertriebenem Optimismus Tür und Tor. Das Ausmaß vieler Versicherungsschäden oder sogar deren Existenz ist über viele Jahre hinweg nicht bekannt, da sich die Kosten für Versicherungsschäden in jedem Jahr aus vier Teilen zusammensetzen:

1. Verluste, die im Laufe des Jahres aufgetreten sind und bezahlt wurden.
2. Schätzungen für Schäden, die im Laufe des Jahres eingetreten sind und dem Versicherer gemeldet wurden, die aber noch nicht beglichen wurden.
3. Schätzungen der endgültigen Kosten in Dollar für Schäden, die während des Jahres eingetreten sind, von denen der Versicherer aber noch keine Kenntnis hat.
4. Der Nettoeffekt der in diesem Jahr vorgenommenen Revisionen von Schätzungen für die Punkte 2 und 3, die in den vergangenen Jahren vorgenommen wurden.[339]

Revisionen der Punkte 2 und 3 können viele Jahre später erfolgen, was die Kosten des betreffenden späteren Jahres erhöht und die Rentabilität der Versicherung zu diesem Zeitpunkt verzerrt. Nehmen wir eine Verletzung durch einen Autounfall. Das wahre Ausmaß der medizinischen Kosten oder der Kosten für die Arbeitsunfähigkeit ist möglicherweise erst nach einiger Zeit bekannt. Wenn beispielsweise fünf Jahre später unerwartet zusätzliche 100.000 Dollar ausgezahlt werden, dann belastet der Betrag den versicherungstechnischen Gewinn in dem Jahr, in dem er beglichen wird.

Selbst CEOs mit den besten Absichten und Buchhalter, die gewissenhaft konservative Schätzungen anstreben, machen oft Fehler. Mitte der 1980er-Jahre musste Buffett dies eingestehen: „Bei Berkshire haben wir zusätzliche Rückstellungen gebildet, die wir für angemessen hielten, aber in den letzten Jahren waren sie nicht ausreichend."[340] Beispielsweise waren 1984 von dem versicherungstechnischen Gesamtverlust in Höhe von 45,4 Millionen Dollar 27,6 Millionen Dollar Verluste aus den Geschäften von 1984, aber 17,8 Millionen Dollar waren eine Korrektur des für 1983 ausgewiesenen Verlustbetrags.

Die Fehler dieser Zeit wurden weitgehend dadurch verursacht, dass man die Tendenz von Geschworenen und Gerichten unterschätzt hatte, unter dem Einfluss der Publicity von öffentlichkeitswirksamen Fällen die Entschädigungszahlungen für Verletzungen bei Unfällen und anderen Ereignissen ungeachtet „der tatsächlichen Situation und der Präzedenzfälle für die Feststellung der Haftungssumme"[341] in die Höhe zu treiben, wie Buffett verärgert feststellte.

Auch im Bereich der Rückversicherung machte Berkshire Fehler. Ein großer Teil davon war darauf zurückzuführen, dass die Erstversicherer der Kunden Fehler gemacht hatten. „Ihre Fehler sind zu unseren Fehlern geworden", schrieb Buffett.[342]

Buffett verglich die schmerzliche Erfahrung, überraschend hohe Zahlungen für Geschäfte leisten zu müssen, von denen er dachte, sie seien schon Jahre zuvor abgeschlossen worden, reumütig mit der eines

Mannes, der im Ausland unterwegs war und einen Anruf von seiner Schwester erhielt, die ihm mitteilte, dass ihr Vater soeben gestorben sei. Er konnte nicht nach Hause kommen, bat aber seine Schwester, die Beerdigung zu arrangieren und ihm die Rechnung zu schicken. Als er nach Hause kam, fand er eine Rechnung über ein paar Tausend Dollar vor und bezahlte sie sofort. Doch im nächsten Monat kam eine weitere Rechnung über 15 Dollar, die er bezahlte. Es folgten weitere Monate mit Forderungen über 15 Dollar, sodass er schließlich seine Schwester anrief und fragte, was da los sei. „Ach", sagte sie, „ich habe vergessen, es dir zu sagen. Wir haben Papa in einem gemieteten Anzug beerdigt."[343]

Wenigstens konnte Buffett darüber lachen.

Lichtstrahlen

Selbst Mitte der 1980er-Jahre gab es einige Lichtblicke. Buffett wies insbesondere auf einen Bereich hin, von dem er hoffte, dass er immer aktiver würde: die Rückversicherung. Hier hielten sich die Prämiensätze besser als beispielsweise in der Autoversicherung, wo die Käufer nach den niedrigsten Kosten suchen. Dies lag daran, dass es nur wenige Anbieter mit dem Renommee von Berkshire gab.

Buffett drückte es so aus: „Die Hauptsorge des Käufers sollte die langfristige Kreditwürdigkeit des Verkäufers sein"[344], und Berkshire war zu diesem Zeitpunkt ein breit aufgestelltes Unternehmen mit einer Bilanz wie eine Festung und mit einer beeindruckenden Gewinnhistorie. Es hatte Kreditwürdigkeit in Hülle und Fülle. „Bei solchen Transaktionen dürfte unsere erstklassige Finanzkraft uns zur ersten Wahl sowohl für Versicherte als auch für Versicherer machen, die sich auf die Versprechen des Rückversicherers über sehr viele Jahre hinweg verlassen müssen."[345]

Ein sich schnell entwickelnder Bereich der Rückversicherung war bei Berkshire damals die „strukturierte Regulierung", bei der der Geschädigte beispielsweise für eine lebensverändernde Verletzung lebenslang monatliche Zahlungen statt eines Pauschalbetrags erhält, den er verprassen könnte. Um eine solche Versicherung zu verkaufen, darf die Stabilität des Versicherers über Jahrzehnte hinweg nicht infrage stehen. „Kein anderer Versicherer, den wir kennen – selbst solche mit einem viel größeren Bruttovermögen –, verfügt über unsere finanzielle Stärke."[346] Diese Kategorie von Geschäften war für Berkshire sowohl in Bezug auf die Prämiengestaltung (wenige Konkurrenten drückten die Preise) als auch in Bezug auf die Generierung eines Floats, der über Jahre hinweg bestehen blieb, attraktiv.

Die Kapitalausstattung von Berkshire, die sowohl einer lang anhaltenden Finanzmarktkrise als auch außergewöhnlich schlechten versicherungstechnischen Ergebnissen standhalten konnte, führte dazu, dass Berkshire wie kein anderes Unternehmen in der Lage war, Zusagen einzuhalten. Dies lockte auch andere, schwächere Versicherungsunternehmen an, sich bei Berkshire gegen Ansprüche aus ihrem „abgelaufenen Geschäft" rückzuversichern.

Im Rahmen von Policen für abgelaufene Geschäfte musste Berkshire für Ansprüche aufkommen, wenn beispielsweise bei einem ehemaligen bei einem Erstversicherer versicherten Mitarbeiter eines Kundenunternehmens (zum Beispiel einer Baufirma) Probleme auftraten, weil er vor Jahrzehnten mit Asbest gearbeitet hatte. Durch den Kauf einer solchen Rückversicherung konnte die schwächere Versicherungsgesellschaft dieses Langzeitrisiko mehr oder weniger vergessen. Technisch gesehen überträgt sie Schadenreserven gegen eine einmalige Gebühr an Berkshire.

Aufgrund seiner Stärke war Berkshire eher als die meisten Konkurrenten bereit, große Risiken in die eigenen Bücher zu übernehmen. Im Gegensatz dazu sicherten die meisten Konkurrenten große Risiken durch Rückversicherungsvereinbarungen ab. So könnte beispielsweise ein Konkurrent von Berkshire ein Risiko in Höhe von 25 Millionen Dollar aus einer Organ-Haftpflichtversicherung übernehmen (die Organ-Haftpflichtversicherung – auch als D&O-Versicherung bezeichnet [Directors-and-Officers] – zahlt die Kosten für Schadenersatzansprüche, die gegen die Direktoren und leitenden Angestellten eines Unternehmens wegen angeblichen Fehlverhaltens erhoben werden). Dieser Erstversicherer würde jedoch nur eine Million Dollar des Risikos in seinen eigenen Büchern behalten, indem er eine Rückversicherung in Höhe von 24 Millionen Dollar abschließt.

Problematisch wird dieses Geschäftsmodell, wenn die Rückversicherer eine Reihe unangenehmer Überraschungen erlebt haben. Dann neigen sie nämlich dazu, sich aus dem Markt zurückzuziehen, und der Erstversicherer kann sich schließlich nirgendwo mehr rückversichern. Das Risiko in Höhe von 25 Millionen Dollar ist für den Erstversicherer zu groß, um es in seine Bilanz aufzunehmen, sodass er einfach aufhört, solche Policen zu vergeben, und das Geschäft Berkshire überlässt.

> „Wir haben Zeichnungskapazitäten, die andere nicht haben. Wenn wir der Meinung sind, dass der Preis stimmt, sind wir bereit, eine größere Nettoposition zu zeichnen als alle anderen Versicherer außer den größten. Wir sind beispielsweise durchaus bereit, den Verlust von zehn Millionen Dollar unseres eigenen Geldes bei einem einzigen Ereignis zu riskieren, solange wir der Meinung sind, dass der Preis stimmt und das Verlustrisiko nicht signifikant mit anderen Risiken, die wir versichern, korreliert. Nur sehr wenige Versicherer sind bereit, auch nur die Hälfte dieses Betrags für ein einzelnes Ereignis zu riskieren.“[347]

1985 kam es zu einem Ereignis, das das Ungleichgewicht zwischen Angebot und Nachfrage in der Versicherungsbranche verdeutlichte. Berkshire inserierte in einer Versicherungsfachzeitschrift, dass es bereit sei, große Risiken zu zeichnen, also nur solche, die eine Prämie von über einer Million Dollar bieten. Die Verzweiflung war so groß, dass sich in kurzer Zeit über 600 Versicherungsmakler und andere Unternehmen meldeten. Offensichtlich fehlte es an Konkurrenten, die bereit waren, das Gleiche zu tun.

Angesichts derart vieler potenzieller Kunden konnte es sich Berkshire leisten, wählerisch zu sein. Am Ende nahm es aus dieser Aktion nur Prämien in Höhe von insgesamt 50 Millionen Dollar an. Ein erfreuter Buffett schrieb kurz nach dieser Erfahrung: „Noch heute werden unsere Versicherungstöchter von Maklern auf der Suche nach großen Nettokapazitäten aufgesucht."[348]

Tabelle 10.2: Versicherungstechnische Verluste der Versicherungssparte von Berkshire Hathaway 1982 bis 1995

	Versicherungstechnischer Verlust in Mio. USD	Durchschnittlicher Float in Mio. USD	Ungefähre Finanzierungskosten (Verhältnis von Verlust zu Float) in %	Rendite langfristiger Staatsanleihen zum Jahresende in %
1982	21,56	220,6	9,77	10,64
1983	33,87	231,3	14,64	11,84
1984	48,06	253,2	18,98	11,58
1985	44,23	390,2	11,34	9,34
1986	55,84	797,5	7,00	7,60
1987	55,43	1.266,7	4,38	8,95
1988	11,08	1.497,7	0,74	9,00
1989	24,40	1.541,3	1,58	7,97
1990	26,65	1.637,3	1,63	8,24
1991	119,59	1.895,0	6,31	7,40
1992	108,96	2.290,4	4,76	7,39
1993	Gewinn	2624,7	kleiner null	6,35
1994	Gewinn	3056,6	kleiner null	7,88
1995	Gewinn	3.607,2	kleiner null	5,95

Quelle: Warren Buffetts Brief an die Aktionäre von Berkshire Hathaway 1997

Ajit Jain betritt die Bühne

Mike Goldberg wurde ermutigt, das Rückversicherungsgeschäft auszubauen, und stellte deshalb ein Team von – wie Buffett sich ausdrückte – „jungen Managern mit hervorragendem Potenzial“[349] ein. Einer dieser Manager war Ajit Jain, der 1986 eintrat. Er sollte später laut Buffett für Berkshire wichtiger werden als er selbst. In den fast vier Jahrzehnten, die seit seinem Eintritt vergangen sind, hat Jain mehr Umsatz und Gewinn für Berkshire erwirtschaftet als jeder andere Manager – er wurde als Buffetts Nachfolger gehandelt.

Als sich die Aktionäre im Jahr 2001 Sorgen um Buffetts Gesundheit machten, schrieb er in seinem Brief zum Jahr 2000: „Man kann gar nicht genug betonen, wie wertvoll Ajit für Berkshire ist. Machen Sie sich keine Sorgen um meine Gesundheit, machen Sie sich Sorgen um seine.“ Selbst 15 Jahre nach seiner Einstellung arbeitete Jain mit nur 18 Mitarbeitern, die jährlich 2,4 Milliarden Dollar an Prämien einbrachten. Er war sehr sparsam und kam oft monatelang ohne Sekretärin aus.

Ajit Jain wurde 1951 in Kalkutta geboren und studierte am Indian Institute of Technology in Kharagpur, wo er seinen Abschluss in Maschinenbau machte. Danach arbeitete er bei IBM in Indien und erwarb einen Harvard-MBA, bevor er zu McKinsey & Company wechselte. Als sein ehemaliger Chef Mike Goldberg aus Omaha anrief, ergriff er die Chance. Übermäßig bescheiden sagte er: „Als ich zu Berkshire kam, wusste ich nicht mal, wie man ‚Versicherung‘ oder ‚Rückversicherung‘ schreibt, aber ich wurde eingestellt, um eine Aufgabe im Rückversicherungsgeschäft von National Indemnity zu übernehmen.“[350]

Jain kam in einer aufregenden Zeit zu Berkshire, da das Unternehmen als eines der wenigen mit Kapital ausgestattet war und „mit Angeboten und Anrufen von Menschen bombardiert wurde, die eine Versicherung wollten. Da ich neu war, verstand ich das meiste davon nicht, aber hin und wieder sah ich etwas, bei dem ich mir die Zahlen ansah und sagte: ‚Das sieht interessant aus.‘“[351] Er lernte schnell und wurde innerhalb von sechs Monaten gebeten, das gesamte Rückversicherungsgeschäft zu übernehmen.

Ein Ansatz eiserner Disziplin

In den Jahren vor 1985 war Berkshire der am langsamsten wachsende große US-amerikanische Versicherer. Tatsächlich schrumpfte er sogar. Das lag nicht daran, dass sich das Unternehmen aus dem Markt zurückgezogen hätte. Vielmehr war es der beständigste Anbieter der Branche, aber es bot nur Prämien an, die „wir für angemessen halten"[352], so Buffett. Es gibt Zeiten, wie zum Beispiel die Zeit vor 1985, in denen andere Versicherer die Preise auf Schnäppchenniveau senken, um das Volumen zu halten. In solchen Zeiten verlassen die Kunden natürlich Berkshire und gehen zu ihnen.

Dann schlägt der Zyklus um – wenn den Konkurrenten das Kapital ausgeht oder sie durch die Verluste aufgrund der niedrigen Prämien verschreckt sind, verlassen sie den Markt. Die Kunden strömen dann zurück zu Berkshire.

> „Unsere beharrliche Preispolitik geht nicht zulasten ... unserer Mitarbeiter: Wir verzichten auf Entlassungen, wenn wir in einer unserer grundsätzlich profitablen Versicherungssparten eine zyklische Abschwächung erleben. Dieser Kündigungsverzicht liegt in unserem eigenen Interesse. Mitarbeiter, die befürchten, dass mit einem erheblichen Rückgang des Prämienvolumens umfangreiche Entlassungen einhergehen, werden verständlicherweise durch dick und dünn (meistens dünn) massenhaft Geschäft produzieren."[353]

Diese Politik führte zu enormen Volumenschwankungen des Erstversicherungsgeschäfts. So stieg beispielsweise das monatliche Prämienvolumen von fünf Millionen Dollar im letzten Quartal 1984 auf rund

35 Millionen Dollar im ersten Quartal 1986. Eine ähnliche Disziplin und damit ähnliche Schwankungen des Volumens gab es auch im Rückversicherungsgeschäft.

Das Ziel, versicherungstechnische Rentabilität, also eine Schaden-Kosten-Quote von unter 1 (beziehungsweise 100 Prozent) zu erreichen, ist sehr anspruchsvoll. Die meisten Versicherer begnügen sich mit kleinen versicherungstechnischen Verlusten, die sie durch die Anlage der liquiden Mittel – des Floats – ausgleichen. Nicht einmal Buffett fordert einen versicherungstechnischen Gewinn, sondern zieht die Kennzahl vor, die den auf den Float bezogenen prozentualen versicherungstechnischen Verlust mit dem Zinssatz risikoloser Anlagen vergleicht – siehe Tabellen 10.1 und 10.2.

Er vergleicht das, was er die „Float-Kosten" nennt, mit einem groben Näherungswert dessen, was Berkshire erhalten würde, wenn es seinen gesamten Float in langfristige Staatsanleihen investieren würde. Man kann es auch so sehen, dass der Zinssatz langfristiger Staatsanleihen ein grober Näherungswert für den (wenn auch etwas niedrigeren) Zinssatz ist, den Berkshire Hathaway andernfalls zahlen müsste, um sich so viel Geld für Investitionen zu leihen.

Wenn die Float-Kosten unter diesem Wert liegen, sind versicherungstechnische Verluste sinnvoll. So lag 1987 die Schaden-Kosten-Quote von Berkshire bei 1,05, was Buffett als „ausgezeichnet" bezeichnete. Buffett lobte seine Manager, obwohl sie etwa fünf Prozent weniger an Prämien einnahmen, als sie an Schaden- und Betriebskosten auszahlen mussten. Dies liegt daran, dass der versicherungstechnische Verlust lediglich 4,38 Prozent des durchschnittlichen Floats in jenem Jahr von 1.267 Millionen Dollar betrug. Das war weniger als die Hälfte des Zinssatzes auf Staatsanleihen, der bei 8,95 Prozent lag. Buffett hätte die gesamten 1.267 Millionen Dollar in Staatsanleihen anlegen können und hätte damit ein gutes Einkommen erzielt.

Aber Buffett ist eben Buffett, und er strebte nach höheren Renditen, indem er in eine Mischung aus Anleihen und Aktien investierte, vor allem in Capital Cities/ABC, GEICO und die Aktien der Washington Post. Diese drei Beteiligungen hatten Ende 1987 einen Gesamtmarktwert von über zwei Milliarden Dollar, verglichen mit ihrem Kaufpreis von weniger als 0,6 Milliarden Dollar – der Float brachte beeindruckende Buchgewinne ein.

1990 verfügte Berkshire über ein Nettovermögen von etwa sechs Milliarden Dollar. Dies bildete eine solide Grundlage für die Ausweitung der Geschäftstätigkeit in einem Versicherungssektor mit extremen Schwankungen, der sogenannten Katastrophenversicherung oder Katastrophendeckung. In diesem Bereich kann ein Erstversicherer Hunderte von Kunden gegen den Verlust durch ein einziges Ereignis versichern, zum Beispiel gegen einen Tornado oder einen Hurrikan. Er könnte beschließen, zum Beispiel zehn Millionen Dollar des Risikos zu behalten und Rückversicherer für die Übernahme von 95 Prozent aller Verluste über zehn Millionen Dollar hinaus zu bezahlen. Rückversicherer verlangen dafür Prämien zwischen 3 und 15 Prozent der Versicherungssumme.

Berkshire hatte zwei Vorteile, die es ihm ermöglichten, bei entsprechenden Prämien mehr Rückversicherungsrisiken auf eigene Rechnung zu übernehmen als jedes andere Unternehmen. Erstens das hohe Eigenkapital, die geringe Verschuldung und die hohen Gewinne der in verschiedenen Sektoren tätigen Tochtergesellschaften. Zweitens waren Buffett und Munger im Gegensatz zu ihren Konkurrenten nicht besorgt über vierteljährliche oder jährliche Gewinnschwankungen, „solange die Entscheidungen, die zu diesen Gewinnen (oder Verlusten) führten, auf intelligente Weise getroffen wurden“.[354] Ein in Berkshire-Kreisen oft wiederholter Spruch lautet, dass Charlie und Warren eine holprige Rendite von 15 Prozent stets einer gleichmäßigen Rendite von zwölf Prozent vorziehen.

Diese Haltung erlaubte es, mutig zu sein. So war beispielsweise 1989 bei vielen Versicherungen und Rückversicherungen nach dem Hurrikan Hugo und einem Erdbeben in Kalifornien die Kapitaldecke dünn, und sie leckten ihre Wunden. Während sich viele aus dem Markt zurückzogen oder die Preise anhoben, warb Berkshire in Versicherungsfachzeitschriften mit dem Angebot, Katastrophendeckungen in Höhe von bis zu 250 Millionen Dollar zu zeichnen. Sollte sich eine Katastrophe ereignen, die zu Auszahlungen in Höhe von 250 Millionen Dollar (165 Millionen Dollar nach Steuern) führt, würde dies die üblichen Quartalsgewinne von Berkshire zunichtemachen. Die Direktoren der konkurrierenden Versicherer, die darauf bedacht waren, die Gewinne zu glätten, um die Analysten der Wall Street zufriedenzustellen, würde so etwas sorgen, aber Buffett störte das nicht.

Und so liefen er, Goldberg und Jain anderen Firmen den Rang ab.

> „Diese Haltung werden nur wenige Versicherungsmanager einnehmen. Normalerweise sind sie bereit, Unmengen von Geschäften zu Bedingungen abzuschließen, die ihnen mittelmäßige Eigenkapitalrenditen so gut wie garantieren. Aber sie wollen sich nicht einem peinlichen Verlust in einem einzigen Quartal aussetzen, selbst wenn die Managementstrategie, die den Verlust verursacht, im Laufe der Zeit bessere Ergebnisse verspricht. Ich kann ihre Denkweise verstehen: Was für die Eigentümer das Beste ist, ist nicht unbedingt auch für die Manager das Beste. Glücklicherweise haben Charlie und ich sowohl absolute Arbeitsplatzsicherheit als auch finanzielle Interessen, die mit denen unserer Aktionäre identisch sind. Wir sind bereit, dumm *dazustehen*, solange wir nicht das Gefühl haben, dumm *gehandelt* zu haben."[355]

Die Messung der Versicherungsleistung

Der Float kann von unterschiedlicher Qualität sein. Eine Hagelversicherung gegen Ernteschäden, die sich über einige Tage oder Wochen erstreckt, bringt nicht viel Float, da die Prämien kurz vor der Bedrohung und die Schadensummen kurz danach gezahlt werden. Das bedeutet, dass eine kombinierte Schaden-Kosten-Quote von 100 Prozent hier für den Versicherer wertlos ist, weil sie keine Möglichkeit bietet, mit der Anlage des Floats Gewinne zu erzielen.

Bei Ärzten, Rechtsanwälten und Steuerberatern, die eine Versicherung gegen Kunstfehler abschließen, entsteht hingegen im Verhältnis zur Jahresprämie ein hohes Aufkommen an Float – Ansprüche werden hier oft erst lange nach dem mutmaßlichen Fehlverhalten geltend gemacht, und selbst dann erfolgt die Auszahlung möglicherweise erst nach einem langwierigen Rechtsstreit.

Bei dieser Art von langfristigen Geschäften kann sogar eine Schaden-Kosten-Quote von 115 Prozent oder mehr rentabel sein, da sich die Erträge und Kapitalgewinne aus dem Float über mehrere Jahre hinweg summieren können.

Das Problem bei langfristigen Versicherungen ist, dass die Ergebnisse weit weniger vorhersehbar sind als bei kurzfristigen Versicherungen und es sein kann, dass die kombinierte Schaden-Kosten-Quote am Ende bei 200 oder 300 Prozent liegt, was für die meisten Versicherungsunternehmen ein katastrophaler Verlust wäre. Es liegt auf der Hand, dass Langfristversicherer bei der Auswahl der von ihnen übernommenen Risiken sehr sorgfältig vorgehen und sich diversifizieren müssen, damit sie im Falle eines Fehlers in einem Bereich in vielen anderen belastbar sind.

Wegen der unterschiedlichen Qualitäten des Floats schlägt Buffett vor, die Leistung der Versicherungssparte anhand des Verhältnisses zwischen Verlusten und Float über einen Zeitraum von mehreren Jahren zu messen, um einen groben Anhaltspunkt für die Kosten der durch das Versicherungsgeschäft generierten Mittel zu erhalten.

Die Betrachtung der Tabellen 10.1 und 10.2 gibt uns eine gewisse Vorstellung vom Verlust/Float-Verhältnis von Berkshire, aber nur, wenn wir nicht einzelne Jahre betrachten, sondern uns auf jeweils mehrere Jahre konzentrieren – beispielsweise drei oder vier.

Aufgrund so vieler durchgehend versicherungstechnisch profitabler Jahre hatte Berkshire eindeutig sehr niedrige Float-Kosten – womöglich mit Ausnahme der Jahre 1983 bis 1985. Tatsächlich wies das Unternehmen in den ersten beiden Jahrzehnten insgesamt ein Verhältnis zwischen versicherungstechnischem *Gewinn* und Float auf.

> „Alles in allem meint es das Versicherungsgeschäft sehr gut mit uns. Wir haben unseren Bestand zu Kosten erweitert, die im Durchschnitt vernünftig sind, und wir sind weiter gewachsen, weil wir mit diesen kostengünstigen Mitteln gute Renditen erwirtschaftet haben ... Nach allen Maßstäben ist das Geschäft jedoch weit mehr wert als sein Buchwert. Außerdem ist es trotz der Probleme, die uns dieses Geschäft regelmäßig bereitet, dasjenige, das unter all den guten Geschäften, die wir besitzen, das größte Potenzial hat."[356]

Wachstum

Die 1990er-Jahre waren sowohl für das traditionelle Versicherungsgeschäft als auch für die Rückversicherung, die zu diesem Zeitpunkt den größten Teil des Floats von Berkshire ausmachte, eine Zeit schnellen Wachstums. Berkshires Nettovermögen wuchs schnell, und so war das Unternehmen in der Lage, Risiken in einem Umfang zu übernehmen, wie es nur wenige andere Unternehmen konnten.

Obwohl Ajit Jain 98 Prozent des angebotenen Geschäfts ablehnte, trieb er die Sparte voran. Ein großer Wachstumsbereich war die Superkatastrophenversicherung, das sogenannte „Super-Cat"-Geschäft. Im Rahmen dieser Policen akzeptierte Jain Prämien von Erstversicherern zur Deckung des Risikos für Großereignisse wie Hurrikane, jedoch wurden die Auszahlungen nur aktiviert, wenn zwei Bedingungen erfüllt waren.

Erstens musste der Erst- oder Rückversicherungskunde durch das Ereignis einen Verlust in einer bestimmten Höhe erleiden, beispielsweise

20 Millionen Dollar. Zweitens mussten die branchenweit versicherten Schäden aus der Katastrophe einen bestimmten Mindestbetrag übersteigen, der in der Regel fünf Milliarden Dollar betrug. Solche Policen konnten zusätzliche Merkmale aufweisen. So wurden einige Super-Cat-Policen erst dann aktiviert, wenn in dem betreffenden Zeitraum eine zweite oder dritte Katastrophe eintrat. Andere Policen konnten auf bestimmte Arten von Ereignissen beschränkt sein, beispielsweise auf Erdbeben.

Buffett war von der Rückversicherungsbranche so fasziniert, dass er und Jain jeden Abend (gegen 21 oder 22 Uhr) miteinander telefonierten. Folgendes sagte Jain über seine Beziehung zu Buffett:

> „Er ist klug, er ist schnell, er ist entschlossen und er unterstützt mich. Ich kann ihm ein Geschäft, das ich zehn Tage lang analysiert habe, vorlegen, und in fünf Minuten ist er mir zwei Schritte voraus. Und er gibt dir auf jeden Fall eine Antwort; er schickt dich nicht zurück ans Reißbrett und sagt: ‚Mach diese drei anderen Dinge und komm dann noch einmal zu mir.' ... [Er] ist ein Chef, der nicht nur das Geschäft versteht, sondern es auch mir und allen anderen in der Branche beibringen könnte. Er ist einfach ein einzigartiger Mensch. Einen Chef wie Warren zu haben ist sogar besser, als gar keinen Chef zu haben."[357]

Laut Jain war Buffett an jedem Geschäft beteiligt, das er abgeschlossen hat. Er schätzt Buffetts Fähigkeit, den Denkprozess zu vereinfachen, indem er Geschäfte im Hinblick auf ihre grundlegende Wirtschaftlichkeit betrachtet, anstatt sich in Details zu verlieren. „Er hält mich davon ab, mich zu sehr der Linie zu nähern, wenn es eng wird. Er hat mich grundsätzlich gelehrt, erstklassige Geschäfte auf erstklassige Art und Weise zu machen."[358] Buffett sagt, er rufe Jain ebenso sehr zum Vergnügen an wie aus den anderen Gründen.

Er lobt Jain in den höchsten Tönen: „Unsere Fähigkeit, zwischen guten und schlechten Vorschlägen zu wählen, spiegelt eine Managementstärke wider, die unserer finanziellen Stärke entspricht: Ajit Jain, der unser Rückversicherungsgeschäft leitet, ist in diesem Geschäft einfach der Beste."[359]

1993 war das Nettovermögen von Berkshire 10- bis 20-mal so groß wie das seiner wichtigsten Konkurrenten im Super-Cat-Rückversicherungsgeschäft, was bedeutete, dass diese Konkurrenten gezwungen waren, den Kunden weitaus geringere Limits anzubieten als Berkshire. Niemand sonst auf der Welt war in der Lage, von einem kalifornischen Versicherer ein Risiko in Höhe von 400 Millionen Dollar für eine Erdbebenversicherung zu übernehmen, wie es Berkshire 1994 akzeptierte.

Berkshire war so groß, dass jeder der vier größten Rückversicherer der Welt beträchtliche Mengen an Rückversicherungsschutz von Berkshire erwarb. „Diese Giganten verstehen besser als alle anderen, dass der Prüfstein für einen Rückversicherer seine Fähigkeit und Bereitschaft ist, unter schwierigen Umständen Verluste zu bezahlen, und nicht seine Bereitschaft, Prämien zu akzeptieren, wenn die Lage rosig wirkt"[360], erklärte Buffett.

Berkshire hat sich außerdem auf einige ungewöhnliche Arten von Versicherungen verlegt. So versicherte Ajit Jain 1995 das Leben von Mike Tyson; Lloyd's of London gegen den Tod von mehr als 225 seiner „Namen" im Laufe des Jahres sowie den Start und das darauffolgende Jahr in der Umlaufbahn von zwei chinesischen Satelliten. Man versteht, warum Buffett seine abendlichen Gespräche mit Jain genoss, bei denen er herausfand, welche interessanten Geschäfte an diesem Tag getätigt worden waren.

Indes erlebte auch das traditionelle Erstversicherungsgeschäft von National Indemnity eine sehr profitable Zeit. In den drei Jahren von 1994 bis 1996 lag die durchschnittliche Schaden-Kosten-Quote bei 83 Prozent, sodass Berkshire von den Versicherungsnehmern dafür bezahlt wurde, dass es den Float für Investitionen einbehielt. Die Homestate-Sparte wies eine ähnlich beeindruckende Schaden-Kosten-Quote von 83,2 Prozent auf.

Der Kauf von GEICO

19 Jahre lang hatte Berkshire aus seiner 51-prozentigen Beteiligung an GEICO Dividenden erhalten, als es 1996 für 2,3 Milliarden Dollar die restlichen Anteile erwarb. GEICO war ein außergewöhnlich gut geführter Erstversicherer mit dem Schwerpunkt Kfz-Policen (Band 2, Investition 1). Seine beiden wichtigsten Manager führten das Unternehmen weiter: Tony Nicely leitete das Versicherungsgeschäft (bis 2019) und Lou Simpson investierte den Float (bis 2010). Durch die Übernahme von GEICO erhöhte sich der Float von Berkshire sofort um fast drei Milliarden Dollar.

Im Vorfeld des Kaufs von General Re im Jahr 1998 lief das Versicherungsgeschäft von Berkshire auf vollen Touren – siehe Tabelle 10.3. GEICO erzielte 1997 einen versicherungstechnischen Gewinn von 8,1 Prozent der Prämien (einen versicherungstechnischen Gewinn von 281 Millionen Dollar bei Einnahmen von 3.482 Millionen Dollar), ein für das Autoversicherungssegment hervorragendes Ergebnis.

Aber selbst das wurde durch die 32,9 Prozent versicherungstechnischen Gewinn des traditionellen Geschäfts von National Indemnity im Jahr 1997 (der durchschnittliche versicherungstechnische Gewinn der letzten drei Jahre lag bei 24,3 Prozent) noch übertrumpft. Das Homestate-Geschäft erzielte einen Gewinn von 14,1 Prozent (15,1 Prozent im 3-Jahres-Durchschnitt) und das Arbeiterunfallgeschäft von Berkshire verzeichnete einen 3-Jahres-Rekord von positiven 1,5 Prozent. Rechnet man diese Geschäfte mit Central States Indemnity und Kansas Bankers Surety zusammen, so ergibt sich für die Berkshire Hathaway Direct Insurance Group ein versicherungstechnischer Gewinn von 53 Millionen Dollar bei einem Umsatz von 321 Millionen Dollar.

Die Berkshire Hathaway Reinsurance Group erzielte einen kleinen versicherungstechnischen Gewinn, der mehr als zufriedenstellend war, da sie Prämien in Höhe von fast einer Milliarde Dollar erwirtschaftete, was dazu beitrug, dass sich ihr Float auf rund vier Milliarden Dollar erhöhte.

Tabelle 10.3: Versicherungstechnische Gewinne der Versicherungsgesellschaften von Berkshire Hathaway (einschließlich GEICO) 1996 und 1997

	Versicherungstechnischer Verlust in Mio. USD	Durchschnittlicher Float in Mio. USD	Ungefähre Finanzierungskosten (Verhältnis von Verlust zu Float) in %	Rendite langfristiger Staatsanleihen zum Jahresende in %
1996	Gewinn	6.702,0	kleiner null	6,64
1997	Gewinn	7.093,1	kleiner null	5,92

Quelle: Warren Buffetts Brief von 1997 an die Aktionäre von Berkshire Hathaway

GENERAL RE IM JAHR 1998

General Re ist in erster Linie ein Rückversicherungsunternehmen mit Schwerpunkt Sach- und Unfallrisiken mit Sitz in Stamford im Bundesstaat Connecticut, der gleichen Stadt, in der Ajit Jain sein Hauptquartier hatte. Tatsächlich hatten Berkshire und General Re im Laufe der Jahre viele gemeinsame Geschäfte getätigt. General Re gehörte gemessen an den eingenommenen Nettoprämien und dem Kapital zu den drei weltweit führenden Rückversicherungsunternehmen. Die Gesellschaft war in 61 Städten in 31 Ländern tätig, bot Versicherungsschutz in über 150 Ländern und beschäftigte 3.869 Mitarbeiter.

Sie hatte vier Geschäftsbereiche, aber fast die Hälfte ihrer Einnahmen stammte aus dem nordamerikanischen Schaden- und Unfallgeschäft, ein Drittel aus dem internationalen Schaden- und Unfallgeschäft – siehe Tabelle 10.4. Die Lebens- und Krankenversicherung war mit einem Umsatz von 1,3 Milliarden Dollar ein großer Geschäftsbereich, der jedoch im Kontext der riesigen General Re nur 15 Prozent des Gesamtumsatzes ausmachte. Der Geschäftsbereich Finanzdienstleistungen erzielte Einnahmen in Höhe von 301 Millionen Dollar.

Tabelle 10.4: Erlös und operatives Ergebnis der vier Sparten von General Re

Sparte	Erlös in Mrd. USD	in % des Gesamterlöses	in % des Vorsteuergewinns
Schaden- und Unfall-Rückversicherung Nordamerika	4,0	48%	63%
Schaden- und Unfall-Rückversicherung international	2,7	33%	23%
Lebens- und Kranken-Rückversicherung weltweit	1,3	15%	6%
Finanzdienstleistungen	0,3	4%	8%

Schaden-/Unfall-Rückversicherungen in Nordamerika

Dieser in den Vereinigten Staaten und Kanada tätige Geschäftsbereich vergab überwiegend Schadenexzedenten-Rückversicherungen (sie entschädigen den Erstversicherer für den Teil des Schadens, der einen vereinbarten Betrag übersteigt). Auf Haftpflichtversicherungen entfielen 57 Prozent der Einnahmen, auf Sachversicherungen weitere 30 Prozent. Der Rest entfiel auf Spezialversicherungen (ungewöhnliche Deckungen, zum Beispiel für risikoreiches Verhalten wie Fallschirmspringen) und Summenexzedenten-Rückversicherungen (hohe Limits und schwer zu platzierende Risiken).

Internationale Schaden-/Unfall-Rückversicherungen

1994 wurde General Re durch den Erwerb von 75 Prozent der deutschen Kölnischen Rückversicherungsgesellschaft sehr viel internationaler, dehnte seine Geschäftstätigkeit auf 29 Länder aus und bot Versicherungsschutz in über 150 Ländern an (Ende 1998 betrug die Beteiligung an der Kölnischen Rückversicherungsgesellschaft 82

Prozent). Der größte Teil des Geschäfts entfiel auf Rückversicherungsverträge (Deckung aller oder eines Teils einer bestimmten Risikoklasse, die vom Erstversicherer zediert wird), ein Teil jedoch auf fakultative Verträge (Zeichnung von Einzelrisiken). Auf Sachversicherungen entfielen 61 Prozent und auf die Haftpflichtversicherung rund 39 Prozent der Prämien.

Globale Lebens-/Krankenrückversicherung

Diese Abteilung deckt Risiken für Erstversicherer in den Bereichen Lebensversicherung für Einzelpersonen oder Gruppen sowie Einzel- und Gruppenkrankenversicherung und Langzeitpflege ab.

Finanzdienstleistungen

Dieser Geschäftsbereich handelte mit Derivaten und bot eine umfassende Palette von Zins-, Währungs- und Aktienswaps und -optionen an. Er war vor allem in den Vereinigten Staaten, im Vereinigten Königreich, Japan, Hongkong und Kanada ansässig und fungierte auch als Versicherungsmakler, Anlageverwaltung und Immobilienverwaltung.

Die wichtigsten Zahlen zu General Re

Alles an den Zahlen von General Re – siehe Tabelle 10.5 – kündet von Wachstum. In den elf Jahren vor dem Kauf durch Berkshire hatten sich die Einnahmen und Gewinne mehr als verdoppelt. Das Unternehmen war in allen Jahren profitabel und stand kurz davor, die 1-Milliarde-Dollar-Marke zu überschreiten.

Tabelle 10.5: Ausgewählte Finanzdaten von General Re 1987 bis 1997

	Erlös in Mrd. USD	Nachsteuergewinn ohne realisierte Gewinne oder Verluste in Mio. USD	Gewinn je Aktie in USD	Kapitalanlagen in Mrd. USD	Kapitalerträge nach Steuern in Mio. USD	Eigenkapital (Stammaktien) in Mrd. USD
1997	8,3	965	12,04	24,6	969	8,2
1996	8,3	877	11,00	23,2	909	7,3
1995	7,2	788	9,92	21,1	787	6,3
1994	3,8	621	7,97	17,2	622	4,9
1993	3,6	604	8,28	12,0	619	4,3
1992	3,4	465	7,55	11,0	620	4,2
1991	3,2	563	7,46	10,5	618	3,9
1990	3,0	566	6,89	9,3	581	3,3
1989	2,7	559	6,52	8,8	558	3,1
1988	2,7	518	5,04	7,8	494	2,7
1987	3,1	458	5,04	7,0	435	2,6

Quelle: Bericht und Abschlüsse von General Re 1997

Nach den Tabellen 10.6 und 10.7 zu urteilen, produzierte General Re einen Float zu Kosten nahe null, wobei die Schaden-Kosten-Quoten in der Regel dicht bei 100 Prozent lagen, was wesentlich besser war als der Durchschnitt der Versicherungsunternehmen in den 1990er-Jahren (meist über 105 Prozent). Grob gesagt wurden etwa 30 Prozent der Prämieneinnahmen für den Betrieb aufgewendet und 70–75 Prozent für Schäden ausgezahlt.

Tabelle 10.6: Schaden-Kosten-Quote der laufenden Geschäftstätigkeit von General Re in Nordamerika 1987 bis 1997

	Schaden-quote in %	**Kosten-quote in %**	**Schaden-Kosten-Quote in %**	**Rendite langfristiger Staatsanleihen zum Jahresende in %**
1997	68,4	30,8	99,2	5,92
1996	69,0	30,1	99,1	6,64
1995	67,3	32,3	99,6	5,95
1994	71,4	30,5	101,9	7,88
1993	70,0	31,1	101,1	6,35
1992	78,8	29,9	108,7	7,39
1991	72,0	29,3	101,3	7,40
1990	67,5	31,5	99,0	8,24
1989	69,7	28,3	98,0	7,97
1988	70,7	28,8	99,5	9,00
1987	74,5	24,7	99,2	8,95

Quelle: Bericht und Abschlüsse von General Re 1997

Tabelle 10.7: Schaden-Kosten-Quote des Schaden- und Unfallversicherungsgeschäfts von General Re 1987 bis 1997

	Schaden-quote in %	Kosten-quote in %	Schaden-Kosten-Quote in %	Rendite langfristiger Staatsanleihen zum Jahresende in %
1997	72,1	30,3	102,4	5,92
1996	73,2	28,9	102,1	6,64
1995	77,0	25,8	102,8	5,95
1994	69,2	29,4	98,6	7,88
1993	75,1	30,9	106,0	6,35
1992	80,2	32,8	113,0	7,39
1991	75,8	35,2	111,0	7,40
1990	71,5	37,5	109,0	8,24
1989	62,4	33,4	95,8	7,97
1988	64,4	31,3	95,7	9,00
1987	64,2	31,9	96,1	8,95

Quelle: Bericht und Abschlüsse von General Re 1997

In den drei Jahren von 1995 bis 1997 erwirtschaftete der Geschäftsbereich der globalen Lebens-/Krankenrückversicherung ein positives versicherungstechnisches Ergebnis und Kapitalerträge zwischen 40 und 73 Millionen Dollar. Der Geschäftsbereich Finanzdienstleistungen verzeichnete in jedem der drei Jahre ein ausgezeichnetes Ergebnis vor Steuern und realisierten Gewinnen/Verlusten von über 100 Millionen Dollar.

Die Zahlen schienen zu zeigen, dass General Re aus allen Rohren feuerte und fast eine Milliarde Dollar Gewinn machte. Als Berkshire das Unternehmen kaufte, verfügte es über einen Float von 14,9 Milliarden

Dollar, die anscheinend kostenlos zur Verfügung standen, weil die Versicherungspreise so gut waren.

SYNERGIEEFFEKTE

Aber würden Sie dafür 22 Milliarden Dollar bezahlen? Das scheint ein hohes Kurs-Gewinn-Verhältnis zu sein und das Eigenkapital (Nettovermögen) belief sich auf knapp über acht Milliarden Dollar, sodass das Kurs-Buchwert-Verhältnis 2,7 betrug. Buffett muss mit einigen Synergien gerechnet haben, die die Gewinne erheblich steigern würden. Kurz nachdem er dem Kauf zugestimmt hatte, skizzierte er seine Überlegungen in sechs Schritten:

1. Sie können uns etwas beibringen

In seinem 1998er-Brief schrieb Buffett, dass Berkshire den Fähigkeiten der Manager von General Re und der Kölnischen Rück nichts hinzufügen könne, „im Gegenteil, sie können uns viel beibringen“. Er ging davon aus, dass General Re aufgrund seiner Vertriebskraft, seiner technischen Einrichtungen und seines Managements in der Lage sein würde, in „alle Bereiche der Branche“[361] einzutreten, wobei es sich auf die Finanzkraft von Berkshire stützen konnte.

2. Versicherungstechnische Ertragsschwankungen besser auffangen

General Re nahm wie viele andere Versicherungsunternehmen zahlreiche Geschäftsangebote nicht an, weil die Direktoren befürchteten, dass die Wall Street kritisch sein und die Aktien herabstufen würde, wenn die Manager ein oder zwei schlechte Jahre hätten. Um Quartalsverluste zu vermeiden, lehnten sie entweder risikoreiche, aber attraktive Geschäfte ab oder gaben einen erheblichen Teil des Geschäfts ab (indem sie dafür Rückversicherungen kauften). Die Direktoren waren sehr darauf bedacht, das AAA-Rating von General Re aufrechtzuerhalten, das durch starke Gewinnschwankungen gefährdet werden konnte.

Berkshire hingegen nimmt Volatilität gern in Kauf, solange die Erwartung besteht, dass im Laufe der Zeit gute Gewinne erzielt werden. Buffett schrieb:

> „Als Teil von Berkshire wird diese Beschränkung wegfallen, und das wird sowohl die langfristige Rentabilität von General Re als auch seine Fähigkeit verbessern, mehr Geschäfte zu zeichnen. Darüber hinaus wird General Re die Möglichkeit haben, seine Abhängigkeit vom Retrozessionsmarkt mit der Zeit zu verringern, und dadurch über erhebliche zusätzliche Mittel für Investitionen verfügen."[362]

3. Reichlich Kapital

Berkshires tiefe Taschen bedeuteten, dass die Direktoren von General Re „jede beliebige Vermögensstrategie verfolgen konnten, die am sinnvollsten war, ohne von den Auswirkungen eines starken Marktrückgangs auf das Kapital des Unternehmens eingeschränkt zu werden. Diese Flexibilität hat sich für die Versicherungstöchter von Berkshire regelmäßig als enormer Vorteil erwiesen."[363]

4. Internationale Expansion

Buffett ging davon aus, dass das meiste Marktwachstum außerhalb Amerikas stattfinden würde und dass General Re bereits über die Manager, die Systeme und in Dutzenden von Ländern über einen guten Ruf verfügte. „General Re hat beträchtliche Möglichkeiten, sein globales Rückversicherungsgeschäft auszubauen. Als Teil von Berkshire wird General Re in der Lage sein, Investitionen zu tätigen, um sein internationales Geschäft so schnell auszubauen, wie es ihm angemessen erscheint."

5. Buffetts Fachwissen über die Investition des Floats

Während der Float von General Re 14,9 Milliarden Dollar betrug, belief sich der Bruttobetrag der Investments vor Abzug der Verbindlichkeiten auf mehr als 24 Milliarden Dollar. Buffett hatte darauf von Anfang an ein Auge geworfen. In der Ankündigung des Zusammenschlusses (19. Juni 1998) erklärte er: „Die Fusion wird Berkshire für jede ausgegebene A-Aktie beziehungsweise A-Aktien-Äquivalent mehr als 80.000 Dollar an Investitionen bringen. Das ist vorteilhaft, da es fast doppelt so viel ist wie bisher. Anders ausgedrückt bringt die Fusion Berkshire mehr als 24 Milliarden Dollar an zusätzlichen Investitionen."

Bei der Übernahme machten die Stammaktien von General Re nur 4,7 Milliarden Dollar des Portfolios aus, also weniger als ein Fünftel. Bis zu diesem Zeitpunkt hatte das Unternehmen einen sehr konservativen Ansatz verfolgt und etwa drei Viertel der Mittel in Anleihen angelegt. Dies führte zu niedrigen Renditen im Vergleich zu Buffetts Investitionen oder denen von Lou Simpson bei GEICO.

6. Steuervorteile

> „General Re wird durch den Zusammenschluss steuerliche Flexibilität gewinnen. Bei der Verwaltung von Versicherungsanlagen ist es von Vorteil, wenn man weiß, dass immer wieder hohe steuerpflichtige Einnahmen anfallen werden. Die meisten Versicherungsunternehmen sind nicht in der Lage, diese Annahme zu treffen. Jede Versicherungstochter von Berkshire kann ihre Anlagestrategie so gestalten, dass sie sich keine Sorgen über künftige steuerpflichtige Einnahmen machen muss, da Berkshire über große und vielfältige Ströme von steuerpflichtigen Einnahmen verfügt."[364]

DAS GESCHÄFT

Die Verbindungen zwischen Berkshire und General Re reichen weit zurück. So half General Re 1976 bei der Wiederbelebung von GEICO, als das Unternehmen kurz vor dem Tod stand, indem es einige Risiken aus seinen Büchern nahm – siehe Investition 1 in Band 2. General Re war auch ein regelmäßiger Kunde von Berkshire Hathaway Reinsurance, als es Rückversicherungsrisiken abgab.

Buffett hatte Ron Ferguson, den damaligen Präsidenten von General Re (später CEO und Chairman), im Februar 1985 bei einem Abendessen in New York kennengelernt, das von John Steggles, einem ehemaligen Mitarbeiter von General Re, organisiert worden war. Sie saßen mit Jack Byrne von GEICO und dem Vorsitzenden von General Re, Frank Munson, zusammen.

Zu dieser Zeit erhielt General Re viel Arbeit von der schnell wachsenden GEICO, und Buffett interessierte sich zunehmend für Rückversicherungen, sodass es nur natürlich war, dass die leitenden Angestellten der drei Unternehmen einander kennenlernten. Steggles erinnert sich, dass „Warren mit erheblicher Verspätung eintraf“[365], nachdem er eine Sitzung mit 20 weiteren Teilnehmern gehabt hatte, in der für Capital Cities ein Deal zum Kauf von ABC-TV ausgehandelt worden war und die länger gedauert hatte als geplant.

Ferguson trat erstmals im Sommer 1997 an Buffett heran, um über ein Joint Venture zu sprechen. Später schlug Buffett anstelle eines Joint Ventures eine vollständige Zusammenlegung der Unternehmen vor, um das zu schaffen, was er als „das größte Reservoir an Finanzkraft in der Versicherungsbranche seit Menschengedenken“ bezeichnete.[366] Zunächst waren die Gespräche recht informell, aber im Mai 1998 wurden sie konkreter.

EIN DEAL ÜBER ALLE AKTIEN

Im Rahmen der im Juni 1998 angekündigten Transaktion hatten die Aktionäre von General Re die Möglichkeit, entweder 0,0035 Berkshire-A-Aktien oder 0,105 B-Aktien zu akzeptieren. Durch die Zahlung in Aktien konnten die Aktionäre von General Re die Besteuerung ihrer Kapitalerträge vermeiden (da sie „unrealisierte" Buchgewinne blieben). Es dauerte bis Dezember, bis die US-Steuerbehörde (Internal Revenue Service) zustimmte, dass die Transaktion steuerfrei sein konnte, sodass sie erst am 21. Dezember 1998 abgeschlossen wurde.

Im Juni waren die Berkshire-Aktien hoch im Kurs – über 80.000 Dollar pro Stück –, und so wurde eine General-Re-Aktie bei der Transaktion mit etwa 276,50 Dollar bewertet, also mit einem Aufschlag von 29 Prozent auf den Börsenwert, sodass der Gesamtpreis für die Transaktion etwa 22 Milliarden Dollar betrug.

Ron Ferguson sagte dem *Wall Street Journal*, die Vereinigung unter dem Dach von Berkshire biete eine „außergewöhnliche finanzielle Leinwand", auf der sein Führungsteam malen könne. Er nannte Buffett „die Art von Eigentümer, die wir haben wollen".[367]

Das Anlageportfolio faszinierte die Journalisten, die feststellten, dass Buffett mit fast fünf Milliarden Dollar in Aktien und einer sehr großen Sammlung von Anleihen konfrontiert sein würde, die insgesamt 25,2 Prozent der Anlagen von Berkshire ausmachten. Er sagte ihnen, er habe keine besonderen Pläne für diese Fonds – man bedenke, dass dies die Zeit der rauschenden Hausse der Dotcom-Ära war –, aber „ich gehe von der Theorie aus, dass es Zeiten geben wird, in denen wir in der Lage sein werden, das Kapital effektiv einzusetzen ... es wird Zeiten geben, in denen wir auf Elefantenjagd gehen."[368]

Buffett übernahm die Verantwortung für das Portfolio von General Re (nicht jedoch für das der Kölnischen Rück) und verkaufte sofort alle 250 von dem Unternehmen gehaltenen Aktien, was zu einer Steuerlast von 935 Millionen Dollar führte. Er fand, diesen Preis sei es wert, reinen Tisch zu machen. Er schrieb, dass diese Aktion

„ein Grundprinzip widerspiegelt, das Charlie und ich im Geschäftsleben und bei Investitionen anwenden: Wir zäumen das Pferd nicht von hinten auf."[369]

Eine weitere Sofortmaßnahme bestand darin, den Aktienoptionsplan von General Re zu ersetzen, der Führungskräfte dafür belohnt hatte, dass sie den Aktienkurs in die Höhe trieben. Buffett und Munger zogen ein Entlohnungssystem vor, das „die Anreizvergütung der Manager von General Re an ihre operativen Leistungen knüpfte".[370] Es wurden Zielvorgaben festgelegt, und die Leistungsvergütung richtete sich nach dem Wachstum des Floats und den Kosten des Floats.

Was das Versicherungsgeschäft anbelangt, so griff Buffett nicht ein und erklärte von Anfang an, dass General Re „unabhängig" von den anderen Versicherungs- und Rückversicherungsgeschäften von Berkshire operieren werde – ein deutlicher Hinweis auf seine Bewunderung für Ferguson und sein Team.

Das strategische Ziel wurde im Jahresbericht 1998 von Berkshire dargelegt:

> „Seit vielen Jahrzehnten steht der Name General Re für Qualität, Integrität und Professionalität in der Rückversicherung – und unter der Führung von Ron Ferguson hat dieser Ruf noch an Glanz gewonnen. Berkshire kann den Fähigkeiten der Manager von General Re und der Kölnischen Rück absolut nichts hinzufügen ... Wir werden das Unternehmen lediglich auffordern, die Disziplin der Vergangenheit zu wahren und gleichzeitig den Anteil des im Eigenbehalt gehaltenen Geschäfts zu erhöhen, die Produktpalette zu erweitern und die geografische Abdeckung auszudehnen – wobei wir diese Schritte in Anerkennung der finanziellen Stärke von Berkshire und der Toleranz gegenüber starken Ertragsschwankungen unternehmen. Wie wir schon lange sagen, ziehen wir eine holprige Rendite von 15 Prozent einer gleichmäßigen Rendite von zwölf Prozent vor. Mit der Zeit

werden Ron und sein Team das neue Potenzial von General Re maximieren."

Doch dieses Vertrauen in Ron Ferguson und sein Team sollte in den folgenden Jahren auf eine harte Probe gestellt werden.

DIE ERSTEN FÜNF JAHRE

Nach der Übernahme von Berkshire wurden die Führungskräfte von General Re ermutigt, sich frei zu fühlen, nachdem die früheren wachstumshemmenden Zwänge von ihnen genommen waren. Durch den erneuten Vorstoß stiegen die jährlichen Prämieneinnahmen innerhalb von zwei Jahren von sechs Milliarden Dollar auf 8,7 Milliarden Dollar – siehe Abbildung 10.1. Buffett wollte, dass sie „den Anteil ihres Geschäfts, der im Eigenbehalt verbleibt [und nicht an andere Rückversicherer weitergegeben wird], weiter erhöhen, ihre Produktpalette erweitern und ihre geografische Abdeckung ausbauen".[371]

Der Float von General Re entwickelte sich gut, ebenso wie der Float von Ajit Jains Aktivitäten bei Berkshire Hathaway Reinsurance, GEICO und Berkshire Hathaway Primary Insurance – siehe Abbildung 10.2.

Buffett klang etwas besorgt über den „riesigen" versicherungstechnischen Verlust von General Re, als er die Berkshire-Ergebnisse für 1999 vorstellte, der mit insgesamt 1,18 Milliarden Dollar der schlimmste seit 15 Jahren war – siehe Abbildung 10.3 –, aber er hielt dies für „anormal".[372]

Im Gegensatz dazu verzeichnete GEICO einen versicherungstechnischen Gewinn von 24 Millionen Dollar und lieferte Buffett somit einen Float, den er zu weniger als null Kosten nutzen konnte. Auch die Erstversicherung erwirtschaftete mit 22 Millionen Dollar einen Gewinn, sodass Berkshire auch hier dafür bezahlt wurde, das Geld anderer Leute zu halten und zu investieren. Der versicherungstechnische Verlust von BH Reinsurance in Höhe von 251 Millionen Dollar im Jahr 1999

Abbildung 10.1: Prämieneinnahmen aus den vier Versicherungskonzernen von Berkshire in Millionen USD, 1998 bis 2002

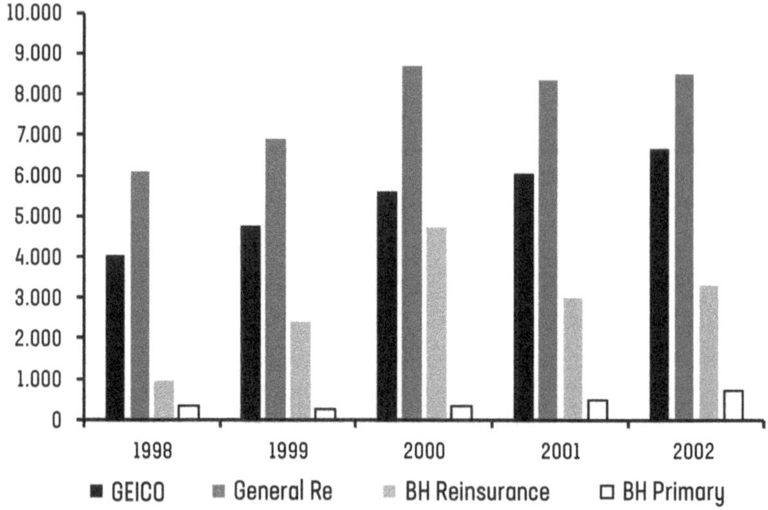

Quelle: Jahresberichte von Berkshire Hathaway

Abbildung 10.2: Der jeweils zum Jahresende von den vier Versicherungskonzernen von Berkshire Hathaway gehaltene Float in Millionen USD, 1998 bis 2002

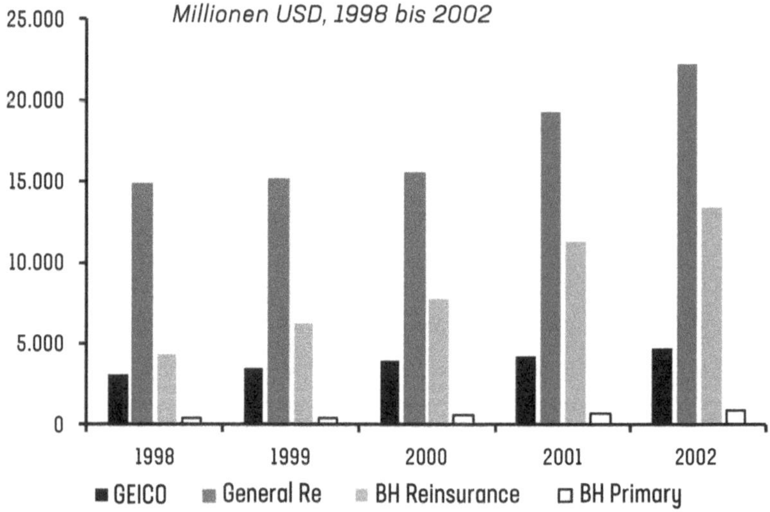

Quelle: Jahresberichte von Berkshire Hathaway

Abbildung 10.3: Versicherungstechnische Gewinne/Verluste der vier Versicherungskonzerne von Berkshire Hathaway in Millionen USD, 1998 bis 2002

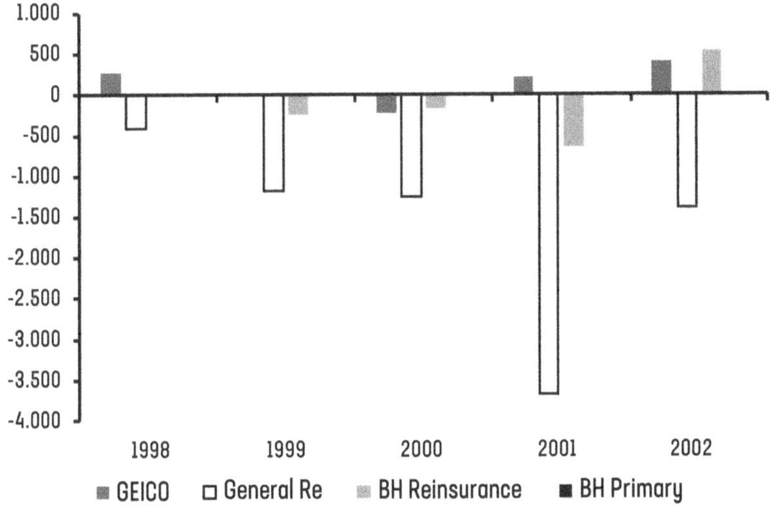

Quelle: Jahresberichte von Berkshire Hathaway

mag zunächst hoch erscheinen, aber im Vergleich zum Zinssatz für 10-jährige US-Staatsanleihen von 6,7 Prozent entsprach er nur vier Prozent des Floats und somit war der Float, den Buffett einsetzen konnte, verhältnismäßig günstig. Die Float-Kosten von General Re beliefen sich dagegen 1999 auf 7,8 Prozent des Floats.

Obwohl Buffett bei General Re besorgniserregende Anzeichen sah und in seinem 1999er-Brief schrieb, das Geschäft sei „sowohl im Inland als auch international extrem unterbewertet", blieb Buffett dabei, dass General Re „den Vertrieb, die Versicherungskompetenz, die Unternehmenskultur und – mit Berkshires Unterstützung – die finanzielle Schlagkraft hat, um die profitabelste Rückversicherungsgesellschaft der Welt zu werden. Der Weg dorthin wird Zeit, Energie und Disziplin erfordern, aber wir haben keinen Zweifel daran, dass Ron Ferguson und sein Team es schaffen können."[373]

In dieser Zeit begann Buffett, über Joe Brandon und Tad Montross als „talentierte Unterstützer“[374] an Fergusons Seite zu sprechen. Buffett war überzeugt, dass sie die richtigen schwierigen Entscheidungen trafen, „und Charlie und ich applaudieren ihnen dafür“.[375]

Als Buffett die Ergebnisse für das Jahr 2000 vorlegte, war er wirklich unzufrieden mit dem, was er sah. Der versicherungstechnische Gesamtverlust aller Berkshire-Versicherungsgeschäfte belief sich in diesem Jahr auf 1,6 Milliarden Dollar, was zu Float-Kosten von sechs Prozent führte, während die Zinsen für langfristige Staatsanleihen etwas darunter lagen. Das schlechteste Ergebnis erzielte General Re mit Float-Kosten von 8,1 Prozent, aber auch hier sagte Buffett, er erwarte, dass sich die Dinge danach aufgrund von „Korrekturen bei der Preisgestaltung“[376] von Policen verbessern würden.

Aber es sollte nicht sein. Zugegeben, im Jahr 2001 musste die gesamte Versicherungsbranche den massiven Schlag des Anschlags auf die Twin Towers verkraften, aber dennoch war der versicherungstechnische Verlust von General Re in Höhe von 3,67 Milliarden Dollar herausragend hoch. Er entsprach 19 Prozent des Floats zu einer Zeit, als der Zinssatz für Staatsanleihen bei fünf Prozent lag. BH Reinsurance verzeichnete ebenfalls einen Verlust, der jedoch mit 647 Millionen Dollar bescheidenere 5,7 Prozent des Floats betrug. GEICO und BH Primary erzielten Gewinne.

In seinem im Februar 2002 verfassten Brief gab Buffett sich selbst die Schuld, weil er General Re erlaubt hatte, Geschäfte ohne eine ihm als wichtig bekannte Absicherung zu tätigen, „und am 11. September hat uns dieser Fehler eingeholt“. Er bezog sich damit auf das Versäumnis, seine drei Schlüsselprinzipien zur Zeichnungsdisziplin vollständig umzusetzen:

1. Man gehe nur solche Risiken ein, die man richtig einschätzen kann (man bleibe innerhalb seines Kompetenzbereichs) und bei denen man einen Gewinn erwarten kann. Diese Erwartung

sollte bestehen bleiben, nachdem man alle relevanten Faktoren, einschließlich unwahrscheinlicher Verlustszenarien, bewertet hat. Man ignoriere Marktanteilserwägungen und bleibe zuversichtlich, wenn man Geschäfte an Konkurrenten verliert, die unsinnige Preise oder Vertragsbedingungen anbieten.

2. Man begrenze die Geschäfte, die man annimmt, in einer Weise, die gewährleistet, dass man nicht durch ein einziges Ereignis oder durch miteinander zusammenhängende Ereignisse eine Häufung von Verlusten erleidet, die die Solvenz gefährden. Man suche unablässig nach möglichen Korrelationen zwischen scheinbar unverbundenen Risiken.
3. Man vermeide Geschäfte mit subjektivem Risiko: Der Versuch, gute Verträge mit schlechten Menschen abzuschließen, funktioniert nicht, egal wie hoch der Preis ist. Die meisten Versicherungsnehmer und Kunden sind zwar ehrenhaft und ethisch korrekt, aber Geschäfte mit den wenigen Ausnahmen sind in der Regel teuer, manchmal sogar außerordentlich teuer.[377]

Buffett schrieb, dass er und das Team von General Re bei der Festlegung der Preise und der Bewertung des Gesamtrisikos die Möglichkeit von Verlusten durch Terrorismus in großem Umfang entweder übersehen oder abgetan hätten. „Das war ein relevanter versicherungstechnischer Faktor und wir haben ihn ignoriert."[378]

Er begann, frühere positive Aussagen über die Qualität der Versicherungsdisziplin bei General Re zu bereuen: „Ich habe mich geirrt", schrieb er im Februar 2002. Die Manager hätten nicht nur gegen die bewussten drei Regeln verstoßen, sondern auch keine korrekten Reserven angelegt – das heißt, sie waren zu optimistisch, was die wahrscheinlichen künftigen Schäden anging – und hatten daher die Kosten der verkauften Versicherungen stark falsch berechnet. „Wenn man seine Kosten nicht kennt, gibt es in jedem Geschäft Probleme. In der Rückversicherung mit langen Laufzeiten, wo jahrelange Unkenntnis stark untertriebene Preise begünstigt und fortführt, ist die Unkenntnis der wahren Kosten Dynamit."[379]

Die Manager waren psychologisch an den institutionellen Imperativ der Branche gebunden, den Wettbewerbern Marktanteile abzunehmen. Dies mag kurzfristig befriedigend sein, aber wenn die Prämien zu niedrig angesetzt werden, können zwar Marktanteile gewonnen werden, aber langfristig gehen die Gewinne verloren. „‚Nein' muss ein wichtiger Teil des Vokabulars eines jeden Versicherers sein", rät Buffett.[380]

Ron Ferguson wurde im September 2001 durch Joe Brandon als CEO ersetzt und Tad Montross wurde Präsident. Buffett war nun wieder optimistisch: „Auch auf die Gefahr hin, dass ich naiv klinge, versichere ich Ihnen, dass die Zeichnungsdisziplin bei General Re wiederhergestellt wird ... mit der gebotenen Dringlichkeit ... General Re sollte ein großer Gewinn für Berkshire sein. Ich prophezeie Ihnen, dass Joe und Tad es dazu machen werden."[381]

Diesmal erwies sich Buffetts Optimismus als wohlbegründet. Im Jahr 2002 wurde die Zeichnungsdisziplin wiederhergestellt. General Re meldete zwar immer noch einen hohen Verlust von 1,4 Milliarden Dollar (6,3 Prozent des Floats), doch war dies fast ausschließlich eine Folge der Versicherungsvergabe der Vorjahre, und das 2002 tatsächlich gezeichnete Geschäft war nahezu kostenneutral. „Ich freue mich, berichten zu können, dass unter der Führung von Joe Brandon und mit der tatkräftigen Unterstützung von Tad Montross enorme Fortschritte erzielt wurden ... frisch mit mehr Autorität ausgestattet und darauf bedacht, die Fehler der Vergangenheit rasch zu korrigieren. Sie wussten, was zu tun war – und sie haben es getan."[382]

Es ist jedoch ein trauriger Gedanke, dass die versicherungstechnischen Verluste von General Re in diesem 5-Jahres-Zeitraum insgesamt fast acht Milliarden Dollar betrugen – das entspricht fast dem Nettowert des Unternehmens, als Berkshire es kaufte.

In der Zwischenzeit hatten Ajit Jain und sein winziges Team bei BH Reinsurance die Prämieneinnahmen von weniger als einer Milliarde

Dollar im Jahr 1998 auf mehr als drei Milliarden Dollar im Jahr 2002 gesteigert. Noch wichtiger ist, dass die versicherungstechnischen Verluste im Durchschnitt nur 0,1 Milliarden Dollar betrugen, und das bei einem Float, der von 4,3 Milliarden Dollar auf 13,4 Milliarden Dollar angewachsen war.

PROBLEME MIT DERIVATEN

Die versicherungstechnischen Probleme waren für Buffett und Munger eigentlich schon knifflig genug, aber es gab da noch etwas anderes, das sie wirklich aus der Fassung brachte. Sie hatten die massive Sammlung von Derivatepositionen von General Re geerbt, deren Wert sich auf die Entwicklung von Basiswerten in Höhe von einer Billion Dollar belief. Beide betrachteten diese Positionen als „Zeitbomben, sowohl für die Parteien, die mit ihnen handelten, als auch für das Wirtschaftssystem".[383]

Zunächst versuchten sie, das Derivategeschäft zu verkaufen, das gelang jedoch nicht. Stattdessen begannen sie mit dem mühsamen Prozess, dieses Geschäft zu schließen. Aber: „Ebenso wie die Hölle sind beide [Rückversicherungs- und Derivategeschäfte] leicht zu betreten und fast unmöglich zu verlassen. In beiden Branchen bleibt man, wenn man einen Vertrag einmal abgeschlossen hat – der Jahrzehnte später eine hohe Zahlung erfordern kann –, in der Regel darauf sitzen."[384]

Eine weitere Gemeinsamkeit von Rückversicherungen und Derivaten besteht darin, dass die Manager in beiden Fällen dazu verleitet werden können, stark überhöhte Gewinne zu melden, da sie auf Schätzungen des Wertes von Positionen beruhen, die möglicherweise erst nach vielen Jahren abgewickelt werden. Das dabei erforderliche Ermessen lässt viel Spielraum für eine zu rosige Sichtweise oder gar bewusste Einseitigkeit.

„Wer mit Derivaten handelt, wird in der Regel (ganz oder teilweise) auf der Grundlage von ‚Gewinnen' bezahlt, die anhand der

Mark-to-Market-Berechnung berechnet werden. Oft gibt es jedoch keinen echten Markt und es wird ‚Mark-to-Model' verwendet. Diese Substitution kann zu großem Unheil führen. Generell gilt, dass Kontrakte mit mehreren Bezugspositionen und weit auseinanderliegenden Abrechnungsterminen den Vertragspartnern mehr Möglichkeiten bieten, fantasievolle Annahmen zu verwenden ... die beiden Vertragsparteien könnten durchaus unterschiedliche Modelle verwenden, die es beiden ermöglichen, über viele Jahre hinweg beträchtliche Gewinne auszuweisen. Im Extremfall degeneriert Mark-to-Model zu dem, was ich Mark-to-Myth nennen würde."[385]

In einer Formulierung, die um die Welt gehen sollte, verurteilte Buffett Derivate als „finanzielle Massenvernichtungswaffen"[386] für die gesamte Wirtschaft. Und das, obwohl er zugab, dass Berkshire gelegentlich umfangreiche Derivategeschäfte tätigte, um bestimmte Anlagestrategien zu ermöglichen.

Zu Beginn der Strategie zur Schließung von Derivatepositionen Anfang 2002 hatte die Gruppe 23.218 ausstehende Kontrakte mit 884 Gegenparteien. Wie schwierig es war, aus manchen dieser Geschäfte auszusteigen, zeigt sich daran, dass zwei Jahre später immer noch 7.580 Kontrakte mit 453 Gegenparteien ausstanden. Buffett seufzte: „Wie in einem Country-Song beklagt wird: ‚Wie kann ich dich vermissen, wenn du nicht gehst?"[387]

Das Derivategeschäft von General Re verzeichnete im Jahr 2002 Verluste vor Steuern in Höhe von 173 Millionen Dollar und 2003 in Höhe von 99 Millionen Dollar, und diese Verluste hielten an. Bis Ende 2006 gingen insgesamt 409 Millionen Dollar verloren, wobei die Zahl der laufenden Kontrakte auf 197 geschrumpft war.

„Vor langer Zeit sagte Mark Twain einmal: ‚Ein Mann, der versucht, eine Katze an ihrem Schwanz nach Hause zu tragen, wird eine Lektion lernen, die auf keine andere Weise gelernt werden kann.'

> Wenn Twain heute hier wäre, würde er vielleicht versuchen, ein Derivategeschäft abzuwickeln. Nach ein paar Tagen würde er sich für Katzen entscheiden."[388]

In einer vorausschauenden Passage, die zwei Jahre vor der Finanzkrise geschrieben wurde, die durch Derivate auf Subprime-Hypotheken ausgelöst wurde, schrieb Buffett, dass Berkshire der Kanarienvogel in diesem wirtschaftlichen Bergwerk sei „und ein Lied der Warnung singen sollte, während wir verscheiden".[389] Er sagte, dass einer der Gründe, warum er regelmäßig über die Probleme von Berkshire in diesem Bereich schreibe, die Hoffnung sei, dass „unsere Erfahrungen sich als lehrreich für Manager, Wirtschaftsprüfer und Regulierungsbehörden erweisen könnten".[390]

Er stellte fest, dass die Zahl und der Wert der weltweit ausstehenden Derivatekontrakte wie Pilze aus dem Boden schossen, und zwar um ein Vielfaches dessen, was nur sieben Jahre zuvor der Fall war.

Eine weitere vorausschauende Bemerkung:

> „Stellen Sie sich vor, eine oder mehrere Firmen (Probleme breiten sich oft aus) mit Positionen, die ein Vielfaches der unseren ausmachen, versuchen in chaotischen Märkten und unter extremem und öffentlich bekanntem Druck zu liquidieren. Dies ist ein Szenario, dem man lieber jetzt als im Nachhinein viel Aufmerksamkeit schenken sollte."[391]

REICHLICHE VERSICHERUNGS-TECHNISCHE GEWINNE

Brandon und Montross hatten bei General Re wirklich die Wende geschafft. In 13 der nächsten 14 Jahre wies der Konzern einen versicherungstechnischen Gewinn aus – siehe Abbildung 10.6. Und das bei sinkendem Geschäftsvolumen: Die Prämieneinnahmen fielen von 8,25 Milliarden Dollar im Jahr 2003 auf nur noch 5,64 Milliarden Dollar im Jahr 2016 – siehe Abbildung 10.4. Im Jahr 2017 wurden die Zahlen von General Re in der Berkshire Hathaway Reinsurance Group konsolidiert, als die Leitung aller Versicherungsaktivitäten Anfang 2018 an Ajit Jain übertragen wurde.

Durch die geringeren Einnahmen sank auch der Float von 23,65 Milliarden Dollar im Jahr 2003 auf 17,70 Milliarden Dollar im Jahr 2016 – siehe Abbildung 10.5. Es scheint, dass sich Joe, Tad und der Rest des Teams von General Re wirklich Buffetts Philosophie verschrieben hatten, sich nur auf rentable Geschäfte zu konzentrieren, selbst wenn das bedeutete, auf Geschäfte zu verzichten, die Buffett treffend unter „Größe zählt einfach nicht" zusammenfasste.[392]

Abbildung 10.4: Prämieneinnahmen der vier Versicherungskonzerne von Berkshire in Millionen USD, 2003 bis 2020

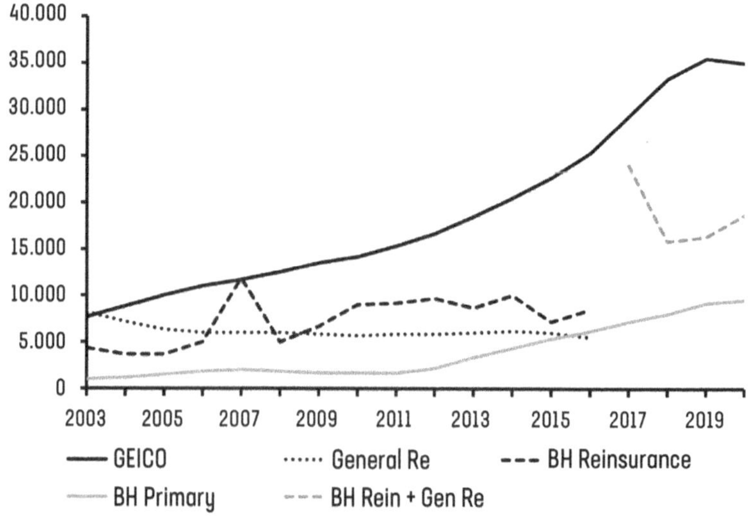

Quelle: Jahresberichte von Berkshire Hathaway

Abbildung 10.5: Der jeweils zum Jahresende von den vier Versicherungskonzernen von Berkshire Hathaway gehaltene Float in Millionen USD, 2003 bis 2016

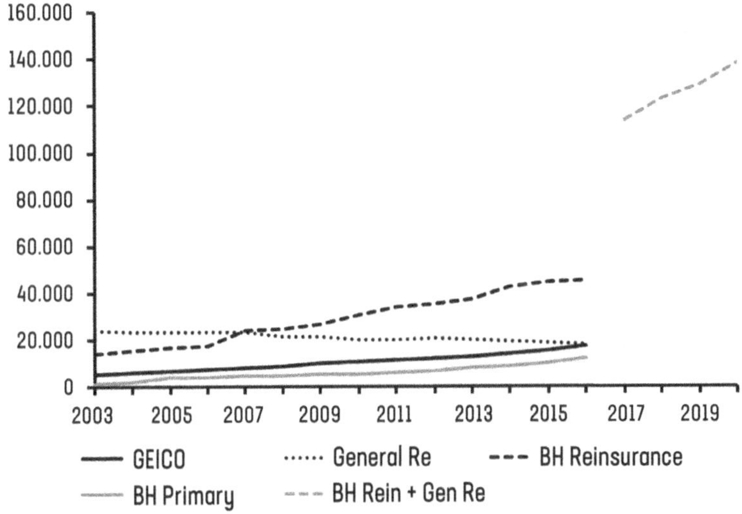

Quelle: Jahresberichte von Berkshire Hathaway

Während sich General Re beim Volumenwachstum zurückhielt, um aufgrund seines Null-Kosten-Floats zu einem „Juwel" in Berkshires Krone zu werden, legte die BH Reinsurance von Ajit Jain sowohl beim Volumen als auch bei der Rentabilität kräftig zu. Seine Handvoll Mitarbeiter steigerte den Umsatz 2007 über den von General Re (General Re hatte damals 2.647 Mitarbeiter, heute sind es weniger als 2.000). Die Prämien von BH Reinsurance stiegen von 4,43 Milliarden Dollar im Jahr 2003 auf 8,50 Milliarden Dollar im Jahr 2016 und das Unternehmen war in allen Jahren, mit Ausnahme von zwei, profitabel, manchmal sogar sehr profitabel. Und Buffett freute sich, den rasch wachsenden Float zu investieren, der mehr als 45 Milliarden Dollar erreichte.

Man kann sagen, dass GEICO noch besser war. Das Unternehmen steigerte seinen Börsenwert um mehr als das Dreifache auf über 17

Abbildung 10.6: Versicherungstechnische Gewinne/Verluste der vier Versicherungskonzerne von Berkshire Hathaway in Millionen USD, 2003 bis 2020

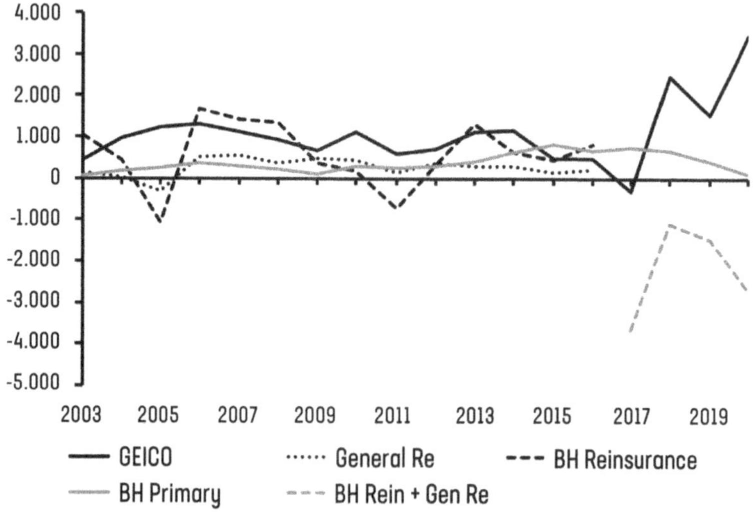

Quelle: Jahresberichte von Berkshire Hathaway

Milliarden Dollar, während es gleichzeitig sein Prämienvolumen vervierfachte und in vielen Jahren versicherungstechnische Gewinne von über einer Milliarde Dollar erzielte. Welch ein Geschäft: Berkshire erhielt etwa eine Milliarde Dollar pro Jahr dafür, dass es das Geld anderer Leute verwahrte, und diese Mittel konnten in Coca-Cola und dergleichen investiert werden, um Dividenden und Kapitalgewinne zu erzielen.

Das ursprüngliche Erstversicherungsgeschäft von BH war im Vergleich dazu klein, aber dennoch hinsichtlich seines Prämienwachstums beeindruckend – eine Milliarde Dollar im Jahr 2003 und fast zehn Milliarden Dollar im Jahr 2020. Und der Float stieg von 1,3 Milliarden Dollar im Jahr 2003 auf 11,65 Milliarden Dollar im Jahr 2020. Am beeindruckendsten war jedoch die völlig ungetrübte Bilanz der versicherungstechnischen Gewinne. In vielen Jahren betrugen sie acht oder zehn Prozent des Floats.

Im Jahr 2008 trat Joe Brandon von seinen Aufgaben bei General Re zurück und Tad Montross wurde CEO. Buffett war sich seines Beitrags zur Rettung des Unternehmens sehr wohl bewusst: „Charlie und ich sind Joe dankbar dafür, dass er das Schiff auf Kurs gebracht hat, und wir sind sicher, dass die Zukunft von General Re bei Tad in den besten Händen liegt."[393]

Ebenfalls in diesem Jahr übernahm General Re schließlich 100 Prozent der Anteile an der Kölnischen Rück. Tad ging 2016 nach 39 Jahren im Unternehmen in den Ruhestand. In seinem Brief von 2016 schrieb Buffett: „Tad war in jeder Hinsicht eine Klasse für sich, und wir sind ihm zu großem Dank verpflichtet." Seine Nachfolgerin wurde Kara Raiguel, die 16 Jahre lang mit Ajit Jain zusammengearbeitet hatte.

EIN TÖRICHTER KAUF?

General Re wurde schließlich ein sehr geschätzter Teil der Berkshire-Familie. Doch es bleiben Fragen offen. Wären 22 Milliarden Dollar der gebotene Preis gewesen, wenn Buffett und Munger 1998 gewusst hätten, dass die Führungskräfte seit einigen Jahren Versicherungen falsch bewertet und damit die Gewinnbilanz aufgebläht hatten? Mit ziemlicher Sicherheit nicht.

Hätte die Gegenleistung in neuen Berkshire-Hathaway-Aktien bestehen sollen? Sicherlich nicht. Der Wert dieser Aktien liegt inzwischen bei weit über 100 Milliarden Dollar. Buffett hat sich 2016 öffentlich dafür gescholten, dass er Aktien verwendet hat:

> „Nach dem Kauf von GEICO habe ich törichterweise Berkshire-Aktien – eine Unmenge von Aktien – verwendet, um Ende 1998 General Reinsurance zu kaufen … Es war … ein schrecklicher

> Fehler meinerseits, 272.200 Berkshire-Aktien für den Kauf von General Re auszugeben, ein Akt, der die Zahl unserer umlaufenden Aktien um satte 21,8 Prozent erhöhte. Mein Fehler führte dazu, dass die Berkshire-Aktionäre weit mehr gaben als nahmen (eine Praxis, die – trotz der biblischen Aufforderung – alles andere als segensreich ist, wenn man Unternehmen kauft)."[394]

Aber aus zwei Gründen hat es gut funktioniert. Erstens weil Buffett und Munger fähige Manager ausfindig machten, deren philosophischer Ansatz für die Führung eines Versicherungsunternehmens, also für die Gewinnerzielung, mit dem ihren übereinstimmte.

Zweitens übten sie sich in extremer Geduld, als sich die Verluste über fünf Jahre hinweg häuften. Ihr langfristiger Horizont, ein Unternehmen „für immer" zu halten, bedeutete, dass sie selbst am Ende eines langen Tunnels Licht sehen konnten. Sie wussten, dass der Wert eines Unternehmens der diskontierte Cashflow ist, den es für die Aktionäre über die gesamte Lebensdauer hinweg erwirtschaftet. Der abgezinste Wert der ersten fünf Jahre ist nur ein Bruchteil dieser gesamten Barwertberechnung.

LEKTIONEN

1. **Es gibt zwei Schlüsselfaktoren, die zur Rentabilität des Versicherungsgeschäfts beitragen: häufig Nein zu sagen und finanziell stark zu sein.** Die Versicherung ist größtenteils ein Massengeschäft, was bedeutet, dass niedrige Prämien die Nachfrage ankurbeln. Es ist jedoch möglich, sich abzuheben und damit die versicherungstechnische Rentabilität zu steigern, indem man (a) bereit ist, das Volumen zu opfern, um sich auf den Gewinn zu konzentrieren – das Volumen kann dann wieder steigen, wenn die Konkurrenten nicht hinter dieser Art von Geschäft her sind –, und (b) außergewöhnlich finanzstark ist,

sodass die Kunden Ihr Versprechen, Schäden in vielen Jahren zu begleichen, mehr schätzen als das der Konkurrenten.

2. **Beurteilen Sie die Qualität der Personen, die die Beurteilungen vornehmen.** Bei der Erstellung von Versicherungskonten werden viele Beurteilungen/Mutmaßungen und keine harten Fakten herangezogen. Vergewissern Sie sich daher, dass es sich bei den Führungskräften um Personen handelt, deren Urteilsvermögen sowohl vertrauenswürdig als auch konservativ ausgerichtet ist und die nicht zu kurzfristigem Ankurbeln neigen.
3. **Messen Sie die versicherungstechnische Leistung anhand des Verhältnisses zwischen Verlust und Float über mehrere Jahre hinweg.** Einzelne Jahre können aufgrund mangelnder Klarheit über die Schadensfälle Verzerrungen unterliegen.
4. **Float ist in den Augen der Buchhalter eine Verbindlichkeit, in den Händen der richtigen Manager jedoch ein Vorteil.** Buffetts Investitionsgeschick im Umgang mit dem Float hat das Wachstum von Berkshire stark beschleunigt.
5. **Die Gewinne von Versicherungsunternehmen können erheblich verbessert werden, wenn die Holdinggesellschaft über außergewöhnlich solide Finanzen verfügt, was eine stärkere Gewichtung von Aktienanlagen ermöglicht.** Die enormen Kapitalbeträge der Berkshire-Versicherungsgesellschaften in Verbindung mit dem enormen Cashflow aus den anderen Geschäftsbereichen bedeuten, dass der Float der Versicherungsgesellschaften gefahrlos in eine aktienlastige Strategie investiert werden kann. Den meisten Versicherern ist dies nicht möglich, da sie von Aufsichtsbehörden und Ratingagenturen angewiesen werden, den Großteil des Floats in Anleihen zu investieren, weil diese als sicherer gelten. Anleihen sind jedoch nicht immer sicherer, wie Buffett in seinem Brief aus dem Jahr 2020 hervorhob: „Anleihen sind heutzutage nicht der

richtige Ort ... Anleger in festverzinsliche Wertpapiere – ob Pensionsfonds, Versicherungsgesellschaften oder Rentner – sehen weltweit einer düsteren Zukunft entgegen. Einige Versicherer wie auch andere Anleihe-Investoren könnten versuchen, die derzeit verfügbaren mickrigen Renditen zu steigern, indem sie ihre Käufe auf Anleihen wackeliger Schuldner verlagern. Riskante Anleihen sind jedoch nicht die Antwort auf unzureichende Zinssätze. Vor drei Jahrzehnten hat sich die einst mächtige Sparkassenbranche selbst zerstört, zum Teil durch die Missachtung dieser Maxime."

6. **Wenn man ein großartiges Unternehmen mit einem schnell steigenden inneren Wert hat, kann es teuer werden, ein anderes Unternehmen mit Aktien zu kaufen, es sei denn, der Preis ist sehr niedrig.** Buffett hätte niemals 21,8 Prozent von Berkshire für General Re hergeben dürfen.
7. **Für die Anlage eines großen Vermögens ist nur ein einziger, gut informierter und nach soliden Grundsätzen handelnder Entscheidungsträger erforderlich.** General Re dachte, es bräuchte 150 Mitarbeiter im Investmentbüro, aber Buffett zeigte dem Unternehmen einen besseren Weg.
8. **Derivate, insbesondere langfristige, können stark fehlbewertet werden und massive Verluste verursachen.**

EINE ZURÜCKGELEGTE STRECKE

Ende 1998 war Berkshire Hathaway das größte amerikanische Unternehmen gemessen am Nettovermögen, das sich auf 57,4 Milliarden Dollar belief. Nur zehn Jahre zuvor hatte das Unternehmen ein Nettovermögen von weniger als fünf Milliarden Dollar gehabt und wurde somit von den Giganten der damaligen Zeit wie General Motors, Ford, IBM und Exxon in den Schatten gestellt.

Die Zahl der Mitarbeiter war auf 47.566 gestiegen. Aber all dies wurde von einem „weltweiten Hauptsitz" aus gesteuert, der mit 12,8 Mitarbeitern besetzt war: „Die 0,8 bezieht sich nicht auf mich oder Charlie: Wir haben eine neue Person in der Buchhaltung, die vier Tage in der Woche arbeitet."[395] Schon dadurch unterschied sich Berkshire deutlich von den anderen Unternehmenskolossen; es war eine Organisation, die vertrauenswürdigen Führungskräften in den ganz oder teilweise in ihrem Besitz befindlichen Unternehmen ein hohes Maß an Autonomie gewährte.

Buffett und Munger haben schon vor langer Zeit erkannt, dass vermögende Führungskräfte und Unternehmer innerhalb des Berkshire-Konzerns am glücklichsten sind, wenn man sie bei der Führung ihrer Unternehmen in Ruhe lässt; sie fühlen sich geehrt durch das Signal des Vertrauens, dass man ihnen so viel Freiheit lässt, und sie revanchieren sich mit Anstrengungen, die weit über die Pflicht hinausgehen. Sie mögen es, mit Respekt behandelt zu werden und auf die Rationalität und Erfahrung von Buffett und Munger zurückgreifen zu können. Und sie wollen den Vorsitzenden und den stellvertretenden Vorsitzenden von Berkshire stolz machen.

Buffetts und Mungers Aufgabe ist es, Unternehmen zu finden, die von ausgezeichneten und integren Managern geführt werden, und diese dann bei Bedarf zu unterstützen und die Arbeit zu loben, die sie für Berkshire geleistet haben.

Der Vorsitzende verlangt jedoch, dass alle überschüssigen Barmittel an die Zentrale geschickt werden, damit er und Charlie sie verteilen können. „Indem sie es an uns schicken, lassen sie sich nicht von den diversen Verlockungen ablenken, die auf sie zukommen würden, wenn sie für die Verwendung des Geldes verantwortlich wären, das ihre Unternehmen abwerfen. Außerdem haben Charlie und ich viel mehr Möglichkeiten, diese Gelder zu investieren, als jeder unserer Manager in seiner eigenen Branche finden könnte."[396]

Ein weiterer Faktor, der Berkshire 1998 zu einem Ausreißer machte, war der Grad des Respekts, den Warren Buffett und Charlie Munger in der amerikanischen Gesellschaft genossen. In der Tat begann nun die ganze Welt von der Kraft ihrer Ideen zum Thema Investitionen und von der Kraft ihres Vorbilds zu erfahren, das sich durch hohe moralische Prinzipien für das Leben und für das Geschäft auszeichnete.

Und die Menschen strömten nach Omaha. In den frühen 1980er-Jahren kamen nur ein paar Dutzend zur Frühjahrshauptversammlung nach Omaha. Aber im Frühjahr 1999 musste ein Auditorium – das Aksarben Coliseum – angemietet werden, um die 14.000 Aktionäre unterzubringen, die während der sechsstündigen Versammlung an jedem Wort von Buffett und Munger hingen. Viele hatten nur deshalb Aktien gekauft, um dabei sein zu können, zuzuhören und sich über das Festwochenende mit gleichgesinnten Anlegern zu unterhalten. Buffett und Munger waren zu den bekanntesten Investmentgurus der Welt geworden.

Berkshire Hathaway, das Unternehmen, das noch drei Jahrzehnte zuvor ein schrumpfender Klotz von einem 25 Millionen Dollar schweren Textilunternehmen war, besaß jetzt einige fantastische Unternehmen. Neben See's Candies gehörten ihm GEICO, FlightSafety, R.C. Willey und viele andere Juwelen zu 100 Prozent.

Und dann waren da noch die beträchtlichen Beteiligungen an den Stars des amerikanischen Unternehmenslebens, von American Express (elf Prozent des Unternehmens) über Coca-Cola (acht Prozent) und Washington Post (17 Prozent) bis Gillette (8,5 Prozent). Insgesamt beliefen sich die nicht hundertprozentigen Aktienbeteiligungen auf mehr als 37 Milliarden Dollar.

Der Versicherungsfloat von mehr als 22 Milliarden Dollar verschaffte Buffett und Munger noch mehr Investitionskraft, ebenso die enormen Gewinne aus Dutzenden von hundertprozentigen Tochtergesellschaften – von Nebraska Furniture Mart bis Borsheims.

Und Feuerkraft war das, was sie für die nächste Etappe ihrer Reise brauchten. Sie sollten noch Unternehmen wie MidAmerican Energy, Moody's, Clayton Homes und Burlington Northern Santa Fe kaufen. All das waren gute Gründe, sich in den kommenden Jahren voller Elan auf den Weg in das kleine Büro in Omaha mit seinen wenigen Mitarbeitern zu machen.

ENDNOTEN

1. Warren Buffett, Brief an die Aktionäre von Berkshire Hathaway 1990.
2. Ebd.
3. Ebd.
4. Ebd.
5. Ebd.
6. Warren Buffett, Brief an die Aktionäre von Berkshire Hathaway 1997.
7. Warren Buffett, Brief an die Aktionäre von Berkshire Hathaway 1990.
8. Ebd.
9. William B. English und William R. Nelson, „Profits and balance sheet developments at U.S. commercial banks in 1997", *Federal Reserve Bulletin, Board of Governors of the Federal Reserve System (US),* Juni 1998, S. 391–419.
10. Die Daten der Federal-Reserve-Studie, die für Abbildung 1.1 verwendet wurden, basieren auf so gut wie allen US-Geschäftsbanken in einem bestimmten Jahr – also zwischen 9.217 und 14.500 Banken (die Zahl der Banken hat im Laufe der Zeit abgenommen).
11. William B. English und William R. Nelson, „Profits and balance sheet developments at U.S. commercial banks in 1997", *Federal Reserve Bulletin, Board of Governors of the Federal Reserve System (US),* Juni 1998, S. 391–419.
12. Ebd.
13. Ebd.
14. Tom Barton, zitiert nach einem Artikel von Martha Groves, „Wells Fargo & Co. Assumes Unusual Role: Reassurer", *Los Angeles Times,* 12. November 1990.
15. George M. Salem, zitiert nach einem Artikel von Martha Groves, „Wells Fargo & Co. Assumes Unusual Role: Reassurer", *Los Angeles Times,* 12. November 1990.
16. Richard X. Bove, zitiert nach einem Artikel von Martha Groves, „Wells Fargo & Co. Assumes Unusual Role: Reassurer", *Los Angeles Times,* 12. November 1990.
17. John M. Taylor, „A Leveraged Bet", *Forbes,* 15. April 1991, S. 42.
18. G. William Tischer, zitiert nach John M. Taylor, „A Leveraged Bet", *Forbes,* 15. April 1991, S. 42.
19. Carl Reichardt, zitiert nach einem Artikel von Martha Groves, „Wells Fargo & Co. Assumes Unusual Role: Reassurer", *Los Angeles Times,* 12. November 1990.
20. Allan Sloan, „Beauty and the Beasts: A true tale of two different investment styles", *Washington Post,* 7. Januar 1992.

21. Buffett versuchte ihn zum Bleiben zu überreden. Reichardt sagte der *Los Angeles Times* (20. Juli 1994): „Er möchte, dass die Leute ewig arbeiten. Ich sagte ihm: ‚Warren, das geht einfach nicht.'" Er blieb bis 1998 Mitglied des Verwaltungsrats.
22. Jahresbericht von Wells Fargo 1994.
23. Ebd.
24. Ebd.
25. Ebd.
26. Ebd.
27. Charlie Munger, zitiert nach Andrew Kilpatrick, *Of Permanent Value: The Story of Warren Buffett, 2018 Condensed Edition* (2018), Andy Kilpatrick Publishing Empire (AKPE), Birmingham, Alabama.
28. Thomas Brown, zitiert nach James F. Pelitz und David W. Myers, „California's changing banking scene", *Los Angeles Times,* 20. Juli 1994.
29. Jahresbericht von Wells Fargo 1994.
30. Reichardt, zitiert nach Chris Kraul, „Driving That Stagecoach: Reichardt Steers Wells Fargo to Post-Recession Expansion", *Los Angeles Times,* 6. April 1994.
31. Ebd.
32. Jahresbericht von Wells Fargo 1995.
33. Zitiert nach Saul Hansell, „10 Billion Hostile Bid by Wells Fargo for First Interstate", *New York Times,* 19. Oktober 1995.
34. Jahresbericht von Wells Fargo 1996.
35. „Why Wells Fargo Is Circling the Wagons", *Business Week,* 9. Juni, 1997, S. 92–93.
36. Jahresbericht von Wells Fargo 1998.
37. Ebd.
38. Ebd.
39. https://www.npr.org/
40. Poppy Harlow, *CNN Business,* 11. November 2016. https://money.cnn.com/video/investing/2016/11/11/warren-buffett-wells-fargo.cnnmoney/index.html
41. Ebd.
42. Ebd.
43. Robert Armstrong, Eric Platt und Oliver Ralph, „Warren Buffett urges Wells Fargo to look beyond Wall St for next chief", *Financial Times,* 7. April 2019.
44. Charlie Munger im Interview mit Katherine Chiglinsky, „Munger says Wells Fargo CEO ought to be in San Francisco", Bloomberg.com, 12. Februar 2020.
45. Ethan Wolff-Mann,„Munger diverges from Buffett on Wells Fargo: ‚Warren got disenchanted'", *Yahoo Finance,* 24. Februar 2021.
46. Warren Buffett, Brief an die Aktionäre von Berkshire Hathaway 1991.
47. Rasmussen, J., „Billionnaire talks Strategy with Students", *Omaha World-Herald,* 2. Januar 1994, S. 178. Zitiert nach Hagstrom, R. G. (1995), *The Warren Buffett Way,* John Wiley and Sons.
48. Ed Colodny, zitiert nach Reed, T. und Reed, D. (2014), *Creating American Airways: The Converging Histories of American Airlines and US Airways,* McFarland & Co. S. 8.

49. Mike Flores, Präsident der US-Airways-Sektion der Flugbegleitergewerkschaft Association of Flight Attendants, zitiert nach Reed, T. und Reed, D. (2014), *Creating American Airways: The Converging Histories of American Airlines and US Airways*, McFarland & Co. S. 12.
50. Ed Colodny, zitiert nach Reed, T. und Reed, D. (2014), *Creating American Airways: The Converging Histories of American Airlines and US Airways*, McFarland & Co. S. 12.
51. Ed Colodny zitiert in Reed, T. und Reed, D. (2014), *Creating American Airways: The Converging Histories of American Airlines and US Airways*, McFarland & Co. S. 10.
52. Ed Colodny, zitiert nach Reed, T. und Reed, D. (2014), *Creating American Airways: The Converging Histories of American Airlines and US Airways*, McFarland & Co. S. 11.
53. Nach den bundesstaatlichen Vorschriften für Fusionen von Fluggesellschaften durfte eine übernehmende Fluggesellschaft bis zur förmlichen Genehmigung des Zusammenschlusses nur maximal zehn Prozent an der Zielgesellschaft halten.
54. Ed Colodny, zitiert nach Reed, T. und Reed, D. (2014), *Creating American Airways: The Converging Histories of American Airlines and US Airways*, McFarland & Co. S. 14.
55. Graeme Browning, „In an agreement with USAir, Buffett promises no surprises", *The Washington Post*, 15. August 1989.
56. Warren Buffett, Brief an die Aktionäre von Berkshire Hathaway 1989.
57. Ebd.
58. Ebd.
59. Warren Buffett, Brief an die Aktionäre von Berkshire Hathaway 1990.
60. Martha M. Hamilton, „USAir Group Flies into Turbulence", *The Washington Post*, 3. September 1990.
61. Warren Buffett, Brief an die Aktionäre von Berkshire Hathaway 1990.
62. Ebd.
63. Warren Buffett, Brief an die Aktionäre von Berkshire Hathaway 1991.
64. Warren Buffett, Brief an die Aktionäre von Berkshire Hathaway 1992.
65. Ebd.
66. Ebd.
67. Ebd.
68. Ebd.
69. Ebd.
70. Ebd.
71. 1. Februar 1991 auf dem LAX: Bei der Landung kam es zu einer Kollision mit einem anderen Flugzeug (Problem mit der Flugsicherung), bei der 34 Menschen ums Leben kamen. 22. März 1992 in Cleveland: Beim Start stürzte ein Flugzeug kurz hinter der Landebahn ab, weil seine Tragfläche nicht ordnungsgemäß enteist worden war; 27 Tote.
72. Martha M. Hamilton, „USAir Enters Alliance with British Air", *The Washington Post*, 22. Juli 1992.
73. Warren Buffett, Brief an die Aktionäre von Berkshire Hathaway 1992.

74. Ebd.
75. Warren Buffett, Brief an die Aktionäre von Berkshire Hathaway 1993.
76. Warren Buffett, Brief an die Aktionäre von Berkshire Hathaway 1994.
77. Colin Leinster, „Buffett hits $200m downdraft", *Fortune*, 17. November 1994.
78. Rasmussen, J. (1994), „Billionnaire talks Strategy with Students", *Omaha World-Herald*, 2. Januar, S. 178. Zitiert nach Hagstrom, R. G. (1995), *The Warren Buffett Way*, John Wiley and Sons.
79. Warren Buffett, Brief an die Aktionäre von Berkshire Hathaway 1994.
80. Ebd.
81. Ebd.
82. Ebd.
83. Ebd.
84. Don Phillips und Frank Swoboda, „Seth Schofield retires as USAir's Chairman", *The Washington Post*, 7. September 1995.
85. Frank Swoboda und Don Philips, „US Airways Chairman Takes Plea to Unions", *The Washington Post*, 27. April 1997.
86. Zitiert nach Frank Swoboda und Don Philips, „US Airways Chairman Takes Plea to Unions", *The Washington Post*, 27. April 1997.
87. Zitiert nach Don Phillips, „US Airways Closing 5 Facilities", *The Washington Post*, 9. Mai 1997.
88. Warren Buffett, Brief an die Aktionäre von Berkshire Hathaway 1997.
89. Ebd.
90. Warren Buffett, Brief an die Aktionäre von Berkshire Hathaway 2007.
91. Corporate-Card-Mitglieder können eine gebührenfreie 24/7-Hotline nutzen, um von Amex Hilfe bei Notfällen, Reiseunterstützung oder einfach nur Informationen zu erhalten. Beispiele sind medizinische Hilfe, zahnärztliche Überweisung, Überführung von sterblichen Überresten, Unterstützung durch einen englischsprachigen Anwalt, Überweisung an eine Botschaft oder ein Konsulat, Unterstützung bei der Reiseplanung in Notfällen, Bargeld in Notfällen, Einchecken/Auschecken in Hotels in Notfällen, Übersetzung/Dolmetschen und Hilfe bei verlorenem Gepäck.
92. Warren Buffett, zitiert nach „Why Warren Buffett's betting big on American Express", von Linda Grant und Carol J. Loomis, *Fortune*, 30. Oktober 1995.
93. Im Jahr 1991 verwaltete oder besaß IDS ein Kundenvermögen von rund 70 Milliarden Dollar.
94. Siehe Band 2, Investition 1 für einen Bericht darüber, wie Byrne in den späten 1970er-Jahren GEICO vor dem Abgrund rettete.
95. Zitiert nach „American Express: Anatomy of a coup", Brett D. Fromson, *The Washington Post*, 11. Februar 1993.
96. Zitiert nach „Why Amex Wooed Warren Buffett", von Leah Nathans Spiro, *Bloomberg*, 19. August 1991.
97. Die Stammaktien wurden am 1. August 1991 zu 25 Dollar gehandelt. Im Winter sanken sie aufgrund schlechter Quartalszahlen auf 13 Dollar.
98. Warren Buffett, Brief an die Aktionäre von Berkshire Hathaway 1997.

99. Ebd.
100. Ebd.
101. Bei manchen Unternehmen funktioniert diese Annahme, aber bei vielen anderen zehren die Kapitalaufwendungen und die Investitionen in das Betriebskapital weit mehr als die Rückstellung für Abschreibungen etc. auf, sodass den Aktionären nur wenig Bargeld bleibt, das sie dem Unternehmen entziehen können, ohne dass dessen „Franchise" – sofern es eines hat – Schaden nimmt.
102. Die Rendite der zehnjährigen US-Staatsanleihen lag 1994 zwischen 5,6 und 8,0 Prozent, sodass eine geforderte Jahresrendite von zehn Prozent ein zusätzliches Aktienrisiko berücksichtigt.
103. Warren Buffett, Brief an die Aktionäre von Berkshire Hathaway 2011. Die anderen im Jahr 2011 waren Coca-Cola, Wells Fargo und IBM.
104. Warren Buffett, Brief an die Aktionäre von Berkshire Hathaway 2011.
105. Harvey Golub, Bericht in *AP News*, „American Express CEO Resigns Early", 17. November 2000.
106. „‚The brand is special' Warren called on American Express' CEO to protect its reputation during the coronavirus pandemic", Theron Mohamed, *Business Insider*, 30. Mai 2020.
107. Warren Buffett, Brief an die Aktionäre von Berkshire Hathaway 2007.
108. Ebd.
109. Ebd.
110. Ebd.
111. Warren Buffett, Brief an die Aktionäre von Berkshire Hathaway 2014.
112. Etwa 20 Prozent der Produktion entfielen auf herkömmliche Schuhe und Stiefel, nicht auf Arbeits- und Sicherheitsschuhe und -stiefel, aber der Wettbewerbsvorteil lag in den robusten in den USA hergestellten Produkten.
113. Trotz des rein amerikanischen Images importierte H. H. Brown in den 1980er-Jahren Schuhe und Schuhteile aus mehreren Ländern, darunter Taiwan, Korea, China, Indien und Mexiko.
114. Emily Steel (2015), „Francis C. Rooney Jr. dies at 93; Turned Melville into a retail giant", *New York Times*, 26. März 2015.
115. Warren Buffett, Brief an die Aktionäre von Berkshire Hathaway 1991.
116. Frank Rooney, interviewt von Robert P. Miles für *The Warren Buffett CEO; Secrets from the Berkshire Hathaway Managers* (2002), John Wiley and Sons, New York.
117. Warren Buffett, Brief an die Aktionäre von Berkshire Hathaway 1991.
118. Frank Rooney, interviewt von Robert P. Miles für *The Warren Buffett CEO; Secrets from the Berkshire Hathaway Managers* (2002), John Wiley and Sons, New York.
119. Ebd.
120. Warren Buffett, Brief an die Aktionäre von Berkshire Hathaway 1991.
121. Ebd.
122. Ebd.
123. Frank Rooney, interviewt von Robert P. Miles für *The Warren Buffett CEO; Secrets from the Berkshire Hathaway Managers* (2002), John Wiley and Sons, New York.

124. Ebd.
125. Ebd.
126. Warren Buffett, Brief an die Aktionäre von Berkshire Hathaway 1992.
127. Lowell wurde später in Söfft Shoe Company umbenannt.
128. Warren Buffett, Brief an die Aktionäre von Berkshire Hathaway 1992.
129. Warren Buffett, Brief an die Aktionäre von Berkshire Hathaway 1993.
130. Ebd.
131. *Forbes*, 10. Oktober 1994.
132. Warren Buffett, Brief an die Aktionäre von Berkshire Hathaway 1993.
133. Ebd.
134. Eine kleine Kette von Schuhgeschäften (elf Filialen) wurde gegen Ende 1994 zu einem nicht genannten Preis, der aber wahrscheinlich nicht viel mehr als eine Million Dollar betragen haben wird, in die Shoe Group eingegliedert.
135. Jahresbericht 1994 von Berkshire Hathaway.
136. Warren Buffett, Brief an die Aktionäre von Berkshire Hathaway 1995.
137. Jahresbericht 1997 von Berkshire Hathaway.
138. Jahresbericht 1998 von Berkshire Hathaway.
139. Warren Buffett, Brief an die Aktionäre von Berkshire Hathaway 1999.
140. Warren Buffett, Brief an die Aktionäre von Berkshire Hathaway 2000.
141. Warren Buffett, Brief an die Aktionäre von Berkshire Hathaway 2001.
142. Warren Buffett, Brief an die Aktionäre von Berkshire Hathaway 2007.
143. Diese Geschichte wird in Barnett Helzbergs 2003 erschienenem Buch für Unternehmer und Geschäftsinhaber, die ein solides Unternehmen aufbauen wollen, erzählt: *What I Learned Before I Sold to Warren Buffett: An Entrepreneurs Guide to Developing a Highly Successful Company*, John Wiley and Sons.
144. Barnett Helzberg, Jr. (2003), *What I Learned Before I Sold to Warren Buffett: An Entrepreneurs Guide to Developing a Highly Successful Company*, John Wiley and Sons.
145. Warren Buffett, Brief an die Aktionäre von Berkshire Hathaway 1995.
146. Ebd.
147. Barnett Helzberg, Jr. (2003), *What I Learned Before I Sold to Warren Buffett: An Entrepreneurs Guide to Developing a Highly Successful Company*, John Wiley and Sons.
148. Ebd.
149. Warren Buffett, Brief an die Aktionäre von Berkshire Hathaway 1995.
150. Ebd.
151. Ebd.
152. Ebd.
153. Barnett Helzberg, Jr. (2003), *What I Learned Before I Sold to Warren Buffett: An Entrepreneurs Guide to Developing a Highly Successful Company*, John Wiley and Sons.
154. Ebd.

155. Warren Buffett, Brief an die Aktionäre von Berkshire Hathaway 1995.
156. Ebd.
157. Barnett Helzberg, Jr. (2003), *What I Learned Before I Sold to Warren Buffett: An Entrepreneurs Guide to Developing a Highly Successful Company,* John Wiley and Sons.
158. Jeff Comment erinnert sich an das Treffen in einem Interview mit Robert P. Miles in *The Warren Buffett CEO* (2002), John Wiley and Sons, New York.
159. Barnett Helzberg, Jr. (2003) *What I Learned Before I Sold to Warren Buffett: An Entrepreneurs Guide to Developing a Highly Successful Company,* John Wiley and Sons.
160. Ebd.
161. Ebd.
162. Ebd.
163. Ebd.
164. Jeff Comment erinnert sich an das Treffen in einem Interview mit Robert P. Miles in *The Warren Buffett CEO* (2002), John Wiley and Sons, New York.
165. Barnett Helzberg, zitiert nach Kilpatrick, A. (2006), *Of Permanent Value. The Story of Warren Buffett,* AKPE, Birmingham, Alabama.
166. Warren Buffett, Brief an die Aktionäre von Berkshire Hathaway 1995.
167. Warren Buffett, Jahreshauptversammlung 1995 von Berkshire Hathaway, Mai 1996.
168. Jeff Comment in einem Interview mit Robert P. Miles in *The Warren Buffett CEO* (2002), John Wiley and Sons, New York.
169. Ebd.
170. *Kansas City Star,* 11. März 1995.
171. Jeff Comment in einem Interview mit Robert P. Miles in *The Warren Buffett CEO* (2002), John Wiley and Sons, New York.
172. Die Geschichte von Borsheims findet sich in Band 2, Investition 9.
173. Warren Buffett spricht auf der Jahreshauptversammlung von Berkshire 1995, Mai 1996.
174. Jeff Comment in einem Interview mit Robert P. Miles in *The Warren Buffett CEO* (2002), John Wiley and Sons, New York.
175. Robert P. Miles, *The Warren Buffett CEO* (2002), John Wiley and Sons, New York.
176. Pressemitteilung von Berkshire Hathaway, 6. April 2009.
177. Ich bin Bill Childs, dem Chefarchitekten und „Erbauer" von R.C. Willey, sehr dankbar, dass er einen Entwurf dieses Kapitels durchgesehen, einige wichtige Daten ergänzt und Verbesserungsvorschläge gemacht hat.
178. Benedict, Jeff (2009), *How to build a business Warren Buffett would buy: the R.C. Willey story,* Shadow Mountain.
179. Vorwort von Warren Buffett zu Benedict, Jeff (2009), *How to build a business Warren Buffett would buy: the R.C. Willey story,* Shadow Mountain.
180. Benedict, Jeff (2009), *How to build a business Warren Buffett would buy: the R.C. Willey story,* Shadow Mountain.
181. Ebd.

182. Ebd.
183. Ebd.
184. Ebd.
185. Ebd.
186. Ebd.
187. Bill und Patricia hatten bei der letzten Zählung 31 Enkelkinder und zwölf Urenkel.
188. Bill Child, zitiert nach Benedict, Jeff (2009), *How to build a business Warren Buffett would buy: the R.C. Willey story*, Shadow Mountain.
189. Im Jahr 1996 nahm Sheldon einen fünfjährigen Auftrag auf den Philippinen an.
190. Entnommen aus dem Nachwort von Bill Child in Benedict, Jeff (2009), *How to build a business Warren Buffett would buy: the R.C. Willey story*, Shadow Mountain.
191. Benedict, Jeff (2009), *How to build a business Warren Buffett would buy: the R.C. Willey story*, Shadow Mountain.
192. Ebd.
193. Ebd.
194. Robert P. Miles (2002), *The Warren Buffett CEO*, John Wiley and Sons, New York.
195. Benedict, Jeff (2009), *How to build a business Warren Buffett would buy: the R.C. Willey story*, Shadow Mountain.
196. Ebd.
197. Ebd.
198. Ebd.
199. Robert P. Miles (2002), *The Warren Buffett CEO*, John Wiley and Sons, New York.
200. *Utah Business*, Februar 1997, abgedruckt in Andrew Kilpatrick (2006), *Of Permanent Value: The Story of Warren Buffett*, AKPE, Birmingham, Alabama.
201. Benedict, Jeff (2009), *How to build a business Warren Buffett would buy: the R.C. Willey story*, Shadow Mountain.
202. Bill Child in Benedict, Jeff (2009), *How to build a business Warren Buffett would buy: the R.C. Willey story*, Shadow Mountain.
203. Benedict, Jeff (2009), *How to build a business Warren Buffett would buy: the R.C. Willey story*, Shadow Mountain.
204. Bill Child in Benedict, Jeff (2009), *How to build a business Warren Buffett would buy: the R.C. Willey story*, Shadow Mountain.
205. Benedict, Jeff (2009), *How to build a business Warren Buffett would buy: the R.C. Willey story*, Shadow Mountain.
206. Ebd.
207. *Salt Lake City Tribune*, 21. Oktober 2001.
208. Bill Child, in Robert P. Miles (2002), *The Warren Buffett CEO*, John Wiley and Sons, New York.
209. Ebd.
210. Warren Buffett, Brief an die Aktionäre von Berkshire Hathaway 2004.
211. Bill Child, zitiert nach Greg Kratz, „50 years of furniture: Chairman builds R.C. Willey from one store to household name“, *Deseret News*, 19. September 2004.

212. Al Ueltschi, Rede bei The Wings Club Thirty-fourth General Harold R. Harris Sight Lecture, 21. Mai 1997, https://www.flightsafety.com/ html/book/tom/
213. Ebd.
214. Ebd.
215. Ebd.
216. Ebd.
217. Ebd.
218. Ebd.
219. Ebd.
220. Ebd.
221. Ebd.
222. Ebd.
223. Ebd.
224. Ebd.
225. Al Ueltschi im Interview mit Robert Miles, Oktober 2006, https://www.youtube .com/watch?v=Ihwtm-3MMbE
226. Verfügbar unter https://www.berkshirehathaway.com/ownman.pdf
227. In: Andrew Kilpatrick (2018), *Of Permanent Value: The Story of Warren Buffett*, AKPE, Birmingham, Alabama.
228. Al Ueltschi im Interview mit Robert Miles, Oktober 2006, https://www.youtube .com/watch?v=Ihwtm-3MMbE
229. Warren Buffett, Brief an die Aktionäre von Berkshire Hathaway 1996.
230. Al Ueltschi im Interview mit Robert Miles, Oktober 2006, https://www.youtube .com/watch?v=Ihwtm-3MMbE
231. „Buffett Buying Pilot Training Company for 1.5 billion“, *AP News*, 15. Oktober 1996.
232. Al Ueltschi im Interview mit Robert Miles, Oktober 2006, https://www.youtube .com/watch?v=Ihwtm-3MMbE
233. Warren Buffett, Brief an die Aktionäre von Berkshire Hathaway 1996.
234. Ebd.
235. Ebd.
236. Ebd.
237. Ebd.
238. Ebd.
239. Ebd.
240. Ebd.
241. Al Ueltschi im Interview mit Robert P. Miles (2002), *The Warren Buffett CEO*, John Wiley and Sons, New York.
242. Rede vom 9. Mai 2002, nachzulesen in Andrew Kilpatrick (2018), *Of Permanent value: The Story of Warren Buffett*, AKPE, Birmingham, Alabama.
243. Al Ueltschi im Interview mit Robert P. Miles (2002), *The Warren Buffett CEO*, John Wiley and Sons, New York.

244. Ebd.

245. Ebd.

246. Al Ueltschi im Interview mit Robert Miles (2006), https://www.youtube.com/watch?v=Ihwtm-3MMbE

247. Al Ueltschi im Interview mit Robert P. Miles (2002), *The Warren Buffett CEO*, John Wiley and Sons, New York.

248. Warren Buffett, Brief an die Aktionäre von Berkshire Hathaway 2004.

249. Ebd.

250. Interview mit Bruce Whitman im *Nightly Business Report*, 3. Mai 1997, abgedruckt in Andrew Kilpatrick (2018), *Of Permanent value: The Story of Warren Buffett*, AKPE, Birmingham, Alabama.

251. Warren Buffett, Brief an die Aktionäre von Berkshire Hathaway 2007.

252. Ebd.

253. Al Ueltschi, Rede bei The Wings Club Thirty-fourth General Harold R. Harris Sight Lecture, 21. Mai 1997, https://www.flightsafety.com/ html/book/tom/

254. Ebd.

255. Al Ueltschi in einer Rede vom 21. Mai 1997, Bericht in Andrew Kilpatrick (2018), *Of Permanent value: The Story of Warren Buffett*, AKPE, Birmingham, Alabama.

256. Eine Idee, die der Wirtschaftswissenschaftler John Kay entwickelt hat – siehe zum Beispiel John Kay (2011), *Obliquity: why our goals are best achieved indirectly*, Profile Books, London.

257. Im Dezember 1996 wurden weitere 112.655 B-Aktien ausgegeben, die den FlightSafety-Aktionären im Austausch gegen ihre Aktien zugeteilt wurden.

258. Warren Buffett, Brief an die Aktionäre von Berkshire Hathaway 1996.

259. Ebd.

260. Warren Buffett, Brief an die Aktionäre von Berkshire Hathaway 1997.

261. Ebd.

262. Ebd.

263. Ebd.

264. Ebd.

265. Ebd.

266. Ebd.

267. *Forbes*, 6. August 1979.

268. *Forbes*, „Look At All Those Beautiful, Scantily Clad Girls Out There!“, 1. November 1974.

269. Warren Buffett, „You pay a very high price in the stock market for a cheery consensus“, *Forbes*, 6. August 1979.

270. Ebd.

271. Ebd.

272. Warren Buffett, Brief an die Aktionäre von Berkshire Hathaway 1997.

273. www.macrotrends.net/2577/sp-500-pe-ratio-price-to-earnings-chart

274. http://www.econ.yale.edu/~shiller/data.htm

275. *Los Angeles Times*, „Buffett to acquire Dairy Queen Chain for $585 Million“, 22. Oktober 1997.

276. Buffett, zitiert nach Kilpatrick (2018), *Of Permanent Value: The Story of Warren Buffett*, AKPE, Birmingham, Alabama.

277. Michael Assael, zitiert nach Kilpatrick (2018), *Of Permanent Value: The Story of Warren Buffett*, AKPE, Birmingham, Alabama.

278. *QSR Magazine*, „Dairy Queen and Franchises Settle Dispute“, 9. März 2000, https://www.qsrmagazine.com/news/dairy-queenand-franchisees-settle-dispute

279. Gene Rebeck, „Dairy Queen is out to become the world's best-performing fast-food chain“, 29. Mai 2015, *MinnPost*, www. minnpost.com/twin-cities-business/2015/05/dairy-queen-out-becomeworld-s-best-performing-fast-food-chain

280. John Gainor, CEO-Interview bei der Berkshire-Jahreshauptversammlung 2016 auf *Fox Business*, https://www.youtube.com/watch?v=q3z0avJcJjI

281. Warren Buffett, Brief an die Aktionäre von Berkshire Hathaway 1997.

282. Ebd.

283. Cunningham, L. A. (2014), *Berkshire Beyond Buffett: The enduring value of values*, Columbia Business School Publishing.

284. Rich Santulli im Gespräch mit Robert P. Miles für sein Buch, *The Warren Buffett CEO* (2002), John Wiley and Sons, New York.

285. Ebd.

286. Zitiert nach Warren Berger, „Hey, You're Worth It (even now)“, *Wired*, 1. Juni 2001.

287. Rich Santulli im Gespräch mit Robert P. Miles für sein Buch, *The Warren Buffett CEO* (2002), John Wiley and Sons, New York.

288. Ebd.

289. Hier gibt es Größenvorteile. Wenn 800 Flugzeuge an Kunden verkauft werden, muss die Kernflotte nur 80 Flugzeuge umfassen, also zehn Prozent.

290. Rich Santulli im Gespräch mit Robert P. Miles für sein Buch, *The Warren Buffett CEO* (2002), John Wiley and Sons, New York.

291. Zitiert nach Warren Berger, „Hey, You're Worth It (even now)“, *Wired*, 1. Juni 2001.

292. Aus einem Interview von 1996 mit Stephen Pope, „Santulli's Departure from NetJets“, *Business Jet News*, Oktober 2009.

293. Santulli, zitiert nach Ron Carter, „Executive Jet Has Big Fan: Buffett“, *Columbus Dispatch*, 26. August 1998.

294. Warren Buffett, Brief an die Aktionäre von Berkshire Hathaway 1998.

295. Zitiert in Warren Berger, „Hey, You're Worth It (even now)“, *Wired*, 1. Juni 2001.

296. *Forbes*, „Flying Buffett“, 20. September 1998.

297. Ebd.

298. Zitiert nach Warren Berger, „Hey, You're Worth It (even now)“, *Wired*, 1. Juni 2001.

299. Santulli, zitiert nach Ron Carter, „Executive Jet Has Big Fan: Buffett“, *Columbus Dispatch*, 26. August 1998.

300. Robert P. Miles (2002), *The Warren Buffett CEO*, John Wiley and Sons, New York.

301. Cunningham, L. A. (2014), *Berkshire Beyond Buffett: The Enduring Value of Values*, Columbia Business School.

302. Warren Buffett, Brief an die Aktionäre von Berkshire Hathaway 1998.

303. Ebd.

304. Kosten für Leerflüge, Dead-Head-Flüge, Empty-Legs-Flüge, Positionierungsflüge und Überführungsflüge fallen an, wenn keine Fluggäste befördert werden, zum Beispiel bei Flugzeiten für die Abholung von Fluggästen von der Heimatbasis oder Flugzeit für die Rückkehr zur Heimatbasis oder einem anderen notwendigen Ort.

305. Warren Buffett, Brief an die Aktionäre von Berkshire Hathaway 1998.

306. Ebd.

307. Ebd.

308. *Aviation International News,* 1. Oktober 1998.

309. Warren Buffett, Brief an die Aktionäre von Berkshire Hathaway 1999.

310. Ebd.

311. Ebd.

312. Richard Santulli im Gespräch mit Robert P. Miles (2002), *The Warren Buffett CEO,* John Wiley and Sons, New York.

313. Warren Buffett, Brief an die Aktionäre von Berkshire Hathaway 2001.

314. Ebd.

315. Warren Buffett, Brief an die Aktionäre von Berkshire Hathaway 2002.

316. Warren Buffett, Brief an die Aktionäre von Berkshire Hathaway 2003.

317. Warren Buffett, Brief an die Aktionäre von Berkshire Hathaway 2004.

318. Ebd.

319. Warren Buffett, Brief an die Aktionäre von Berkshire Hathaway 2009.

320. Stephen Pope, „Santulli's departure from NetJets", *Business Jet Traveler,* Oktober 2009.

321. Chad Trautvetter, „Santulli resigns from NetJets; changes ahead at fractional", *Aviation International News,* 25. August 2009.

322. Rich Santulli im Gespräch mit Robert P. Miles für sein Buch, *The Warren Buffett CEO* (2002), John Wiley and Sons, New York.

323. Michael Riegel, zitiert nach Thurber, „The Fractional Market", *Aviation International News,* 1. Oktober 2009.

324. Ebd.

325. Brian Foley, zitiert nach Matt Thurber, „The Fractional Market", *Aviation International News,* 1. Oktober 2009.

326. Zitiert nach Matt Thurber, „The Fractional Market", *Aviation International News,* 1. Oktober 2009.

327. David Sokol, „Owners, Profit Return to NetJets", *Aerospaceblog,* 2. Februar 2011, https://aerospaceblog.wordpress.com/2011/02/02/owners-profits-return-to-netjets

328. Stephen Pope, „Santulli's departure from NetJets", *Business Jet Traveler,* Oktober 2009.

329. Warren Buffett in einer Pressemitteilung von Berkshire Hathaway vom 30. März 2011.

330. Carol J. Loomis (2012*), Tap Dancing to Work,* Penguin Books, New York.

331. Pressemitteilung von Berkshire Hathaway, 30. März 2011.
332. Warren Buffett, Brief an die Aktionäre von Berkshire Hathaway 2010.
333. Die Aktionäre von General Re hatten die Möglichkeit, entweder 0,0035 A-Aktien oder 0,105 B-Aktien von Berkshire anzunehmen.
334. Im Jahr 2012 wurde der Name von Cornhusker in Berkshire Hathaway Homestate Insurance geändert.
335. Im Jahr 1980 änderte sie ihren Namen in Redwood Fire and Casualty Insurance.
336. Kansas Fire and Casualty ist jetzt Teil von Oak River Insurance, einer Tochtergesellschaft von Berkshire Hathaway.
337. 1993 wurde Goldberg in der winzigen Berkshire-Zentrale in Omaha mit Sonderprojekten betraut.
338. Warren Buffett, Brief an die Aktionäre von Berkshire Hathaway 1983.
339. Warren Buffett, Brief an die Aktionäre von Berkshire Hathaway 1984.
340. Warren Buffett, Brief an die Aktionäre von Berkshire Hathaway 1983.
341. Warren Buffett, Brief an die Aktionäre von Berkshire Hathaway 1984.
342. Ebd.
343. Ebd.
344. Warren Buffett, Brief an die Aktionäre von Berkshire Hathaway 1983.
345. Ebd.
346. Ebd.
347. Warren Buffett, Brief an die Aktionäre von Berkshire Hathaway 1985.
348. Ebd.
349. Ebd.
350. Ajit Jain in einem Interview mit Robert Miles (2002), *The Warren Buffett CEO*, John Wiley and Sons, New York.
351. Ebd.
352. Warren Buffett, Brief an die Aktionäre von Berkshire Hathaway 1986.
353. Ebd.
354. Warren Buffett, Brief an die Aktionäre von Berkshire Hathaway 1989.
355. Ebd.
356. Warren Buffett, Brief an die Aktionäre von Berkshire Hathaway 1990.
357. Ajit Jain in einem Interview mit Robert Miles (2002), *The Warren Buffett CEO*, John Wiley and Sons, New York.
358. Ebd.
359. Warren Buffett, Brief an die Aktionäre von Berkshire Hathaway 1992.
360. Warren Buffett, Brief an die Aktionäre von Berkshire Hathaway 1993.
361. Warren Buffett, Brief an die Aktionäre von Berkshire Hathaway 1998.
362. Pressemitteilung von Berkshire Hathaway, 19. Juni 1998.
363. Ebd.
364. Ebd.

365. Zitiert nach Andrew Kilpatrick (2006), *Of Permanent Value: The Story of Warren Buffett*, AKPE: Birmingham, Alabama.
366. Warren Buffett, Rede auf der außerordentlichen Hauptversammlung von Berkshire Hathaway am 16. September 1998.
367. James P. Miller und Leslie Scism, „Buffett's Berkshire to Buy General Re in Stock Deal Totaling $23.5 Billion“, *Wall Street Journal*, 22. Juni 1998.
368. Ebd.
369. Warren Buffett, Brief an die Aktionäre von Berkshire Hathaway 1998.
370. Ebd.
371. Ebd.
372. Warren Buffett, Brief an die Aktionäre von Berkshire Hathaway 1999.
373. Ebd.
374. Warren Buffett, Brief an die Aktionäre von Berkshire Hathaway 2000.
375. Ebd.
376. Ebd.
377. Warren Buffett, Brief an die Aktionäre von Berkshire Hathaway 2001.
378. Ebd.
379. Ebd.
380. Ebd.
381. Ebd.
382. Warren Buffett, Brief an die Aktionäre von Berkshire Hathaway 2002.
383. Ebd.
384. Ebd.
385. Ebd.
386. Ebd.
387. Warren Buffett, Brief an die Aktionäre von Berkshire Hathaway 2003.
388. Warren Buffett, Brief an die Aktionäre von Berkshire Hathaway 2005.
389. Ebd.
390. Ebd.
391. Ebd.
392. Warren Buffett, Brief an die Aktionäre von Berkshire Hathaway 2002.
393. Warren Buffett, Brief an die Aktionäre von Berkshire Hathaway 2008.
394. Warren Buffett, Brief an die Aktionäre von Berkshire Hathaway 2016.
395. Warren Buffett, Brief an die Aktionäre von Berkshire Hathaway 1998.
396. Ebd.

304 Seiten,
broschiert,
24,90 [D] / 25,60 [A]
ISBN: 978-3-86470-996-8

Glen Arnold:
Die Deals von Warren Buffett Vol. 1

Warren Buffett brauchte fast vier Jahrzehnte, um seine ersten 100 Millionen Dollar zu verdienen. In dieser prägenden Zeit, von 1941 bis 1978, entwickelte und verfeinerte er seine erfolgreiche Investmentphilosophie. Glen Arnold erläutert Buffetts Denkweise und zeigt, wie er durch Erfolg und Misserfolg lernte, Unternehmen auszuwählen, die es wert sind, unterstützt zu werden. Am Ende jedes Kapitels gibt Arnold aufschlussreiche Tipps, die zeigen, wie Anleger von Warren Buffett lernen können, um ihre eigenen Investmententscheidungen zu verbessern.

Börsenbuch verlag

320 Seiten,
gebunden,
24,90 [D] / 25,60 [A]
ISBN: 978-3-86470-753-7

Robert G. Hagstrom:
Warren Buffett – Das ultimative Mindset für Investoren

Eine eher beiläufige Bemerkung auf der Berkshire-Hathaway-Hauptversammlung bescherte dem renommierten Buffett-Kenner Hagstrom ganz neue und überraschende Einsichten. Das Resultat ist dieses Buch, in dem er Buffetts ganzheitliches Konzept eines erfolgreichen Investors darstellt und seine Anpassung an die gewandelte Investment-Landschaft – Stichwort Big Tech – analysiert. So treten bislang nicht beachtete Facetten zutage, die das Investment-Genie Buffett in einem neuen Licht erscheinen lassen.

Börsenbuch verlag

384 Seiten
gebunden mit SU
29,99 [D] / 30,90 [A]
ISBN: 978-3-86470-618-9

Daniel Pecaut, Corey Wrenn: University of Berkshire Hathaway

Daniel Pecaut und Corey Wrenn haben quasi stellvertretend für ihre Leser regelmäßig die Aktionärstreffen beim „Orakel von Omaha“ besucht und mitgeschrieben. „University of Berkshire Hathaway“ ist das Skript von 20 Jahren Omaha. Die Autoren zitieren die wichtigsten Aussagen der Investment-Gurus Warren Buffett und Charlie Munger, ordnen ein und erklären Hintergründe. Ein geniales „Tagebuch“ für alle Berkshire-Hathaway-Fans und ein unverzichtbarer Ratgeber für alle Value-Investoren.

Börsenbuchverlag